清代历城人物与著述研究

李关勇 著

山东大学出版社

图书在版编目(CIP)数据

清代历城人物与著述研究/李关勇著. —济南：山东大学出版社，2019.9
(山东省图书馆馆员文库/刘显世主编)
ISBN 978-7-5607-6433-7

Ⅰ. ①清… Ⅱ. ①李… Ⅲ. ①历史人物－人物研究－济南－清代 Ⅳ. ①K820.852.1

中国版本图书馆 CIP 数据核字(2019)第 207902 号

出版统筹:李　港
责任策划:陈海伟
责任编辑:陈海军
封面设计:牛　钧

出版发行:山东大学出版社
社　址　山东省济南市山大南路 20 号
邮　编　250100
电　话　市场部(0531)88363008
经　销:新华书店
印　刷:济南巨丰印刷有限公司
规　格:720 毫米×1000 毫米　1/16
19.75 印张　324 千字
版　次:2019 年 9 月第 1 版
印　次:2019 年 9 月第 1 次印刷
定　价:48.00 元

自　序

我自十八岁临邑师范毕业后，就走上乡镇中学的讲堂，致力于教育十二年。其间于德州教育学院专科学习三年，山东省教育学院本科学习二年。千禧之年，进入山东大学历史文化学院攻读中国近现代史专业硕士学位。2003年，我进入山东省图书馆历史文献部从事古籍编目工作，浸淫日久，走上文献研究的道路。我的第一篇文章是《〈周易本义集成〉叙录》，短短的一篇小文，经山东大学杜泽逊老师修改，发表在《山东省图书馆季刊》2005年第4期上，是我处女作。以后，我又陆续发表了一些文献研究的文章。

2007年，我考上山东大学历史文化学院中国近现代史专业的博士生，在浩如烟海的古籍中选中一个点，历经三年，完成一篇近四十万字的博士论文。文章以山东省图书馆所藏清末河南进士柳堂著述为基本资料，以中国近代史舞台为背景，描画了柳堂的家族、人生及政治生涯。柳堂作为一个深受中国前现代社会结构及其文化熏染的传统文人，生活在千年未有的时代变局之中，传统与现代、个体与民族、国家与世界的多重变奏与纠结，层层皴染在其人生的经历之中。以此论文为基础，我逐渐形成了自己研究历史人物与著述相结合的风格。

在长期编目过程中，我发现作为明清省城的历城文人辈出，著述丰厚，因地利之便，就以历城为区域，进行有关历史文物著述的搜集与整理。我利用业余时间撰写有关文章，日积月累，陆续撰成初稿十余篇，且有几篇发表。近年，我在商河老家进行文化服务活动，其间时间较为充裕，撰写了历城与章丘几个家族的人物与著述研究，并对一些无著述存世的人物进行详细研究，形成十余万文字。至2018年，已经积累研究文字三十余万，借山东省图书馆庆祝建馆110周年之际，结集出版。本书所选家族有三个，即历城朱氏、杨氏、李氏。实际上，历城称得上巨族者仅朱氏、杨氏而已。本书将三个家族的人物与著述研究作为上部，名之曰“诗书传家声”；将所撰写的历城人物及著述研究选出十余人，作为下部，名之曰“名士竞风流”。所选人物主要是清代嘉道年间十分活跃的诗人，而这期间著名的辑佚大家马国翰没有选入。我早就对马国翰进行了深入的研究，撰成三万余字，但马国翰著述较多，尚有相当一部分著作没有看到，因此只能忍痛割爱。历城著名学者周永年的著述，我也进行了深入的研究并发表，但作为清代历城最著名的学者，我对他的研究没有深入，因此也只好先弃之。对清康熙年间著名诗人王苹，我也进行了初步研究，但也不够深入。

总之，我将所作三十余万字中选出二十余万字结集，名之曰《清代历城人物与著述研究》，其中亦有先行发表者。所余将以后再结集，而先出版者亦有抛砖引玉之效。由于此集写作时间跨度较长，因此文章研究的着力点前后有所不同。而写家族人物时是将家族人物集中研究，人物较多，研究还有待深入。本书研究著述以目验原书为基础，多谢各大图书馆慷慨提供资料，并有幸得睹私家所藏家谱与典籍，但尚有三四种书知道藏地而未能看到，此其憾也。

是为序。

目　录

第一章　历城朱氏家族及著述考 …………………………………… (3)

第一节　历城朱氏家族 …………………………………… (3)

第二节　历城朱氏家族著述考 …………………………………… (23)

第二章　历城杨氏家族及著述考 …………………………………… (76)

第一节　历城杨氏家族 …………………………………… (76)

第二节　历城杨氏家族著述考 …………………………………… (89)

第三章　历城李氏家族及著述考 …………………………………… (106)

第一节　历城李氏家族 …………………………………… (106)

第二节　李廷芳及著述考 …………………………………… (109)

第三节　李纬及著述考 …………………………………… (122)

第四节　李庆翱及著述考 …………………………………… (126)

第五节　历城李氏其他人员著述考 …………………………………… (132)

第四章　历城尹廷兰及著述考 …………………………………… (139)

第一节　尹廷兰其人 …………………………………… (139)

第二节　尹廷兰著述考 …………………………………… (143)

第五章　历城翟凝及著述考 …………………………………… (148)

第一节　翟凝其人 …………………………………… (148)

第二节　翟凝著述考 …………………………………… (153)

第六章　历城周奕黉及著述考 …………………………………………………… (156)
第一节　周奕黉其人 …………………………………………………… (156)
第二节　周奕黉著述考 …………………………………………………… (159)
第七章　历城范垌及著述考 …………………………………………………… (162)
第一节　范垌其人 …………………………………………………… (162)
第二节　范垌著述考 …………………………………………………… (167)
第八章　历城周乐及著述考 …………………………………………………… (172)
第一节　周乐其人 …………………………………………………… (172)
第二节　周乐著述考论 …………………………………………………… (179)
第九章　历城王德容及著述考 …………………………………………………… (187)
第一节　王德容其人 …………………………………………………… (187)
第十章　历城徐子威及著述考 …………………………………………………… (196)
第一节　徐子威其人 …………………………………………………… (196)
第二节　徐子威著述考 …………………………………………………… (200)
第十一章　历城何邻泉及著述考 …………………………………………………… (203)
第一节　何邻泉其人 …………………………………………………… (203)
第二节　何邻泉著述考 …………………………………………………… (207)
第十二章　历城谢焜及著述考 …………………………………………………… (210)
第一节　谢焜其人 …………………………………………………… (210)
第二节　谢焜著述及辑刻考 …………………………………………………… (216)
第十三章　历城李僩及著述考 …………………………………………………… (221)
第一节　李僩其人 …………………………………………………… (221)
第二节　李僩著述考 …………………………………………………… (228)
第十四章　历城郑云龙及著述考 …………………………………………………… (232)
第一节　郑云龙其人 …………………………………………………… (232)

第二节　郑云龙著述考 …………………………………………………… (235)

第十五章　历城花寿山及著述考 ……………………………………………… (238)

第一节　花寿山其人 …………………………………………………… (238)
第二节　花寿山著述考 …………………………………………………… (243)

第十六章　历城乔岳及著述考 ……………………………………………… (247)

第一节　乔岳其人 …………………………………………………… (247)
第二节　乔岳著述考 …………………………………………………… (252)

第十七章　历城余正酉及著述考 ……………………………………………… (257)

第一节　余正酉其人 …………………………………………………… (257)
第二节　余正酉辑述考 …………………………………………………… (261)

第十八章　历城朱畹子孙三代及著述考 ……………………………………… (265)

第一节　朱畹其人及其家族 …………………………………………… (265)
第二节　朱畹子孙三代著述考 …………………………………………… (278)

第十九章　历城王贤仪、王钟霖父子及著述考 ………………………………… (284)

第一节　王贤仪及王钟霖父子 …………………………………………… (284)
第二节　王贤仪及王钟霖著述考 ………………………………………… (292)

主要参考文献 ……………………………………………………………… (303)

『上编』

诗书传家声

第一章　历城朱氏家族及著述考

第一节　历城朱氏家族

历城朱氏先世自青州徙高唐。① 后又自高唐迁入历城。其始祖志高，妻刘氏。以曾孙弘祚得以封典，康熙二十七年(1688)，赠光禄大夫，巡抚广东都察院右佥都御史，妻赠一品夫人。二世祖仲卿，妻刘氏，继妻刘氏，以孙弘祚得以封典，康熙二十七年(1688)，赠光禄大夫，巡抚广东都察院右佥都御史，妻继妻俱赠一品夫人。② 至三世祖美先，于顺治四年(1647)③迁入历城。康熙五十一年《高唐州志》载："美先，高唐人也，生而魁岸，双眸炯炯照人，少授书，有早慧之目，念家贫，菽米不给，无以奉二亲，若以一卷书匏系，愈重其困矣。弃去，问生计于萧砀费泗间，每经营毕事，多置甘膬归奉高堂，其备极色养，有古人负米之风焉。公出囊底智，不数年，立致奇赢。自是营产第擁，膏腴嵕嵕，为山左著姓矣。太翁尊罍无虚夕，伯仲叔氏冠婚诸礼皆取给于公，乡邻亦待以举火。太翁以寿终。毁几灭性。伯氏有子夭，则以己子子之。洎伯氏有子，命嗣子复还。伯氏没，藐诸孤皆卵翼提诲，以至于成。性好客，置驿下榻，杯中酒不空也。酒酣，扬扢风雅，贯穿经史，宿儒所不及。甲申，公欲买舟渡江，亲友力阻之，公毅然不顾，口金陵，又避难云间，每洒新亭之涕。迄清定鼎，长公 华胤奉公偕八口还，时云门公亦扈驾入关，骨肉一时聚首。惊定拭泪，相对如梦

---

① (清)朱曾喆撰:《养中之塾续集》一卷,《广东布政使朱公墓表》,稿本。

② (清)胡德琳修(清)李文藻等纂:《历城县志》五十卷首一卷,卷第三十三《貤封表》,清乾隆三十八年(1773)刻本。

③ (清)朱曾喆撰:《养中之塾续集》一卷,《拟东昌府人物传》,稿本。乾隆《历城县志》卷第三十八《列传四》朱弘祚传称"明季始迁入县"。朱绛墓表为"国初徙济南"。

寐也。徽胤旋领乡荐。云门有扈从功，且以从龙旧臣，任隆分陕，节制三省。衮衣舞綵，当极人间未有之荣，而公白云帝乡，已不能待矣。”①《历城县志》朱弘祚传中载：“美先，字少川，以义行重于乡。有盗劫其仆，既而知为美先物，皆还之。”②以子弘祚得以封典。康熙九年(1670)，赠文林郎，江南盱眙县知县，妻姚氏赠孺人。康熙二十年(1681)，赠奉直大夫、刑部贵州司员外郎，妻赠宜人。康熙二十三年(1684)，赠中宪大夫、天津巡道按察司佥事，妻赠恭人。康熙二十七年(1688)，赠光禄大夫，巡抚广东都察院右佥都御史，妻赠一品夫人。③ 子五：光祚、升祚、昌祚，弘祚、丕祚。兄三：东先、东朴、荣先。④ 侄五：锡祚(顺治丁酉武举)、德祚(候选州同知)、永祚(山西五台县知县)、延祚(候选州同知)、茂祚(监生)。⑤ 关于高唐朱氏迁徙历城的原因，朱氏后人朱曾喆在其《拟东昌府人物传》中述道：弘祚“生九岁，值明崇祯十一年，王师略地高唐，州人谋以帑金保护乡里，属弘祚伯兄光祚诣军门乞退，兵退，光祚与仲弟升祚皆下狱，久之得出，家为之破。十三年大饥，人相食，家人皆采柳蓬蒿以为食，得不死。十六年，流寇毁室庐，里中多逃之，或聚为盗。弘祚从父兄窜身南北，不常厥居，我朝定鼎，始自江宁返故乡。顺治四年丁亥，里有土寇，遂迁居济南。”⑥

光祚，字华胤。美先长子。顺治辛卯拔贡，诰赠中宪大夫、湖广郧阳府知府加二级。⑦ 康熙三十二年《高唐州志》中有小传，传曰：“公天性孝友，渍以家学，慨然有范文正公先忧后乐之志。壮岁太丘道广，德望愈隆，酒盈北海之尊，书飞聊城之矢，乡邦皆受其赐，海内想望其人。即勤愍公勋伐炳口，为一代名臣，得公赞助良多。口贤之心，豪杰之用，公可谓兼

---

① (清)龙图耀修(清)李霖臣纂：《高唐州志》十二卷首一卷，卷八《人物上》，清康熙五十一年(1712)刻本。

② (清)胡德琳修(清)李文藻等纂：《历城县志》五十卷首一卷，卷第三十八《列传四》，清乾隆三十八年(1773)刻本。

③ (清)胡德琳修(清)李文藻等纂：《历城县志》五十卷首一卷，卷第三十三《貤封表》，清乾隆三十八年(1773)刻本。

④ 朱攸朱卷。

⑤ 参见朱琦乡试履历。

⑥ (清)朱曾喆撰：《养中之塾续集》一卷，《拟东昌府人物传》，稿本。

⑦ 参见朱琦履历。

之矣。"[1]

升祚，字高胤，美先次子。顺治戊子副榜。[2]

昌祚，字云门，美先第三子。《续修历城县志》有传。传曰："昌祚，字云门，其先高唐人，迁历城。顺治初入汉军籍，从王师出塞，简任宗人府启心郎。顺治十八年，以工部侍郎巡抚浙江。时浙中盗寇未息，昌祚至，悉心擘画，剿抚兼施，拔虏掠，赈饥困，招集流亡，安插者约数十百万。又清逋赋、冤狱，绅儒获免者五万五千余家。任三载，境内乂安。康熙三年，擢福建总督，以母丧未之任。四年，特起直隶、山东、河南三省总督，请终制，弗许。五年，抵总督任。时辅政大臣鳌拜以镶黄旗地圈换正白旗地及开垦成熟民地事，令昌祚同户部尚书苏纳海、巡抚王登联经理其事。昌祚疏言两旗哓哓，皆不愿有此举，及百姓惊扰屈抑情形，据实入奏，大忤鳌拜意，革职逮问，矫旨与王登联并予立绞。八年，鳌拜获罪，上谕吏部曰：'原任总督朱昌祚、巡抚王登联，于拨换地亩时，见旗民交困，具疏奏闻，鳌拜辄谓妄行干预，不按律文，诬陷至死，深为可悯，其予昭雪，昌祚复原官，赐祭葬，谥勤愍，祀直隶、浙江名宦祠。'《国史》有传。"[3]《高唐州志》亦有传。朱昌祚人生经历比较复杂，据法若真为之所作云："戊寅之变，公年甫十余岁，从军以出。"[4]戊寅年为崇祯十一年(1638)，据康熙五十一年《高唐州志》："崇祯十一年，东兵临城，讲和动饷，全城，知州尹亮，州判陈相望、吏目郭维祯大辟死。"[5]朱昌祚应是这一年兵变被掳，但昌祚因祸得福，在战争中成长起来，其文才武功获得清世祖赏识，出为疆吏，巡抚浙江。治浙有功，是世祖旧臣，又获圣祖特赏。据康熙五十一年《高唐州志》：崇祯十四年，土贼郭八等入城。崇祯十五年，东兵破城。崇祯十七年，李自成部将裴隆遇三月到州。[6] 鉴于战乱频繁，朱美先才不顾亲友反对，于崇祯十

---

① （清）刘佑纂修：《高唐州志》十二卷首一卷，卷之六《岁荐》，清康熙十二年(1673)刻本。

② 参加朱兰履历及乾隆《历城县志》卷第三十《选举表三》。

③ 毛承霖修、赵文运等纂：《续修历城县志》五十四卷，卷第三十九《列传一》，民国十五年(1926)济南大公印务公司铅印本。

④ （清）周家齐修（清）鞠建章纂：《高唐州志》八卷首一卷末一卷，卷五《征辟》，清光绪三十三年(1907)刻本。

⑤ （清）龙图耀修（清）李霖臣纂：《高唐州志》十二卷首一卷，卷三《兵燹》，清康熙五十一年(1712)刻本。

⑥ 同上。

七年(1644)决然率家人赴南京避难。因此,朱美先率家迁历城,是在其从南方返回以后,约在顺治初年。

弘祚,字徽胤。美先第四子。顺治五年(1648)戊子科山东乡试第七十六名举人。《历城县志》有传。传曰:"朱弘祚,字徽胤。其先高唐州人。父美先,字少川,明季始迁于县,以义行重于乡。有盗劫其仆,既而知为美先物,皆还之。兄昌祚,顺治初入汉军籍,官至总督直隶、河南、山东三省,谥勤愍。而弘祚居历城,遂为县之巨族。弘祚年十九,举顺治五年乡试。又二十二年,始授盱眙知县,革供上杂派千金。俗好讼、轻生,为揭律通衢,讼以衰止。岁旱,赈饥有法,邻封就食者盈万。时蝻生遍野,倏有群蝗过境,蝻皆附翼飞去。举治行卓异,赐蟒服,行取授刑部广东司主事,迁贵州司员外郎,兵部督捕郎中,出为天津道按察司佥事,迁直隶布政使参议。畿辅故不设布政、按察二司,以守巡二道分领钱谷、刑名,权埒藩、臬。弘祚出为守道,出圣祖特简。又二年,有巡抚广东之命,以少参跻开府,前此未有也。陛见,奏对称旨,赐内帑千金并鞍马,以宠其行。过庾岭,除役夫之繁者。广东自用兵来,无艺之征浮于正供,悉罢之。盐法为藩下奸人踞阜害灶,莫敢谯诃之。弘祚条八疏入告。卫所屯田,亩征米三斗三升,弘祚请依民田征八升,皆允行。临高、澄迈、吴川诸县,兵燹后积逋累万,皆请蠲赋,流亡渐复。阳山阜商被盗,擒获黎王玑等三十余人,置大辟,弘祚讯得其情,获未减。逆藩平后,奸民告讦无已,弘祚上疏谓:'当藩焰方张,闻风投冒倚其声势者,实繁有徒。迄今平定,经刑部侍郎宜昌阿来粤,其应归旗者,已著籍解京,余俱放为民。十余年来,皆补行伍,或归农,或死亡迁徙,无籍可稽。今奸民视为奇货,蔓引株连。请下部定议,不允其告,告者治以妄首之罪。'疏上,得请。康熙三十一年,迁浙闽总督。时岁祲,有司议使富民捐赈,几致变,弘祚严禁之。台湾初入版籍,禁猾弁侵扰。会广东巡抚与巡盐御史相讦奏,命弘祚往堪,又命往江南视太湖水利,皆异数也。三十三年,大计,以疏内"地瘠民佻"四字不称旨,免归。三十九年,命分修河南河工,劳瘁致疾,遂卒于淮南之高良闸,年七十一。弘祚明敏,遇事有为。尝因陛见,奏曰:'臣荷殊恩,当为人所不肯为不敢为者。'人谓其无愧斯言。"[1]妻姚氏,平原姚公女,诰赠一品夫人。蒋氏,顺天宛平

---

① (清)胡德琳修(清)李文藻等纂:《历城县志》五十卷首一卷,卷第三十八《列传四》,清乾隆三十八年(1773)刻本。

蒋公女。王氏，山西沁州同知、诰赠荣禄大夫、兵科给事中讳重明公女，诰封一品夫人。[①] 弘祚之仕至闽浙总督，与其兄昌祚干系甚大。朱氏后人朱曾喆在其《拟东昌府人物传》中述道："顺治四年丁亥，里有土寇，遂迁居济南。是秋，省昌祚于京师，时太常寺卿桐城程口口初入翰林，见弘祚，许为国器，弘祚遂请业于程。明年，领乡荐，康熙口年，昌祚忤权辅指(旨)，被逮，弘祚相从，请室纳乡荐，昌祚竟遇害。弘祚痛兄冤，绝意仕进。六年，圣祖亲政，予昭雪，赐邺，弘祚始就选江南，任江南盱眙县知县，越五年，载举卓异，赐蟒服，以科道行取，时兄子绂官大理寺卿，回避，十七年，补刑部广东司主事。"[②]

丕祚，庠生。妻刘氏，岁贡生青州府博兴县训导、高唐州刘公鉥女，例赠孺人，旌表节孝。[③]《历城县志·列女传》载：刘氏，生员朱丕祚妻。年十九适丕祚，事姑舅得其欢。年二十四，丕祚死，无子。砥志守贞，族无赖某欲蛊之，刘藏利刃自防。有逼其改操者，刘悲痛气结，以首触户，流血被体，家人急救止之。乃为立嗣子曰纬，抚若己出。兄公昌祚总督三省，尝遗以千金，氏力却之，曰：'孤寡无所事此也。'雍正五年旌。时年九十三。[④] 丕祚早卒，无资料寻觅其迹，朱缃《枫香集》中有《题五叔父小像》诗，诗曰：春山一望影厜㕒，蕙带荷巾松柏姿。添我图中随杖履，花时压酒捡酴醾。[⑤] 从中可略见一斑。

一、历城朱光祚支系

光祚子三：綵、绂、纬。[⑥] 綵，字莱穛。康熙十二年(1673)进士，授内阁中书舍人，迁刑部江南司主事，历员外郎、郎中。三十七年(1698)，擢郧阳知府，多善政。其尤著者，附郭武阳堰为洪水所坏百年矣，綵竭囊金督修，未匝岁，堰成，民赖之。四十八年(1709)，自春徂夏，霪雨六十余日，临境闭籴，百姓无所得粟，綵议借存仓均贮米以活郧民，吏以未经上请白。曰：

---

① 参见朱琦乡试履历。

② (清)朱曾喆撰：《养中之塾续集》，《拟东昌府人物传》，稿本。

③ 朱攸朱卷。

④ (清)胡德琳修(清)李文藻等纂：《历城县志》五十卷首一卷，卷第四十八《列传十四》，清乾隆三十八年(1773)刻本。

⑤ (清)朱缃撰：《枫香集》一卷，清康熙刻本。

⑥ 参见朱兰履历。

民命至重，而拘文法乎！脱获罪，予独当之。遂出米以赈，全活无算。年七十三，卒于官。士民合词，请祀名宦。[①] 綵子六：怀朴、怀樾（庠生）、怀楷（庠生）、怀楫、怀杰、怀材。[②] 怀朴子四：邃、昱、燕（出嗣怀本）、海。邃子三：曾裕、曾敬、曾恕（出嗣昱）。曾裕子兰，兰子广成，侄广启。[③] 怀朴，字素存，弱冠食饩，好结交，修文酒之会，日课一诗，虽有事不废。巡抚李树德与酬和，病中成桐社诗百首，见者不知其病也。慷慨好义，士大夫及豪侠市侩缁黄花门之徒，无不知朱公子者。诗清丽，有《山民集》。[④] 据朱兰朱卷：怀朴，廪贡，候补内阁中书，覃恩诰赠奉直大夫、直隶沧州知州，著有《复齋漫稿》《鷟浦集》《禹登山房诗》行世。妻何氏，覃恩诰赠太宜人，镇守福建海坛等处地方总兵官、讳清公女。焦氏，覃恩诰赠太宜人，己丑进士、户部右侍郎、讳毓瑞公孙女，候补太常寺典簿讳舜同公女。邃，字若谷。雍正癸卯拔贡，保举贤良[⑤]，历任直隶沧州知州。恭遇乾隆元年（1736）覃恩敕授承德郎、甘肃靖逆卫通判加一级，又恭遇乾隆十六年（1751）覃恩诰授奉直大夫、直隶沧州知州加二级。妻蒋氏，覃恩诰封宜人，镶红旗汉军湖广下荆南道布政司参议讳舆苣公孙女，江南苏州府同知讳尚悫公女。昱，候选州同知。海，候选州同知。曾裕，济南府运学生。妻邢氏，敕赠儒林郎讳起龙公孙女，郡庠生祖仁公女。曾敬[⑥]，字慎斋，监生。顺天府宛平县县丞，升涿州州判，后任永定河三角淀管河通判。曾恕，候选州同知。兰，字香祖，号湘佩，一字退夫，行一，丙辰年十月十二日辰时生于山东济南府历城县附学生民籍，习诗经。[⑦] 乾隆二十四年（1759）己卯科乡试副榜，直隶正定县县丞。[⑧]

---

① （清）胡德琳修（清）李文藻等纂：《历城县志》五十卷首一卷，卷第三十八《列传四》，清乾隆三十八年（1773）刻本。

② 参见朱兰履历。

③ 参见朱兰履历。

④ （清）胡德琳修（清）李文藻等纂：《历城县志》五十卷首一卷，卷第四十《列传六·文苑》，清乾隆三十八年（1773）刻本。

⑤ 由济南府知府金允彝保举，见乾隆《历城县志》卷第三十《选举表三》。

⑥ 据张鹏展《国朝山左诗续抄》卷十三，曾敬，字尊一，历城监生，前抄怀朴孙，官柳州府知府。

⑦ 参见朱兰履历及乾隆《历城县志》卷第三十一《选举表四》。

⑧ 参见（清）胡德琳修（清）李文藻等纂：《历城县志》五十卷首一卷，卷第三十《选举表三》，清乾隆三十八年（1773）刻本。又见朱兰履历。

绂，出嗣昌祚，镶白旗汉军籍荫生，大理寺正卿加三级。朱弘祚在其《清忠堂抚粤奏疏》卷一中提到朱绂："康熙十四年台省员缺，行取考选入京时，臣侄朱绂方任大理寺卿，吏部题明回避。"子四：怀正（镶白旗汉军籍、浙江湖州府德清县知县）、怀裕（镶白旗汉军籍、监生）、怀彬（镶白旗汉军籍、监生）、怀棣（镶白旗汉军籍、笔帖式）。① 孙五：玉（镶白旗汉军籍、监生）、琏（镶白旗汉军籍、现任銮仪卫笔帖式）、瑶（镶白旗汉军籍）、瑾（镶白旗汉军籍）、璋（镶白旗汉军籍、业儒）。重孙八：士茂、士蕙、世华、士兰、士芝、士荚、士荃、士秀，俱镶白旗汉军籍。②

纬，出嗣丕祚。③ 字义俶，岁贡生。事寡母以孝闻，授丘县训导。是时，家多贤达，纬有吏才，为上官所器，顾念母老，请养归。康熙四十三年（1704），大饥，倡设粥厂于南郊，多所全活。④ 入《历城县志·列传·一行》。貤赠征仕郎、国子监学正加一级。妻宋氏，江西泰和知县、恩县宋公念修女，貤赠孺人。郝氏，貤赠孺人，令昭生母。段氏，待赠孺人。著有《梦村集》。子二：嗣宗（岁贡生）、令昭。嗣宗子三：铎（监生）、铨（监生）、锟（监生）。孙七：曾辉、曾耀、曾云、曾礼⑤、曾炎、曾毅、曾任⑥。令昭子三：倬、攸、倜。⑦ 令昭，字次公，生数岁，知声偶，为诗自辟生奥，往往似李贺。倡柳庄社，与淄川张元、胶州高凤翰、义乌方起英辈为忘形交，余子不与轻接，人呼曰狂生。书法宗唐人，左右手皆能为画，亦有格。性通脱，不问有无。尝囊数千金游吴下，不一月，立尽。乡人有为福建大吏者，招游，乃自挟资以往，赠遗无所受，曰：吾此来，为啖荔枝江瑶柱，无意作茂陵刘郎也。归则家益落，而意气自如。由监生捐授同知职。卒年四十一。⑧ 晋

① 参见朱兰履历。

② 朱琦履历。

③ 参见朱兰履历。

④ （清）胡德琳修（清）李文藻等纂：《历城县志》五十卷首一卷，卷第四十三《列传九·一行》，清乾隆三十八年（1773）刻本。

⑤ 湖北应城县典史。参见《续修历城县志》卷第三十五《选举表二》。

⑥ 据朱攸朱卷，曾任应为嗣宗之孙，据朱彤履历，曾任为朱彤之子。朱攸朱卷为抄本，朱彤履历为刻本，刻本可信度稍高。

⑦ 朱攸朱卷。

⑧ （清）胡德琳修（清）李文藻等纂：《历城县志》五十卷首一卷，卷第四十《列传六·文苑》，清乾隆三十八年（1773）刻本。

赠儒林郎。妻艾氏，济阳艾公鐽女，晋封安人。攸，字好德，号渊亭[1]，一号迂舟，行二，庚申年九月十二日酉时生于山东济南府历城县附学生民籍。乾隆二十四年(1759)己卯科乡试第九名举人。妻郁氏，浙江仁和郁公莲女。[2]《续修历城县志》有传。传曰：朱攸，字渊亭，生而颖敏。少孤，有兄早世(逝)，弟复病心疾。时生祖母在堂，母氏艾率寡媳上事孀姑。三世茕茕，饔飧莫给。攸总角入塾，即知刻励。母尝于严冬质絮被，供修脯，备尝荼苦，而无怨尤。攸年十八入邑庠，为名诸生。时德州宋弼掌教泺源书院，攸从之肄业。闭户研经，不见其有群，居时间一岁，举乾隆三十四年(1769)乡试，始得以馆谷奉母。越八年，母卒，终养无遗憾。三十五年(1780)，筮仕国子监学正，徒步入署，无赁马之资。辛卯，升助教。壬辰，成进士，选庶吉士。乙未散馆，授编修。丁酉，充顺天乡试同考官。癸卯，充山西乡试副考官。己酉，充会试同考官。庚戌，授江西吉安府知府，冒暑出都，感旧疾，假归，租屋养疴，数月不瘳，遂卒，年五十一。[3] 攸子：曾可(监生)。侄：曾异、曾维。孙：诵沅(监生)[4]，重孙：檀芬(业儒)。[5]

二、历城朱升祚支系

升祚子十一：纹、纶(康熙己酉武举、候选守备)、綖(庠生)、绰、纯(贡生)、经(监生)、维(监生)、缜(候选州同知、诰赠奉直大夫、贵州黄平州知州)、绘、纪(庠生、候选县丞)、绪(监生)。[6] 纹，光绪《高唐州志》载："字汉襄，升祚子，以中翰需次，为人温煦廉慎，礼法自检。尤工于举业。卜居明湖之上，蒲莲足给，书史自娱。人题其壁曰：'开樽绿泛贤人酒 卷幔红摇君子花'。可想其风采云。"[7]妻戴氏。康熙丁巳科举人，候补内阁中书舍人。乾隆二年(1737)，以孙燕贻赠奉政大夫，湖南辰州府同知，妻赠宜人。后

---

① 乾隆《历城县志》卷第三十《选举表三》中为"字渊亭"。

② 朱攸朱卷。

③ 参见《续修历城县志》卷第三十九《列传一》及朱曾喆《养中之塾文集》。

④ 据朱曾喆《钝甫文稿》中关于朱攸之女的记述，知曾可早卒，朱攸亦于五十一岁时卒，曾以曾喆次子汉醇为朱攸嗣孙，五岁夭，后又以曾喆从祖弟曾书之子诵沅为嗣孙。

⑤ 朱攸朱卷。

⑥ 朱赐田履历。

⑦ (清)周家齐修(清)鞠建章纂：《高唐州志》八卷首一卷末一卷，卷五《选举》，清光绪三十三年(1907)刻本。

貤赠中宪大夫、浙江温州知府。子怀本，监生，妻戴氏。以子燕貤赠奉政大夫，湖南辰州府同知，妻赠宜人。[①] 嗣子燕，监生，常德府通判，辰州府凤凰营通判，辰州府汾阳同知，浙江温州府知府。[②] 嗣子曾传[③]，字式鲁，弱冠补诸生，薄时艺，不读而试辄冠。其偶好为诗，尤爱李贺、温庭筠，时慕效之。泺源山长傅王露、桑调元皆谓一时无其匹者。酷嗜饮，一日不持杯勺，则奄然若病。醉辄嫚骂，时士无足当意者。乾隆二十一年(1756)举乡试。会试屡不第，益湎于酒。得病，知不起，捡箧中诗读一过，辄焚之，至焚竟而死，年四十有五。[④] 缜子怀栻，“字易林，高唐州学生，性孝友，尚气节。父缜病，祷天愿以身代病，寻愈。母李氏早殁，事继母卢氏如所生。雍正六年(1728)，举贤良方正，以知县分发江西永新县，吉安守王若鳌以分赔仓谷六百石，踰限下狱，栻至，即出之捐俸代输，若鳌初举子，即取名朱公赐，以志不忘。及若鳌卒，栻归其丧。都司萧再何死难，亦不能归，栻并助之。历任丰城、安仁、吉水、铅山、都昌诸县，迁贵州镇宁州，兼摄晋定、黄平、平越等州，计三十余年，所至皆有惠政。乾隆二十一年(1756)，服除，补山西静宁州，时值西路用兵，兼派养马，栻殚力经营三载，以病乞休，寻卒，赖众赙以归。栻善书画，喜吟咏，著有《检得诗抄》《黔中唾》行世。”[⑤]

三、历城朱弘祚支系

(一)朱缃支系

弘祚子五[⑥]：缃、绛、纲、缵、缙。缃，字子青，有隽才，自经史至天官、壬

---

① 参见朱兰履历及乾隆《历城县志》卷第三十三《貤封表》。

② (清)胡德琳修(清)李文藻等纂:《历城县志》五十卷首一卷，卷第三十一《选举表四》，清乾隆三十八年(1773)刻本。

③ 昱子，《历城县志》卷第四十《列传六》中曰：曾传，字式鲁，怀朴孙也。《朱兰履历》中胞叔为曾敬、曾恕。显然曾传不是邃子，昱过继曾恕，因此推测曾传是昱过继曾恕后所生，又过继给亲弟燕。

④ (清)胡德琳修(清)李文藻等纂:《历城县志》五十卷首一卷，卷第四十《列传六·文苑》，清乾隆三十八年(1773)刻本。

⑤ (清)周家齐修(清)鞠建章纂:《高唐州志》八卷首一卷末一卷，卷五《征辟》，清光绪三十三年(1907)刻本。

⑥ 列传中朱弘祚五子，纲排第三。朱缃诗集中，却称朱纲为四弟。朱纲诗集中称朱缃为二兄，朱曾喆《朱绛墓表》称“曾喆则公仲兄讳缃之曾孙也”。可见弘祚可能有长子早卒。

遁之书，无不研究。尤致力声诗，与王士禛、朱彝尊相切劘。被父命至都下，未尝游贵者之门，所交皆清望有文者，故其诗亦如寒素书生。筑室章丘之明水，曰橡村，饶水竹之胜，四方名士屦交趾错，觞咏无虚日。父弘祚卒于河上，扶榇归。又丧其母。时两弟皆远宦，缃独瘁汤药，既葬而病。援例候选主事，卒，年三十八。[①] 妻王氏、李氏。著有《观稼楼诗》《枫香阁诗》《云根清壑山房诗》《吴船书屋诗》行世。子四：崇勋（岁贡生）、崇道（候选州同知）、崇典（监生）、崇禧（运庠贡生）。崇勋，字彝存，由诸生例贡成均，母喜奉佛，崇勋先意承志，晨起必诵《金刚经》数过。延淄川张元教弟子三十余年，作诗与元齐名。[②] 妻李氏，庚戌进士贵州镇远府知府讳予之孙女，廪贡讳斯衸公女。[③] 著有《桐阴书屋诗》二卷存世。

崇勋子六：琦、敏（庠生）、泰（业儒）、璜、衡[④]（业儒、出嗣崇道[⑤]）。[⑥]

琦，字景韩，号复亭，行一，丙申年[⑦]七月二十二日生于山东济南府历城县副榜贡生、镶白旗官学教习民籍，习诗经。[⑧] 自能言即不苟嬉戏，学于淄川张元，与同邑曾尚增、毛辉祖相友善，名亦颉颃。由拔贡充镶白旗官学教习。乾隆十二年(1747)顺天乡试举人，历任陕西神木、江西万载、四川安岳、彭县知县，所至以振兴文教、培养士气为先，劳心抚字，去后人争思之。幼承家学，好为诗，与族子曾传相唱和。后历秦、楚，久于巴、蜀。公余之暇，不废吟咏，著有《倚华楼集》。[⑨] 妻余氏，候选知县讳羲公[⑩]之

---

① (清)胡德琳修(清)李文藻等纂：《历城县志》五十卷首一卷，卷第四十《列传六·文苑》，清乾隆三十八年(1773)刻本。

② 同上。

③ 朱琦履历。

④ 据朱曾喆《先府君墓志》中曰：府君讳瑀，初名衡。

⑤ 朱璜履历。

⑥ 朱琦履历中为“胞弟敏、泰、衡”。朱璜履历中为“胞兄琦、敏，胞弟衡(出嗣二胞叔祖)”。朱琦子朱曾一履历中为“胞叔敏、璜、瑀(出嗣二胞叔祖)”。朱璜子朱曾武履历中为“胞伯琦、敏，胞叔瑀(出嗣二胞叔祖)”。可以推断，泰早卒，衡出嗣崇道后亦卒，瑀又被出嗣崇道。

⑦ 康熙五十五年(1716)。

⑧ 朱琦履历。

⑨ 毛承霖修、赵文运等纂：《续修历城县志》五十四卷，卷第四十《列传三·文苑》，民国十五年(1926)济南大公印务公司铅印本。

⑩ 余羲，历城人，与朱琦同入《续修历城县志·列传·文苑》。

女。[①] 琦子四：曾一、曾中、曾撰、曾秦。[②] 曾一，字鲁唯，号鹤皋，行一，丁巳年五月二十六日寅时生于山东济南府历城县增广生民籍，习诗经。乾隆三十六年（1771）辛卯科举人，历任滨州学正、曲阜县教谕[③]、东昌府教授。[④] 妻曾氏，乙卯经魁、丁巳进士、己未翰林院庶吉士、诰授奉直大夫、湖南郴州直隶州知州讳尚增公女。[⑤] 曾尚增为曾一父朱琦乡党挚友。子汸，业儒。[⑥] 曾撰，字异三，号鹭洲，恩贡，候选教谕，例赠文林郎。妻毛氏。诰授中议大夫、雍正壬子科举人、乙丑科进士，翰林院编修、历官太长寺少卿、上书房行走、癸酉科、壬午科、乙酉科福建乡试副考官、提督湖南学政、晋赠资政大夫、宗人府府丞加四级、讳辉祖公女。例赠孺人。毛辉祖亦为朱琦同乡挚友。子五：洛（嘉庆庚申恩科副榜、候选直隶州州判）、澄（河南淇县、江西乐平县典史）、涵（庠生）、沅（庠生、广西归顺州胡润寨巡检）、颍。洛，字冠石，嘉庆五年（1800）庚申科副贡。[⑦] 颍，字守川，号颖谷，例赠文林郎。妻冯氏，运庠生、应博学鸿词科、敕赠文林郎、讳溁公曾孙女；乾隆辛酉科拔贡、庚子科顺天举人，历任直隶永年、陕西洋县、蒲城县知县，护理广平府印，敕授文林郎，讳方邺公孙女；乾隆甲寅科顺天副榜、嘉庆庚申恩科举人、由誊录议叙河南郾城县知县、丙子科河南乡试同考官、敕授文林郎、讳仝公女。例赠太孺人。冯方邺与朱琦亦同乡挚友，曾相互唱和。据朱赐田朱卷，颍出嗣曾武。颖子二：锡田、赐田。锡田，字伯字、号附山，增生。子二：宗慎、宗默，俱业儒。赐田，字公辅，号蔗农，又号松山，行二。嘉庆庚午年四月二十六日吉时生山东济南府历城县儒学附生民籍。咸丰二年（1852）山东乡试壬子科第五十二名举人。妻茹氏，会稽讳

---

① 朱琦履历。

② 朱曾一履历。

③ 朱赐田履历。

④ 毛承霖修、赵文运等纂：《续修历城县志》五十四卷，卷第三十四《选举表一》，民国十五年（1926）济南大公印务公司铅印本。

⑤ 朱曾一履历。

⑥ 朱曾一履历。

⑦ 毛承霖修、赵文运等纂：《续修历城县志》五十四卷，卷第三十四《选举表一》，民国十五年（1926）济南大公印务公司铅印本。

兰生公女。[①] 曾秦，字麟侯，乾隆五十一年(1786)丙午科副贡。[②]

璜，字苍佩，行四，己酉年五月十七日生山东济南府历城县附学生民籍，习礼记。[③] 乾隆十八年(1753)癸酉科山东乡试第五名举人。任蒙阴教谕。[④] 据朱曾武朱卷，朱璜曾是癸酉经魁，敕授文林郎，先后任蒙阴县儒学教谕、青州府儒学教授。妻袁氏，户部贵州司主事、诰赠资政大夫、内阁侍读学士、讳景文公孙女，累赠资政大夫、历官太长寺少卿、讳承宠公女。[⑤]《续修历城县志·列传一》载：朱璜，字苍佩，幼沉毅，寡言笑，至性过人，动持礼法，为乡里所推重。弱冠补诸生，有声庠序，为文一宗先正。乾隆十八年(1753)举于乡，选蒙阴县教谕，接诸生以礼，严月课，励以实行，有以私事干谒者，峻却之。坦白夷易，所守常不可夺。四十三年(1778)，升青州府教授，整理书院，重修学宫，士人德之。[⑥] 子曾武。曾武，字绳孙，号蒨圃，行一。戊寅年十一月二十三日寅时生于山东济南府历城县增广生民籍，习礼记。[⑦] 妻袁氏，诰授奉政大夫、户部河南司郎中、晋赠光禄大夫、兵部尚书、总督直隶监管巡抚事、讳承绂公孙女，庚寅恩科举人，诰授奉政大夫、刑部云南司郎中名守佃公女。[⑧] 袁氏为当时山东长山县巨族。朱璜娶袁承宠之女。其子曾武娶袁承宠堂兄弟袁承绂孙女。据《续修历城县志·列传三》载：朱曾武，乾隆四十八年(1783)举人，官广东省开平县知县。孝友端方，学求实用，以敦睦宗族为急务。周恤贫乏，告贷者无不应。尝欲仿范文正公义田之法，绌于财，不果行，以为憾。遇事敢为，以刚直著。罢官后，闭门却扫，肆力典籍，于秦汉以来作者正变源流，无不深究其蕴。著有《四书字义说略》二卷、《制义纲目说略》二卷、《唐诗绎律》六卷、《时文

---

① 朱赐田履历。

② 毛承霖修、赵文运等纂:《续修历城县志》五十四卷，卷第三十四《选举表一》，民国十五年(1926)济南大公印务公司铅印本。

③ 朱璜履历。

④ (清)胡德琳修(清)李文藻等纂:《历城县志》五十卷首一卷，卷第三十《选举表三》，清乾隆三十八年(1773)刻本。

⑤ 朱璜履历。

⑥ 毛承霖修、赵文运等纂:《续修历城县志》五十四卷，卷第三十九《列传一》，民国十五年(1926)济南大公印务公司铅印本。

⑦ 朱曾武履历。

⑧ 朱曾武履历。

一贯录》一卷。[①] 子三：江、涛、清。[②]

瑀[③]，监生。妻范氏，同邑监生范公讳广义女。[④] 字介亭，号莪圃。五岁出为仲父崇道嗣，以事嗣母刘，不干仕进。性坦白，群推长者。四方来游人士以得住其家为重。家固穷空，至脱粟菜羹以为乐，不以酒食相征逐。郡中风气屡更，瑀独守家法六十年，不随俗变。千佛山北向有白石塔二，为浙绍乡人检埋枯骨义塚，已历年所。历城久无甲榜，至乾隆乙卯，乡举亦脱。论者以为此塔正当城脉过峡，有妨郡城文运。瑀倡义，与朱照、郑士芳商之浙人，移于星宿庙南。是年会试，历城中式张源、杨受廷二人，嗣后文运滋盛。其好义多类此。书法欧、虞，一时争宝之。[⑤] 嘉庆十有二年二月十九日卒，年七十有六。妻范氏，同里贡生讳广义次女，善事孀姑，性和柔，识大体，服食甚俭而不吝，推解族媚，胥仰壶仪，卒于乾隆五十七年(1792)七月初六日，年六十有二。[⑥] 子二：曾翼、曾喆。曾翼，字敬甫，号蓉江，行九。乾隆丙子年六月二十一日生山东济南府历城县学廪生民籍，住城里南城根。妻刘氏，长山郡增生名宗淹长女。高氏，淄川附贡生名贻荣次女。杨氏，同邑湖北抚标守备、署游击事、讳龙辅次女。出嗣临[⑦]。[⑧] 乾隆五十四年(1789)己酉科优贡[⑨]，曹县训导。[⑩] 嘉庆三年(1798)卒。[⑪] 曾喆，字濬叔，行十，乾隆癸未年八月十七日生济南府学廪生历城县民籍，

---

① 毛承霖修、赵文运等纂：《续修历城县志》五十四卷，卷第四十一《列传三》，民国十五年(1926)济南大公印务公司铅印本。

② 朱曾武履历。朱曾武《时文笔谱》正文卷端题“济南朱曾武蒨圃论辑 男颖守川编次”。

③ 原名衡。

④ 朱曾喆履历。

⑤ 《续修历城县志》。毛承霖修、赵文运等纂：《续修历城县志》五十四卷，卷第四十四《列传六》，民国十五年(1926)济南大公印务公司铅印本。

⑥ 参见朱曾喆撰：《养中之塾文续集》，《先考莪圃府君墓志铭》，稿本。此处言其外祖父为贡生，与前监生说有异。

⑦ 朱曾喆履历中载：胞兄曾翼，同科优贡，出嗣伯父。伯父临。

⑧ 朱曾翼履历。

⑨ 据朱曾翼履历，为己酉科优贡第一名。

⑩ 毛承霖修、赵文运等纂：《续修历城县志》五十四卷，卷第三十四《选举表一》，民国十五年(1926)济南大公印务公司铅印本。

⑪ 参见朱曾喆撰：《养中之塾文续集》，《先考莪圃府君墓志铭》，稿本。

住城里南城根。妻关氏，同邑讳文洁公女。己酉科拔贡一等第二十五名。① 据《续修历城县志·列传三》载：朱曾喆，字纯甫，瑀子。乾隆五十四年(1789)拔贡，官宁阳县教谕。性刚正，言动不苟，学矢勿自欺，笃于友谊，不滥交人，有过必面折之。尝曰：'貌为顺从，退而訾议，非所以待友也。'好善若渴，有所得，必急示同志。恪守先人遗训，凡手泽所在，虽片纸只字，搜辑不遗余力。遇事明断，识大体。读书必求实用，日手一编。经传之外，究心先儒性理语录等书及先正文集之有裨身心者，非此不寓于目，而于李安溪、方望溪、顾亭林三先生尤深契焉。一日，阅望溪先生《经说》，不禁起舞曰：'当吾世而有如斯人、如斯文，修己治人之道，备在是矣。'于是搜罗研究，寝馈其中者四十年。择其文之有关于学仕者百篇，冠以《原人》，可以觇其生平之志矣。官宁阳时，学宫荒芜，即饬役芟之，曰：'此非草木园也。'崇圣祠久圮，竭力倡修，五年告竣，阖邑称改观焉。尤留心于孝义、节烈之事。举优生，不以贿，诸生惮之。著有《养生之塾文集》并《外集》《续集》。② 后推升知县。③ 子汲。

崇道，字带存。贡生，候选州同知，著有《湖上堂诗集》行世。妻刘氏，候选国子监学正、封翰林院检讨、长山刘公讳耐女，例赠安人，节孝载县志。④ 子二：临、瑀(嗣子)。临子一：曾翼⑤(嗣子)。既然朱崇道妻刘氏节孝载县志，足见崇道并不长寿，后继乏人，在所难免。历城县志仅记名，朱崇道妻刘氏、妾李氏，无故事。

崇典：监生。著《望华楼印谱》一卷，后有详述。

崇禧：运庠贡生，妻毕氏，太学生讳世涵公女。⑥ 乾隆四十二年(1777)以子教谕衔、登州府学训导，赠修职郎。妻赠孺人。四十五年(1780)，妾赠八品孺人。⑦ 子二：彤、瑗。彤，字伯弨，一字丹廷，号芥舟，行一。癸丑

---

① 朱曾喆履历。

② 毛承霖修、赵文运等纂：《续修历城县志》五十四卷，卷第四十一《列传三》，民国十五年(1926)济南大公印务公司铅印本。

③ 毛承霖修、赵文运等纂：《续修历城县志》五十四卷，卷第三十四《选举表一》，民国十五年(1926)济南大公印务公司铅印本。

④ 朱曾喆履历。

⑤ 本生父瑀，见乾隆己酉科山东优贡同年齿录之朱曾翼。

⑥ 朱彤履历。

⑦ 毛承霖修、赵文运等纂：《续修历城县志》五十四卷，卷第三十七《貤封表》，民国十五年(1926)济南大公印务公司铅印本。

年四月二十五日寅时生山东济南府历城县廪膳优生民籍，习诗经。妻李氏，候选州同知讳可康公女。继娶汪氏，邑庠生讳维城公女。[①] 乾隆二十七年(1762)壬午科山东乡试第六十一名举人[②]，乾隆四十五年(1780)庚子科会试进士，殿试三甲二名。[③]《续修历城县志》有传，传曰："朱彤，字丹亭。方髫龄十时，举止如成人。堂兄琦见而异之，曰：'此吾雁行中第一人也。'未弱冠，补诸生，旋食饩。时德州宋弼、钱塘桑调元先后主泺源书院讲席，所拔士有'八骏''八杰'之目，朱氏居三，彤其首也。所为文，在华亭、西江两派之间。读书务求实用。与同里周永年、秀水盛百二、清平刘湄俱深相契，数共晨夕。然终不以自足，中岁益攻苦。乾隆二十七年举于乡，四十五年成进士，任曹州府学教授，卒于官。初官黄县训导时，去家几至千里，闻父病革，急乞假归。中途闻父讣，堕马厥，急救之，始甦。是后，每逢忌日，无不流涕。母疾，不解带，至于形销。盖至性过人也。待弟瑗始终友爱，析箸后复以己田归之。虽身无半亩，亦未尝介介。从侄曾述，孤贫母孀，月给薪米，招曾述与儿辈同读，数十年如一日。尤喜施予，全人名节。尝赁一仆妇，询知为诸生女，厚赍而遣之，其人得纺绩自活，终身不复为人役。其后人至今称颂不衰。"[④]朱彤虽为杰出文士，惜无诗文集传世。王钟霖《国朝历下诗抄》中云：(朱彤)，字丹廷，号云麓，历城县人，乾隆壬午科举人，庚子恩科进士，曹州府学教授。有其诗二首，其一《听雨寄二弟渊亭》：寂寞西窗下，深宵送雨声。池塘发春草，节序度清明。未惜年华晚，其如离思生。遥知千里外，幽梦几回成。其二《送景韩大兄之任万载》：千里求微禄，家贫远不辞。高堂离梦切，匹马去乡迟。风雪建城路，松筠济水湄。平生对床意，珍重在临歧。两首诗是朱彤与朱攸及朱琦交游之见证。子三：曾眉、曾任、曾咏。朱诵泗，字退旃，彤孙，道光十一年

① 朱彤履历。

② (清)胡德琳修(清)李文藻等纂：《历城县志》五十卷首一卷，卷第三十《选举表三》，清乾隆三十八年(1773)刻本。

③ 毛承霖修、赵文运等纂：《续修历城县志》五十四卷，卷第三十四《选举表一》，民国十五年(1926)济南大公印务公司铅印本。

④ 毛承霖修、赵文运等纂：《续修历城县志》五十四卷，卷第三十九《列传一》，民国十五年(1926)济南大公印务公司铅印本。

(1831)辛卯科岁贡，昌邑训导。①

瑗，监生，候选从九品。②

(二)朱绛支系

绛，生员，援例得官，任刑部贵州清史司郎中，历官至广东布政使。③《历城县志》有传。传曰："绛，字子垣，由高唐诸生援例授刑部贵州司郎中，出为永州知州，清慎自矢，吏民畏而怀之。内艰服除，补铜仁，大计卓异，擢广东肇高廉罗道副使。广东为弘祚秉钺地，父老犹感其德，闻绛至，皆迎而罗拜。绛访求利弊，捕巨盗数人，境内肃然。雍正元年，迁广东按察使，口年，迁布政使，以病归。又八年，卒。"④著有《岭南草》，与朱纲、朱缃诗合编，成《棣华书屋近刻》，入《四库全书》。朱氏家族后人朱曾喆作《朱绛墓表》，近又于章丘县明秀乡西彩石庄发现朱绛墓表，表曰："公讳绛，字子垣，姓朱氏，先世自青州徙高唐，潜德弗耀。大夫讳美先，当明季以任侠著，国初徙济南，皇清赠光禄大夫、广东巡抚，未仕也。有子昌祚，受世祖章皇帝特达之知，授宗人府启心郎，晋抚两浙，官至兵部尚书，直隶、山东、河南三省总督。康熙初以陈圈地事忤辅政大臣鳌拜意，鳌拜矫旨杀之，逮圣祖亲政，得昭雪，谥勤愍，荫其子绂，官至大理寺卿。嗣是勤愍公母弟讳弘祚，以举人筮仕江南盱眙县知县，名著循良，为圣祖所特简，官至兵部侍郎、闽浙总督，是为公父。纲荷宪皇帝眷命，上下交孚，情无不达。方勤恪公之官湖南布政使也。公官广东布政使，勤恪公奏曰：'臣之兄绛有疾，恐不及为臬司。'时上曰：'毓珣已奏过朕，惜其是好官，且调理看。'既而疾不瘳，乞休，过长沙，勤恪公曰：'兄遇圣主之知，方任旬宣而遽膺疾，必有未及入告者，愿闻之，俟纲面陈，以竟兄志'。公曰：'广东依山环海，利步卒水师，故骑兵多虚縻，易徒则饷不增而兵力倍，亦覈军实之道也，满营将子弟多比营卒，与土人为婚媾，买奴婢，至宵小冒充旗人，互引党类，易生奸宄，宜严禁之。滨海民以渔为业，自下海有诛，无可资生，多

---

① 毛承霖修、赵文运等纂：《续修历城县志》五十四卷，卷第三十四《选举表一》，民国十五年(1926)济南大公印务公司铅印本。

② 朱彤履历。

③ (清)胡德琳修(清)李文藻等纂：《历城县志》五十卷首一卷，卷第三十一《选举表四》，清乾隆三十八年(1773)刻本。

④ (清)胡德琳修(清)李文藻等纂：《历城县志》五十卷首一卷，卷第三十八《列传四》，清乾隆三十八年(1773)刻本。

去而为盗，是弭之而反驱之，亦弛禁，云云。'后勤恪公晋云南巡抚，入觐，奏之。初，公援例选刑部贵州司郎中，丁外艰，复补江西司。会命六卿举贤能有耻之官，公与焉，出为永州府知府。丁母忧，复补为贵州铜仁，擢肇高廉罗道，迁广东按察使，再迁布政使，病归里居六年，卒于雍正九年二月初一日，年六十。葬于章丘明八里采石庄东原赵山之阳。元配李夫人，继张夫人。迄今七十余年，墓道无石。尝欲纪公行实而无征信，每致悼焉。今年夏，检勤恪公遗奏，始知同受宪皇帝之知，观所奏云云，则公之其猷为可知矣。帝惜其是好官，则公之敬厥职者有在矣。少侍闽浙公于官，长师新城王文简公，所交游若张征君贞、若朱竹垞太史，皆一时耆旧。兄弟友爱，早有令誉，少尝学诗，有《棣华书屋近刻》，逮入官，则废吟咏。将卒，虑子幼，尝以杖刻己名，命老仆曰：'尔逮事吾先人，为吾善视诸儿，敬守先人遗训，勿骄惰，勿侮师长，不则以杖杖之，如吾临焉。'至今乡人犹能言之。子十人：崇简、崇谟、崇恩、崇端、崇诏、崇仁、崇业、崇法、崇善、崇年，今俱卒。孙曾之存者，崇恩之子谓，居诸城。崇善之子铄瓅与崇法之孙曾有居博山。崇年之子谔与崇诏之嗣子璠居益都。崇简之孙曾泺，居长山。惟崇业之子琇、琨、璟居章丘之遡邱，为近公墓。余子无后。琨命族子曾喆表公墓，敬述所知如此。曾喆则公仲兄讳緗之曾孙也。嘉庆九年甲子冬至后一日曾喆谨表。"①

（三）朱纲支系

纲，生员，兵部主事。历官巡抚福建，加兵部尚书。②《历城县志》有传，传曰："纲，字子骢，年十三，补高唐州诸生，以赀授兵部武库司主事。外艰服阕，补武选司。丁母忧，起补原官，迁职方司员外郎，转刑部江西司郎中。有妇为强暴所杀，所司累讯不得其人，纲驰至妇死所，曰：'汝烈妇也，精爽当不没，勿使杀汝者得逸。'覆审，遂得杀者，而其衣已澣，无左证。纲曰：'日中视之，必有血迹。'验之，果然。暴伏法，而妇得旌表。监督富新仓，综覈有法。总督仓场，施某荐之，迁天津道副使。康熙五十四年，静海诸县蝗，纲虔祷于神，一夕蝗尽去。两遇水围，蒙赐御书'克食'，询问家世甚详，纲奏对称旨。五十八年，擢直巡道，诏'朱纲虽非进士出身，素知其有文，免缮履历'。一时荣之。六十年，迁河南按察使，多所平反。雍正

① 朱曾喆撰：《养中之塾文续集》，《广东布政使朱公墓表》，稿本。

② （清）胡德琳修（清）李文藻等纂：《历城县志》五十卷首一卷，卷第三十一《选举表四》，清乾隆三十八年（1773）刻本。

元年，迁湖北按察使。时河南旱荒，纲方监赈卫辉、彰德、怀庆、归德四府，巡抚奏留，事蒇而后之任。及抵湖北三月，即调湖南，清欺隐之弊。又颁六条示属吏，大略崇节俭，慎用人。纲往来洞庭湖，目击覆舟之惨，造救生船十余，分直（置）琴棋望、铜盆湖、九马嘴、布袋口诸险地。雍正五年，晋云南巡抚。时西藏用兵，纲钩稽隐漏，以储粮粮，丛弊一清。调福建，比行，奉旨：'朱纲秉公正直，毫无瞻顾，可谓实心扶持风化之大臣。纲起身赴闽，滇人当尊敬尽礼，以荣其行。'六月六日，受事，福安洋盗横虐，县获其党而遗其魁，纲遣弁兵立擒之。俄卒官，年五十五，诏加兵部尚书衔，俾省城官吏集送，所过州县，官弁亲往奠醊。抵里，使入城治丧。谥勤恪。"①纲子：崇谦、崇豫、崇厚。崇谦，纲长子，三品荫生，未仕卒。② 崇豫，以父河南按察使纲荫，仕至苏州府总捕同知。③ 崇厚，字野君，精绘事，著《绘事逋还杂咏》。崇厚子照，出嗣崇谦。照，字晓村，监生。入《续修历城县志·列传·文苑》，传曰："照出嗣，不利其产。性耽山水，善诗画，喜遨游。弱冠攻书史，不喜科名。壮随族父任直隶最久。又遍游江浙、山西、河南，因作河图，悉从亲阅形势中来。每作画，不计工拙，随兴所至，而苍朴蔼郁之气，人多不能及。襟怀浩落，见人忧贫，辄笑之。晚号'齐右乡人'。尝咏杏云：'老夫肝腑异恒流，杏带酸味气味投。八十年来好牙齿，一生自不皱眉头。'八十三岁卒。著有《水道考》《锦秋老屋笔记》。诗率得之缣素间，无专集也。子凝台、凝庚、凝轸。"④凝台，嘉庆十三年（1808）山东乡试戊辰科举人，巨野教谕。据朱崇厚《绘事逋还杂咏》张映纬序，朱崇厚有子翊黄，刻其父前述诗作。

（四）其他

缵，字子成，雍正二年（1724）山东乡试甲辰科第五十八名举人，乳源

---

① （清）胡德琳修（清）李文藻等纂：《历城县志》五十卷首一卷，卷第三十八《列传四》，清乾隆三十八年（1773）刻本。

② 毛承霖修、赵文运等纂：《续修历城县志》五十四卷，卷第四十一《列传三·文苑》，民国十五年（1926）济南大公印务公司铅印本。

③ （清）胡德琳修（清）李文藻等纂：《历城县志》五十卷首一卷，卷第三十《选举表三》，清乾隆三十八年（1773）刻本。

④ 毛承霖修、赵文运等纂：《续修历城县志》五十四卷，卷第四十一《列传三·文苑》，民国十五年（1926）济南大公印务公司铅印本。

县知县。[①]《历城县志》列女传中载:"何氏,浙闽总督朱弘祚侧室,弘祚卒,何年二十有一。生一子,抚养训迪,卒登贤书,克守遗绪。"[②]何氏即朱缵母亲。

缙,监生。生平无考。

四、世系暂无考者

以下诸朱氏族人,暂不知其世系。

朱崇诰,字冠霞,监生。固安县县丞,升霸州州判,东光县知县。[③] 从朱崇厚著述中可知,朱崇厚与朱崇诰关系十分密切,可能是亲兄弟,最远是堂兄弟。

朱凝炷,嘉庆五年(1800)山东乡试庚申科举人,道光元年(1821),保举孝廉方正,蓬莱县教谕。

朱璪,字贯五,嘉庆十八年(1812)癸酉科优贡。据朱赐田朱卷,是赐田从堂伯叔曾祖,与朱燕同辈。

朱桐芬,字豫生,同治十三年(1874)甲戌科岁贡。据朱赐田朱卷,与之同辈。

朱学猷,字伯庄,光绪十九年(1893)山东乡试癸酉科第五十七名举人,后仕至长芦盐大使。此人乡试朱卷是研究历城朱氏家族著述的重要依据,《续修历城县志》中较多因以著录,惜现未发现。据朱宗默《未定草》,朱学猷与之同辈。朱宗默是锡田第二子。

朱文震,朱赐田朱卷有名,曾字辈,据朱氏后人称其为令昭之孙,可能是朱僩之子。《续修历城县志》有传。传曰:"朱文震,字青雷。初任西隆州州同,改詹事府主簿。少弧贫,肆力翰墨,花卉擅没骨派,山水几夺娄东、虞山之席。故善篆刻,及游阙里,纵观孔庙中秦汉碑版,归而艺大进。会京师需善校篆隶之员,奏改京职,受知成邸,诒晋斋印章多出其手。尝宿随园,为袁简斋枚镌小印二十余方。郑板桥燮在扬州,与程绵庄等画兰

---

① (清)胡德琳修(清)李文藻等纂:《历城县志》五十卷首一卷,卷第三十《选举表三》,清乾隆三十八年(1773)刻本。

② (清)胡德琳修(清)李文藻等纂:《历城县志》五十卷首一卷,卷第四十八《列传十四》,清乾隆三十八年(1773)刻本。

③ (清)胡德琳修(清)李文藻等纂:《历城县志》五十卷首一卷,卷第三十《选举表三》,清乾隆三十八年(1773)刻本。

八叶为‘八友会’，误作九，曰：‘有后来者耶?’文震适至，作《九畹兰》，记之以诗。文震故工诗，其《红桥晚步》尤脍炙人口云”。[1] 可见朱文震是历城朱氏家族中文名极大的人物，在京师与扬州均有极大影响。

历城朱氏是一个显赫的家族，可以总结为科举致仕、诗书传家的家族。历城朱氏第二代先人中，以老三朱昌祚官职最大，官居直隶、山东、河南三省总督，他以军功与治绩起家，治绩主要在浙江巡抚任，任职三年。康熙三年(1664)，升闽督，母丧未赴任，四年起直隶、山东、河南三省总督，康熙五年(1666)就任，很快因忤鳌拜而被处死。至康熙八年(1669)才昭雪。朱昌祚处死时约四十三岁，虽然没有完成祖上封典，但他是朱氏家族中创立新局面的人物，尤其他在康熙帝心中的地位，显然对其弟朱弘祚的仕途有重大影响。同时，朱昌祚资助其早亡少弟丕祚孤寡，其孤寡可能如《历城县志》所载，没接受其馈赠千金。但据朱氏后人所述，朱昌祚为之置办田宅，使此支后人可以生活有所资。朱弘祚是朱氏家族中第一个从科举走上仕途的成员，顺治五年(1648)，年仅十九岁的朱弘祚考中举人，为其仕途奠定了基础。地方治绩卓异，入京作京官，终于得到康熙帝提拔，从广东巡抚仕至闽浙总督。朱弘祚终年七十一岁，也可谓高寿，其显赫的地位，既为前辈赢得尊显的封典，也为其子的成长提供了足够的条件，同时也有助于家族的发展。《历城县志》中载：“而弘祚居历城，遂为县之巨族。”[2]朱氏第二代均受科举教育熏陶，朱美先长子光祚为顺治辛卯拔贡，次子升祚为顺治戊子副榜，幼子光祚早逝，亦为庠生。历城朱氏第三代先人中，有一人中进士，即光祚长子朱绥。三人中举人：升祚长子朱纹、次子朱纶中武举、弘祚子朱缵。贡生二人：光祚季子、出嗣丕祚之朱纬、升祚子朱纯。当然，朱氏第三代科举籍贯均为高唐籍，而朱纹中举是参加的顺天乡试。在朱氏第三代先人中，以朱弘祚子朱纲官职最大，仕至福建巡抚，其兄朱绛仕至广东布政使，因病去职，返家休养。此二人均生员出身，其出任高官既有自身的原因，也有乃父的影响。而其弟朱缵虽举人出身，却仅为知县，因其出仕较晚，雍正二年(1724)中举。父兄影响力已经不能及身。第三代家族中唯一进士朱绥最后官居郧阳知府，也属正常。崇禧子朱

---

① 毛承霖修、赵文运等纂：《续修历城县志》五十四卷，卷第四十一《列传三·文苑》，民国十五年(1926)济南大公印务公司铅印本。

② (清)胡德琳修(清)李文藻等纂：《历城县志》五十卷首一卷，卷第三十八《列传四》，清乾隆三十八年(1773)刻本。

彤、朱令昭之子朱攸皆为德州宋弼、钱塘桑调元先后主泺源书院时之杰出者，朱攸后中进士，选庶吉士，官至吉安府知府。朱彤中进士，任曹州府教授。其二人虽是仕进者，亦负才名。朱氏家族至嘉庆间科举衰落。朱曾喆于嘉庆十三年(1808)有感于家族科举之衰，写《历城朱氏童子县试表》，表中曰："吾朱氏于顺治四年自高唐迁历城，维时吾高祖总督公兄弟五人以经术起家，嗣是科第不绝，今则举族无一进士，五六年来至无入学者，吁，衰已甚矣。……吾家世寒素，近愈多窶艰，少恒产，先人之泽恐从此斩，今吾宗应童子试者七人，余为表之。"①嘉庆十六年(1811)，朱曾喆又作《历城童子府试表》表曰："自嘉庆十三年戊辰春余作《济南朱氏童子试表》，是年，从祖父丹廷先生之孙诵涪入县学，秋，族弟凝台举于乡，勤恪公之曾孙也。次年，从父兄异三之少子沅入县学，嗣是乡会无登进之人，今年吾家应童子试者十人多，碌碌不见隽异，然有志者竞成，未可限域也。"②历城朱氏科举自嘉庆年间衰落，至清末亦无复苏之迹。

第二节　历城朱氏家族著述考

历城朱氏先人朱昌祚以军功起家，位居直隶、山东、河南三省总督。朱弘祚位居闽浙总督。一家兄弟二人先后皆为封疆大臣，权高位重，地位显赫。在他们建功立业的过程中，昌祚有《抚浙疏草》《抚浙移牍》《抚浙檄草》流世，弘祚有《清忠堂奏疏》，并撰有《朱氏族谱》。朱昌祚以军功与治绩得获显位。朱弘祚年十九便中举人，然后经官场历练，治绩卓著，终得封疆。朱弘祚是朱氏家族中第一个科举出身的官员。虽然没有诗集流传，但其子朱缃致力于诗，与当时著名诗人王士禛、朱彝尊经常切磋诗学，其长子朱崇勋延请淄川著名诗人张元教子弟三十余年，其作诗与张元齐名，朱崇勋之子朱琦受教于张元，科举致仕，诗书传家。家族代代有诗人，且有诗集传世。朱弘祚子朱绛与朱纲，虽生员出身，但均有文采。绛师事著名诗人王士禛，与安丘名儒张贞及著名诗人朱彝尊交游，虽一生致力于王事，宦游各地，亦吟唱不绝，有诗集存世。纲亦生员出身，康熙五十八年

① (清)朱曾喆撰:《养中之塾续集》,《历城朱氏童子试表》,稿本。

② (清)朱曾喆撰:《养中之塾续集》,《历城朱氏童子府试表》,稿本。

(1719)擢升道员之时,康熙帝谕旨曰:"朱纲虽非进士出身,素知其有文,免缮履历。"朱纲仕至巡抚,酷爱吟咏,有《苍雪山房稿》《济南草》等诗集传世。朱缃将其诗集与弟朱绛、朱纲诗集合刻,成《棣华书屋近刻》。现存清康熙至道光历城朱氏刻本《朱氏诗文汇编九种》十四卷,便是朱缃一支历代诗文集之总汇。弘祚长子朱缃,未出仕,是文人雅士,入《历城县志·列传·文苑》。朱缃对朱氏后人影响很大,其后人均雅好诗文,与文人雅士交游甚广。朱丕祚嗣子朱纬亦属文人雅士流。其后如朱綵子怀朴,朱纬子令昭,怀朴孙曾传、朱缃子朱琦、朱纲孙朱照,朱璜子朱曾武、朱瑀子朱曾喆等均入《历城县志》及《续修历城县志》之《文苑》,是当时历城文人之佼佼者。家族文人辈出,他们著作以诗文集为主,间有子史部著述,以下详述之。

一、历城朱氏家族第二代著述考

(一)朱昌祚《抚浙疏草》五卷《檄草》二卷《移牍》一卷

朱昌祚,字云门,先世高唐州人,明末迁历城。昌祚于明季从军北庭,扈世祖入关。① 初任宗人府启心郎,特简浙江巡抚,抚剿土寇,赈贷灾荒,浙赖以靖。迁闽督,未之任,旋迁直隶、河南、山东三省总督。赐谥勤愍。朱昌祚起身军功,流世著述以疏稿、文牍为主,然昌祚亦能诗,张鹏展《国朝山左诗续抄》中收有昌祚诗二首,源于《熙朝雅颂集》。

1. 诗二首

《冬猎篇》:晓霜光裹寒凝目,牙旗闪闪前山麓。锦臂雕鞍美少年,半醉酡颜红映肉。朔云惨惨风飕飕,呵指敲冰饮紫骝。盘马弯弓好身手,壮气真欲拏蛟虬。前有唬虓后猛虎,从容一发千钧弩。叠双命中不单杀,毛旋如风血作雨。或击或刺或空拳,健儿有鹿鹿满肩。草中狐兔敢窃发,宋鹊突起韩卢前。传箭罢围先数获,谁往南山射雪额。盌酒光摇玛瑙红,当筵又舞神亭戟。

《桂山堂为平湖陆侍御作》:清溪曲曲森丛桂,山人寄迹非忘世。得归盘谷且逍遥,似到淮南成小憩。立朝面冷如生铁,百炼之钢不可折。对仗令人心胆寒,归田同我头颅雪。我来正值落花时,红英片片浮春卮。秋色桂林应更好,山中猿鹤毋相疑。

---

① 实际是昌祚于十二岁时被清军掳去,入汉军籍。

朱昌祚无诗集传世，诗作仅存二首。从《冬猎篇》可感知其英雄豪气，身手非凡。从《桂山堂为平湖陆侍御作》可体悟其文人气质，不用则放归田林、逍遥自得。用则立朝理政、刚正不阿。可见朱昌祚于清初被重用，因其文武双全，且为治国能才。

2.《抚浙疏草》五卷《檄草》二卷《移牍》一卷

朱昌祚撰，清康熙三年(1664)刻本 。据《中国古籍善本总目》，现藏北京大学图书馆、上海图书馆、无锡市图书馆藏三处，其中北京大学图书馆是全本。亦见《清史稿》卷一四六志第一二一诏令奏议类。

(二)朱弘祚《清忠堂奏疏》《朱氏族谱》

朱弘祚，字徽荫，一字厚庵。先世高唐人，昌祚弟，顺治戊子举人，曾任盱眙县知县，因卓异升迁入京为京官。其兄昌祚含冤被鳌拜处死，后康熙帝为之昭雪，重用弘祚，弘祚官至闽浙总督。弘祚能诗，山东学政张鹏展编辑之《国朝山左诗续钞》卷一收诗三首。王钟霖《国朝历下诗抄》卷一收十三首。重一首，共存十五首。

1.诗十五首

《国朝山左诗续钞》卷一收诗三首：《康熙十年江左大旱、盱眙灾甚、赐赈将毕、二麦未秋、茕茕遗黎、无以续命、余鬻产称贷、接赈两月、大府入告，奉旨褒嘉、敬志宠荣、思存灾警、爰纪其事》《后纪事》(官盱眙令、破产赈民饥、适有麦秀两歧之异、非所敢当，继前纪事作一篇)《同董观察、仇副戎、王别驾游烂柯山》，前两首是纪事诗，后一首是纪游诗。盱眙县是朱弘祚官员生涯中最重要一站，因康熙十年(1671)这次旱灾，朱弘祚破产赈济灾民，巡抚因以上奏朝廷而升入京城为官。此前二首长诗是当年盱眙县大旱之年的记录。

《国朝历下诗抄》卷一收十三首：《赠剑云麓使君佑》《夏日旧县次壁间韵》《辛亥盱眙请蠲赈纪事》《都梁十景用米南宫元韵》(《第一山怀古》《八仙台招隐》《清风山闻笛》《龟山寺晚钟》《瑞严观清晓》《杏花园春昼》《五塔寺归云》《玻璨泉浸月》《宝积山落照》《会影亭陈迹》)，其中《辛亥盱眙请蠲赈纪事》一诗与《康熙十年江左大旱、盱眙灾甚、赐赈将毕、二麦未秋、茕茕遗黎、无以续命、余鬻产称贷、接赈两月、大府入告，奉旨褒嘉、敬志宠荣、思存灾警、爰纪其事》同。

2.《清忠堂抚粤奏疏》十四卷《清忠堂署理总督奏疏》一卷

朱弘祚撰，半叶八行二十字，白口，四周双边，单黑鱼尾。清康熙刻本，藏山东师范大学图书馆。前有龚应霖序，又有梁佩兰序。龚应霖，广东大沙镇人，清康熙五年(1666)举人，曾任山西宁乡县知县，后因政绩卓异，升刑科给事中，转工科掌印。梁佩兰，字芝五，号药亭，南海人。康熙进士，选翰林院庶吉士。善诗，与屈大均、陈恭尹并称"岭南三家"。

《清忠堂抚粤奏疏》十四卷，主要是朱弘祚巡抚广东时所上奏疏，卷一包括恭请天恩并请陛见、陛见纪略、恭报入境(报入境日期)、恭谢天恩(到任奏谢)、恭报入省(题报入省到任授事日期)、拏送逃人(参笔帖式塔巴)、张端邦招拟、荐举必不可停(康熙二十七年举劾文职暂停)、废官佔带部民(纠参杨来凤佔带部民子女归旗)、再疏请旨停刊由单、覆勘何少用印信、覆惠潮道梁鼒勘合少用印信、黄芽三招拟、王玉胜招拟等，卷二是关于盐政奏疏，其他均是奏疏广东地方各事。朱弘祚于康熙二十六年(1687)十一月二十八日补授广东巡抚，至康熙二十七年(1688)四月二十五日之广东省城入署办公，最后康熙三十一年(1692)八月离职，正如梁佩兰序中曰："大中丞朱公之抚吾粤也，方五年，疏凡一百六十有五，皆从吏治民生爬剔丛弊，思有以易其旧而作其新，而其大者尤在于更定盐政、豁吴川、澄迈、临高荒粮、除土豪、减屯税、改折芽茶、白蜡。"卷末有提要曰："其官广东巡抚时奏疏始于康熙二十六年十二月，终于三十一年八月，凡七十五篇，前有梁佩兰序，称其在粤五年，凡上一百六十有五疏，则此刻亦选择而存之者也。"

《清忠堂署理总督奏疏》一卷，朱弘祚于康熙二十八年(1689)八月十五日至康熙二十九年(1690)正月二十日署理两广总督，所处理公务疏请载于此卷，包括恭报署理(题报署理总督印务及起程赴肇日期)、钦奉上谕(题新会游嘉乐等被刦限满盗犯未获职名)、拏送逃人(题参广府刘茂溶承审塔巴一案迟延)、特参营将(题参督标中军副将辛兴雯衰老不堪)、垦察卫所(题覆归并卫所)、钦奉上谕(参曾士奇家被刦限满未获各职名)、制钱销毁(题报铸钱获息)、禀报事(题大潜村失事护刀陈飚言因公出境)、恭报微臣(题送总督印务日期)等。

3.《朱氏族谱》

乾隆《历城县志》卷第十九《艺文考一》著录：朱弘祚撰《朱氏族谱》一卷，据本书。下录弘祚《自序》，略曰："余之谱始自曾祖，从吾所知者为断，法苏氏，而余定《谱例》一篇，《谱图》一卷，《家传》一篇，《家训》一篇，……康熙三十七年戊寅春二月。"此谱，现在朱绛后人朱佩和之手，原谱已不能翻阅。

二、历城朱氏家族第三代著述考

(一)朱綵《大槟堂石刻》

綵,字莱襦。康熙十二年(1673)进士,授内阁中书舍人,迁刑部江南司主事,历员外郎、郎中,外放,官至郧阳知府。光祚长子,朱氏家族第一位进士。

据《续修历城县志》卷第二十三《艺文考二》之《子部·国朝》著录:朱綵有《大槟堂石刻》,源自《朱学猷乡试朱卷·履历》。此书与朱卷均未见。

(二)朱缃《枫香集》一卷《观稼楼诗》二卷《吴船书屋诗》一卷《云根清壑山房诗》一卷《岭南草》一卷《端江集》一卷

缃,字子青。弘祚子。有隽才,尤致力声诗,与王士禛、朱彝尊相切劘。居于家,独安葬父母,一生未仕,援例候选主事,年三十八岁卒。据乾隆《历城县志》卷第二十二《艺文考四》著录,朱缃撰有《枫香集》一卷《观稼楼诗》二卷《吴船书屋诗》一卷《云根清壑山房诗》一卷,另外其所刻《棣华书屋近刻》四种四卷中,有朱缃之《岭南草》《端江集》,乾隆《历城县志》之《艺文考》著者见过此书,《棣华书屋近刻》的来源标注为"据本书"。《四库全书总目·棣华书屋近刻四卷》题要云:"国朝历城朱缃、朱绛、朱纲兄弟三人之合集也。缃有《橡村集》,纲有《苍雪山房稿》,皆著录,绛字子恒,由贡生官至广东布政使。此集凡缃《岭南草》一卷、《端江集》一卷,乃其省亲粤东时作,绛《岭南草》一卷,盖与缃同行所作,纲《济南草》一卷,中有闻二兄自粤北归诗,盖与缃、绛岭南诗同时所作,故合刊云。"现《棣华书屋近刻》藏山东省图书馆,《四库全书存目丛书》亦收之,唯独不见朱缃所作二种二卷,诸多济南文史爱好者没有目验原书,认为朱缃二种二卷在《棣华书屋近刻》中。山东省图书馆古籍目录中有《橡村集》五卷,捡原书,即《枫香集》一卷《观稼楼诗》二卷《吴船书屋诗》一卷《云根清壑山房诗》一卷。因其自号橡村,因以橡村名其全集。

1.《枫香集》一卷

朱缃撰,半叶十行十八字,粗黑口,左右双边,单黑鱼尾。清康熙至道光历城朱氏刻济南朱氏诗文汇编本。

正文卷端题:鱼邱朱缃子青。前有王士禛短序,又有乙亥银城李兴祖序、康熙甲戌安丘张贞序、陵州田雯序。又有同里钟辕、魏塘魏坤[1]题枫香集卷后。又有海南梁佩兰序。王士禛为康熙年间诗坛巨麾，执诗坛牛耳数十年。田雯，字子纶，又曰紫纶，一字纶霞，自号山薑子，德州人，顺治辛丑、康熙甲辰进士，历官户部侍郎，有《山薑诗选》《古欢堂集》。其诗纵横跌宕，与渔洋相頡頏。[2]李兴祖，字广宁，号慎斋，汉军旗人。康熙年间曾任山东盐运使，好交风雅文士，在盐运使任上曾复建历下亭。张贞，字起元，号杞园，安丘人。长书法，好篆刻，精鉴藏。隐身民间，著述等身。钟辕，字圣舆，原籍江西吉水，父性朴，官山东提学副使，占籍山东历城。康熙丙寅拔贡。喜吟咏，有《蒙木集》，与历城朱氏有姻亲，与朱缃兄弟相唱和。

《枫香集》之“枫香”由来，朱缃有《盆中小枫香树分得十三覃》诗，诗中有句曰：“作势偃枝古意含，带盆移得自江南”。可知小枫香树带盆移自江南，后分盆十三，可见朱缃十分喜欢，因以名集，而此《枫香集》第一首即《自岭南旋里四弟有喜归诗依韵和之》诗，也即是此集开始于朱缃自广东归家之后，朱缃与其弟朱绛曾同赴其父朱纲广东抚署，约三年之久，朱绛较朱缃回家略早，可能是为赴京获取官职之事。此诗卷止于康熙三十三年(1694)，安丘张贞弁言曰：“予以康熙甲戌读橡村先生《枫香集》，叹为奇作，序而归之。”

纵观诗集，朱缃在家相当惬意，四出游览，每有诗作，睹物有诗情，亦写诗咏之，与友人、兄弟小集饮酒赋诗，亦有部分应酬之作。这期间朱缃游宴者主要有吴长荣[3]、钟辕、赵宣四(不知名号)、五兄朱纬、四弟朱纲、沈名荪、王概等人，诗有《病起雨夜同沈磵房、子骢分韵》《秋雨同吴青立、赵宣四、义俶兄、子骢弟分韵得四支》《中秋同赵宣四、吴青立泛舟大明湖分赋得十三覃》《猎次五兄韵》《送四弟定省粤中》《清明前十日王安节[4]、陈左原[5]、钟圣舆、家义俶兄、素存侄[6]见过坐梅花树下小饮分赋》《从义俶兄口

---

① 魏坤，字禹平，号水村，浙江嘉善人，魏大中从孙。康熙三十八年(1699)举人，少有才名。

② 参见(清)卢见曾编：《国朝山左诗抄》六十卷，卷二十四，清乾隆二十三年(1758)德州卢氏雅雨堂刻本。

③ 字木欣，别字青立，又号茧斋，长山人。监生。

④ 王概，字安节，康熙间秀水人。工诗善画，以山水画名于世。曾寓居金陵。

⑤ 陈学洙，字左原，江苏长洲人，康熙甲子举人。

⑥ 朱怀朴。

口瓶牡丹》《延陵宝墨歌为吴青立作》《斋中红白梅花盛开作绝句招陈左原、王安节、家义俶兄、素存侄小饮》《王安节为作杏花书屋图赋谢》《王安节为作枫江渔父图赋谢即送其归石城》等，其他交游诗有《为奚林禅人题芦花明月图》《为奚林禅人题怪石图》《戴务旃①为作晴峰晓树图赋谢》《再作绝句索务旃画》《题务旃所作孤松老雀图》《题戴务旃所作秋江落雁捕鱼图》《为孙石泉题扇》《慎交篇赠孙石泉即送其归榆山》《示奚林禅人》《未央宫瓦砚歌为奚林禅人赋》《癸酉春盐使李公复建古历下亭走笔纪事二十六韵》《寄怀王正则》《题魏禹平水村图》等。期间，朱缃曾回高唐老家一次，有《中秋后五日有高唐之行马上口占》《齐河道中》《猎次五兄韵》《望马颊河》《红叶》《高唐城外即事》。似有京师一行，诗仅有《宿德州》《过献县》《晓发》三首。

从诗中可知，朱缃家种桐树及竹子，其《竹南书屋初成得二绝句》诗中有"一本梧桐千个竹"。梧桐树长大，成为其子朱崇勋"桐阴书屋"的由来。又有《绿玉堂新成同人雅集分赋》诗，其"绿玉堂"成为朱缃家友人饮酒聚会的重要场所，此"绿玉堂"传承下去，成为其子朱璜的堂号。

卷末有小跋：当年杨柳张思曼，初日芙蓉谢客儿。读枫香主人稿，可以此联写照也。钱塘沈名荪阅竟偶书。

计一百二首，刻板有漫漶现象。非朱缃《枫香集》全貌。不知何时刻成，较康熙本收诗少，且刻板一般，字体亦不如康熙本。

山东省图书馆又藏《枫香集》二卷，朱缃撰，半叶十行十八字，粗黑口，左右双边，单黑鱼尾。清康熙刻本，前有田雯序、乙亥仲冬李兴祖序，康熙甲戌安丘张贞序。后有丙子竹醉日沈名荪小跋、魏塘魏坤题，同里钟辕题枫香集卷后。正文卷端题：枫香集 次行题：济南朱缃子青。钤有"枫香草堂"长方朱文印。当是朱氏家自刻自藏之物。第一首诗是《登华不注》。第二卷卷端题：枫香集卷二，第一首诗是《南烛》。卷一计九十首。卷二计一百二首。此刻本是康熙刻本，初刻初印。

2.《观稼楼诗》二卷

朱缃撰，半叶十行十八字，粗黑口，左右双边，单黑鱼尾。清康熙至道光历城朱氏刻济南朱氏诗文汇编本。

正文卷端题：新城王阮亭先生评 济南朱缃子青。末有庚辰中元前三

① 戴本孝，字务旃，和州人，诗画皆超绝。

日安丘张贞弁言，弁言曰：“予以康熙甲戌读橡村先生《枫香集》，叹为奇作，序而归之。更七年，过绿玉堂，橡村出《观稼楼》新诗相示，又索弁言。”从张贞弁言可知《观稼楼诗》大约写于康熙甲戌（三十三年）以后的七年中。

“观稼楼”者，朱缃家中所筑小楼也，应在家之侧或后面，从楼上可观野外麦田。《观稼楼诗》通篇没有题道此楼之筑成，《吴船书屋诗》中有《观稼楼雨中听胡子宗舜度曲即事有作》诗题及。

《观稼楼诗》二卷，是朱缃写于康熙三十三年(1694)至康熙三十九年(1700)诗作。咏物诗极少，以交游酬唱诗居多，亦有部分纪事诗。其交游者有前诗集中提到的一些挚友及兄弟，如沈名荪、钟辕、朱纲、朱纬、吴长荣等，又有一些新友如赵于京①、俞兆曾②等，如第二首诗即为《丰原见访、留榻草堂、盘桓十日、得诗五首、即送其官临潼》，其二曰：忆壬申之冬，送君出郭南。旗亭共徘徊，渭城歌何戡。君意殊慷慨，一饮三升酣。大笑上马去，仰视天蔚蓝。偻指五载余，别绪抽丝茧，今夕一何乐，早赋朋盍簪。又有《瓶中杏花同涧芳、丰原、子骢分赋（得寒字）》《再送丰原》。可见朱缃与赵于京乃挚友，但相聚时日较短，赵于京便远宦他乡。有《同涧芳、大文、圣舆、子骢分咏秋卉以‘小窗多晚花’为韵得鸡冠得晚字》《涧芳、大文、圣舆、子骢集绿玉堂分赋秋虫得络纬以白露净原野为韵佔得露字》《七月十五日沈涧芳、俞大文、钟圣舆登北城楼看月归来漏下三鼓矣、得绝句六首并赠大文》。又与赵东楚（不知名号）交往密切，此人似为画家，非济南人。其《幺熊歌》中便有要赵氏画出他们所看到的黑熊，自己作诗纪之。又有《为赵东楚题扇头画梅花翠竹》《赵子东楚精于茗事、庚辰四月再游历下、访我城南、坐朱香庑、约吴茧斋、钟圣舆清言竟日、共试烹点、东楚复出山薑先生所贻茗饮行索得三百九十二字书其卷尾》。此诗集特别重要的交游诗是朱缃写给张贞父子、王士禛、蒲松龄、王苹③等人的。写给张贞父子的有《题张杞园浮家泛宅图》《题张卯君梅花下小照二首》《喜张杞园至（令子申仲偕来）》《题公孙大娘舞剑图为张杞园》，写给王士禛的有《渔洋

---

① 赵于京，字丰原。其先大兴人，父士通，迁于县。康熙三十二年(1693)由举人选城武教谕，以卓异擢临潼知县。乾隆《历城县志》有传。

② 俞兆曾，字大文，海盐人。康熙二十四年(1685)乙丑科进士。

③ 王苹，字秋史，号蓼谷。其先临山卫人。康熙四十五年(1705)进士，就成山卫教授。

先生寄示蚕尾集赋谢》《大司寇渔洋先生送罗浮大蝴蝶赋谢》，写给蒲松龄的有《蒲留仙过访话旧》，写给王苹的有《题王秋史二十四泉草堂图》。卷二大部分是朱缃赴都城路上、在京城及回家路上所作。有《北上留别同学诸子》《德州道上遇友人忽忽数语别去》《涿州道上》《过良乡是日抵都》《观友人对弈》《客邸书怀》《永定门外拜先伯勤愍公墓》《题曹希文渔父小照》《雨中排闷》《丰台看芍药复过王氏花圃晚归作》《祖氏园亭》《题徐芝仙画折枝碧桃》《大司寇渔洋先生送罗浮大蝴蝶赋谢》《送杜湘草归淮阴》《题曹廉让偶客图》《南邻村》《题王幔亭松月听泉图》《题王思远明府竹溪读易图》《王紫诠招饮观剧》《出都过卢沟桥》《望涿州》《午食三角店》《骡轿歌》《雄县》《赵北口》《端阳河间道上》《阜城晓发》《德州道中》《禹城道旁观刈麦》《平原怀古》等。

3.《吴船书屋诗》一卷

朱缃撰，半叶十行十八字，粗黑口，左右双边，单黑鱼尾。清康熙至道光历城朱氏刻济南朱氏诗文汇编本。

正文卷端题：新城王阮亭先生评 济南朱缃子青。前有康熙四十五年(1780)王士禛《题吴船书屋诗卷》。既有王士禛康熙四十五年(1780)序，因此诗集是这一年以前至康熙四十年(1775)间所作。至于“吴船书屋”的来历，不得而知。

此诗集仅收诗四十四首，其中《橡村杂咏》十首、《游焦氏余青园》八首。此集最重要者是王士禛游济南时朱缃陪游所作《初夏侍渔洋先生游张氏漪园即席分赋以山色上楼多为韵得上字》《再侍渔洋先生游大明湖坐历下亭以水木湛清华为韵得华字》二诗。王士禛此行有《游漪园记》。

4.《云根清壑山房诗》一卷

朱缃撰，半叶十行十八字，粗黑口，左右双边，单黑鱼尾。清康熙至道光历城朱氏刻济南朱氏诗文汇编本。

正文卷端题：新城王阮亭先生评 济南朱缃子青。前有朱彝尊序，又有王士正序。王士禛游漪园后，有《游漪园记》记之，漪园内有亭曰：“云根雪瀑”。因此朱缃借其中“云根”二字，名其室“云根清壑山房”。

朱缃在章丘有别墅，称为“橡村”，朱缃有时去橡村小住，前面诗略有题及，此集中有《绣江道中》《过黉堂别墅》《晚村即事》《郭秀才约河上观打鱼晚归作》《雨中排闷和钟圣舆》等诗是住橡村时所作。此集中朱缃重要的交游者是王士禛、田雯、唐梦赉、蒲松龄等，朱缃诗有《上司农新城先生兼呈司寇德州先生五十韵》《赠唐豹嵒》《简蒲留仙》等诗。朱缃对漪园情有独钟，此集中又有朱缃游漪园的诗，其诗曰《初夏同郭南洲孝廉、魏禹平上舍、家弟子垣、子骢再过漪园以泉声到池尽为韵分得尽字》。

（四）朱绛《岭南草》一卷

绛，字子垣，缃弟，贡生。官广东布政使。《棣华书屋近刻》中有其《岭南草》一卷，是其与兄缃省亲粤东时作。

《岭南草》一卷，朱绛撰，半叶十行十九字，粗黑口，左右双边，单黑鱼尾。清康熙棣华书屋刻本。山东省图书馆藏。正文卷端题：鱼邱朱绛子垣。文中一篇是《立夏日作》，有“蛮乡才立夏，暑气早相侵”句。知朱绛已经身在广东。末四首分别是《舟中即事同二兄作十绝句》《端州即事》《夜过羚羊峡》《紫洞》，可知朱绛兄弟已在回程中，其中“二兄”即为朱缃。《岭南草》即朱绛在广东及回程中所作诗，诗作主要包括纪事诗，写景诗、抒情诗、酬唱诗及交游诗，其中《市南杂咏二十首为竹垞十兄赋》，是朱绛与朱彝尊交游之印证。朱绛与兄朱缃在广东三年，朱纲《喜子青二兄自粤署归》中有“官舍青灯三载住”句。《岭南诗》基本是朱绛在广东三年多时间中写成的。

（五）朱纲《苍雪山房稿》一卷《济南草》一卷《检尸考要》《检验集要》《仓差日记》

朱纲，字子骢，缃弟，官福建巡抚，卒赠兵部尚书，谥勤恪。著有《苍雪山房稿》一卷《济南草》一卷《检尸考要》《仓差日记》。

1.《苍雪山房稿》一卷

朱纲撰，半叶十行十九字，粗黑口，左右双边，单黑鱼尾。清康熙至道光历城朱氏刻济南朱氏诗文汇编本。

正文卷端题：新城王阮亭先生评 济南朱纲子骢。前有王士禛序。朱纲斋名“苍雪山房”，其来历如王士禛序中曰：“吾州发地皆泉土，最宜竹叶，而植者绝少，朱子子骢性独好之，手种数百竿，于读书之斋与其兄子青日夕坐卧其下，兴至则发为诗，此唱彼和，甚乐也，因名其斋曰‘苍雪’，而并以名其吟卷，殆有取于坡公之诗云尔。”从王序中知，“子骢受经碉房”，序中又曰：“武林沈子碉房久游吾门，与吾论诗之指有深契。”从而可知朱纲之诗亦有渊源。“碉房”者，即沈名荪，字涧芳，又字碉房。浙江钱塘人，康熙举人，曾任湖南攸县知县，与朱昆田合编《南史识小录》。作为朱纲之师，应住济南朱家，经常与朱缃兄弟集会酬唱，朱缃诸诗集中多有与之游宴唱和之诗。

细读朱纲诗，诗中绝大部分是家乡济南景物，交游者除自家兄弟外，有钟辕、朱昆田等，朱氏是历城大家族，朱氏后人多诗文之士，朱纲与自家兄弟交游诗有《雨后汉襄三兄园亭看荷》，汉襄即朱纹，字汉襄，康熙十六年(1677)举人，以书史自娱。升祚长子。《五兄义俶招集倦飞亭》，义俶即朱纬，字义俶，岁贡生，授丘县训导。光祚三子，出嗣丕祚。《喜子青二兄自粤归》《子青二兄见山楼成作诗纪之》《夜集见山楼》《闻子垣三兄自闽归已之黄山店喜而作此诗》《送子垣三兄北上》《同魏水村、郭南洲、二兄子青、三兄子垣集张氏漪园分得水字》、其二兄、三兄分别是朱缃、朱绛。《莱孺大兄席上观家乐》，莱孺即是朱绥，光祚长子，康熙十二年(1673)进士。《芭蕉和素存侄韵》，素存即怀朴，朱绥长子，光祚孙。朱纲与历城钟辕、朱彝尊之子朱昆田交情颇厚，有《钟圣舆招集大明湖次文盎侄韵》《怀文盎粤署》《题文盎月波吹笛图》《寄怀钟圣舆》《丁丑初夏文盎见访、盘桓十余日、抚今追昔、有感而作，即送其南归》。文盎即朱昆田，字文盎，号西峻，秀水人，清太学生，朱彝尊子，少有才名，九岁能书，博览群书，勤于著述，诗词独具风韵，人称"小朱十"。钟辕，前已述，与朱纲弟兄交游极密。诗中尚有朱纲赴广东之记录，其《怀文盎粤署》诗末有"时余将有粤行"，从朱纲诗集中可以看出，朱纲早曾在其父朱弘祚广东巡抚署中与朱彝尊之子朱昆田一起读书，《丁丑初夏文盎见访盘桓十余日、抚今追昔、有感而作，即送其南归》诗中有"忆在羊城署里时，五年诗酒日相随"句，末释曰："家大人抚粤五载，余与文盎日吟咏于深柳读书堂。"其回济南后，其兄朱缃、朱绛亦有广东之行，达三年之久。朱缃、朱绛回济南后，朱纲又曾去过广东(至于二兄在广东时朱纲是否去过，不得而知)，从其诗《宿黄山店》始、至《重九后五日随家大人赴浙中归时已逼除夕矣》，均不是在济南时之诗，《游灵隐寺》是随父赴浙时之诗。其后《留别胡德一次韵》《赠清微院云帆道者》两诗亦不是在济南时所写，可能是在浙江时所作。康熙三十二年(1693)春，朱纲回济南，朱纲在《丁丑初夏文盎见访盘桓十余日、抚今追昔、有感而作，即送其南归》诗其二末释道："癸酉春，家大人奉命总制闽浙，道由杉关，余与文盎同时北返"，前关于在浙之诗，可能是朱纲随父赴闽浙总督途中所作。朱纲在广东时间约三年多，其父在广东五年中，起初和末尾均在广东，中间返回济南有一段时间亦确实存在。后一次赴广东约于康熙三十年(1691)重阳出发。是其三兄、二兄回济后数月之后，康熙三十二年

(1693)春回济南。从朱纲诗中可知其兄朱绛亦曾赴闽小住。

山东省图书馆又藏清康熙刻本《苍雪山房稿》,与汇编本是同一版本。

2.《济南草》一卷

朱纲撰,半叶十行十九字,粗黑口,左右双边,单黑鱼尾。清康熙棣华书屋刻本。藏山东省图书馆。

正文卷端题:鱼邱朱纲子骢。所谓《济南草》,即是朱纲在济南所作诗也。计四十二首,有与其《苍雪山房稿》相重者。从此集看,朱纲与堂兄朱纬及历城钟辕交往十分密切。

关于朱纲之诗,德州宋弼曰:"公幼喜为诗,与两兄自相师友,晚益进自然。如'人影喽边月,蝉声柳下门。黑云迷远树,白雨入空楼。'皆造老境,惜无存稿。《苍雪集》皆少时作也。"①

3.《检尸考要》

《中国医籍大辞典》著录:《检尸考要》,清・朱纲(字子骢)撰,刊于清雍正四年,内容未详。清宣统《山东通志》,名为《检验集要》。考乾隆《历城县志》之卷第十九《艺文考一》载:朱纲《检验集要》一卷(据本书)。可见,当时著者已检视原书。此书现不知存处。

4.《仓差日记》

《续修历城县志》卷第二十三《艺文考二》著录:朱纲《仓差日记》,卷未详,源于《朱学猷乡试朱卷・履历》。可见当时著者亦未见此书。

(六)朱纬《梦村集》六卷《梦村遗诗》二卷

纬,字义淑,号梦村,光祚第三子,过继丕祚,贡生,邱县训导。好吟咏,与堂弟朱缃等唱和,有《梦村集》。

《历城县志》卷第二十二《艺文考四》著录:朱义俶著《梦村集》一卷,采访,抄本。《续修历城县志》卷第二十九著录:朱纬著《梦村集》六卷,据本书。有按语:是编,《胡志》著录一卷,云"采访抄本",《四库存目》据周永年家藏本作二卷。今刊本实六卷,或是后来所分,非又有所增益也。国图、山西大学图书馆有藏。现山东省图书馆藏《梦村集》六卷、《梦村遗诗》二卷。《四库存目提要》曰:是集有《七十自寿》诗,又有《次儿生日》诗,作于七十四岁时,盖其晚年所自编。诗颇清浅,而时有脱洒之致。此本为其顺

① (清)卢见曾编:《国朝山左诗抄》六十卷,卷四十六,清乾隆二十三年(1758)德州卢氏雅雨堂刻本。

堂三世遗诗之一，因此是朱攸刻本无疑，朱纬在世时只有抄本存世。此本所刻诗编排有些混乱，卷一既有朱纬《七十自寿诗》，其他卷有其赴都、赴广东等诗，应是其七十岁以前所作。

1.《梦村集》六卷

朱纬撰，半叶十行十九字，白口，左右双边，单黑鱼尾。清乾隆刻其顺堂三世遗诗本。其书第一封面题：其顺堂三世遗诗，下钤“枫香草堂藏书”朱文长方印。第二封面题：梦村集。正文卷端题：朱纬义俶。正文首行下方钤“枫香草堂”朱文长方印，是朱缃之印，即此书为朱缃家藏本。前有唐梦赉序。序中对朱纬诗评云：“梦村之为诗直，自畅所欲言，言之不足而长言之，长言之不足而咏叹之，至性至情，自在流出，自其少时轗轲名场，不免激发于中，为不平之鸣，迨更中年，哀乐丝竹之余，藉以陶写，岭海归来，江山助我而天怀浩落，觞咏流连，老子兴复不浅矣。正惟无心于诗，故真气盎然溢于楮墨，虽世号攻为诗，捻断髭须，呕出心肝者，无以过之，则其卓卓可传，固有在也。”

卷一收诗二十七首，以状物抒怀诗为主，如《秋怀四首》《喜雨》《初寒》《观瀑》《残菊》《七十自寿》《秋感》等，亦有部分交游唱和诗，如《赠陈左原》《赠耿柳村》《初冬饮集》《答彝存侄饷酒》等，其中彝存侄为朱缃长子朱崇勋。陈左原，前已述，与朱缃交往甚密。

卷二收诗八十四首，前三首是交游唱和诗，《雪夜送许侧庵二首》《暮春北上留别许侧庵、吴青立》，其中吴青立即吴长荣，前已述，与朱缃交往亦密。自《暮春北上》诗后，朱纬便踏上赴京的路程，有《禹城二十里铺》《平原道中》《鄚州》《抵都见四兄》。朱纬二兄朱绂过继给朱昌祚，朱纬亦过继给朱丕祚，朱绂在京做官，不知诗中四兄是否是朱绂，朱纬赴京应为选拔考试，因为他是岁贡生，朱纬最终通过选拔成为任丘县教谕，不知是否是这次赴京的结果。从诗中看，朱纬又回到家中，过了很长的一段悠闲的生活，到了来年的初冬，准备赴广东，他赴粤应是奔其叔朱弘祚而去，其诗有《第一夜宿张夏》《宿黄梅县》《浔阳客舍》《广州归思》，住了三月，其有“南海留三月，东风漫一年”句，又踏上回程，有《晓发英德峡二首》《万安县作》《牛头山寺》《山下渡用壁间韵》《重宿黄梅县》《潜山道中》《五日宿定远县》《临淮县宿一来时旧馆也》《临淮晓发》《徐州渡河》《伦镇怀故友范仁山》。从暮春出发，“东风漫一年”，次年约春季到家，有《夏日集三兄湖上亭二首》。朱纲《济南草》中有《喜五兄自粤署归》诗记其归事，有“羊城已作半年游，为忆家山不再留”句。从以上朱纬远赴广东看，绝非其老境所为。之后诗均是家居所作。

卷三收诗五十五首，以抒怀状物诗居多，如《秋怀八首》《残春抒怀》《夏日漫兴》《漫兴》《酒怀四首》《暮秋》《茅堂》等，此卷中依然有朱纬赴京的踪迹，如《石门晓发》《河间别吴木欣》《都门春兴二首》《卖花声》《偶成》《留别曹大轩表兄四首》。卷三末似又有朱纬赴广东时所作诗，如《暮秋宿伦镇忆故友范仁山》《立春日建宁舟中试笔》《八达岭次韵》，最后一首是《新柳次韵（时将北归）》，应是在广东归家之前所写。

卷四收诗五十四首，第一首是《北归依韵留别子青二弟格用旧句起二首》，是朱纬在广东归家前所作，按《梦村遗诗》，时为辛未年，即康熙三十年（1691）。以下依次为《途中闻鹧鸪》《清远峡》《病愈》《南安晓发》《舟中杂兴四首》《滕王阁》《晓发山下渡》《渡浔阳江遇大风雨二首》《乡思》《阅会试录见陈西田、赵香坡下第》《宿枫香驿》《再用壁间韵》《潜山道上三首》《风尘辛苦之极怀宗雷上人》《忆梦村》《宿临淮县》《连城驿再读伯父题壁》《宿荒庄》《褚庄铺》《桃花阻雨》《宿韩庄闸》《忆韩庄宿处》《将至家前两日宿陷湾泉作此寄诸亲友》《张夏道中》《张夏店中与家人夜话》《黄山店》。到家之后所作以交游酬唱诗为主，如《抵舍次履常四弟韵》《喜吴青立至》《与钟圣舆、吴青立偶集分得侵字》《次安静子登北极台韵》《望月小饮示唐寿恒》《和答陈一玉自岭南见寄》《赠奚林上人》等。

卷五收诗五十五首，亦是抒怀状物及交游唱酬诗。

卷六收诗六十六首，均是五言短诗。卷六中依然有些朱纬从广东北归时或到家时所作诗。如《过梅岭二首》《抵家自慰》《北归二首》《酬别周善也》《沙口夜泊》《蜑子矶》《不寐》《江行即景》《夕至南昌二首》《滕王阁》《宿落花铺》《通远驿》《桐城道上感题》等。

细看诗作，正如前述，编排混乱，非是按时间顺序而成，因此可推断，此诗集六卷是其孙朱攸在刊刻其祖父诗集时在所存抄本的基础上将又发现的朱纬之诗补入，尤以补入朱纬自广东北归途中所作诗为多，绝非如《四库存目提要》中所言是朱纬老年自编诗集。

2.《梦村遗诗》二卷

朱纬撰，半叶八行十一字，稿本。此本封面题：梦村遗诗。正文卷端题：高唐朱纬梦村氏稿。前有唐梦赉序，后有周宗炤跋。封面钤有“网罗天下放失旧闻”正方阳文印、“枫香草堂藏书”长方阳文印。唐梦赉序右上角压“梦村”二字钤“志壑堂”长方阳文印，正文卷端钤“历劫不灭”正方阳文印、“大荒”正方阴文印，卷末有“路大荒读书”长方阴文印。

唐梦赉序后无时间，文中曰：康熙癸酉中秋，前往听洗钵泉，坐其东楼，酒余，携北归诗卷，昼读之，赠以近体，书之册首复之。其中重要信息有二，其一时在康熙癸酉年，即康熙三十二年（1693），其二诗卷经唐梦赉批点改正。看正文，有批点，有眉批，有删改。是唐梦赉笔迹。卷末有周宗炤跋，跋曰：嘉庆二十年九月廿四日，偶得朱梦村、次公、渊亭及山民、尊一诸先生遗稿于市肆，因志时日于此，定斋周宗炤，并钤有“周宗炤印”、“定斋”两方周宗炤私印。唐梦赉，字济武，号豹喦，淄川人，顺治六年（1649）进士，与蒲松龄等交游甚密，为诗以新颖自得为宗，著《志壑堂集》。周宗炤，号定斋，震甲子，永年孙，监生。有《喜闻过斋诗草》。宗炤为书昌先生次孙，世守经籍，博学工诗，有《摹古法书》十卷待梓。[①]

正文卷端题：“北归诗草水程集”。卷中又有“北归诗草路程集”，因此，山东省图书馆著录为；《北归诗草水程集》一卷《北归诗草路程集》一卷，《山东文献集成》据以为书名，我认为以《梦村遗诗》二卷著录为佳。正文第一首诗为《辛未三月十六日北归、子青二弟作诗相送格用旧句起登舟之顷依韵和之即以留别》。《梦村集》卷四为《北归依韵留别子青二弟格用旧句起二首》。稿本诗名虽长，但留下了最有用的时间信息，即朱纬自康熙辛未（三十年）三月十六日自广东坐船北归，《路程集》第一首诗是《四月二十一日自南昌府舍舟登陆第一夜宿落花铺》，信息十分明确，《梦村集》中作《宿落花铺》。最后一首《十八日到家自慰》。计八十首。此集中有十几首《梦村集》六卷本未收，因此《梦村集》六卷亦为诗选，非全集也。实际上，《梦村遗诗》二卷稿本已经唐梦赉初步选定，诗题上有一个圈、二个圈、三个圈之别，亦有无圈者。因此，此诗集的价值在于看到朱纬自广东归来所作诗的全貌，较刻本溢出十数首。且按时间顺序，是研究刻本《梦村集》的惟一参照资料。

综合以上研究，可以说明此稿本来龙去脉。著者于康熙三十年（1691）三月十六日自广东北归，首先乘船，至南昌改陆行，一路吟咏。到潜山时已五月初一，有《五月初一潜山道上作》诗，又有《五日宿定远县》

① 参见（清）王钟霖编：《国朝历下诗抄》四卷，卷三，清光绪四年（1878）至光绪五年（1879）刻本。其书“周宗炤”名为“周宗照”，虽是异体之别，人名最好按原字。

《十八日到家自慰》，应是农历五月十八日到家。康熙三十二年(1693)，朱纬交好友唐梦赉评点删改，并作小序，题诗一首，并钤“志壑堂”印。后归朱缃所藏。嘉庆二十年(1815)九月二十四日历城大儒周永年之孙周宗炤得之于市肆中，同时周宗炤还得到朱纬之子朱令昭、之孙朱攸，之侄朱怀朴、怀朴孙朱曾敬的遗稿，见前录周宗炤跋语。最后，此书被著名学者、前山东省图书馆副馆长路大荒得到，入藏山东省图书馆。

三、历城朱氏家族第四代著述考

(一)朱怀朴《复斋诗稿》《禹登山房集》《种莎书屋集》《桐轩诗》《鹅浦集》《晴雪斋稿》《楚游草》《竹间草》

怀朴，字素存，朱綵长子。卢见曾在其《国朝山左诗抄》中收怀朴诗二首:《夏日》《怀舍弟曾公闻已回驻西安》。小传云:怀朴，字素存，缃从子，候补口口，有《复斋诗稿》《桐社稿》《鹅浦集》《禹登山房集》，案:素存父莱孺先生，讳綵，以康熙己酉与先大夫同乡举，素存家豪富，工诗，善饮而好宾客，四方名士多与之游，殁后，曲阜颜次雷吊之云:“田文死后无宾客，独管齐山四十年”。[①] 张鹏展编《国朝山左诗补抄》卷四收朱怀朴诗一首:《初夏》。乾隆《历城县志》卷第二十一《艺文考四》著录《朱怀朴诗集》八卷，源自董元度《朱公家传》，此家传载入光绪《高唐州志》卷八。家传曰:所著有《复斋诗稿》《禹登山房集》《种莎书屋集》《桐轩诗》《鹅浦集》《晴雪斋稿》《楚游草》《竹间草》，凡八卷。卢见曾《国朝山左诗抄》怀朴小传中曰:怀朴有《复斋诗稿》《桐社稿》《鹅浦集》《禹登山房集》。乾隆《历城县志》朱怀朴本传中云怀朴有《山民集》。《续修历城县志》卷第二十九《艺文考八》著录:朱怀朴著《竹间草》《种莎山房诗》，卷未详，源自《朱学猷乡试朱卷·履历》。《四库存目提要》据周永年家藏本著录怀朴有《鹅浦集》六卷。以上书名略异，卷数亦有矛盾。未见原书，或已不存。

(二)朱崇勋《桐阴书屋诗》二卷

崇勋，字彝存，缃长子，一生家居，诗酒为乐。

《桐阴书屋诗》二卷，朱崇勋撰，半叶十行十九字，粗黑口，左右双边，单黑鱼尾。清康熙至道光历城朱氏刻济南朱氏诗文汇编本。前有乾隆庚

---

① (清)卢见曾编:《国朝山左诗抄》六十卷，卷四十九，清乾隆二十三年(1758)德州卢氏雅雨堂刻本。

辰宋弼序，又有鲁鸿序。正文卷端题：历城朱崇勋彝存。此集原本应是朱崇勋之子朱琦所刻，宋弼、鲁鸿之序亦为朱琦所请。宋弼序曰：同学景韩大令俾予校订而为之序。鲁鸿序曰：与嗣君明府景韩初相见，即决为风雅中人。朱琦《倚华楼诗》卷四有《乙未夏以家刻枫香、桐阴诸集贻岭南刘树堂明府辱赠长歌敬酬来美》，可知乾隆四十一年(1776)夏之前《桐阴书屋诗集》等已经刊刻，宋弼校订完成并序的时间是乾隆二十五年(1760)。刊刻即在此期间。

此《桐阴书屋诗》题名，应从其父朱缃所植桐树而来，想来数十年间桐树已大，桐树已能荫住下面的书房。“桐阴书屋”本应是“桐荫书屋”，古代此两字通用，因此按原文写为“桐阴”。其后其家族的“桐孙书屋”亦来自这棵桐树。

朱崇勋一生未仕，家居为主，宋弼序曰：“怡园先生承世德，濡家学，资禀英异，性情廉洁，殆有得于山水之所钟者，与恬澹不试，无所见于时，独往往为诗以写其怀抱。”因此济南的山山水水多出现在其诗中。其所唱和者“安丘张卯君、淄川张榆村、胶州张山农、高南阜，皆一时老宿”。王钟霖《国朝历下诗抄》卷一曰：怡园先生贵胄若寒士，每静居长斋，制药济贫，耽吟咏，与济宁王斗南、胶州高西园、博山王鸥亭友。诗集中与淄川张元(字殿撰，号榆村)、高凤翰(字西园、号南村)唱和诗最多。朱崇勋延张元教子弟三十余年，结下了深厚的感情。除此二人外，与同族弟朱令昭唱和较多，有《梅花限韵同次公弟》《饮酒和次公》《九日登枕流台和次公》。其他交游诗有《家六叔以雨后登屈山诗见示奉和》《题仲昶谷小照》《寄答唐慎修》《中秋榆村、子静月下小集》《留别李砚洲即次原韵》《初冬种莎书屋小集》①《感怀次韵王禹臣夏日杂诗即效其体三首》《淡巴菰和张汉张二首》②《送别程瑞征二首》《夏日次棣园兄韵》③《夜雨怀胡衡州二首》《赋得满城风雨近重阳和公舒作三首》《耐冬花和张虚斋》《题王禹臣诗卷二首》《题张虚斋岱麓课子图二首》。从诗集看，朱崇勋曾登临泰山，这是一般山东文人的心愿，孔子曾有“登泰山而小天下”句，历代山左文人均想体验一下。其弟朱崇道去世，崇勋有《检带存弟遗诗感赋》，诗曰：湖上长吟得句工，人琴俱往恨何穷。棣华楼阁残云断，春草池塘晓梦空。鸿雁哀深鸣泽后，鹡鸰

① 朱怀朴之室。

② 张希杰，字汉张，号东山，别号练塘。

③ 朱崇简，字默存，号棣园。

悲结在原中。可怜多少伤心事，独把遗文怨北风。崇勋与其弟崇道年龄相仿，出则同游，感情极深。对于其弟之死伤心至极。关于其诗，宋弼序曰：所为《桐阴书屋诗》清和醇雅，足以振枫香吴船诸集之遗响，而先后于高张诸君子间，济南文物之美与山水俱长矣。

（三）朱崇道《湖上草堂诗》一卷

崇道，字带存，缃次子。与兄崇勋等常聚饮于明湖之上，诗酒为乐，惜寿短。

《湖上草堂诗》一卷，朱崇道撰，半叶十行十九字，粗黑口，左右双边，单黑鱼尾。清康熙至道光历城朱氏刻济南朱氏诗文汇编本。正文卷端题：历城朱崇道带存。此书亦为朱琦刊刻。

诗仅三十三首，与其兄崇勋寄情于济南山水之间。其交游诗仅有《秋雨怀王公舒》《寄怀景祁表兄》《新竹和张榆村》《早春寄怀景祁表兄》等数首。可见其交往与其兄略同。

（四）朱崇典《望华楼印谱》一卷

崇典，字佐臣，又字叙园。① 监生。崇典年龄应小其长兄不少，与其弟崇禧相差不多。朱崇勋聘请淄川张元教授子弟，朱崇典与其弟崇禧亦随学，可能与其侄朱琦同学。王士禛《候补主事子青朱君墓志铭》中称朱缃有子五：崇勋、崇道、宾理、翊典、瑞宙。据《朱琦朱卷》，朱琦父崇勋（字彝存），另有胞叔父崇道（字带存）、崇典、崇禧。可见与朱缃墓志铭中少一人，可能在朱琦中举时已逝。前两人有著述，崇勋入《续修历城县志》。后三人县志没有记载，不论是研究聊斋的学者，还是研究济南诗人的学者均模糊处理。《望华楼印谱》中有一方"济南朱四崇典佐臣氏一字叙园或曰絮园亦称口源"正方阴文印。可以解决朱崇典的字号问题。翊典应为朱崇典，宾理可能早卒。瑞宙应为朱崇禧，其师张元经常携崇典、崇禧与友人聚会，诗中称"佑存"者即为崇禧，又字淡园。

《望华楼印谱》一卷，朱崇典篆并辑存，清乾隆十二年（1747）钤印本。藏山东省图书馆。封面题签：望华楼印。下钤两章模糊。内封题：朱氏印谱。有乾隆丙辰（元年）淄邑张作哲《印谱序》、金坛蒋天寅书。正文卷端题：印稿。下题：己未订，计三百三十四方。玉函山人珍藏。

---

① 《望华楼印谱》中有一方"济南朱四崇典佑臣氏一字叙园或曰絮园亦称口源"正方阴文印，又有"朱崇典字佐臣"正方阴文印。

关于印谱的由来，张作哲序曰：吾友朱子叙园性恬澹，于物泊然无所好，顾独癖篆印，盖自其太公橡村先生以工诗稽古之余，留意于此，故所存多出名手。叙园恪承先志，收藏惟谨，而年来搜罗镌摹所积益夥，今将总其先后所得，共若干方，汇集为谱。

第一方印为"忠孝传家"椭圆阴文印、第二方是"朱缃子青氏一字橡村"正方阴文印，第三方是"济南朱氏绿玉堂鉴赏章"正方阳文印，第四方是"忠孝为宝经史为田"正方阴文印。第五方是"肝肠如雪意气如虹"正方阳文印。下一方即是"朱崇典印"。因此前五方应为朱缃之印。自第六方后既有朱崇典印、又有朱缃印。

关于望华楼的来历，高凤翰诗集有《无题》一诗，诗中有"我年二十踏省门，席帽秋风济南路。每从驴背相低昂，点黛高吟郦生句。便从东道假居停，望华楼当七里铺。日日开窗对美女，窈窕宜晴复宜雨。练影横烟月最奇，真见银湾华不注。"望华楼当七里铺有注：济南郭外村名，为朱叙园别业，余尝假馆于此。可知望华楼就在现在济南城东部七里铺，即朱崇典的别业内，因可望华不注山而得名。

(五)朱崇厚《绘事逋还杂咏》一卷

崇厚，字野君，精绘事，著《绘事逋还杂咏》。

《绘事逋还杂咏》一卷，朱崇厚撰，半叶八行十九字，白口，左右雙邊。单黑鱼尾。清乾隆朱氏慎影堂刻本。此本藏山东省图书馆。版心下刻"慎影堂"。前有乾隆丙申五月中澥海丰张映纬序。后有乾隆癸丑(五十八年)夏五靳文锐跋。

关于朱崇厚其人，资料极稀，张映纬序中略曰：济南朱先生野君为勤恪公叔子，性孤介，少承先世业，博极群书，不希进取，晚年村居扃户，日以吟咏书画自娱，画本元人，不规规于律，而气韵神妙，无不宛合，每作画，必缀以诗，借以抒写其胸臆，其视人世之毁誉，漠然不少动于中。甲戌，余馆先生家，先生心迹坦白，与人无畛域，亦无诡随。其为诗也，意不求工，而兴之所至，自有一种豪放奇横之气流溢于楮墨间，所谓诗中有人，不得以寻常题咏概之也。关于其书刊刻，张序中又曰：嗣余归卧海滨，先生寻捐馆舍，山阴蒨雨，回首黯然。兹嗣君翊黄持先生所著《绘事逋还杂咏》，丐序与余。关于朱崇厚此集，于正文首页，朱崇厚叙道：余杜门守拙，素无逢迎，故无酬答之作，独于画之得意者，时系小诗以识兴。乾隆乙酉，玺臣弟尹东光，余往视之，携之行箧中，嗣署舍为邻火延烧，尽付灰烬矣。诗多滑稽语，虽不足存，然积二十余年心血之所出，不能忘情，仅追录其二三，名之曰《绘事逋还杂咏》。关于朱崇厚诗，张映纬已有所述，靳文锐跋中又曰：野君朱先生绘事诸咏诗因画作，而苍劲高老、奇趣横生，一洗佻巧丽靡之习，且寄情托兴，直抒胸臆，无一语落前人窠臼，洵是传家琬琰，医俗之豨苓，海丰张经德孝廉为先生作序，称为诗中有人，可谓知言，彼夫绘章絺句、模仿为工者，读先生之诗，或庶几知所返欤。

细阅朱崇厚《绘事逋还杂咏》，有些诗后有评，不知是否是张映纬所作。诗集虽为题画诗，但有些诗有序，可以概见其生活及交往。《画慈姑荷花赠从孙曾传（用评儿韵）》诗，是与从孙朱曾传交游诗，并见其子评亦写诗。又有《儿子评以扇请画、时阶前牡丹盛开、即貌取数朵于上》诗。朱崇厚与从孙朱曾传尚有故事。其有《式鲁从孙欲分芍栽、遣人来请期、其人贪杯、忘问归、而诳之曰、芍药是子种、今尚有子也、式鲁疑之、作书相问、批阅之顷、不禁轩噱、乃画芍一枝、口号一诗以代简》诗，可见一斑。《作听雨图寄阿弟玺臣》诗是朱崇厚画并写给其弟朱崇诰的。另有《桑干风雨图》序曰：玺臣弟守桑干南岸，戊寅夏，评儿自署回，述河干景概，惘然念之，因意成图、并系小诗以寄意焉。又有《画已寄往情犹未尽继此长篇》诗与上相系。还有《博罗春色》序曰：乾隆丙戌除夕前五日画此为玺臣阿弟障壁，丁亥元正交拜后，醺然竟醉，醒后题。《画牡丹为彝存大兄六十寿（用李嵩看花故事）》诗，是写画给朱崇勋的，朱崇勋是朱弘祚一支的长孙。《府学师周先生某索余画、闻其精于释典、因亦画青莲与之》，是与府学教授周某交游所作。《永嘉胜概》时序曰：友人张经德见余《竹间水际图》曰，永嘉山中缘崖贯岭皆水仙花，此亦足以为画也。未至其境，以意为之，或者如龙眠居士之暗与佛合欤，不觉神爽飞越，似在华岩狐屿间矣，因系一绝句。朱崇厚又画一幅寄朱崇诰，有《永嘉胜概第二图寄玺臣弟》。朱崇厚与大名鼎鼎的德州宋弼亦有交往，其有《云际梅花图寄赠宋太史蒙泉》。其《霖雨苍生图》记一故事，序曰：壬午之春，评儿物故于灵武任所，余羁旅于其地者三越月，是时方大旱，二麦焦枯，秋禾未布，既而疫疠又作，人心惶惶矣，州牧贾使君日匍匐于郊坛，而青天转湛然。余愍其劳瘁，为画龙一幅，以助祷，越二日，即大雨滂霈、民心稍安。使君甚悦，饷余一彘肩、一羊胛，盖分祀神之余也。时在又五月十有二日，因题此诗识龙功德。又逾一旬，余载儿柩，携孙子而东旋，途中无警，应亦赖斯一雨之力也，录诗之顷，追念往昔，不仅悽然。可知朱崇厚之子评儿于乾隆二十七年（1762）故于灵武任所。由朱崇厚将儿子灵柩带回家归葬。《桃花春涨图赠德平魏汤铭五儿师》《曲江春色赠禹城贾麓乔十儿师》，是为二个儿子之师所画所题。《为历城县尹杨公国霖画湖天纳凉图成四绝》为本地县尹杨国霖所画所题。还为儿子朱照画《宜男图》，序曰：乾隆丙戌岁十一月二十有四日，照儿迎新妇，为画《慈姑荷花图》二种文饰洞房，二花皆多子意，取风人螽斯之义，笔墨通元，知他年子姓诜诜矣，斯图当云，仍递传之。还为其孙画荷，有《画荷赠广序孙娶妇》。从以上题诗看，朱崇厚交游虽不广，亦不似其所述闭门不出，其它赠画题诗有《画石榴、莲子两花贺东光典史陈允偕新婚》《江皋春图为高邮叶肇鸿作》《丁亥仲冬为景州李师白写屏四幅各系小诗一首》《题松梅回春图赠安斋宗弟》等。

（六）朱崇诰《柿叶山房诗》

崇诰，字玺臣[①]，又字冠霞，监生[②]。曾于乾隆十九年（1754）任永定河四工。[③] 后援例为固安县县丞，升霸州州判，东光县知县。崇厚之弟，崇厚有数诗画作提到崇诰。

《续修历城县志》卷第二十九《艺文考八》著录：朱崇诰著《柿叶山房诗》，卷未详。源自《朱学猷乡试朱卷·履历》。张鹏展《国朝山左诗续抄》卷三十二收朱崇诰诗一首《秋日郊居》，诗曰：村烟漠漠晚风寒，徙倚东篱戴鹖冠。鸭队归喧秋草径，渔歌远唱夕阳滩。一壶绿酒松间酌，数本黄花枕上看。细捻吟髭还有待，流云破处涌冰盘。王钟霖《国朝历下诗抄》亦收录此诗。

（七）朱令昭《水明楼诗集》六卷《冰壑诗余》三卷《皇华集》一卷附《石湖草》一卷

令昭，字次公，号漆园、维摩居士。朱纬次子。与高凤翰结柳庄诗社，工书画，书法唐人，有逸致，画仿高凤翰，几近乱真，兼工篆刻。有《水明楼诗集》六卷、《冰壑诗余》三卷。关于其人，法坤厚在为其《黄华集》序中曰：先生才气超绝一时，性简傲，不喜与俗子遇。善书画，谐乐府音律，经其耳

---

① （清）张鹏展编：《国朝山左诗续钞》三十二卷《补钞》四卷，卷三十二，清嘉庆十八年（1813）四照楼刻本。

② （清）胡德琳修（清）李文藻等纂：《历城县志》五十卷首一卷，卷第三十一《选举表四》，清乾隆三十八年（1773）刻本。

③ （清）李逢亨编纂、易克中点校整理：《门头沟地方丛书 永定河志》，北京燕山出版社2007年版，第227页。

目，洞悉渊微，出素习者之上。年少一试棘闱，耻不售，弃去，构宅趵突泉畔，结柳庄诗社，约同人谳集，好为险韵相窘，兼自奉甚丰，日费万钱，妖童艳姬争欲出入门下，思得片纸字自炫，以夸耀于时，而公坐对其间，挥毫为左右手书画，赋诗洒洒千言立就。旋依胡床，持檀板斑鼓，抗喉高歌，作清商流征之曲，声穷窈眇，闻者莫不悚息倾耳，凄其欲绝。诗名才气，飞腾艺苑，逾益自矜诩，与流俗隔忤，以故流俗辈疾毁倍加，刻骨不齿。居久之，意不自得。家赀巨万金略尽，乃携苍头，策蹇，渡黄河，下金陵，遍游闽粤名山大川，无所遇归，而公亦旋没矣。① 此序原书与《历城县志》卷二十二《艺文考四》所录序略异。

据乾隆《历城县志》卷第二十二《艺文考四》著录：朱令昭著《水明楼诗集》六卷、《冰壑诗余》三卷，均为采访，抄本。据王绍曾《山东文献书目》著录：《冰壑诗钞》六卷，朱令昭撰，见四库存目，清乾隆二十八年刻本（《贩续》作《冰壑集》六卷）；《冰壑诗全稿》三卷，朱令昭撰，稿本（存二至三卷），见善目；《冰壑堂诗稿》二卷，朱令昭撰，稿本（王公舒、柳少师跋），见善目、省图；《皇华集》一卷附《石湖草》一卷，朱令昭撰，稿本（张希杰跋）见善目、省图；《朱令昭诗》一卷，朱令昭撰，历城三子诗本。现存《冰壑诗钞》六卷《诗余》一卷、《冰壑堂全稿》下册、《皇华集》一卷附《石湖草》一卷、《朱令昭诗》一卷。前述《冰壑堂全稿》三卷（缺卷一），藏山东省图书馆，此书《善目》著录，王绍曾《山东文献书目》著录此书时标注为见善目。细阅此书，善目标注有误，此书封面题：冰壑堂全稿。书不分卷，是十三册诗集又有数种著述粘订成二册，现存下册。而山东省图书馆标注为《冰壑堂诗稿》，缺卷一，亦有误，实际与全稿为同一种书，由于书名歧出，变成二种书，各书目不查原书，以讹传讹，以致误已成真。所谓“水明楼”，“黄华集”者，均与朱令昭宅有关。朱照《锦秋老屋稿》之《水龙吟》后注曰：黄华泉源发萧寒郡斋东偏，流绕阶砌下，西院水明楼前有金线泉与黄华泉会流东注。

1.《冰壑诗钞》六卷《诗余》一卷

朱令昭撰。《四库存目》标注为《冰壑诗钞》六卷，台图藏清乾隆四十三年(1778)周永年进呈乾隆间抄本。名为《冰壑诗集》六卷，二册。杜泽逊《存目标注》著录：前有乾隆二十八年癸未冬至后五日德州宋弼于都城寓舍序，乾隆二十九年甲申春二月既望莱阳张象恩序，卷内钤“翰林院印”

---

① （清）朱令昭撰：《皇华集》一卷附《石湖草》一卷，清抄本。

满汉文大方印。书衣有“乾隆四十三年正月翰林院编修周永年交出家藏冰壑诗集一部计书二本”长方木记。中科院图书馆藏清乾隆二十八年(1763)刻其顺堂三世遗诗本,中科院所藏书名《冰壑集》六卷,另有《诗余》一卷。以上朱令昭诗集虽名略异,其实为一种,而乾隆《历城县志》著录之朱令昭著《水明楼诗集》六卷抄本亦应与前述是同一种。乾隆《历城县志》著录朱令昭著《冰壑诗余》三卷,抄本,而现存《诗余》刻本一卷,是否是刻书不再分卷而统为一卷,不得而知。此书未及见。

2.《冰壑堂全稿》不分卷

朱令昭撰,半叶十行字不一,无格,清稿本。存下册,藏山东省图书馆。

封面一题:冰壑堂全稿(下),钤“枫香草堂藏书”阳文长方印。封面二题:己未秋五言律诗(第十册),钤“枫香草堂藏书”阳文长方印。封面三题:己未秋五言律诗(第十册),中选廿四首,钤“诗书一旅亭”阳文八角形印。正文卷端第一首是《退居》,第二首是《雨后登西园假山》,草书书写。上钤“枫香草堂”阳文长方印,下钤“朱令昭印”正方阴文印、“冰壑堂”正方阳文印、“忘财忘生忘得”长方阳文印。计有诗九十九首。末钤“周宗炤印”正方阴文印、“用晦”正方阳文印。又一封面题:戊午年诗随手录(第十二册),钤“枫香草堂藏书”阳文长方印。计有诗八十八首。末钤“周宗炤印”正方阴文印、“用晦”正方阳文印。后有王公舒题《冰壑二兄江南杂诗后》:十载江南类转蓬,把君诗卷思何穷。金阊柳色邗沟月,都付愁中与病中。山东省图书馆以此作为王公舒跋,有误。此处无王氏印章,是抄写之诗,王公舒者,非其名也。此人与朱崇勋、朱崇道、朱令昭等人交游密切。朱崇勋《桐阴书屋诗集》卷下有《赋得满城风雨近重阳和公舒作三首》、朱崇道《湖上草堂诗》有《秋雨怀王公舒》等诗,可知此人可能是姓王字公舒,待考。又有《已未人日书于萧寒郡斋》,应为朱令昭自题诗。又有诗联:半蒿溪水枫围屋,一片山云雪到门。寂寞黄花时节雨,淹留乌帽丈人祠。楷书抄,又有抄柳公权《圣慈帖》草书,题“柳少师书”,山东省图书馆以此著录“柳少师跋”,误,柳少师即柳公权。又一封面题:诗帐(第十四册 乙酉秋),钤有“枫香草堂藏书”阳文长方印。又一封面题:诗帐(乙卯秋 第十三册)中选七首。计诗八十首。删改较大。末钤“周宗炤印”正方阴文印、“用晦”正方阳文印。又一封面题:红豆轩诗草,钤“枫香草堂藏书”阳文长方印。正文卷端下钤“枫香草堂”阳文长方印。有《春夜进酒篇》《夏词》

《吴宫四时词》四首《赠友人》《无题》《春草庄》《佛桑》《夏夜月下泛湖》《湖上曲》《幽居》《田园杂兴(初夏作)》《新凿方池》《白燕》《和篠园兄咏兰诗》《十二芙蓉斋听雨(拈得父字)(抄四册)》,以上均为行草抄写。又一封面题:野园诗抄,钤"枫香草堂藏书"阳文长方印。正文卷端题:济上游草。下钤有"枫香草堂"阳文长方印。有《春日过郡城同郝元公京玉出游望云门山作》《礼参店》《伏生墓道》《会仙峰》《浒山道中》《绣江二首》《东平陵废城》《龙山镇(即巨合城)》《韩仓(李沧溟先生故居)》《又赋一绝》《百花洲》《夜半闻钟》《明湖眺望》《铜剑歌和东坡韵》《南园》《春夜小集枕流书屋》《大雨行》《白燕》《白丁香》《山寺小憩》《流芳咏》《戏咏金钱花》(抄一册)《偶题》《踏青词》四首《乡居》《题桃花扇卷后》《终南进士行》二首(抄一册)《赠宝年表兄》《看竹》《有人》《仲春》三首《湖上小词》二首《晨起》《莫愁曲》《春草庄》《寒月》《春游》七首《野居》九首《无题》二首《送友人之扬州》等诗。均为抄写。又有封面题:遗诗补。先是一篇小记,写自己孤苦生活,无力助人,家园之景,末钤有"水明楼主人"正方阳文印、"词翰王孙"正方阳文印、"萧寒郡斋主人"正方阳文印。后有一诗,又有小题记,末题"维摩居士左手题"。又有壬戌十一月十八日小记,下题"萧寒郡斋主人左手题"。又有一诗,后有题记。又有一诗,后小记略云:自首春历新夏,病怀不伸。最后题"漆园左手涉笔"。又有一诗,后接题记,末题"乾隆甲子正月初四日左手记口也,红亭朱令昭"。后有《游仙诗》,诗极长。又有《送秋》《戏书歌口口者口》《渡扬子江》《春山》等诗。又有小记一篇,先是墨笔六行,又朱笔三行,墨笔所记有朱笔圈点。后又有《秋尽日书所见有感》《冬夜对瓶花小酌仿白香山体》,题"也堂老人偶作录送","笑览并索和"。钤"也堂"长方阳文印。又有题《赵子昂画秋郊联骑图》。又有小记一篇,因九月二日篠园兄徙居山庄作诗寄赠而起笔,最后有诗一首,末题"弟昭草",钤"也堂"长方阳文印。又有《立秋前夜作》《怀友次韵》《送宫人入道效唐人作》《南池(用少陵韵)》《送别阶升南行》《送别朗山之袁江省亲》《登太白酒楼》《建口口口世兄余白门即席见赠次韵答之》《枕江阁次王玉司马韵时攝篆口安》《口中九日集得朋草舍和赵幼青韵》《香口室应教同人拈口分韵得家士衡口口口》《题高似秋茄图》《涵亭老弟今日喜逢诞辰、深愧空手作汤饼客,乃于口绝后复集唐一首用效华封之祝》,后附也堂诗稿一首《除夕》。又有《乾隆癸亥夏四月过竹甸草堂赏芍药、酒杯歌舞、极尽雅集之口、三兄曾嘱众皆依韵和之、涵亭弟赴蒙阴、未与此会、故结句奉怀》。

又一封面题：支秋簿（丁巳），钤“枫香草堂藏书”长方阳文印。又一封面题：支秋簿（丁巳），钤“萧寒郡斋”椭圆阳文印。有词三十阙。末题“销魂南口红牙板 曾恨江东紫玉萧”。钤有“不知古人中谁比”正方阳文印，又有“周宗炤印”正方阴文印、“用晦”正方阳文印。又有一封面题：江东流响。钤有“枫香草堂藏书”长方正文印。有词二十四阙。

纵观全书，十分复杂，前已将内容详述。其中朱令昭著《红豆轩诗草》《野园诗抄》等前所未闻，且均是抄本。词集似只有两卷，可能不全。此全稿中部分经周宗炤、杨德昭收藏。周宗炤曾跋朱纬《梦村遗诗》曰：跋曰：嘉庆二十年九月廿四日，偶得朱梦村、次公、渊亭及山民、尊一诸先生遗稿于市肆。朱令昭遗稿亦应是嘉庆二十年（1815）九月二十四日所得者。杨德昭，字用晦，历城巨族杨氏中人。最后不知何人将全稿捏合成二册，山东省图书馆惜存下册，而全稿是否真正是全稿不得而知。

3.《皇华集》一卷附《石湖草》一卷

朱令昭撰，半叶九行二十三字，无止格，清抄本。藏山东省图书馆。前有乾隆二十二年（1757）胶西法坤厚序。此序应朱曾传所请而写，法坤厚序曰：今年来济上，公族孙式鲁，余同学友也，持是卷，嘱序，且曰，公生平为诗最多，不自收拾，此卷所集，不及百之一，子其为之序。

《皇华集》收诗六十九首，卷末钤“吴怡泰号”阳文长方花纹印。据我阅古籍经验，应为纸张卖方所带。《石湖草》收诗二十五首，又有《悼亡诗》十首。《石湖草》封面题：石湖近草。钤有“疏雨梧桐”阳文椭圆印、“一船书画便浮家”阳文正方印。交游诗有《赠孟生》《挽天相和尚》《和张殿撰与彝存兄趵突泉诗》《赠王处士》《高南村月夜游焦山宾从极一时之盛慕而和之》《赠高西园》《萧寒郡斋宴集》《雪后野君三兄携孔黻章大甥过萧寒郡斋却集陈贾诸子》《雨后同黎庄茶话》《寄题姜培林武昌别业》《赠宋书怀》《贻家紫函兄二首》《题朱鸣周行乐二首》《偕章乘殷登岱》等。其中有张元（字殿撰，号榆村）、朱崇勋（字彝存）、高凤翰（字西园、号南村）、朱崇厚（字野君）等人，乾隆《历城县志》朱令昭本传中有“倡柳庄社，与淄川张元、胶州高凤翰、义乌方起英辈为忘形交。”从交游诗中可略证之。其本传中有吴下、福建之游，《皇华集》中有《病中过高邮》《扬州怀古》《停舟瓜步镇》《二十日天晴过江》《自闽中归来杂诗》等诗，《石湖草》中有《汉阳元日和韵》《江上立春和韵》《武昌与冶苍别后却寄》《宜城舟中纪梦》可略观之。从《石湖草》集中《重登任城太白楼和前明总河潘公壁间韵》《重九同王君千仞、家五兄云屏登曹南楼即次五兄禁体韵》《曹县城中即事》《曹南中秋河帅张尚书席上即事》等诗看，朱令昭曾到过济宁、曹县等地，并曾为河督张尚书的座上宾。从《泰安八月十五作》《九日登岱》《偕章乘殷登岱》《游吕公祠》《王母池》等诗可知朱令昭曾登临泰山。最后《悼亡诗》十首是悼念妻子所作，第一首下题"时余客登州"。从以上杂抄朱令昭诗中可见其县志本传过于夸张，朱令昭交游颇广，上至河督，下至孟生，并非孤傲无群之人。从诗中看其亦东奔西走，应为谋生故，绝非其小传中所述。

关于其诗，法坤厚序中评道：取而读之，才气纵横，体大而思精，如《终南进士行》，则昌谷之奇诡也；《杨花曲》，则玉溪之瑰丽也；《读太白集》《趵突泉》，则青莲之奔逸；《闽中归来》诸作，则少陵之悲壮也。庐陵序《苏子美集》曰：斯文，金玉也，沉埋粪土中，其光气常焰发于上，必有识而物色之者。谨序其卷末，以归式鲁，可善藏之，以待异时之求也。

4.《朱令昭诗》一卷

朱令昭撰，半叶十一行二十一字，白口，四周单边，单黑鱼尾。清乾隆刻历城三子诗本。藏济南市图书馆。前有乾隆二十六年(1761)钱塘桑调元序。收朱令昭古今体诗一百三十五首。卷末题：男攸编校。诗较《皇华集》附《石湖草》多出三十余首，与之亦有较多重复。

四、历城朱氏家族第五代著述考

(一)朱琦《倚华楼诗》四卷《铁峰集》一卷《杜诗精华》六卷《清忠堂文稿》

1.《倚华楼诗》四卷

朱琦撰，半叶十行十九字，粗黑口，左右双边，单黑鱼尾。清康熙至道光历城朱氏刻济南朱氏诗文汇编本。又有清乾隆刻本，行款与上同，山东省图书馆藏二部。

正文卷端题：历城朱琦景韩。前有乾隆辛巳鲁鸿序。鲁鸿，乾隆二十八年(1763)秦大成榜进士，京子，河南孟县知县，捐陞同知。[①] 鲁鸿精古文，学诗初喜读黄庭坚诗，鲁鸿在其序中道，其在长安结交任城孙灵汇，因孙而知山东王士禛与赵执信之诗，深受其影响。朱琦之父祖辈均与王士

① (清)刘昌岳等修(清)邓家祺等纂：《江西新城县志》首一卷末一卷，卷八《选举志》，清同治十年(1871)刻本。

禛有较深交往。朱琦曾官江西万载，因此机缘，与江西新城鲁鸿有交往。朱琦《倚华楼诗》卷二中有《东湖渔者歌题鲁厚畲小照》。诗集名的由来，朱琦之父朱崇勋有《赋得风沦历城水月倚华山树同榆村、南村二首》诗，因此朱家有楼因以“倚华”名之。

朱琦诗集四卷，记录了其人生的点点滴滴。卷一收诗三十四首，前四首作于历城，第一首《绿玉堂壁画双松歌》，绿玉堂应为朱璜之堂，朱璜为朱琦之弟。据诗中云，绿玉堂壁画出自当时高人高荫之手。《秋日游南山》《禹登山游眺》均是描述济南之景，《重过泺源书院雨夜感旧》是感怀诗，泺源书院是山东最大书院，落址济南，曾经名师如云，人才辈出，乾隆年间朱氏家族中朱彤、朱攸是书院中佼佼者，时德州宋弼、钱塘桑调元先后主泺源书院讲席，所拔士有‘八骏’、‘八杰’之目，朱氏居三，彤其首也。朱氏三杰，除以上二位外，另一位可能是朱琦或朱璜，通过其诗，可知朱琦对泺源书院有极深感情。以后几首是朱琦赴京、在京、出京所作，从朱琦经历看，其由拔贡充镶白旗官学教习。并于乾隆十二年(1747)顺天乡试考中举人，从此诗集看，此次进京时间较短。之后有《题陶西岩小照》《题曾映萼校书归省图即送其之官大同》《书陈香泉先生帖后(为袁瑞峰虞部作)》《送邵屺云归常山兼寄郑如皋》等诗，是其归乡所作应酬诗。自《赵北口》《之官神木道中》开始，朱琦开始了其仕宦生涯，第一站是陕西神木县。一路西行，边行边吟，时间约为乾隆十七年(1752)，因其《泥虎行》中序曰：“秦中多虎，壬申秋，仆行役过同官道左神祠。”此后应为任神木县知县之后所吟咏者，中有关于府谷县的诗，是否任职神木后曾调任府谷县，不得而知。到《春日过侄式鲁山居率赠长句》诗，朱琦已回到家中。式鲁者，朱曾传也，朱氏家族中少有几个诗文兼工的大才。朱琦赞曾传道：“爱尔少负不羁才，掉头久已轻余子，笔势直凌玉局苏，颠名几掩襄阳米。留我倒箧出新诗，脱手弹丸不容疑。”在家小住，即向南出发，从诗中看，应是去河南，卷一末至卷二初均是赴河南途中所作。到河南开封有《大梁览古二首》《大梁秋思》诗，似乎在河南并未呆多长时间，又返里居住，有《登华不注二首》《家弟苍佩述其丁丑梦中句为足成之》，丁丑年是乾隆二十二年(1757)，家居之后又南行，此次目的地是江西，一路吟咏，或陆行，或乘舟，经过万载、豫章，曾登上著名的滕王阁，写了《滕王阁晚眺》。滕王阁在江西南昌，是省会驻地，朱琦赴官江西，必须先到南昌。据同治《万载县志》卷十七《秩官》载，朱琦曾官江西万载，时在乾隆二十八年(1763)至乾隆三十五年(1770)之间，由于记载缺失，这期间先是张敉、后是朱琦。《倚华楼诗》卷三有《己丑暮春送介亭弟归里省侍兼示四弟》诗，已是朱琦赴四川任途中，己丑年是乾隆三十四年(1769)，因此可知朱琦早已卸江西任。此次赴江西应是赴江西万载任时所作，在任上无诗留存，《东湖渔者歌题鲁厚畲小照》是为江西人鲁鸿所作。卷二末有《广平三君诗》《广平书院荷亭远眺(时院长汪太史暂归武林)》，广平为直隶地，从卷三开始第一首是《栈行竟日晚宿南星镇作》，足迹已到陕西，可见前卷末提及广平，亦是北上的开始。卷三第二首诗《秋郊远眺(在安岳作)》，说明朱琦已到四川安岳，后有《读来氏易题其后一首》《重题来瞿唐先生传后》二首，来瞿唐是四川梁山人，朱琦到四川后开始关注四川诗人、易学家来瞿唐了。后有《行涪梓山水间有会而作》《梓州》《盐井歌》《晓度(渡)鸡公岭》《宿国清寺赠慈量禅师》《秋日谒贾浪仙祠墓》《宿量公房月夜即事》《宿天台寺》《秋日登金华山寻陈公学堂故址兼怀少陵》《龙门磴(在遂宁县东南二百里)》《大佛岩》《初到资州登四明楼作》等诗，均有四川地名，可略知其足迹所至，至《灌县雨夜怀王审渊同年》，知已到都江堰，朱琦有《灌口谒秦太守李公祠望离堆》，秦太守即当年整治都江堰的李冰。这里离四川都会成都已近在咫尺了。之后应是朱琦安顿下来以后写的诗，以游览、唱和诗为主，期间，其五弟朱璃来川，朱琦有《喜五弟介亭至》，诗有“十年重见各悲欢”句，并有《寄怀双亭四弟》诗，双亭即朱璜。卷四第一首诗是《春草轩牡丹盛开沈澹园太守招诸同人花前小饮即席分韵五首》，沈澹园者即沈清任，字莱友，一字莘田，号澹园，又号疥憨，仁和人。乾隆壬申进士，曾官四川。第二首诗是《题查观察俭堂先生北征集后》，查观察即查礼，又名学礼，字恂叔，号俭堂，又号铁桥，一号榕巢。任道员，随征金川，司督运，擢四川布政使，升湖南巡抚。善绘事。从此，朱琦与这两位上官结成诗友，诗酒唱和，不亦乐乎。其它诗有《乙未大寒日查观察俭堂招同顾廉宪响泉、沈太守澹园、彭院长仪一及诸同人集升庵看梅分赋得踪字》《分赋蜀郡古迹得碧鸡坊》《九月望日榕巢观察邀诸同人小集升庵赏菊余以事后至分韵得职字》《冬至前五日榕巢观察招集升庵观杨文宪公墨迹尘世英雄易老浮生踪迹难同凡十二字时观察将按部果罗克故并用书中语意送别分韵得遇字》《奉和查榕巢观察登维州筹边楼见怀之作》等，除此外，朱琦与诸同僚亦诗歌唱和，渡过了一段十分难得的官宦生涯。卷四末十几首诗应为自川返回所作，自四川回济南，应由四川往北，过秦岭，到陕西，自陕南下，诗中地名如《剑门览古》《青桥驿》《柴关岭》《五丁峡》《骊山温泉》《陕州道中》《雨中由草凉驿站趋凤县作》等皆途中所经之地。

2.《铁峰集》一卷

朱琦撰,半叶十行十九字,清稿本。铁峰者,铁峰山也。安岳,古称"普州",取"安居于山岳之上"而得名,此山岳即铁峰山也。《铁峰集》是朱琦赴四川途中及知四川安岳县时所作。时间大约在乾隆三十四年(1769)至乾隆四十年(1775),内容是《倚华楼诗》卷三中的大部分与卷四开始一小部分。两者比较,有些诗诗名不同,如《倚华楼诗》卷三第一首是《栈行竟日晚宿南星镇》,《铁峰集》是《宿南星镇》。《倚华楼诗》之《梓州》,《铁峰集》是《梓州怀少陵》。《铁峰集》较《倚华楼诗》卷三少十四首,仅多《次韵和徐芷堂同年秋海棠诗四首》,按顺序较《倚华楼诗》卷四前一部分少《邓启筹孝廉索和乐至天池书院杂咏八首》,而《倚华楼诗》也仅有五首。此《铁峰集》的价值在于明了《倚华楼诗》中那些诗是朱琦在安岳县知县任上所作,并大体通过诗歌判定朱琦知安岳县的时间。再是比《倚华楼诗》多出四首。

3.《杜诗精华》六卷

朱琦辑,清乾隆朱琦抄并批校本。书名抄者自拟。九行二十一字,无格。卷端题"篔谷居士手抄"。朱琦,字景韩,号篔谷。朱琦曾在杜甫家乡四川十年之久,作为清代诗人,对杜甫十分崇敬。其诗集中有《秋日登金华山寻陈公学堂故址兼怀少陵》,诗中有"一自少陵灯眺后,悠悠谁识古人心"句。《铁峰集》中《梓州怀少陵》即《倚华楼诗》卷三中《梓州》诗曰:"忆昔浣花老,经年居梓州。春江频送客,暇日更登楼。持节思严武,回船揖太邱(谓姚通泉)。遗踪今不见,慷慨上牛头。"这为朱琦辑批《杜诗》奠定了感情基础。朱琦所作,既有抄录他批者,亦有自批者,此本极为珍贵,是杜诗批注中一个新版本,此前无人注意到此本。

4.《清忠堂文稿》

《续修历城县志》卷第二十九《艺文考八》著录,朱琦著《清忠堂文稿》,卷未详,源自《朱学猷乡试朱卷·履历》。未及见。

(二)朱侃《烟雨山房稿》

侃,字天倪,监生。张鹏展编《国朝山左诗续抄》及王钟霖编《国朝历下诗抄》小传中均云其有《烟雨山房稿》,《续修历城县志》卷第二十九《艺文考八》中据《山左诗续抄》亦著录《烟雨山房稿》,卷未详。《国朝山左诗续抄》卷二十一收朱侃诗二首，其一《晓发虎豹川》：烟外鸡初唱，林梢月正寒。须黏夜霜冻，眼刺晓风酸。林断荒村出，峰高细径蟠。宵征劳莫怨，行路古来难。其二《即事》：浪走风尘违素心，乍惊两鬓已霜侵。归家不问炊无米，对客何妨肘见襟。采药春岩随野鹿，坐花幽径听山禽。诗成应是无人看，隐几支颐聊自吟。《国朝历下诗抄》亦收此二首。

（三）朱照《水道考》一册《河图》《锦秋老屋稿》不分卷《朱照杂记》不分卷

照，字晓村，监生。朱纲孙，崇厚子，过继崇谦。余正酉《国朝山左诗汇抄后集》卷二收朱照诗十四首，小传略曰："先生工绘事，耽吟咏，兴酣落墨辄题其上，诸诗皆得之缣素间，无专集也"。据《续修历城县志》卷第二十二《艺文考一》著录：朱照著《水道考》一册、《河图》，据《续修府志采访册》。《续修历城县志》朱照本传曰："壮随族父任直隶最久。又遍游江浙、山西、河南，因作河图，悉从亲阅形势中来。"从上可知，朱照既精绘画，又有阅历，因作《河图》，而《水道考》附之，亦学问也。惜不知所存。《续修历城县志》卷第二十三《艺文考二》著录：朱照著《锦秋老屋笔记》一册，手稿。下述：是编各条皆照手写，其子凝台裒集成册，今藏邑人刘恒发许，册端署此名，《府志》作《晓村老人笔记》，非是。册中多考论逸闻琐事，而于济、漯、漳、卫等水辩证颇详，盖其素所究心也。此《锦秋老屋笔记》一册即为山东省图书馆所藏《朱照杂记》不分卷（一册）。据《续修历城县志》卷第二十九《艺文考八》著录：朱照著《锦秋老屋稿》二册，是集皆丛残手稿，其子凝台黏为二巨册，邑人刘恒发购得之。余正酉《国朝山左诗汇抄后集》卷二朱照小传中云朱照有《锦秋老屋诗稿》。今山东省图书馆藏《锦秋老屋诗》不分卷（二册）《朱照杂记》不分卷（一册），亦即上述朱照所著两种。山东省图书馆著录《锦秋老屋诗》不确，细阅此书，应著录为《锦秋老屋稿》不分卷最确切。

1.《锦秋老屋稿》不分卷

朱照撰，行格字不一，清稿本。此本将朱照手记或拓片部分剪贴于一种刻本[①]之上。此本封面题：锦秋老屋稿。第一篇即是《水龙吟》，白字写于黑纸上，粘贴于书上，残。写朱令昭事。又有《湖西新馆》、、《看花回》，

---

① 山东省图书馆所藏古籍中有类似现象，如果将粘贴纸片取下，是一种或几种刻本，刻本年代及价值不详。

亦白字写于黑纸上，粘贴于书上，落款云：嘉庆丙辰丁巳间旧作，丙子夏六月上浣锦秋老屋午窗追录，朱照。钤朱印，不清晰。又有《苍峰碧嶂图（仿米南宫笔法题以长歌）》，黄墨笔，粘贴于书上。落款云：济南朱照笔记。钤“勤恪公孙”正方阳文印。又有《鸣蝉歌》，白纸墨笔贴于书上，落款题：八十一岁老人晓村氏并书，钤“沛国朱照”正方阴文印。又有《获鼠篇（乾隆癸丑年旧作、道光癸未年追记）》，末题：晓村老人照。又有《列夫篇》诗一篇，小记一篇。又有《沧州二士》序及二诗，后有小注，题：济南朱照摹记。钤有“齐右乡人”正文阴文印。又有《关公祠》《闵孝里》《宁武关大都督周忠武讳遇吉墓》等文，从以上约略观之，此集称为《锦秋老屋稿》，是朱照诗文集合编，后还有不少词，因此是朱照诗文词杂记之综录。

2.《朱照杂记》不分卷

朱照撰，行格字不一，清稿本。正文第一篇是《诸葛武侯自比管乐论》，下钤“平陵朱冰台”正方阳文印、“字北星号朗甫”正方阴文印、“勤恪公曾孙”正方阴文印。从第二方印可见是朱凝台之印，朱照之子，而第一方印十分奇怪，朱照三个儿子均是凝字辈，难道印章中的“冰”是“凝”的异体。此集以朱照杂记为主，其中上述“册中多考论逸闻琐事，而于济、漯、漳、卫等水辩证颇详，盖其素所究心也”。文中确有此记。

（四）朱倬《稽愁吟》一卷《遁斋诗稿》二卷

倬，字振亭，令昭长子。《续修历城县志》朱攸本传曰：少孤，有兄早世（逝）。此即指朱倬。《历城县志》卷第二十二《艺文考四》著录：朱倬著《稽愁吟》一卷，采访，抄本。《续修历城县志》卷第二十九《艺文考八》著录：朱倬著《遁斋诗稿》二卷，源自《朱学猷乡试朱卷 · 履历》。山东省图书馆、青岛市图书馆藏有《遁斋稿》二卷。按山东省图书馆所藏状况，《遁斋稿》二卷应为朱攸所编刻《其顺堂三世遗诗》之一种，第一种是朱纬《梦村集》六卷，《遁斋稿》二卷为第三种，第二种是朱令昭之《冰壑诗钞》六卷《诗余》一卷。

《遁斋诗稿》二卷，朱倬撰，半叶十行十九字，白口，左右双边，单黑鱼尾。清乾隆刻其顺堂三世遗诗本。前有乾隆丙戌（三十一年）初冬莱阳张象恩序。从张序可知，莱阳张象恩曾司训历庠，查乾隆《历城县志》，卷第二十七《职官表》载，张象恩，莱阳县优贡生，十四年任①，升平原教谕。下

① 与后面张象恩序矛盾，县志有误。

一任谢广谟三十年任。张象恩序中曰:乾隆壬申岁,予司训历庠,振亭年逾冠矣,犹俯首童子试,来从予游。因此,张象恩可能从乾隆十七年(1752)至乾隆二十九年(1764)任历城训导。朱倬因屡次考童子试,因此相熟。张序中又曰:予为论次,得两卷,用附梦村诸先生后。可见朱倬《遁斋诗稿》二卷由张象恩编次。《续提要》云:(《其顺堂三世遗诗》),是编盖攸延象恩编成而刊刻者。可由张序中推出,否则,亦可互相佐证。

关于朱倬的资料极少,张象恩序中略存一二。首先,前述朱倬年逾冠还未中秀才。序又曰:其为人嗜酒落拓,不屑屑乡曲之誉,家故中赀,自其先已渐落,至振亭,几无卓锥地,薄游都下,觊有马周之遭,拂拭无人,归益纵情于酒,甫三十遘疾以没。

卷上收诗四十三首。第一首诗是《无垢室》,朱倬用诗来述其室名为"无垢室"的缘由。第二首诗是《病中喜弟入庠》,此诗虽为纪事诗,但感情真挚。诗先述自己状况:"吾年十四五,名场妄征逐,三十了无成,一病淹床褥。药饵度芳春,霖雨卧空屋。"而其弟朱攸却"一战辄得隽"。老仆来告知消息时,"病夫枕上起,喜极泪相续"。为什么这样兴奋呢,只因"吾宗居历下,衣冠号右族,一本茁五支,吾支独屈曲。匪直无贵仕,并鲜登科第"。因此,朱倬将希望寄托于其弟,并告诫其弟"儒行苟无亏,门风自不辱,勉卒父兄志,欣欣吾就木"。其诗包含着辛酸与泪水。从卷一看,朱倬与同族朱文震关系莫逆,有《简青雷》《送青雷北上》诗,朱文震是历城朱氏家族中著名的文士,与扬州八怪有深交。其它交游诗有《同白宗齐作》《张端夫移居登楼赋此》《王霞客过饮》《雨后同曹子质作》《简孙云樵二首》《怀孙乐仲》《留方平二兄话》《秋夜访谢长民》等,所交游者多不可考,与朱令昭比,诗名不如其父,但不似其父之孤傲,交游颇广。张象恩所述其"嗜酒落拓",诗中有所体现,其有《何处难忘酒五首》。

卷下收诗七十二首。诗以抒怀与交游诗为主。其一即为《秋怀四首》,又有《春日漫兴》《暮春野望》《无聊》《遣怀》《秋日漫兴》等。交游诗有《郊行和王朗山》《秋日小集》《寄孙子师四首》《无垢室偶集》《赋慰方平二兄》《慰张芝山罢举》《哭张芝山二首》《赠友人从军》《弟攸近为诗颇有好句》《寄钟彤一》,朱倬交游者多不可考,其中张芝山(不知名号)是莱阳张象恩之子,象恩,字履谦。乾隆六年(1741)优贡。曾为历城训导。为朱倬诗集作序。诗集中可略显朱倬踪迹,朱倬曾赴京师,并祭拜其曾伯祖朱昌祚之墓。有《德州附船北上》《通州》《谒先勤愍公墓二首》《旅况二首》诗。朱倬卖了自己的老宅，得一百金，移居湖上，应为租居。此老宅是在黄华泉边，其父朱令昭有《黄华集》。朱倬在《卖宅》诗中描述其老宅的荒凉："黄华泉冷成荒圃，野鹤楼空剩敝庐。"但其卖宅钱很快就花光了。没有谋生的手段，还嗜酒好友，其家产在其父时就已败光，朱倬最后连老宅也卖了。

关于其诗，张象恩序中曰：予尝读尊甫先生之诗，伤其郁郁不得志于时，乃振亭则又过之，而年且不逮，近时诗人之穷未有如振亭者也。今其诗不多见，然皆勃勃有生气，沈郁骏快，自其本色，而撒手颠厓，时臻悟境，岂非穷愁怫郁，有畜极而通者耶。

（五）朱攸《退学草》《其顺堂文稿》

攸，字韦佩，号渊亭。令昭子。乾隆壬辰科进士，由编修官江西吉安知府。公承家学，盛名都下，无子，稿多散失。

《续修历城县志》卷第二十九《艺文考八》著录：朱攸著《退学草》《其顺堂文稿》，卷未详。源自《朱学猷乡试朱卷·履历》。为证实朱攸有《退学草》，《续修历城县志·艺文考八》中抄朱曾传《书渊亭叔退学集后》及钟廷瑛《灯下读渊亭表叔〈退学集〉感赋》，朱曾喆在《族叔父渊亭先生行略》中述曰："家世善诗，父冰壑翁名尤著。叔父有《其顺堂三世遗诗》刻，其所自作则散佚矣。"山东省图书馆藏《其顺堂三世遗诗》口口卷，朱攸辑，清乾隆刻本，存朱纬《梦村集》六卷、朱倬《遁齋稿》二卷。只差朱令昭的诗集。张鹏展编《国朝山左诗续抄》及王钟霖编《国朝历下诗抄》中均收其诗二首：其一《和李春麓同年忆山图元韵》：半生如我计全非，正使无田也合归。便拟全家移画里，桑榆可许借余晖。其二《丙午冬移寓入城与刘岸淮给谏同居》：入城如入山，岂不念居僻。身世竟何为，久矣甘寂寂。欣然冒雪风，急自闢瓦砾。我仆幸有屋，我马亦有枥。绝胜伯通庑，何减仲蔚宅。未免疏要人，喜不对残客。日高起无事，晴窗弄书册。一往慊素心，千载展良觌。况我同舍友，廿岁阔晨夕。向即隔城闉，今乃联屋壁。京师万人海，此聚真萍迹。同室忘主宾，闭门恣赏析。缁尘刺卒中，所乐无与易。古人重买邻，兹堪千万直。讵复压蓬蒿，政可养樗栎。天地一蘧芦，随遇吾所适。①

（六）朱璜《双峰文稿》《绿玉堂诗》

璜，字苍佩，崇勋子，乾隆癸酉举人，官青州府学教授。

---

① 两首诗引自《国朝历下诗抄》，与《国朝山左诗续抄》略异。

《续修历城县志》卷第二十九《艺文考八》著录：朱璜著《双峰文稿》《绿玉堂诗》，卷未详。源自《朱学猷乡试朱卷·履历》。余正酉《国朝山左诗汇抄》卷一收朱璜诗七首：《寿晴村抚军五十初度》《历下亭怀古》《大雨行》《晓行》《听蝉》《咏兰》《访秋》。

五、历城朱氏家族第六代著述考

(一)朱曾传《式鲁诗集》《桐孙老屋遗诗》五卷《说饼庵诗集》四卷《说饼庵集》四册《腐豪集》二卷《说饼庵四六文》一卷《说饼庵文集》一卷《词集》一卷《赋集》一卷

曾传，字式鲁，绥曾孙，怀朴孙，昱子，过继叔父燕，燕为怀朴子，过继叔父怀本。曾传少随父官楚南，揽江山之胜，归里后，师会稽傅先生玉露，继师钱塘桑先生调元。两先生先后主泺源书院，曾传深得两先生赞许，皆谓"一时无其匹者"。曾传抗志绩学，与青城张君倬、海丰张君映纬，以文章相砥砺，岁丙子举于乡，屡试不第。关于朱曾传死因，马国翰《买春诗话》中云："吾邑朱孝廉曾武①应试礼部，时会阙有献俘，朱赋楼兰头颅歌，轰传都下，同人或戏谓曰：'御史以君诗奏上，闻将捕君矣，'朱大惧，即日束装归，遂以心悸病卒。"

关于朱曾传为人，乾隆《历城县志》朱曾传本传曰：酷嗜饮，一日不持杯勺，则奄然若病。醉辄谩骂，时士无足当意者。族弟朱曾喆曰：阅《县志》言其嗜酒，醉辄谩骂，临殁悉毁所作诗。几疑为任诞者流，后从兄少子啸得尽读其诗古文词，亲族属，笃师友，遇人有一善，虽田夫仆役，必咏歌赞颂，又何其忠以厚也。朱氏家族较著名人物朱琦与这个族侄十分投机，与之相唱和，曾赠诗云："不以毁誉为愠喜。"阅乾隆《历城县志》朱曾传本传，为朱攸录送，朱攸乃朱曾传从叔也。朱曾传与朱攸有交往，曾为朱攸诗卷题跋，朱攸如此书写，能突出朱曾传个性，将其生活中的一面突兀出来。《续修历城县志》编者认为因朱曾传曾写《楼兰头颅哥》，轰传都下，朱攸作为正统的官僚，称其"嗜酒谩骂，焚箧中诗至竟而死"，则犹以忌讳之故欤？关于朱曾传诗文的流传，乾隆《历城县志》朱曾传本传曰：会试屡不第，益湎于酒。得病，知不起，捡箧中诗读一过，辄焚之，至焚竟而卒，年四十有五。似乎朱曾传所作诗全部自焚。然而朱曾传仍有不少诗文集流

---

① 有误，应为曾传。

传，朱曾喆的解释为：病笃，口占诗，令儿辈录之，录已，自歌，歌已，遂焚之，然生平请质于师友诸诗册，藏遗篋，未毁也。

乾隆《历城县志》卷第二十二《艺文考四》著录：朱曾传著《式鲁诗集》，卷未详，下抄盛百二《续柚堂笔谈》关于朱曾传一则。实际此著录无以为据。《续修历城县志》卷第二十九《艺文考八》著录：朱曾传著《桐孙老屋遗诗》五卷，抄本；《说饼庵诗集》四卷，据《二南诗续抄》；《说饼庵集》四册，抄本；《腐毫集》二卷，抄本。《桐孙老屋遗诗》五卷，未见。王绍曾《山东文献书目》著录：《说饼庵四六文》一卷，朱曾传撰，稿本，存省图；《说饼庵诗集》，朱曾传撰，抄本，清嘉庆刻本（一册），见山艺、青图；《腐毫集》二卷《补遗》一卷，朱曾传撰，余正酉补，手稿本，藏亦轩处。李灵年、杨忠主编《清人别集总目》著录：朱曾传著《说饼庵诗集》六卷，清嘉庆刻本，藏北图、青岛图①；清道光二十五年（1845）刻本，藏中科院。《说饼庵四六文》一卷，稿本，藏鲁图。济南市图书馆亦收藏道光本《说饼庵诗集》六卷。山东大学图书馆藏《说饼庵文集》一卷《诗集》一卷《词集》一卷。山东省图书馆藏《说饼庵四六文》一卷、《腐毫集抄選》一卷。《续修历城县志》卷第二十九《艺文考八》关于《说饼庵诗集》四卷著录有按语曰：曾传《说饼庵诗集》，有邑人王国栋勋臣注本，周乐属马国翰刻于陇州，见《二南诗续抄》。乐寄国翰诗自注：李霱云曾刻《说饼庵诗》一卷，兹经国栋搜补，得四卷。李霱云即李肇庆，周乐等人挚友，为历城诸诗人刻书数种。周乐所言四卷有误，王勋臣（国栋）序中提到厘为六卷。实际上，朱曾传所作留存颇多，其中手稿本《腐毫集》二卷《补遗》一卷藏于藏书家张亦轩家，亦轩已逝，藏书尚未散出，因无从一见。先就所见考析之。

1.《说饼庵四六文》一卷

朱曾传撰，半叶九行二十五字，清抄本。封面题：说饼庵四六文（共十七篇）。墨笔写“枫香草堂藏”，钤有“枫香草堂藏书”长方阳文印。正文卷下角钤“枫香草堂”长方阳文印。

内容包括：《重修延福院碑》《书带草赋》《听虫赋》《大圣院碑》《滕莒斋记》《海霞斋诗序》《仲兄兰州集叙》《仲兄柳社诗叙》《重修奉仙寺碑铭（并序）》《文昌祠碑》《文昌塔记》《灵泉寺碑》《小龙堂巨冶桥碑》《关圣大殿碑》《关帝庙大殿碑》《观音石龛记》《柳韵楼诗序》。内容与《说饼庵文集》多重

---

① 青岛市图书馆著录为《说饼庵诗集》一卷，正文卷端题“说饼庵诗集”，没有分卷。

复，只有三篇为文集无者。楷书抄写，有删改。题目上有一、二或三个圈，此稿应为清抄，是刊刻的最后一稿。

2.《说饼庵文集》一卷《诗集》四卷《词集》一卷《赋集》一卷

朱曾传撰，半叶十一行二十六字，线口，双对黑鱼尾，左右双边。清黑格抄本。四册一函。山东大学图书馆藏。封面题：历城朱曾传式鲁著。

《说饼庵文集》一卷，正文卷端题：历城朱曾传式鲁。上有眉批，内容有圈点，后有批语。批语亦抄存，不落姓名。内容包括：《齐州二堂记》《柳韵楼诗序》《二孺子掷彪集序》《海霞斋诗序》《仲兄秦游草诗序》《仲兄柳社诗序》《四兄诗序》《祭李白诗序》《训士文序》《桐孙老屋遗诗序》《滕莒斋记》《送高生序》《关圣庙殿碑》《关圣庙大殿碑》《重修延福院碑》《重修奉仙院碑》《文昌祠碑》《小龙堂巨冶桥碑》《灵泉寺碑》《大圣院碑》《文昌塔记》《观音石龛记》（二稿）《募修翠屏庵疏》《募赵东峰建塔疏》《重修元武殿疏》《七十寿屏序》《王翁寿序》《邢孺人寿序》《李母孙恭人墓志铭》《朝议李大夫小传（代章丘焦绥祚撰）》《代祭封公暨其配赵合葬（赋体）》《钟君小传（代新城王启涑撰）》《李母传》《碣阴》《代祭袁母（骚体）》《公祭徐方伯文》《代祭王宜人文（赋体）》《祭张汉瞻文（代其徒王昌等作）》《皇宫詹建祠呈》《请旌张烈妇呈》。自《邢孺人寿序》一半以前为行草体抄，后为楷体抄写，有隶书味道。

《诗集》四卷，纵观《说饼庵诗集》四卷，朱曾传写了大量的状物写景诗，如《白菊花》《黄菊花》《红菊花》《紫菊花》《蓝菊花》《墨菊花》《淡红菊花》《香色菊花》《金桔》《蛙》《雨》《西山爽气》《春雨》《春柳》《古音潭》《雁》《鸥》《秋月》《红叶》《鞠菊》《鸡冠》《马兰》《东鞠子》《蟹》《菘》《菌》《艾狐》《竹花》《冰鱼》《石竹》《牡丹》《兰》《芦簾》《藕》等。《续修历城县志》朱曾传本传将曾传描绘成一代狂傲之徒，无人与之接近。历城朱氏以古文名家者朱曾喆通过其文，改变了县志所描述的朱曾传“任诞者流”的看法，前已述，而观其诗集，亦有同感。首先，看其所交游者。从诗集看，朱曾传与其从堂叔朱琦关系莫逆，酬唱较多，已载入县志。朱曾传有《和景韩叔东阿道中杂咏四首》《和景韩叔过黄河》《和景韩叔大梁览古》《上景韩叔三十韵》《景韩叔见示长歌辄复三十韵以献》《和景韩叔匡山怀李白之作》等诗。与乾隆年间著名诗人董元度亦有交游，有《蟋蟀寄董曲江（时董曲江初罢官职）》《再会董曲江时董之官江西而余东归》等诗。与无棣诗人张映纬亦有交往，此人曾在朱崇厚家教读。《寄张经德》《梦张经德因寄》《过经德所居水寺》等诗。与同族朱文震交游甚密,有《己巳春日湖上数与家方亭、青雷小集分韵》《送家青雷北寺上》等诗。与历城名家周永年亦交游密切。有《赠周书昌》《过周书昌不值》等诗。其他与家族及亲友交往诗有《即事用兄子兰韵》(与朱兰)《喜大兄至》《对菊有怀伯兄二首》(与曾裕)《寄上二兄三首》(与曾敬)《奉和四兄灯草之作》《送四兄行》三首《跋四兄诗卷》(可能是曾茹)《秋日同家弟无咎》《示二儿啸》《寄家人》《九日谒复亭叔》《东野君从翁》(与朱崇厚)《上四叔祖(翁好构盆山)》《钟翁谣赠钟表弟》《黄花鱼歌李甥索赋》《书远亭叔退学集使(后)》《和远亭叔读焚椒录》(与朱攸)《南游草跋尾》等等。与其他人的交往如《赠邢生》《再赠其弟》《赠孙仲长》《扬大令七旬寿言二首》《使君林怀魏郑憨》《送弢甫师南归》《题鞠慕周秋花词卷》《寄上玉笥先生二首》《闻玉笥先生凶问六首》(会稽傅玉露)《寄赠法南野》《赠孙仲长》(另一首)《送李青萍》《寄李庶常封》《寄赵卢锦》《题侯献可照》《赠李青萍》《寄李子绶时有阿云之悼》《九日寄旧同学》《寄家竹坪庶常》等等。以上略见朱曾传交游极广,似非孤傲狂诞之辈。至于其嗜酒,有《醵酒南山之巅余醉而赋》三首诗可略见一斑。朱曾传大才,行文如天马行空,诗歌极似李白。

《词集》一卷,所存词较少,仅有《春雨调张敬齐调寄南浦》《记梦调寄望江南》《咏鱼耳牡丹调寄金明池》《薄命女》《渡江雪(清明大风合友人)》《长相思(剪秋罗)》《望江南》《蝶恋花》《南乡子》《南乡子》等数首。

《赋集》一卷,所存赋亦稀少,有《安石榴赋》一篇,另有一篇或二篇无赋名。《说饼庵四六文》中存《书带草赋》《听虫赋》两篇。与上无篇名者异。实际上,朱曾传文集中不少赋体。

山东省大学图书馆所藏应即为《续修历城县志》所著录之《说饼庵集》四册(抄本),又著录曰:凡文一册,诗三册,末附词十首,赋二篇,诗中又间以试律数首,编次颇陵杂。文多骈体,极峥嵘萧瑟之观。诗七古、歌行,奇险似昌谷,毫健似大苏,近体亦多激壮之作。

3.《说饼庵诗集》六卷

朱曾传撰,半叶九行二十一字,白口,四周双边,单黑鱼尾。清道光马国翰刻本。藏济南市图书馆。前有道光二十五年(1845)王勋臣序,又有马国翰道光间在陇州官署序。有周乐题词,有马国翰七古一首:《校刊说饼庵诗集既竟辄赋七古一章并效其体以志景仪》。

正文卷端题:历城朱曾传式鲁撰 同里王勋臣国栋校。关于此本的由来，王勋臣序曰：先生将没时，尽焚残稿，邑乘仅载镜歌一首而已，尹畹阶广文从乡塾得一本，属门人李霨云司马刊之，余复从友人处别得藏本，视原刻诗多二百余首，遂合两本抄录，厘为六卷，复以对校李刻，如龙雀刀，龙作铜。搆盆山，搆作講。氈帐羶，羶作氈。渊亭叔，渊作远。海棠叹，叹作欢。钟翁谣下脱赠钟表弟四字。欧阳率更倒作更率之类，错误颇多，悉依校正，又凡集中未谙之名号，皆询于先生孙青圃，略为标识，其有关历下山水古迹及近时事者，闲为考据，补注题句之下，手抄毕，爰题二绝云。关于此本的刊刻，马国翰序云：《说饼庵诗集》六卷，吾乡朱式鲁先生所撰也，尹畹阶广文与门人李霨云司马尝刊其遗集行世，丙午春得周二南先生书云，王生国栋别有抄本，谋欲重梓，覆函索观之，今秋复有书来，并以抄本见寄，云王生已作古人，此其手所定也，其本较旧刻所收多二百余首，校订精覈，其于集中赠答之人、近今之事以及吾邑山水古迹并为详注，王生于此编其用力可谓劬矣。……亟就其本以付剞劂氏。此六卷本诗集刻成之前，先有尹廷兰得一本，由李肇庆刊刻行世，但不知是一卷还是二卷。历城诸生王勋臣又得二本，与李刻合抄并校注，定为六卷，由周乐函寄马国翰，最终由马国翰刊刻行世，是朱曾传诗所存最全者。其中卷一是五言古诗，卷二是七言古诗，卷三是五言律诗。卷四是七言律诗。卷五是五言长律。卷六是七言绝句。

4.《腐毫集抄選》一卷

朱曾传撰，半叶八行二十四字，清抄本。正文卷端题：腐毫集抄选。上钤有"旷劫以后所得"正方阳文印，是路大荒之章。藏山东省图书馆。正文有朱笔圈点。内容即是从《说饼庵诗集》中抄出者，因《说饼庵诗集》已存，因此价值不甚高。

(二)朱曾翼《敬甫诗文抄》

曾翼，字敬甫，乾隆己酉优贡生。朱瑀子，过继朱临。

《续修历城县志》卷第二十九《艺文考八》著录：朱曾翼著《敬甫诗文抄》，卷未详。源自《朱学猷乡试朱卷·履历》。张鹏展《国朝山左诗续抄》选曾翼诗二首：《暮秋登青州城楼》《自坞头晓行见般阳诸山》，王钟霖《国朝历下诗抄》亦选此二首，其一名曰《登青州城楼》：十二山河险，危楼古迹存。风声来渤海(张《续抄》"风声盘巨昧")，日色冷云门((张《续抄》"日气冷云门")。霸业余荒塚，宫墙失旧痕。茫茫凭吊意，独立到黄昏。其二名曰《自坞头晓行见般阳诸山》，诗曰：霭散林犹湿，熹微日未生。依然远山好，不是去年情。曙色浮深翠（（张《续抄》“晓色浮深翠”），秋痕入太清。闲云应识我，特向马头迎。

（三）朱曾书《懒痴山人南行草》

《续修历城县志》卷第二十九《艺文考八》著录：朱曾书著《懒痴山人南行草》，卷未详。源自《朱学猷乡试朱卷·履历》。现不知存否。

（四）朱曾敬《桐轩学吟》《柳社集》《秦游草》

曾敬，字尊一，历城县监生，怀朴孙，邃子，官柳州府知府，有《柳社集》《秦游草》。

《续修历城县志》卷第二十九《艺文考八》著录：朱曾敬著《桐轩学吟》，卷未详。源自《朱学猷乡试朱卷·履历》。又《柳社集》《秦游草》，源自《国朝山左诗续抄》。朱曾传有《仲兄秦游草诗序》《仲兄柳社诗序》。可见曾敬确有此二集，现不知存否。朱曾传还有《仲兄兰州集序》，是否与《秦游草》是一种，不得而知，亦不见。《国朝山左诗续抄》选其诗十九首：《秋日村居杂诗三首》《幽居》《秋雨》《秋阴》《出居庸关》《二月既望同式鲁弟乘月泛大明湖、计不至湖上已十年矣、抚景增感因题长句》《黄雀行》《明湖竹枝词》《远游》《登怀庆望岳楼》《清化道中》《过关山》《晚眺》《晓别》《至家》《有赠》《还家有感》。王钟霖《国朝历下诗抄》收其九首，均与上重复。关于曾敬诗，德州宋弼云：尊一诗工稳清丽，秀色可餐，秦游一草，尤得江山之助。①

（五）朱曾武《律例编言》《唐诗绎律》六卷《四书字义说略》二卷《文话》《时文笔谱》四卷《古文笔谱》二卷《一隅集》《课余偶谈》《游艺草》《文稿》《唐诗绎律》六卷

曾武，字绳孙，号蒨圃，璜子，乾隆癸卯举人，官开平县知县。《续修历城县志》朱曾武本传略曰：罢官后，闭门却扫，肆力典籍，于秦汉以来作者正变源流，无不深究其蕴。著有《四书字义说略》二卷、《制义纲目说略》二卷、《唐诗绎律》六卷、《时文一贯录》一卷。《续修历城县志》卷第二十二《艺文考一》著录：朱曾武著《四书字义说略》二卷，据本书。下略录张其修序。又著录：朱曾武著《律例编言》，源自《朱学猷乡试朱卷·履历》，卷未详。可知此书编者未见。《续修历城县志》卷第二十九《艺文考八》著录：

① （清）张鹏展编：《国朝山左诗续钞》三十二卷《补钞》四卷，卷十二，清嘉庆十八年(1813)四照楼刻本。

朱曾武著《一隅集》《课余偶谈》《游艺草》《文稿》。王绍曾《山东文献书目》著录:《四书字义说略》二卷,朱曾武撰,清嘉庆十二年刻本,见贩记、续提要、山艺、省图;《时文笔谱》,朱曾武撰,清嘉庆刻本(一册),藏青图。《唐诗绎律》六卷,朱曾武编注,清嘉庆十六年绿玉堂刻本,见山艺、省博、省图。《文话》二卷,朱曾武撰,清嘉庆十九年绿玉堂刻本,见贩续。《古文笔谱》二卷,朱曾武撰,清道光十六年刻本,见山艺。山东省图书馆藏《四书字义说略》二卷、《唐诗绎律》六卷。另外国家图书馆、济南图书馆、青岛图藏《时文笔谱》。从以上书目看,朱曾武著述存三种,而《文话》二卷既见《贩书偶记续编》,但现不知所存。

1.《四书字义说略》二卷

朱曾武撰,半叶九行二十二字,白口,四周双边,单黑鱼尾。清嘉庆十二年(1807)绿玉堂刻本。藏山东省图书馆。封面题:嘉庆丁卯仲夏镌 绿玉堂藏板(翻版必究)。前有登州张其修序。

山东是研究文字之学渊薮,清代小学四大家,山东有桂馥、王筠二家,此外亦有多家研究此学问。朱曾武是历城研究文字之学的少数人之一。关于其《四书字义说略》,张其修序曰:济南朱君蒨圃,绩学有年,间著《四书字义说略》一书,集注所有,无不会而通焉,讲义所无,亦且覈而详焉。夫古人之说备矣,后之人何加。予特爱其贯穿分明,阐先圣贤未言之意,而无所于格也,以视古人其有加乎否乎,其亦言近于道而足为世所贵乎,意必有能辨之者。此本影响不是很大。

2.《唐诗绎律》六卷

朱曾武撰,半叶九行二十一字,白口,左右双边,单黑鱼尾。清嘉庆十一年(1806)绿玉堂刻本。山东省图书馆、山东师范大学图书馆、济南市图书馆等地均有藏。前有李华庭序。关于此集的由来,李华庭序曰:济南朱君蒨圃攻于诗,尤好论诗,以名孝廉出宰粤中,公余之暇,不废咏歌,罢官后仍以诗自遣,其于荣利泊如也。尝取唐人五七言近体诗,手自选辑,细加诠解,务得其立言命意之所在,所以津逮后学者,用心亦良苦矣。

3.《时文笔谱》四卷

朱曾武撰,半叶九行二十五字,小字双行同,白口,四周双边,单黑鱼尾,无格。嘉庆十七年(1812)绿玉堂刻本。钤有“张镜夫藏书印”。封面题:嘉庆壬申年新镌 绿玉堂藏板(翻刻必究),正文卷端题:济南朱曾武蒨圃论辑,男颖守川编次。藏青岛市图书馆。时文者,科举制文,及所谓八股文也。著者主要着意于科举制文的写法,对当时的科举士子有一定的参考学习价值。

4.诗五首

余正酉《国朝山左诗抄汇抄后集》卷五收朱曾武诗五首,王钟霖《国朝历下诗抄》亦收此五首:《有感》《有感》《夜雨》《感兴》《夜坐》。第一首《有感》诗是其官广东时所作,诗中有"蛋雨连朝落海涯,游踪倦看岭南花。杜门未觉簪缨贵,非病还余岁月赊。五十年来浑似梦,六千里外竟为家"句。可见曾武五十余岁尚在广东为官,但已厌倦仕宦生活。最后二首《感兴》《夜坐》显然是归里后家居生活的写照。《感兴》有句云:"闷来选事还搜句,夜静摊书早闭门。只有独耽文字癖,孤情尚友共谁言。"曾武著述颇丰,于小学有研究,著《四书字义说略》二卷存世,此诗是其闭门夜著书的写照,而此时所著即为《四书字义说略》。

(六)朱曾喆《养中之塾文集》一卷《养中之塾续集》一卷《枫香草堂诗》《钝甫文稿》不分卷

曾喆,字濬叔,又字钝甫,瑀子。清乾隆二十八年(1763)八月十七日生,卒于道光十三年(1833)春。自幼受经于伯父朱璜,即喜闻格言懿行以自淬。又受伯姊影响,其《养中之塾题词》中云:"余生六岁始学识字,伯姊授以海宁相国陈公《养正初训》,曰是吾父之命也。…养正书室之名礼宜敬避,遂取刘康公能者养以之福语改之为'养中之塾'"。此即是其斋名"养中之塾"之来源。稍长,尤肆力于古文,倾心于本朝方苞之文,曾作《读望溪先生文》,称"余于本朝古文独嗜望溪"。乾隆五十四年(1789)拔贡,曾官宁阳县教谕,未几以末疾归。所交皆能文之士,与本邑进士金洙莫逆之交,金洙知易州时曾喆曾佐幕之,曾代金洙作《拟保甲疏》。《重修济南府学文庙碑文》亦是曾喆代金洙所作。其他文友有邹平成瓘、高密单为鏓、诸城李璋煜、本邑花寿山等,皆当时高士。据《续修历城县志》卷第二十九《艺文考八》,朱曾喆撰有《养中之塾文集》一册(采访刻本)、《养中之塾文续集》《外集》《枫香草堂诗》(朱学猷乡试朱卷·履历),即当时编撰《续修历城县志·艺文考》之作者并没有见到后三种著述。现就所见考析之。

1.《养中之塾文集》一卷《续集》一卷

朱曾喆撰,朱大田辑,十行二十二字,无格,稿本(单为鏓跋)。封面题"养中之塾文续集",下题:"大田珍藏"。又有单为鏓跋曰:"卷中破体字口多,敬读一过,用墨圈志其下,选数十首,尚须再汰去数篇,以待将来。其缺字皆添上，错字皆改正。读遗文不觉泣然也。咸丰六年八月卅日为鏓识。”此跋没有单为鏓的印记，行草书写。下一封面题：“养中之塾文集”，再下有道光癸巳秋七月庐陵王赠芳序、又有高密单为鏓序，但单序没有署名，与刻本对照知是单序。文集子目：《远佞论》《于忠肃论》《拟潘世强传论》《上钟藩宪书》《拟保甲疏》《答王子佩论乡谥》《读我书屋跋论》《书自作重修姚家庄三元阁记后》《大学疑谳书后》《书所录归震川项脊轩记后》《书庶孙不为生祖母承重论后》《书王海村君子小人论后》《白羊山房诗书后》《柳舫日抄书后》《重刻小题文原书后》《养中之塾题词》《读望溪先生文》《祖叔渊亭先生行略》《桐孙老屋遗诗跋》《与方勤之》《复方勤之》《与某友书》《答刘次白中翰》《与梁石民》《答封棣堂》《答张怡庵》《与李礼南》《与成篛园》《与李霭溪》《答李霭溪》《答单伯平》《领泉王公行状》《李孝妇杨氏传》《孙孝妇传》《海丰杨氏二节妇传》《宁阳县节妇程氏传》《张节妇传》《侯孝妇事实》。与刻本目录比，少《东平州学正赠翰林院待诏孙先生墓表》一篇。与刻本比，此稿正文卷端无“杨潾忆园订正”。此稿无杨潾订正痕迹，亦无单为鏓删汰痕迹，因此山东省图书馆所藏该稿本《养中之塾文集》应是抄本，而其所藏《钝甫文稿》才是有杨潾等整理痕迹的稿本，当然《钝甫文稿》不是全本，应有另外部分可能散失。可见此《养中之塾文集》价值并不高，是朱大田之抄本而已，且其抄于《养中之塾文集》刻成之后。

《续集》一卷，封面题：“养中之塾续集”，下题：咸丰癸丑订，孙男大田敬辑。目录页次行题：“济南朱曾喆钝甫甫著 孙大田、雨田敬辑录”。子目：《主静立人极论》《主静立人极论》《主静立人极论》《诸葛武侯自比管乐论》《诸葛武侯自比管乐论》《诸葛武侯自比管乐论》《曹参师盖公论》《历山考》《重修阜城县崇胜祠记（代）》《重修邢太仆祠记（代）》《重修白雪楼记》《徐氏先茔记》《尉迟村南潭记（代）》《南泉庄石桥记》《小橡山村藏三官神像记》《记欧阳大令事》《记左公辅事》《赠孙康甫辞仓场盐督序》《张母徐太孺人九十寿序（代）》《张大翁肃度先生八十寿序（代）》《范母郭太恭人寿序（代）》《封翁渠南张先生寿序（代）》《关立夫七十寿序》《郑柳田七十寿征诗序》《历城朱氏童子县试表序》《历城朱氏童子府试表序》《拟东昌府人物传》《倪君松岩传（代）》《张春岩先生传赞（代）》《张节妇传》《海国闻见录跋》《蠡艇偶存跋》《袖海兄墓志书后（代）》《书寄滑县县丞汪兆椿牧民忠告册后》《题翟静斋吾山归棹图后》《复孙康甫》《与孙康甫》《复王邻川》《与王春林》《与成篛园》《高木欣公墓志》《叔曾祖方伯子垣墓表》《先母行略（代家君)》《先考莪圃府君墓志铭》《宁阳县知县李公之墓》《祭海丰吴氏妹文》《仿唐人小说》《记闻二则》《记闻三则》《记异二则》《友善录》,共五十六篇。有些子目录上有三角记号。第一篇右上方楷体“齐东”下草书“以下三篇另抄”。三篇《诸葛武侯自比管乐论》题目上均有红圈,《曹参师盖公论》题目上有红圈,《历山考》题目上有红圈,右上方草书“可不抄”。《 重修阜城县崇胜祠记(代)》上白粘条写“此篇另抄”,篇中有红粘条覆盖半行多,条上书:“删此有不愿过伤同颓之意,笔亦简洁”,此篇中尚有数粘条,有“留此笔有余妍”、“十二行中邑人士三字凡五见,似宜少变。”末有杨大受、刘焕斗、孙崇垣批语。《尉迟村南潭记》上有红圈,下书“代范理人”。文有删改。《小橡山村藏三官神像记》上有红圈。《记欧阳大令事》上有红圈,文有删改。《记阳湖左公辅逸事》上有红圈,题目与目录稍异。《张母徐太孺人九十寿序(代)》有删改。《张大翁肃度先生八十寿序(代)》有删改。《诰封太恭人范母郭太夫人寿序》”有删改,有红粘条,题目与目录略异。《关立夫七十寿序》上书“可不抄”。《 郑柳田七十寿征诗序》上有红圈。《拟东昌府人物传》上有红圈。《张节妇传》上有红圈。《海国见闻录》上有红圈。《蠡艇偶存跋》上有红圈。《题翟静斋吾山归棹图后》有删改。《复孙康甫》有删改。《与孙康甫》上有红圈,有删改。《复王邻川》有删改。《与王春林》加一字。《寄翁园四札》与目录略异,札上有小红圈。《高木欣公墓志》上有红圈,亦添改。《清故广东布政使朱公墓表》上有红圈,题目与目录有异,有圈点。《先母行略(代家君)》有删改。《先考莪圃府君墓志铭》上有红圈,有删改。《明故宁阳县知县李公墓碑》题目与目录略异,有删改。《祭海丰吴氏妹文》有删改。《记闻二则》有改字。《记异二则》有添改。《记闻三则》有改字。《友善录》者,录朱曾喆所交游之士,并有小传。有德州封大受、栖霞牟庭、邹平成瓘、历城金洙、邹平李鹍、淄川高中谋、胶州宋偎、历城花寿山、历城梁士俊、历城刘登桂、诸城李璋煜、高密单为鏓、高阳韩铭、历城范镈、历城毛堃、毛埒、诸城王森文等。末有曾喆孙朱大田跋,其跋曰:“先大父养中之塾文集未经手定,捐馆后,杨忆园先生订为内外二集,其内集博山孙康甫、海丰吴平山两先生共助先君子敬授梓人矣。大田幼时见家藏遗文不载内外集者尚多,及长,遵先君子命,多方搜罗,得诸戚友家者若干篇,得诸书帙中者若干篇,得诸碑碣者又若干篇,共十篇,续为一集,未必皆先大父当时所芟弃,盖先君子所未见者也。咸丰癸丑春,大田恭录成帙,先君子见而喜曰:可以毕吾志矣。呜呼,我生不辰,先君子即于是夏见背，小子茕茕无知，深惧不克绍承先志业，用是谨守遗编，以待当代诸名公序而行之，则先大父文得以不朽，且以成先君子之志，实大田之厚幸也夫，咸丰甲寅冬十月，孙大田谨志。”从序中知，朱曾喆《养中之塾文集》即是杨潾所订之内集，已刻，有清道光二十年(1840)刻本单行，又有济南朱氏诗文汇编本。板子应是一种。杨潾所订之稿本现存者为《钝甫文稿》，不全，其中既有刻入文集者，又有文集中无者。朱大田抄存本分为《文集》一册，《续集》一册，文集中少“孙康甫墓表”，续集中有。《续集》即为单为鏓用墨圈志，且有改正者，前述单为鏓跋即是为《续集》所作。文中有部分所得篇目之出处，如标有“齐东”三篇，“邹平”一篇。《续集》尚有有目录无篇目者，如《重修真容寺记(代孟)》。此《续集》价值极高，与《文集》合在一起，基本保罗了朱曾喆文章之全部。

2.《养中之塾文集》一卷

朱曾喆撰，半叶十一行二十二字，白口，四周双边，单黑鱼尾。清康熙至道光历城朱氏刻济南朱氏诗文汇编本。

目录卷下题：济南朱曾喆钝甫甫著，杨潾忆园订正。前有道光癸巳秋七月庐陵王赠芳序，又有高密单为鏓序。后又有道光庚子(二十年)朱汲志语。此集由曾喆之子朱汲刊刻，得到博山孙崇坫[①]、海丰吴式敏[②]资助。朱汲志语中云：“先君养中之塾文集，博山孙康甫待诏、海丰吴平山观察共助剞劂。”“癸巳春捐馆，汲垦杨忆园姻丈订正，分为两卷。”道光十五年(1835)，高密单为鏓来济，哭于曾喆墓前，索曾喆古文，汰其冗者，存若干首，即为现存刻成《养中之塾文集》之面目，其底本未见。由于曾喆与邹平成瓘为莫逆之交，成瓘曾应济南知府王赠芳之邀与修《济南府志》，曾喆因以此集送王赠芳阅，得王赏识，王欣然为之作序。诸城李璋煜与朱曾喆亦为道义友，丙申赴任时代朱汲转托冠县赵汝毅评校。

共收文三十九篇，有论五：《远佞论》《于忠肃论》《拟潘世强传论》《答王子佩论乡谥》《读我书屋跋论》，疏一：《拟保甲疏》，上书一：《上钟藩宪书》，书八：《书自作重修姚家庄三元阁记后》《大学疑谳书后》《书所录归震川项脊轩记后》《书庶孙不为生祖母承重论后》《书王海村君子小人论后》《白羊山房诗书后》《柳舫日抄书后》《重刻小题文原书后》，题词一：《养中

---

① 字康甫，道光五年举人，翰林院待诏改掖县教谕。

② 字逊甫，号平山。嘉庆乙卯庚辰联捷进士，翰林院编修，山西正主考，仕至襄郧荆兵备道。

之塾题词》，读后感一：《读望溪先生文》，行略一：《祖叔渊亭先生行略》，题跋一：《桐孙老屋遗诗跋》，书信往来十二：《与方勤之》《复方勤之》《与某友书》《答刘次白中翰》《与梁石民》《答封棣堂》《答张怡庵》《与李礼南》《与成篛园》《与李霭溪》《答李霭溪》《答单伯平》，墓表一：《东平州学正赠翰林院待诏孙先生墓表》，行状一：《领泉王公行状》，传六：《李孝妇杨氏传》《孙孝妇传》《海丰杨氏二节妇传》《宁阳县节妇程氏传》《张节妇传》《侯孝妇事实》。文多有冠县赵汝毅评语、亦有刘仪、张仿留、李璋煜评语。曾喆一生致力于文，并推崇方苞之文。高密单为鏓序曰："自科举之学兴而士皆治帖括，百余年来，士之能文者或以余力为骈四俪六之文，以矜奇炫博，而古文之义法几无知者，先生独为人所不为之学，于绝续之交不顾世人惊怪。"可见高密单为鏓极为推崇朱曾喆之文。文章内容即如其子朱汲在《养中之塾文集》末志语所述："生平不轻以笔墨应酬，惟阐发理蕴，表彰节义及人心风俗利弊所在。"

3.《钝甫文稿》不分卷

朱曾喆撰，十一行二十二字、二十三字不等，无格，稿本。藏山东省图书馆。

此本书名由山东省图书馆自拟，称为《纯甫文稿》，《山东地方文献集成》据以收录，题《纯甫文稿》不分卷，山东省图书馆藏稿本（清邹平成瓘、栖霞牟庭等批校），原本无书名，《重修济南府学》下题"钝甫稿本"，据此，书名应为《钝甫文稿》。

正文首为曾喆题记："文波云：前幅不精神，后幅欠自然，此作本勉强应付，意思先不具即是不诚，无物那得佳文，所评甚是，何敢自护，六月十五日曾喆记。"疑为稿本缺前文，是历城金洙对朱曾喆所写某文章或代其所写某文章之评价，朱曾喆记并评之。第一篇文章为《重修济南府学文庙碑文》，有四稿半，其中二稿半是清稿本，两稿为草稿本，其中第一清稿本下题"钝甫稿本"，第二清稿本下题："南村改本"。两草稿本与之对应。最后一草稿本有删改，与"南村改本"清稿本类似，只不过后面多了些内容，不知是否是花寿山改稿的痕迹。此作是代广平府知府金洙所作，第一篇草稿本后有曾喆自记，读后似觉开头所记与这篇文章有关。第二篇文章是《记所闻麻城狱》，第一稿是草稿本，据笔记知是曹元询、蓬莱杨大受评点修改本，卷末亦有宋蝇先评点，题"弟宋绳先读"。杨大受题记下署"蓬莱弟杨大受拜读"。第二稿是正楷誊清本，又有朱曾喆修改添加，尤其末尾添加一大段，且有“钝甫”章。第三稿为誊清本。第三篇《记欧阳大令事》草稿本，同邑杨潾修改评点，文中有杨潾点评修改，文末亦有点评，具名为“潾读。”第四篇无名，应为《阳湖左公事迹》，草稿本，有曾喆自己修改多处。第五篇无名，应是《章丘南泉修桥碑记》之类，文末题历城生员朱汲撰并书，是朱曾喆之子朱汲练笔之作。第六篇《小像山村藏三官神像记》，曾喆草稿本，多处修改。第七篇无名，草稿本，又改易。应是记诸城赵振绪事，末题“道光癸未六月安丘曹孝廉嘉宾谈及此，爰笔叙之。”第八篇《张春岩先生传赞》，草稿本。第九篇《李孝妇杨氏传》，共二稿，均是清稿本。第十篇《孙节妇传》，共三稿，均为清稿本，第一稿略有修改。三稿末有“请四兄指示得失”，有批改，据笔记应为杨大受批改。第十一篇《张节妇传》，草稿本。第十二篇《宁阳县节孝程氏传》，清稿本。第十三篇《书张节妇事》二稿，第一稿清稿本，杨大受修改评点。第二稿誊清稿，略有修改，后有朱曾喆识语。又有《张节妇马氏传》清稿本，杨潾评点修改。与前篇同写一人，题名有异而已。第十四篇《拟文登县志列女传》，清稿本，曾喆修改。与前篇同写一人。末有曾喆题记云：“又改一遍，其不妥字句全去矣，且删闲文三百余字，文能随时改易，自渐进洁净，寄汲观之，尔可会悟改本之所以胜原本处，当有进益也。如看得了徹，即焚之可也，倘有不悟入处，俟我回家面指示也，无论时文、古文，但是有可删之字，总是口口。”可见朱曾喆作文之精益求精，并教导儿子朱汲作文之法。又有二清稿本《书张节妇事》，均为邹平成瓘增改稿，前者曾喆后记曰：“此邹平成篛园改，甚精，存之为子孙式。钝甫自记，时嘉庆二十有四年九月廿六日。”后者曾喆后题：“此吾友邹平成篛园改本，甚惬予怀。”又有《张节妇马氏传》清稿本，栖霞牟庭改稿，后题：“陌人阅后自行删改”。第十五篇《全谢山前侍郎桐城方公神道碑铭》二稿，一清稿本，曾喆略有修改。一草稿本，亦有曾喆删改。又有《拟全谢山前侍郎桐城方公神道碑铭》二段，后曾喆自记曰：“原文删二段，增一段，修饰字句三之一是吾心愿，如此究不知有当否，三易稿始为此篇，多与吾友武进刘五山参论，五山归里，余又有删易，自觉更简。”第十六篇《高府君墓志铭》，清稿本，曾喆删改。第十七篇《清故山东济南府长清县儒学训导夏骞若墓表》，清稿本，曾喆改易。第十八篇《清故东平学正赠翰林院待诏孙先生墓表》，清稿本，曾喆为其友孙崇坫之父所作，无改易痕迹。第十九篇《明故宁阳县知县殉节李公之墓》二草稿本，较短，应是曾喆于道光九年(1829)为李之庚所作。第二十篇无名，应是曾喆为历城朱氏先祖朱弘祚所作传，草稿本，有删改。第二十一篇《朱母刘安人墓碣》，清稿本。刘安人是朱崇道之妻。曾喆之父瑀五岁过继于崇道。后有曾喆识语："作文时，实斋先生已双瞽，又病聋，此表或实斋先生立意，其长君贻选所代成者，然晤抒思时竟忘问之，今意为删节，以求简质，亦慎之所至耳。甲申八月十一日曾喆敬识。"第二十二篇《先母行略》，清稿本，略有改易，后题：嘉庆六年辛酉五月男瑀谨述。第二十三篇《祖叔父渊亭先生行略》，清稿本，曾喆自改易。第二十四篇《先考莪圃府君墓志铭》共四稿，第一稿誊清本，无改易。二稿为清稿本，略有改易，后有杨潾评语。三稿为清稿本，改易较多，后有曾喆识语："此稿本口乃春林兄代作，读之呜咽，实不肖作隐痛而不能以言者，何其适如我心也，谨将批语圈点照謄，以识不忘，曾喆敬识。"四稿题名《先府君墓志》，誊清本，不全。第二十五篇《毛雷门哀词》，草稿本，应为朱瑀作，中有"余伯兄景韩见而器之"句。第二十六篇《高杏江墓志铭》，草稿本，有批改，末有评点，具名"弟沛梁读"，钤"齐州放民"。又有《高府君墓志铭》，清稿本，前已有同题目者，此篇又改易多处，又有批语，如眉批曰："此段欠顺适，又系空话，不如省之"。看笔记似为杨大受之评改，但未有具名。第二十七篇《皇清待赠文林郎附贡生高公墓志》，草稿本，多处改易，应为曾喆之笔。又有《高杏江墓志铭》，清稿本，有改易，前已有此篇。第二十八篇无名，草稿本，多处改易，是曾喆为朱攸之女所作墓志。

此稿本仅存一册，非全稿，价值极高。

4.诗一首

曾喆精古文，极少写诗，据《续修历城县志》卷第二十九《艺文考八》，朱曾喆撰有《枫香草堂诗》（朱学猷乡试朱卷·履历），未及见。历城余正酉《国朝山左诗汇抄后集》卷六选其诗一首，小传下曰："钝甫写诗性方严，笃问学，受业于先君子①，为及门高足，尤攻古文。"王钟霖《国朝历下诗抄》亦收其诗，诗曰："行年五十九，事事成感触。少壮奋时会，忽忽日已促。尝七至京华，每遇秋气肃。人生各有好，诗书吾所欲。榕村与灵皋，经世术亦足。慕古思宜今，独坐空仰屋。开卷砭我愚，躁急赖检束。晚交得南村，芳邻旧卜筑。薄宦之琅邪，高情鄙障簏。五斗不折腰，十脡岂仆仆。籍慰负米心，温恭凛集木。一命必有济，无为叹雌伏。君观沧海日，我餐

① 余章，字炯子，字锦浦，诸生，精岐黄，善绘事，耽吟咏。

南山菊。记曾樽酒对，夕短复天旭。邑子仰模范，所期善里俗。由来骐骥才，安步无跼蹐。"[1]余正酉曰："诗不多，作《和南村移居》一首，出以相质，因得抄存者，亟登之，略见一斑。"

（七）朱曾省《漁溪小草》

曾省，字无咎，有《漁溪小草》。

《续修历城县志》卷第二十九《艺文考九》著录：朱曾省著《漁溪小草》，据《历下诗抄》，卷未详。张鹏展《国朝山左诗续抄》选曾省《春雨》一首，王钟霖《国朝历下诗抄》亦选此首。诗曰：楚泽何多雨，青苔日渐肥。云浓迷远岫，寒重逼春衣。紫燕愁无语，黄鹂坐不飞。匆匆问风信，恐放早春归（张《续抄》为"恐放好春归"）。

（八）朱凝台《郎甫文稿》

凝台，照子。

《续修历城县志》卷第三十《艺文考九》著录：朱凝台著《郎甫文稿》，卷未详。源自《朱学猷乡试朱卷·履历》。

六、历城朱氏家族第七代著述考

（一）朱兰《香祖诗抄》

兰，字香祖，历城县人，乾隆己卯副贡生，官安西直隶州州判。怀朴曾孙，邃孙，曾裕子。

《续修历城县志》卷第二十九《艺文考八》著录：朱兰著《香祖诗抄》，卷未详。源自《朱学猷乡试朱卷·履历》。余正酉《国朝山左诗汇抄后集》卷一收朱兰诗四首：《白雪楼歌》《锦秋湖怀鲁仲连》《明湖泛舟》《鸦》，卷三十九收一首《庭中老桐》。《国朝历下诗抄》未收。

（二）朱汲《南山诗抄》

汲，曾喆子，从父学古文。

《续修历城县志》卷第二十九《艺文考八》著录：朱汲著《南山诗抄》，卷未详。源自《朱学猷乡试朱卷·履历》。

---

① （清）王钟霖编：《国朝历下诗抄》四卷，卷二，清光绪四年（1878）至光绪五年（1879）刻本。

（三）朱诵泗及著述考

1. 朱诵泗其人

朱诵泗，字退旃，彤孙，清道光十一年（1831）辛卯科岁贡，昌邑训导。① 朱诵泗生于历城一个显赫的科举官僚家庭。三世祖美先，于清初②迁入历城。子五：光祚、昇祚、昌祚，弘祚、丕祚。③ 弘祚子五：缃、绛、纲、缵、缙。弘祚一支是历城朱氏中最显赫的一支。子缃为当时历城名士，著有《观稼楼诗》《枫香阁诗》《云根清壑山房诗》《吴船书屋诗》行世。子四：崇勋（岁贡生）、崇道（候选州同知）、崇典（监生）、崇禧（运庠贡生）。崇禧子二：彤、瑷。彤，字伯昭，一字丹廷，号芥舟，行一。子三：曾眉、曾任、曾咏。诵泗，彤孙，其父待考。朱诵泗是道光十一年（1831）辛卯科岁贡，同乡中同科贡生是优贡刘大田，同科举人是马国翰、袁泳锡、毛鸿宾，这三位同乡先后考中进士，马国翰成为著名的辑佚大家，袁泳锡官至广东知府，毛鸿宾成长为封疆大臣。

马国翰为王德容《秋桥诗续选·书》曰："壬寅癸卯间，秋桥先生与周君二南、谢君问山、何君岱麓、朱君退旃、李君秋屏、彭君蕉山及余八人续鸥社于大明湖，春秋佳日，互为主宾，吟咏倡和，欢洽永日。"④从马国翰记述看，道光二十二年（1842）与道光二十三年（1843）初，是历城诸诗人聚集非常频繁的时期。查光绪间《昌邑县续志》，未见朱诵泗任训导的记载。但显然，朱诵泗居家，参与并见证了一段美好时光。代表这段时光的诗歌如：马国翰有《花朝日偕周二南、王秋桥、谢问山、朱退旃、李秋屏、彭焦山泛舟明湖即事》《秋抄（杪）朱退旃约鸥社诸友佛山会集》《仲冬四日李秋屏表兄招鸥社友为二南岱麓两先生祝嘏于湖西客舍二南先生以诗见寄因和》等诗。王德容有《花朝马词溪刺史招同社友集历下亭》《四月十九日少陵生辰同社友集北极台酹祭》《九月既望社集千佛山旷如亭》《暮春邀同社

---

① 毛承霖修、赵文运等纂：《续修历城县志》五十四卷，卷第三十四《选举表一》，民国十五年（1926）济南大公印务公司铅印本。

② 乾隆《历城县志》卷第三十八《列传四》朱宏祚传为"明季始迁入县"。朱绛墓表为"国初徙济南"。

③ 朱攸朱卷。

④ （清）王德容撰：《秋桥诗续选》四卷，马国翰《书》，清道光三十年（1850）刻本。

游海右亭》《问山摹杜少陵南熏殿画像四月十九日招同社酹祝》等，李纬有《九月望朱退旃召集千佛山旷如亭》等。其中还有马国翰与朱诵泗之间的故事。马国翰与朱诵泗生日同，马国翰初不知，后来知道后，写诗祝之，有《竹醉日为余初度、鸥社诸君以诗见惠、闲日集饮湖上、始知朱退旃先生与余生同日、赋此代祝并酬诸君意》诗，其一曰："岂信吾为竹，犹疑竹是吾。浮生一何幸，老辈与之俱。诗酒信盟社，湖山古画图。乡风自可爱，敢托季鹰鲈。"①从诗中看，朱诵泗应为马国翰前辈，年龄与谢焜相仿。朱诵泗有《题谢问山戴笠小照(乃郎镇甫绘、旁无一物、孤立而已)》诗，其一曰："独立苍茫意，先生只自知。江湖千日酒，风雨一编诗。但觉须眉古，何妨数命奇。今朝题咏处，肠断少年时。(余与问山为总角交，今俱老而贫矣)"②

道光二十三年(1843)三月初七，马国翰入京觐见，随即赴陕西，继续其仕途。鸥社诸诗人依然集会，这一年五月十三日，李纬又召集诸友于大明湖上，王德容有《五月十三日李秋屏招聚湖上、竹吾时已赴秦、赋以志感》诗，这年秋，王德容卧病③，直到次年正月十四才见好，王德容有《上元前一日病瘥退旃秋屏约同观灯》诗。因此，自道光二十三年(1843)秋王德容卧病，鸥社聚集极少了。道光二十四年(1844)始，他们又开始聚会，或大聚，或几人小聚。从王德容《二南邀吟侣北极台小酌值雨》《仲秋晚集》《诸同人邀赴历山、归路口占》《元旦后家醸初成、邀社友赏之》《秋屏元辰初度、望后同友补祝》《五月十三日寿退旃》《正月四日约诸友小酌》等诗中可略窥一二。道光二十六年(1846)初，朱诵泗请人画了一张小照，王德容有《题退旃小照》诗，诗曰："年老颐林泉，地占湖西曲。科头坐桐阴，凉风消暑溽。一编随意看，看亦只悦目。英英孙两三，趋走代僮仆。临流欲赋诗，先教洗鸜鹆。倚树听鸣蝉，茶烟袅花竹。达人安时命，世事看转烛。此景最萧闲，可以慰幽独。"④是朱诵泗老年生活的写照。这年，朱诵泗给远在陇州的马国翰寄诗代柬，马国翰有《答朱退旃》诗。道光二十七年

---

① (清)马国翰撰:《玉函山房诗集》九卷，卷七，清道光历城马氏刻本。

② (清)王钟霖撰:《国朝历下诗抄》四卷，卷三，清光绪四年(1878)至光绪五年(1879)刻本。

③ 王德容《秋桥诗续选》卷一《卧病》诗其二中有"旧疾乘秋发，非缘一日成"句。

④ (清)王德容撰:《秋桥诗续选》四卷，卷二，清道光三十年(1850)刻本。

(1847)正月四日,又一次聚会,“相约醉湖滨,半为鸥社人。”①这一年春夏间,鸥社重要成员谢焜去世,次年春夏之交②,朱诵泗逝去,王德容有《哭朱退旃》诗,其二中有“喘息频年脚力差,兴来犹坐一轮车。同餐菊蕊登千佛,爱品兰汤过百花”③等句,说明朱诵泗老年有些类似哮喘及腿脚疼病。友人济南书院山长嵇文骏亦有《挽朱退旃明经》诗。

朱诵泗以优贡得教职,科举路途虽然坎坷,但也不算太遗憾。但对朱诵泗本人来说,生于一个显赫的家庭,有一个科举十分成功的祖父朱彤。朱彤,乾隆四十五年(1780)庚子科进士,殿试第三甲第二名。④ 所以,朱诵泗对自己一生也不甚满意,其《自笑》诗曰:“自笑青袍压岁华,年年橐笔向天涯。口腾日醉兰陵酒,落拓难寻上苑花。印爱史仓窥篆鸟,帖临怀素乱涂鸦。茶余一睡都成例,闲看墙阴出角蜗。”⑤当然,最终也只能服从命运的安排。从朱诵泗仅存诗中看,他曾登临泰山,有《壶天阁》《玉皇顶》《登泰山绝顶》,老来曾到扬州家兄处,“老至偏饶山水兴,远来恰慰弟兄情”⑥。既看望兄长,又可观杨州美景。

王钟霖《国朝历下诗抄》载:“朱诵泗,字退旃,彤孙。贡生。教职。有《湖上草堂吟稿》。”⑦余正酉《国朝山左诗汇抄后集》朱诵泗小传后注曰:“退旃与余为表兄弟,行同应童子试,绩学不遇,久困诸生。殁后,二南、秋桥寄到遗诗一册,抄存数首,以志梗概”⑧

---

① (清)王德容撰:《秋桥诗续选》四卷,卷三《正月四日同人小聚》,道光三十年(1850)刻本。这一次聚会可能没有朱诵泗。

② 不到五月十三朱诵泗生日。

③ (清)王德容撰:《秋桥诗续选》四卷,卷四,清道光三十年(1850)刻本。

④ 参见毛承霖修、赵文运等纂:《续修历城县志》五十四卷,卷第三十四《选举表一》,民国十五年(1926)济南大公印务公司铅印本

⑤ (清)王钟霖撰:《国朝历下诗抄》四卷,卷三,清光绪四年(1878)至光绪五年(1879)刻本。

⑥ (清)王钟霖撰:《国朝历下诗抄》四卷,卷三《到扬州呈秋岚家兄》,清光绪四年(1878)至光绪五年(1879)刻本。

⑦ (清)王钟霖撰:《国朝历下诗抄》四卷,卷三,清光绪四年(1878)至光绪五年(1879)刻本。

⑧ (清)余正酉编:《国朝山左诗汇抄后集》三十九卷,卷三十,清道光二十九年(1849)海棠书屋刻本。

2. 朱诵泗《湖上草堂吟稿》

王钟霖《国朝历下诗抄》中著录：朱诵泗有《湖上草堂吟稿》，未见，《续修历城县志》之《艺文考九》著录为《枕湖吟馆诗稿》，据《朱学猷乡试朱卷·履历》录，亦未见。不知此二种诗集是否为同一种。前述有朱诵泗遗诗一册，周乐、王德容曾寄余正酉处。可知朱诵泗确有诗集曾经存世。李庆翱有《题退旃先生诗稿》，其一曰："久作骚坛主，诗成擅白描。湖山常对酒，吴越旧停桡。弹铗青衿老，看花素发飘。家风能不坠，如建赤城标。"其二曰："芙蓉烟水外，旧宅枕湖滨。鸥社推前辈，蟫编付后人。及今归里日，犹忆苦吟身。曾入春风座，濡豪记夙因。"①

余正酉《国朝山左诗汇抄后集》载朱诵泗诗十四首，有《寄怀夏循陔》《自笑》《北极台》《赏雪十首(抄四)》《登岱三首》(《壶天阁》《玉皇顶》《登泰山绝顶》)《题谢问山戴笠小照二首》《与慈圃侄夜话》《青州逆旅书怀》。王钟霖《国朝历下诗抄》中载朱诵泗诗十二首，有《春晚漫兴》《壶天阁》《宿泰山顶三首》《寄呈秋岚家兄二首》《到扬州呈秋岚家兄》《自笑》《北极台》《题谢问山戴笠小照二首》。何邻泉《无相我斋诗选》中有朱诵泗题词二首，其一曰："绿鬓缔交迄老苍，金兰气味志同方，八分辨体名原久，七字哦诗兴正长，纯以神行归澹定，不将才逞露圭锃。镌来更比传钞远，纸价端应贵洛阳。"

其二曰："白雪高楼仰望中，先生双屐往来通。瓣香近接沧溟席，宗法遥承水部风。怪底斋名无我相，果然诗品有谁同。当年曾泛秦淮櫂，尽得江山补助攻。"②

(四)朱诵涪《听雨馆诗抄》《诗余》二卷

《续修历城县志》卷第二十九《艺文考八》著录：朱诵涪《听雨馆诗抄》《诗余》二卷。源自《朱学猷乡试朱卷·履历》。书未见。

七、历城朱氏家族第八代著述考

(一)朱大田《蛾术轩诗文稿》

大田，汲子，为其祖父曾喆抄存《文集》一册、《续集》一册。

《续修历城县志》卷第二十九《艺文考八》著录：朱大田著《蛾术轩诗文

① (清)李庆翱：《来青馆诗集》不分卷，清抄本。

② (清)何邻泉撰：《无相我斋诗选》四卷，朱诵泗题词，清道光二十三年(1843)刻本。

稿》,卷未详。源自《朱学猷乡试朱卷·履历》。书未见。

(二)朱赐田《二崂吟稿》《榆荫书屋古文》一卷

赐田,字蕴庄。好集诗,余正酉《国朝山左诗汇抄后集》卷二朱照小传下曰:"至抄中历城朱氏群从及冯无尘、乔梓、淄川翟氏诸诗皆表侄朱蕴庄茂才赐田抄寄并附及之"。

《续修历城县志》卷第二十九《艺文考八》著录:朱赐田著《二崂吟稿》,卷未详。《榆荫书屋古文》一卷。源自《朱学猷乡试朱卷·履历》。其中《二崂吟稿》后有注释曰:"《黄氏诗续抄》作《松山诗稿》,松山,赐田也。"

第二章　历城杨氏家族及著述考

第一节　历城杨氏家族

历城杨氏家族是与朱氏家族并列的巨族，其族谱现藏于吉林大学图书馆。就目前我研究杨氏家族的资料主要源自乾隆《历城县志》、宣统《续修历城县志》及杨氏家族人物著述及《历城杨氏族谱》简单世系资料。《续修历城县志》《艺文考一》中载有杨大昆撰《历城杨氏族谱》，据周永年《序》曰："杨氏本籍洪洞，国初自赠荣禄公讳天奇者来居于县，一再传而其族益显以大，盖百余年来阀阅之家，朱氏之外，即共推杨氏。今桐伯公恐久而紊其昭穆，失其名字，爰作《历城杨氏族谱》，其前居洪洞及由山西而他徙者皆不存。"①据吉林大学图书馆老师抄录的《历城杨氏族谱》简单世系资料，其始祖世兴，生三子：天奇、天正、天荫。天奇子二：璋、瑄。天正五子：楫、楙、楚、楗、橺。天荫子三：楡、朴、柩。王贤仪《家言随记》中曰："杨西屏亲家维城，历城巨族，先世为盐商，号分馨庥祺天，后人以字分枝，历下称祺字杨家者，西屏枝也。科第各支皆盛。"②从中可略知历城杨氏之状况。

一、历城杨天奇支系

历城杨氏家族始迁祖是杨天奇。据乾隆《历城县志》："杨天奇，字杰宇。顺治间，自洪洞迁于县。顺治八年辛卯科山东乡试中武举第五十六

---

① 毛承霖修、赵文运等纂：《续修历城县志》五十四卷，卷第二十二《艺文考一》，民国十五年(1926)济南大公印务公司铅印本。

② (清)王贤仪撰：《家言随记》四卷，卷四《亲戚情话》，清同治素风堂刻本。

名，由武举仕广西左江镇标前营都司佥书，告归。值康熙二十八年岁祲，出赀设粥厂，日饲流亡数百人，自十一月至明年二月始罢。巡抚佛伦额其门曰：'乐善不倦'。子孙世显贵，为县巨族，人皆谓好善之报。"①从以上记载看，杨天奇自顺治初年迁自山西洪洞县，武举仕官，告归后居于历城，繁衍生息，成历城巨族。杨天奇娶妻郑氏，继妻吕氏。乾隆二年(1737)，以孙大凯赠荣禄大夫、陕西夏镇挂印总兵官，妻俱赠一品夫人。乾隆十六年(1751)，以孙大立赠荣禄大夫，陕西河州镇挂印总兵官，妻俱赠一品夫人。② 历城杨氏家族之杨天奇迁历城，但从道光《长清县志》看，杨天荫的曾孙杨龙云为长清籍，"时保大金家庄人"。《续修历城县志》云："籍长清，世居历城泺口镇。"杨天奇后人多为历城籍，其长子之第七子大立之子渤为长清籍，不知如何解释。而其弟杨天荫曾孙龙云亦为长清籍，但早已居于历城泺口镇。道光《长清县志》载长清大金庄有杨氏族人，且多有科举中式者。大金庄西南一公里之担山屯亦有杨氏族人，杨濋见于道光《长清县志》，为"时保旦山屯人"(原志为"旦山"，现名为"担山"，因处腊山与峨眉山之间而得名)。亦见于《续修历城县志》。从杨天奇兄弟的传记资料看，杨氏兄弟在世期间，杨家已经十分富有。

(一)杨璋支系

天奇二子，长璋，次瑄。璋以德行著于乡，载入《续修历城县志》《列传·一行》，传曰："慷慨有父风。璋有友五十无子，为聘良家女。既聘而女不愿，金已尽，即焚婚书，别为娶，竟生子。里中子弟贫不能就学者，开塾招来之，多所成就。亲属待以举火者不可胜数。援例授通判职。子七人：大中、大勋、大凯、大镛、大绅、大昆、大立。孙二十一人。"③据乾隆《历城县志》：璋妻"柳氏，商籍，历城武榜眼杨大立之母，盛年丧夫，抚育七子，咸登仕籍"。④

---

① (清)胡德琳修(清)李文藻等纂：《历城县志》五十卷首一卷，卷第三十《选举表三》，卷第四十三《列传九·一行》，清乾隆三十八年(1773)刻本。

② (清)胡德琳修(清)李文藻等纂：《历城县志》五十卷首一卷，卷第三十三《貤封表》，清乾隆三十八年(1773)刻本。

③ 毛承霖修、赵文运等纂：《续修历城县志》五十四卷，卷第四十四《列传六·一行》，民国十五年(1926)济南大公印务公司铅印本。

④ (清)胡德琳修(清)李文藻等纂：《历城县志》五十卷首一卷，卷第四十八《列传十四》，清乾隆三十八年(1773)刻本。

璋七子，大中、大勋、大凯、大镛、大绅、大昆、大立。大中，字静函。为璋之长子。年十九孤，诸弟皆幼，大中友爱甚至，为延师督课，至于成立。大中，贡生①，候选县丞。雍正二年(1724)，由四川化林协副将第七弟大立保举，授湖北谷城知县。雍正六年(1728)，大中任谷城知县②。敦教化，免民间一切科率，衙斋萧然如寒士。其年秋，江水暴发，高数丈，不及城者数武，举县仓皇。大中衣朝服，跪祷泥淖中，水忽退，士民感德，为立碣曰“杨公拜水处”。任一年，卒官。县人争赙之，泣送其榇以归。③ 据《历城杨氏族谱》，大中子五人。

大勋，字彤一，雍正元年(1723)岁贡，镶红旗官学教习，报满授虹县知县。历任山阳、阜宁，迁滁州直隶州知州，署太平知府。大勋事母以孝闻，居官浣衣蔬食，能甘淡泊。嗜书，得旧本，必补缀抄写以为乐，积至数千卷。示其子嘉树曰：“三十年宦囊尽此矣。吾不能效陆贾贻汝橐中金也。”著《文选音义》，未竟，卒。年七十一。④ 子嘉树，字柳田，乾隆十七年(1752)山东乡试壬申科第五十二名举人，乾隆十九年(1754)甲戌科会试第二百二名进士，殿试第三甲五十一名，曾任郾城知县。⑤ 大勋善终，以书遗后世，其子嘉树得以成进士。据《历城杨氏族谱》，大勋子一人。

大凯，字又苍，伟躯干，挽强善射。雍正元年(1723)武进士，由御前侍卫转达，出补温州水师营游击，改处州中营游击。岁余，擢潞泽营参将。会准夷逆命，上命宁远大将军某备边北境，选良将劲卒从军，而大凯以本职应选。召见者十人，大凯独称旨，加永固副将衔。遂从大将军出塞，常为先锋，以勇略著。抵鄂尔坤，扼虏之冲，建受降城，大凯董其事，克期而竣。贼约期伪降，乘隙袭我军，右师失备，将溃。大凯时领左师，率铁骑横捣之，贼乃退。时兵粮日例给三合余，众苦饥，无敢为大将军言者。大凯

---

① 不知那年贡生，乾隆《历城县志》未载。对照同治六年《谷城县志》，大中可能为监生，监生不载入县志《选举表》。

② 据同治六年《谷城县志》：杨天中，历城人，监生，雍正六年任。与乾隆《历城县志》有出入，此处，名字错误，而监生可能较《历城县志》准确。

③ 参见(清)胡德琳修(清)李文藻等纂：《历城县志》五十卷首一卷，卷第三十《选举表三》，卷第三十八《列传四》，清乾隆三十八年(1773)刻本。

④ (清)胡德琳修(清)李文藻等纂：《历城县志》五十卷首一卷，卷第三十《选举表三》、卷第三十八《列传四》，清乾隆三十八年(1773)刻本。

⑤ (清)胡德琳修(清)李文藻等纂：《历城县志》五十卷首一卷，卷第三十《选举表三》，清乾隆三十八年(1773)刻本。

请增至八合五勺，士卒饱腾。各营解火药至，军卒私鬻于路，易泥沙，临阵炮不发。或谮之曰："杨副将所解也。"大将军怒，呼诘之，将徇于军。大凯从容言曰："某有标记，请验之，伏法无恨。"验之，大凯所解药独良。初，大凯戒军吏书其封曰"山西潞泽营"，军吏或以为无庸，至是赖以免祸。和布多之役，天大雾，咫尺莫辨。大凯度敌已近，发炮一击，遂进破其众，降之，凯旋，论功第一。擢宁夏镇挂印总兵官。以地震免，卒于家，年如干。大凯号令整肃，仓猝不可撼。塞外食货倍值，大凯教以节缩，营贸采植，为持久计。奏凯后，惟潞泽营归有余财。性缜细，军中或苦之，号为"杨碎碎"云。① 据《历城杨氏族谱》，大凯子四人。

大绅，字宜书，府学生。雍正七年(1729)②，由兄大勋保举，发云南，以州判试用。上官委城乌蒙，竣工。值猓叛，又委署宜良，督运粮饷，皆及时。猓平，委留养难民。大绅招徕安缉，给衣食药物，全活者甚众。授巧家营经历，迁昆明知县。其地金汁、银汁二河，岁久淤塞，大绅请挑浚以利民。运铜北上，道闻母丧，归。服除，补铜山。铜山为江左剧邑，黄河绕城而下，又连岁蝗旱，大绅请缓征，甦民困，乾隆十八年(1753)九月，河决张家马路数百丈，督抚河院毕集河干，议北岸挑引河，分水势，大绅首挑千五百余丈，总督鄂公甚嘉之，专折保题。明年，委督商山堰石工，四阅月而竣。李家楼河岸复报险，大绅遄往筑塞，受湿热致疾，卒工所，年六十。③ 据《续修历城县志》之《列女传》，大绅因铜山县任黄河决口，赔帑金八万余。大绅卒，家遂破。其子嘉颖滞留江南。嘉颖子华龄④训蒙于里，妻魏氏，年十九归华龄，寄父家，以针黹自给。官追累年，遂幽华龄于狱。妻魏氏独力营救。华龄出，赴江南，图假贷，旋卒于苏。遗二子，长孟揆，随祖父嘉颖未归。幼孟豫，齿方龀，魏氏饮泣抚孤。越五年，嘉颖携孙孟揆归，假宅以居，有魏氏竭力奉养。嘉颖有继妻已卒，旅榇虎丘，嘉颖卒后，久之，魏氏命长子孟揆奉祖母及父柩返里。于是三丧并葬。而家愈空矣。魏氏昼夜纺绩，令孟揆习贾于外，孟豫作小负贩，继理盐筴。孟揆客江湖二

---

① (清)胡德琳修(清)李文藻等纂:《历城县志》五十卷首一卷，卷第三十《选举表三》，清乾隆三十八年(1773)刻本。

② 乾隆《历城县志》卷第三十《选举表三》为雍正六年。

③ (清)胡德琳修(清)李文藻等纂:《历城县志》五十卷首一卷，卷第三十八《列传四》，清乾隆三十八年(1773)刻本。

④ 华龄可能为字，名不详，应为三点水旁之字。

十年，无消息，家事赖魏氏独力支持。嘉庆二十三年(1818)，卒，年八十一岁。同里朱曾喆为魏氏作传。[①] 大绅以府学生身份由兄大勋举荐而终获知县，福兮祸兮，因知县事而遭巨额赔累，身亡家败，祸及子孙。据《历城杨氏族谱》，大绅子三人。大绅另有孙洽，字裕如。湖南宝庆府经历、署安化县知县。[②]

大昆，字玉峰，布衣。雍正六年(1728)，由四川邻水县知县高思雍保举贤良方正，授怀宁县知县，历桐柏县知县。[③] 据《历城杨氏族谱》，大昆子一人。大立，字华如。年十六，举康熙五十九年(1720)武乡试第一。明年，以第二人及第，选御前侍卫。雍正元年(1723)，迁乾清门头等侍卫。二年，授广东提标中营参将，仍带孔雀翎子，升四川化林协副将。六年，加总兵衔，随吏部尚书查郎阿征西藏阿尔巴布等，踰雪山，渡泸水，深入贼地，有功。事平，驻防泰宁建城。十一年，随定边大将军平郡王剿准噶尔。乾隆元年(1736)，授直隶督标中营副将，历张家口副将、浙江金华协副将。十三年，迁江西南昌镇总兵官，所辖江山险峻，条奏防汛数事，皆允行。十五年，因巡边染瘴气，告归。十六年，病痊，授陕西河州镇挂印总兵官，镇西连番地，袤延数千里，回部杂处，号黠悍难治。所理三营诸将，多草菅番命，不加抚恤。大立奏免游击、都司各一人，鞭守备、千总数人，诸将始戢。值伊犁用兵，羽檄旁午，日夜靡定，疾复作。十九年三月，卒于军，年五十四。祭葬如例。大立幼颖异，好作诗，善擘窠大书，军务之余，日挥数十纸。于声伎赀财无所好，遇之循循若书生，而任封疆三十年，皆镇静有干济云。[④] 据《历城杨氏族谱》，大立子二人。子渤[⑤]，字东原，乾隆四十二年(1777)长清籍拔贡。贵州州判。[⑥] 大镛，县志无载。据《历城杨氏族谱》，

---

① 毛承霖修、赵文运等纂：《续修历城县志》五十四卷，卷第四十八《列传十·列女一》，民国十五年(1926)济南大公印务公司铅印本。

② 毛承霖修、赵文运等纂：《续修历城县志》五十四卷，卷第三十五《选举表二》，民国十五年(1926)济南大公印务公司铅印本。

③ (清)胡德琳修(清)李文藻等纂：《历城县志》五十卷首一卷，卷第三十《选举表三》，清乾隆三十八年(1773)刻本。

④ (清)胡德琳修(清)李文藻等纂：《历城县志》五十卷首一卷，卷第三十八《列传四》，清乾隆三十八年(1773)刻本。

⑤ 可能有误，似为孙辈。

⑥ 毛承霖修、赵文运等纂：《续修历城县志》五十四卷，卷第三十四《选举表一》，民国十五年(1926)济南大公印务公司铅印本。

大镛子四人。

（二）杨瑄支系

瑄，字公璧。由诸生援例为中书科中书舍人，改云南府通判，与知府某论事，不为屈。上官廉其直，表署陆凉州知州。陆凉为古夜郎地，西连霑益，东接罗浮，猓蛮不时出掠，瑄执其渠魁，余党遁去。州旁有灌田水口，久为邻封所侵，瑄请于上官，复之。民以时蓄泄，享其利。以终养归，年七十四卒。据《历城杨氏族谱》，瑄子四人：大本、士达、元、士奎。

子士昌，仕赣榆知县。[①] 士昌，改名大本，字根一。由郡诸生援例为县令，分发江苏，历署吴县、丹阳。吴，繁剧甲天下，又为财富区，大本矢清操，纤尘不染。环苏皆水，艰于墓地。大本于村镇捐设义冢，详请立案，至今姑苏城外犹多杨公义冢焉。丹阳，水陆交冲，俗刁健，大本宽以济猛，而于吏胥加严，循声大著。补赣榆，下车直大水，力请赈恤，逐户授食，胥无中饱。有肩负盐橐拒捕伤人者，大本予枷责，详切劝戒，犯者感泣，一时私贩之风顿息。升署海州。赣，海属也。先是，赣与海连年同遭水，饥民数有乘夜爬抢之案。大本悯之，躬谒上官，细绘情形，俱以窃结，得免骈首。接丁内外忧，服除，委署宿松。以病告归，子龙文迎养山西任所十余年。旋里，寻卒。[②] 据《历城杨氏族谱》，大本子九人。龙文，贡生，官至山西冀宁道。[③] 另有子龙翔，监生，任邱县主簿，又任通州通流闸闸官。龙甲，监生，任兴安县知县。[④]

大本弟杨元，字原一。弱冠为诸生，试辄冠其曹。以廪生考取雍正七年（1729）己酉拔贡，廷试二等，注选教谕。生平嗜饮，尤工八法诗文，不务帖括，自成一家言。晚年淡于荣利，居家课子，每拈一题，先自作以示法程。兄大本致仕后，就养太原，元怀思殊切，遄往省视，适病，卒官署，年六

---

① （清）胡德琳修（清）李文藻等纂：《历城县志》五十卷首一卷，卷第三十八《列传四》，清乾隆三十八年（1773）刻本。

② 毛承霖修、赵文运等纂：《续修历城县志》五十四卷，卷第三十九《列传一》，民国十五年（1926）济南大公印务公司铅印本。

③ （清）胡德琳修（清）李文藻等纂：《历城县志》五十卷首一卷，卷第三十一《选举表四》，清乾隆三十八年（1773）刻本。

④ （清）胡德琳修（清）李文藻等纂：《历城县志》五十卷首一卷，卷第三十一《选举表四》，清乾隆三十八年（1773）刻本。

十二。著有《翔萝谷文稿》，藏于家。[1] 据《历城杨氏族谱》，元子五人。

据《历城杨氏族谱》，士达子六人，士奎子四人。

二、杨天荫支系

杨天荫，字纯锡。天性醇笃，慷慨好义，大义所在，不问艰巨，坦以身任。亲友贫乏者，不待请辄周之，无望报意。兄天奇，官粤西，以病归。值耿逆跳梁[2]，中途危甚，天荫不避险阻，往迎之。星夜奔驰，历水路艰辛。值兄于长江恸哭，偕归。殁年七十。性恬退，不乐仕进，以诸生终。[3] 据《历城杨氏族谱》，天荫子三：棆、朴、枢。棆子大礼，大礼子一人。朴子大顺，大顺子二人。

据《历城杨氏族谱》，枢子四人：大武、大全、大文、霖。

大武，监生。据《历城杨氏族谱》，大武子二人。大武子杨德昭有《戊戌元夜怀家伯兄》诗，据已有资料，大武二子应为：德亮、德昭。

杨德亮，字寅工，号莲溪，诸生。先世本洪洞人，迁东后，始祖归葬山西。其父大武，无传。德亮六十余岁时，鉴于先祖墓年久失修，谋与族人，跋涉二千余里，独往山西，置祭田，植树木，属族人管理。德亮入《续修历城县志·列传·一行》，其一，以孝称。传曰："以母多病，殚心于医，遂精其术。事母程氏、继母刘氏、傅氏，皆曲意承欢。尝言：'大舜、闵子，皆能事继母者也。第笃于所生，何足云孝。'父大武病，德亮年已六十，将刲其股，子受廷泣谏，乃止。"其二，医术精良，以医济人。传曰："性喜施，见义必为，每以医术济人。故有盐肆在他邑，恒赴之，道遇病危者，慨然下车，活之而后行。至盐肆，其土人之求诊者，往来不绝，至使其子若弟代理肆事，强迎之去，不以为厌也。亦不受其馈谢，且相其贫否与药饵资。比其

---

① 毛承霖修、赵文运等纂：《续修历城县志》五十四卷，卷第四十四《列传六·一行》，民国十五年（1926）济南大公印务公司铅印本。

② 应指三藩之一耿精忠反，清廷出兵镇压之事。康熙十三年三月耿精忠策应平西王吴三桂，自称总统兵马大将军。出兵浙江、江西。康熙十五年九月，耿失江、浙两路兵马。杨天奇病归应在此期间。广东临江西，杨天奇自广东回历城以水路为主，因兵荒马乱，比较凶险。

③ 毛承霖修、赵文运等纂：《续修历城县志》五十四卷，卷第四十四《列传六·一行》，民国十五年（1926）济南大公印务公司铅印本。

归，士人镌碑颂焉。”年七十二卒。[①] 子受廷、对廷、补廷。受廷，字咸之，号虚谷。幼颖异，稍长，文行皆知名。每试必高列，预取乾隆五十三年(1788)拔贡，旋登贤书。父以业盐负官亏被逮，受廷长跪运署外，竟日不起，运司嘉其孝，遽释德亮。嘉庆元年(1796)成进士。时已失恃，痛母早逝，归哭于主前，恸几绝。为江南如皋令四年，实心爱民，勤劳无稍遐。巨盗凶肆，悉力捕之。城垣圮毁，捐廉修之。修邑志极详慎。纂至节孝时，庭户咸闻异香。两充江南房考，所荐皆知名士。每得廉俸。必给亲族之贫乏者，而自奉俭约，无异为诸生时。比归里，书卷而外无长物。后有同年无赖子漂泊至江南，困极，遂至如皋，冒受廷幼子，称途遇盗，断资斧，邑人争馈之，不数日得百余金，距受廷去任已二十余年矣。其感人之深如此。著有《庐山集》三卷藏于家。书法王右军、颜平原而自成一家，人得其片纸皆宝贵之。子致祺，字征甫，博涉墨迹石刻最多。闻有名刻，不惮远购。尝架木南山崖壁拓魏晋字。所书如行空天马，笔笔中锋，自言“数百年必有知者”。识者亦以其言非誇。著有《天畅轩仅存草》。弟佑祺善画，恩祺工篆刻，皆不轻作。恩祺著有《天畅轩忆得偶存诗稿》。[②]《续修历城县志》卷第五十三《杂缀三》又载：历下杨征和(甫)致祺，兄弟三人，有三才子之目，征和(甫)善书能文，随笔画兰，不数作也。好丝竹，酒间花下，清歌悠扬，宾客乐与酬酢。次善雕刻图章，工揭裱，家藏书画多手自装潢，非俗工可及。其季弟，画美人绝佳，画扇一柄，值四金，而不轻落笔。求之经年，或并扇亡去，不汲汲于利也。家极贫，入其室，图书鼎彝，位置都雅，有若素封。一堂怡怡，萧然有以自乐。恩祺子丕度，字坦夫，诸生，有《乐天轩诗集》。丕焜，字旭庵，征甫从子，诸生。[③] 对廷，字晋之，廪膳生。少与兄同学。受廷成进士，对廷屡踬场屋。好善乐施，家不中资，而米粥衣絮以及药饵之类，尽家所有以予人，贫老无归者常依之。又好放生戒杀，家虽中落，犹踵行不倦。年近五十，始举一子福祺，督之学，甚严。对廷卒后

---

① 毛承霖修、赵文运等纂：《续修历城县志》五十四卷，卷第三十九《列传一》，民国十五年(1926)济南大公印务公司铅印本。

② 毛承霖修、赵文运等纂：《续修历城县志》五十四卷，卷第三十九《列传一》，民国十五年(1926)济南大公印务公司铅印本。

③ (清)王钟霖编：《国朝历下诗抄》四卷，卷四，清光绪四年(1878)至光绪五年(1879)刻本。

终成进士。人以为好善之报。[①] 福祺，字子厚，道光十七年(1837)丁酉科山东乡试举人，道光十八年(1838)戊戌科会试第五名，殿试二甲七十名。翰林院庶吉士，授编修，仕至安徽凤阳府知府。[②] 补廷，字益之，受廷弟，贡生，候选训导。[③]

德亮弟德昭，癖于诗，有《览胜集》《登高新唱》一卷。子三[④]：岳凤[⑤]、岳通[⑥]、岳春。岳春，字虚生，监生。[⑦] 恩绂，杨岳春有《感怀示侄恩绂》。恩培，字滋厚，光绪二十八年(1902)壬寅补行庚子辛丑恩正并科第一百五名举人。[⑧]

霖，有声庠序。世业盐。霖没，家中落。据《历城杨氏族谱》，霖子二人。霖子龙云，字子从，号雨田。籍长清，世居历城泺口镇。霖殁后，同居者竞争遗产，龙云力为劝沮，皆不听，乃携眷引避于泺西之小鲁家庄，赁屋以居，授徒为生。嘉庆辛酉，以选拔贡成均，因母丧，未与廷试，遂为人代理盐务。家稍裕，乃于泺另置一宅而居焉。龙云天性慷爽，虽少历坎坷，而与人交际，资财无少吝。旧时同居族人田宅皆质于人，并及先茔，龙云独出资赎之，仍让宅于旧居者。其茔地则在县存案，以防再质。中年，家日隆，自置盐业若干，总理东纲盐务，遇事秉公，众商之恃强凌弱、挟富欺贫者，均惮之，不敢逞。初，未值纲时，有同姓友人宦游省垣者，故后无以为殓，龙云理其丧，并送其柩回籍。逾十数年，有称宗侄款谒者，接见，殊不相识，询之，乃前同姓友人子，新任山东运使也。感昔厚谊，于东纲利弊

---

① 毛承霖修、赵文运等纂：《续修历城县志》五十四卷，卷第四十四《列传六·一行》，民国十五年(1926)济南大公印务公司铅印本。

② 《续修历城县志》。毛承霖修、赵文运等纂：《续修历城县志》五十四卷，卷第三十四《选举表一》，民国十五年(1926)济南大公印务公司铅印本。

③ (清)王钟霖编：《国朝历下诗抄》四卷，卷三，清光绪四年(1878)至光绪五年(1879)刻本。

④ 《续修历城县志》卷第三十《艺文考九》孔宪奎序杨岳春《意为草》曰："余母舅三人，先生其季。"

⑤ 《杨德昭诗稿》一卷中有《春夜课读示通凤两子》诗。

⑥ 杨德昭《东皋书屋遗稿》中有《上巳同次子岳通游阳起山因赋》。

⑦ (清)王钟霖编：《国朝历下诗抄》四卷，卷三，清光绪四年(1878)至光绪五年(1879)刻本。

⑧ 《续修历城县志》。毛承霖修、赵文运等纂：《续修历城县志》五十四卷，卷第三十四《选举表一》，民国十五年(1926)济南大公印务公司铅印本。

竭力维持，以故龙云总纲务十余年，皆措置应手。年七十，辞纲家居，遇有疑难，运使犹谘询焉。龙云以读书未竟其志，凡族姓之贫而力学者，皆厚资之。于朋友亦然。长山王榕吉未遇时，家贫，龙云延之课子弟读，馆谷外恒数倍馈遗。后以诸生成进士，始去。常云："吾生平不轻受人恩，若杨公则终身铭之矣。"年七十五卒。子赓廷、敬廷。龙云殁后，赓廷主家政，赓廷性挥霍，勇于任事。捻匪扰东境，毁家办团练。贼至泺，悉力抵御。贼衔甚，火其庐舍。赓廷既累岁经营于外，家中盐业托戚某管理，被侵蚀，田宅亦半质贷。敬廷，字芝泉，号肃之。少沉默，读书攻苦，过于寒士。从长山王榕吉受课，深蒙器重。弱冠蜚声序庠，科岁试辄冠军。惟数奇，迟至咸丰辛亥始中副车。敬廷力劝兄赓廷节俭，不能听，乃议析居。敬廷曰："兄老矣，弟尚能笔耕。"乃以可居之宅、可耕之田归兄，以泺口被焚之宅及墓田归己。所分宅既不可居，乃租居省垣，游牧为糊口计，布衣疏食，无怨怼也。同治壬戌，补行辛酉，举于乡①，是科监临为贵州丁宝桢。逾年，癸亥，济南兴筑石圩，宝桢稔知敬廷笃实谨慎，委派监修，分段丈数最多。后他绅监修者，不及二三十年皆有坍塌，独敬廷监修者至今完固无恙。值东省创办南北运务，大吏将以敬廷及邑人吴梦龄董其事。敬廷辞曰："吾家本业盐筴，以不善贾而亏折，敢再偾公家事乎。"梦龄亦力辞，始改为官办。戚友皆咎其不善自为谋，敬廷一笑置之。以圩工保知县，归铨部，二十年不得缺。业师王榕吉方为山西藩司，招之往，拟畀以万金，劝于海防案内报捐优先班次，敬廷曰："感师厚惠，终身应弗谖，然仕可以赀进乎。"峻谢弗受。后在京候选，馆济宁孙侍郎毓汶家四年。孙以其久不得选，拟为斡旋，分省候补，敬廷曰："仕禄有命，官虽微，必受自朝廷。设帐以省旅费，不得选，命也。不敢以通家好重烦公虑。"年六十四，以腰疾归里。萧然一庐，手不释卷，日以先正格言诏示后进，终日坐论无倦容。丙戌冬月，卒。临终遗言："吾为寒士，子禄亦薄，勿厚殓。"其狷介如此。长子介祺，怀来县典史。② 次子恕祺，字谦斋，长清籍，光绪二十年(1894)甲午科优贡，光绪二十三年(1897)丁酉科举人，广东英德县知县。③

---

① 据《续修历城县志》卷第三十四《选举表一》：长清籍，第一百名。

② 毛承霖修、赵文运等纂：《续修历城县志》五十四卷，卷第四十四《列传六·一行》，民国十五年(1926)济南大公印务公司铅印本。

③ 毛承霖修、赵文运等纂：《续修历城县志》五十四卷，卷第三十四《选举表一》，民国十五年(1926)济南大公印务公司铅印本。

杨龙泉者，字果亭，幼颖悟，能文章。年十六，应童子试，屡冠其曹，声誉大起。时钱塘桑调元以硕德夙学来主泺源书院讲席，从游之士皆一时鸿俊，然理法兼到，学养深醇，以制艺擅长，无出龙泉右者。而龙泉故不售，数益奇，文亦益工。教授乡里，诱掖后进，如恐不及。四方学者皆愿执贽，弟子之掇巍科登高第者，累累也。性好结纳，遇文士相投，一语之合，披沥肝胆，不屑屑于曲谨小廉，乃竟以此株连，被弃久之。肃宁陈廷杰来守郡，夙耳龙泉名，下车即为延访，强之应试，复以第一人为博士弟子员，时嘉庆二年(1797)，年已周甲。六年，遂应乡荐，明年，赴礼部试，遇疾归里，卒。有《如圃文稿》若干卷，藏于家。[①] 杨龙泉可能是霖子，或是大全、大文子。

据《历城杨氏族谱》，大全子四人，大文子一人。

三、世系不明者

天奇长子璋有七子，孙二十一人。应皆为嘉字辈。见于乾隆《历城县志》及《续修历城县志》中《选举表》中较多，由于未见族谱详细世系，不知何人之后。由于杨天奇出身武举，儿子中一人中武进士，且幼子贵为武榜眼，下一代中武举不乏其人，如杨嘉德，雍正十三年(1735)乙卯科第三十一名，运学，历广东饶平营守备。杨嘉会，乾隆元年(1736)丙辰科第九名，历江南徐州卫领运千总。杨嘉年，乾隆二十四年(1759)已卯科第二十四名，现充兵部差官。杨嘉谷，乾隆三十年(1765)乙酉科第十七名。此外，与嘉字同辈龙字辈中有杨龙骧，乾隆六年(1741)辛酉科武举，乾隆十六年(1751)辛未科会试第五名，殿试三甲口名，任江西大河卫守备。杨龙翩，乾隆二十五年(1760)庚辰科武举。[②]

另有杨嘉干，字理扶，乾隆三十一年(1766)拔贡，长清籍。子潾，字镜澜，号忆园，又号意原。少有异禀，读书不屑章句，警敏绝人。弱冠，游长清邑庠，旋食饩。乾隆已酉拔贡，廷试二等，以教职用。初选平度训导，再移泗水。登嘉庆六年(1801)贤书，以诗见赏于主司刘凤诰，遂获知遇，文名噪一时。丁内艰，服阕，为聊城教谕，调监泺源书院。嗣与东昌府郡守

---

① 毛承霖修、赵文运等纂：《续修历城县志》五十四卷，卷第四十一《列传三》，民国十五年(1926)济南大公印务公司铅印本。

② (清)胡德琳修(清)李文藻等纂：《历城县志》五十卷首一卷，卷第三十《选举表三》，清乾隆三十八年(1773)刻本。

熊不协，因武生李某事被诬，投劾归。潾貌癯神清，性鲠峭，落落寡合，居常键户读书，避俗若仇。惟与汉阳叶东卿、诸城张瑶简、邹平成肃中及朱曾武、朱曾喆诸人称至交，过从之余，商榷古今得失，讨论经史疑义。有不合，必折衷一归于是，退而洒如也。性方严，游历所至，奖诱后进，多所成就。尝主楚襄鹿门书院讲席，门下士有位至封疆者，不敢以寻常通馈遗，岁寄土物，聊达诚款而已。其狷介如此。潾学识渊深，殚心著作，务蕲胜古立言之君子，故一切酬应之作，概置弗为。大抵表章节义，推阐幽隐，无饰词，无溢美。先世家长清，后迁历城。尝以族谱多年废坠，慨然踵前事而亟修之，详明典要，有体有法。未及刊，遽逝。世子若桀录副本藏于家。诗刻意汉唐，所作几数千首，不自收拾，多散佚。若桀仅裒得若干首。又于族孙毓琦得诗一册，计若干首，以次授梓，盖不及什一也。①

据杨潾《隙扫斋学诗草》，中有《题宜之家兄松石小照二首》，知杨晋春是杨潾之兄。又据日照进士丁麟年会试朱卷载："诰赠通议大夫对廷公孙女，乾隆戊申科举人、嘉庆丙辰恩科进士、江苏如皋县知县受廷公、增贡生补廷公胞侄孙女，乾隆丙午科优贡生、戊申科举人、历任云南广南府知府、署迤西道、晋春公堂侄孙女。"②杨晋春之祖可能是大武之弟大全或大文，父是嘉干。杨晋春，字宜之，长清籍，乾隆五十一年（1786）丙午科优贡，乾隆五十三年（1788）戊申科举人，云南蒙自县知县，广南府知府，署迤西道。杨同春，字协之，晋春弟，嘉庆十五年（1810）优贡，四川知县。杨丰春，字席之，长清籍，玉玲从弟，乾隆五十三年（1788）戊申科武举，云南、广西营标中军守备。杨乃滨，字伯持，丰春子，道光二年（1822）壬午科举人，道光十六年（1836）丙申科进士，殿试三甲七十四名，历任江苏铜山、兴化县知县，调江宁知县。杨寿春，字介之，丰春弟，乾隆五十九年（1794）甲寅科武举，浙江温州卫守备，福建邵武守营都司。杨玉玲，字佩之，长清籍，乾隆四十五年（1780）庚子科武举，山西大同镇标新平路中军守备。③ 从他们字看，关系极近，杨晋春、杨寿春、杨玉玲可能为堂兄弟，或是大全的孙辈。

王贤仪《家言随记》中曰："杨晓春，字惺斋，历城巨族，邑称祺字杨家，

① 毛承霖修、赵文运等纂：《续修历城县志》五十四卷，卷第四十一《列传三》，民国十五年（1926）济南大公印务公司铅印本。

② 丁麟年会试朱卷，清刻本。

③ 毛承霖修、赵文运等纂：《续修历城县志》五十四卷，卷第三十四《选举表一》，民国十五年（1926）济南大公印务公司铅印本。

本其商号后人分支之称。”[①]兄弟三人，长克春，次富春，晓春其季。此支可能是大全或大文孙辈。长兄克春，友教于汴，因家焉。次兄富春，字信之。以仲子任家事，值家中落，父以季子晓春天资聪颖，欲其以科第显，又恐艰于培植，或无成，辄用抑郁。值富春配张氏罹产难卒，未几，侧室师氏亦殂，子女尽殇。富春矢志不复娶，意在省室家累，并力培弟以成父志也。自是出为盐商，获息即寄归，无私财。父晚岁病，专函召之，时富春待盐馆于徐州，翌日将往受代矣。家音至日，为富春计者曰："往而以假归，不过迟一夕，可为再来计也。"富春泫然曰："日薄西山，一刻为难，岂万金所可易。"星驰抵家，父病稍闲，留侍累月。既殁，哀毁逾恒。服阕，弟复劝之娶，不听，劝置婢媵，亦不许。曰："弟之子，犹吾子也，况弟已有三子，次者吾所深爱，得嗣吾，于愿足矣。倘娶而生不肖子，庸愈此乎？吾初志固早定矣。"弟晓春以劳瘁卒于怀宁任所，宦橐萧然。讣闻，亟由外归家料理殡事。家计仍独肩之，命嗣子与两侄同攻读，不以琐务分其心。有族侄远客，数年无耗，其妻迫债负自经，遗子数龄，茕茕无依。富春恻然收恤之，使从子侄及孙辈读，历十余年，饮食教诲与子若孙无稍异。后入长清邑庠，其父忽携侧室及庶子归，乃任其自立门户。富春貌清癯，性豪放，居常手不释卷。凡先圣贤书关世用者，必多方购置，有废书辄手自补缉。其有伤世教诸书，购毁无数。慕古人座铭意，取先哲格言及《程子四箴》手书之，粘满所居壁。于《书·洪范》《易·谦卦》尤朝夕潜玩，有所见，辄标于简端。见子弟狂妄者，谓由小学不明，每劝人读朱子《小学》《近思录》等书，勖以切实功夫。遇浮薄少年，亹亹训诫。后皆循教进诚实焉。[②]杨晓春，字惺斋。性醇谨，攻苦力学，弱冠补诸生，试辄冠其曹，食廪饩，蜚声黉序。道光三年(1823)，试优生第一。五年，举于乡。明年，会试下第，考取景山官学教习。期满，以知县拣发安徽。上官一见器之，委署怀宁令。抵任后，事无更张，亦无废弛，恂恂不以才智见。而吏民无敢欺慢者。县境三面濒江，弥望葭苇，鱼虾遗子散着堤岸，旱则化为蝗蝻。时天久不雨，蝗蝻在在萌动。晓春周历四境，扑焚略尽。六月，各乡报蝗蝻复生，又立赴各乡，督吏民设法痛除。乡民见浅，往往各私其地，或蝻孽视邻田差少，恐捕者蹂躏其禾稼，辄阻捕者，勿相及。又各私其力，捕至邻田界，即止不

---

① (清)王贤仪撰:《家言随记》四卷，卷四《桑梓敬止》，清同治素风堂刻本。

② 毛承霖修、赵文运等纂:《续修历城县志》五十四卷，卷第四十四《列传六·一行》，民国十五年(1926)济南大公印务公司铅印本。

进。晓春反复譬晓，且身先之，乃咸感悟，踊跃从事。复檄邻邑会境上协捕，必尽歼乃已。当是时也，唇舌焦敝，手足胼胝，昼暴烈日中，夜则蒙犯雾露，饥不得食，困不得息，湿热郁蒸，深入肺腑。迨七月朔回署而疾作。越四日，遂卒。病中呓语，犹以蝗蝻复萌为虑。地方大吏援积劳病故例，奏请予恤，赠同知衔，赏祭银三百两。①

另有杨毓琦者，字资璞。幼聪颖，读书两三复不忘。父凤鸣，绩于学而不得志于名场。家居课子，四年而毕《十三经》，顾不许早应试。毓琦年十七，父母相继逝，贫无立锥，乃力自振，昼夜攻苦。或倦，辄掐两股自警，作青紫色。初试，入邑庠，文名噪甚。战其艺于各书院，辄前列，藉束修膏火，颇资赡给。授徒前后十年，门弟子游泮数十人，有领乡荐成进士者，毓琦竟屡荐不售，以例贡终。临清州牧葛君延课其子，并司启事。葛素以笔墨自雄，幕友笺启，任意窜涂，惟毓琦所作，一字未尝轻易。李庆翱任晋藩时，请假回籍，补行守制，适毓琦自临清旋省，偶为代拟上晋抚鲍公稿，庆翱一见异之，遂函至葛，借贤一月，料理所积笺札。凡碑铭、传志、题跋、序文，随意裁制，无不惬怀。庆翱假满回任，因与俱西，宾榻数年，礼遇优厚。及为豫抚，仍掌书记兼奏牍。宾僚所拟笺奏有未合者，皆属其笔削或另草焉。及庆翱去官，携同归里，优游林下，时复诗酒唱酬，而笔札事仍代之。毓琦诗古文词，极为一时诸巨公所推许。泺源书院山长匡源尝语人曰："他人长与此或短于彼，如资璞，全才也。"顾毓琦雅不欲炫名，所作稿随手散失，或为人攫去，存者仅诗草数册而已。②

第二节　历城杨氏家族著述考

历城杨氏家族与朱氏家族并列为历城二大巨族，杨氏先人杨天奇武举出仕，落籍历城，后人亦多武科出仕者。其弟杨天荫以德行著。杨氏后人住洛口，事盐务者多，因此家族虽亦多出仕者，但居历城者大部以盐致富，闲暇之余，亦有风雅之事，杨氏一族诗人辈出，多人有诗集传世。除此

① 毛承霖修、赵文运等纂：《续修历城县志》五十四卷，卷第四十《列传二》，民国十五年(1926)济南大公印务公司铅印本。

② 毛承霖修、赵文运等纂：《续修历城县志》五十四卷，卷第四十一《列传三》，民国十五年(1926)济南大公印务公司铅印本。

外，此家族亦多良医，济世救人，世人颂之。

一、杨大昆《历城杨氏族谱》

大昆，字玉峰，布衣。雍正六年(1728)，由四川邻水县知县高思雍保举贤良方正，授怀宁县知县，历桐柏县知县。

《续修历城县志》卷第二十二《艺文考一》著录：杨大昆著《历城杨氏族谱》，据杨疏琦《续修谱》，凡三卷。可知，当时与修县志者并没有看到大昆著《历城杨氏族谱》，他们看到的是三修本。不论二修或三修，均在大昆著族谱基础上修成。《续修历城县志》过录《周永年序》，序略曰：杨氏本籍洪洞，国初自赠荣禄公讳天奇者来居于县，再传而其族益显以大，盖百余年来阀阅世家，朱氏而外，即共推杨氏。今桐伯公恐久而紊其昭穆，失其名字，爰作《历城杨氏族谱》，其前居洪洞及由山西而他徙者皆不存。周永年序于乾隆四十二年(1777)丁酉仲秋。大昆此谱即修于是年。二修家谱由杨龙泉、杨德明执笔，时于乾隆五十九年(1794)。三修家谱由杨玠执笔，时于道光十六年(1836)。杨澻《三修谱自识》中略曰：吾《历城杨氏族谱》始修于乾隆四十二年(1777)，再修于五十九年，载录详慎，屏黜矜张侈浮之失，今历四十有三年，距始修且周甲矣。《历城杨氏族谱》二修与三修本均藏于吉林大学图书馆。

二、杨元《翔萝谷文稿》

元，字原一，大本弟，拔贡，选教谕。

《续修历城县志》卷第二十九《艺文考八》著录：杨元著《翔萝谷文稿》，源自《杨氏族谱》，卷未详。《续修历城县志》杨元本传亦云：著有《翔萝谷文稿》，藏于家。可见当时与修县志者未见此书，应为稿本，现不知存否。

三、杨德亮《青云轩吟稿》《空翠集》一卷

德亮，字寅工，号莲溪，诸生，有《青云轩吟稿》。

《续修历城县志》卷第二十九《艺文考八》著录：杨德亮著《青云轩吟稿》，源自《历下诗抄》，卷未详。按语曰：德亮集未见，书肆中得抄本一帙，首尾残缺。诗中有《夏秋苦雨用长男受廷原韵》及《感怀寄两儿受廷、对廷并示长孙志启》诸篇，知为德亮所著手稿未经编录者。凡古今体七十二首，又祭文二首、记一首，亦杂抄其中。《历下诗抄》载德亮诗三首，此本则

无之。德亮《青云轩诗稿》未及见，山东省图书馆藏其《空翠集》一卷。

《空翠集》一卷，杨德亮撰，半叶九行二十五字，无格。清抄本。前有乾隆二十八年(1763)杨德亮自叙。自叙末题：乾隆二十八年癸未十月莲溪杨德亮自明氏书于二柏堂。可知杨德亮一字自明，《续修历城县志》杨德亮本传中曰：杨德亮，字寅工，号莲溪。字"寅工"在其弟诗集《登高新唱》有印证。"莲溪"二字写于名前，似为地名。其堂号为"二柏堂"，据诗集中《癸未九日客二柏堂寄舍弟益崇》，此堂不在老家。

杨德亮叙曰：余少不知诗，自丁丑之岁乡会两闱以诗试士，始从而学焉。夫诗之为物也，抒发人之性灵，陶冶人之学问，所关顾不重哉。至于轻佻之词，靡曼之音，狂荡之习，激愤之谈，皆所甚忌。故作诗者，语必端重雅正，而又出以清新俊逸之笔，不徒拾人牙唾，乃可以传世行远也。余于此道学之七八年矣，尚茫乎未之有得，然吟风弄月之余，于一切讥讪、尖巧、艳冶之词，实未尝敢一涉笔焉。近世士大夫往往以此贾祸，而一二无识者遂谓诗不可学，是岂诗之误人哉，人自误于诗耳。积年以来得诗若干，暇日录成卷帙，盖欲借以就正有道，非敢妄谓可以传世而行远也。从叙中可知杨德亮此诗集始作于乾隆二十二年(1757)，止于乾隆二十八年(1763)。同时，在叙中杨德亮表明了其作诗旨趣所在，即可以理解其诗作的特点。

诗集共存诗一百二十二首。其中有组诗《癸未冬日心田田九以陈括堂咏竹十律见示、因次其韵而和之十首》《秋日杂咏三十律三十首》。诗作大部分写于外地，从《浚州留别张叔度》《中都旅舍》《庚辰五月与张叔度、崔安澜登大伾山》《谒黎公祠》《过殷太师比干墓》等诗看，杨德亮应在河南境内营生，据《续修历城县志》杨德亮本传，杨德亮在他邑有盐肆，可能就在河南。杨德亮是秀才，按期参加科举考试是惯例。其有《壬午落第》诗，应是乡试落第所作，其一曰：蹉跎儒服十余年，今日龙门点额还。仙籍无名空怅望，满城桃李尽争妍。可见杨德亮到乾隆二十七年(1762)，已经中秀才十余年了，依然未能更进一步。诗集中有部分交游诗，如《浚州留别张叔度》《怀姜玉槐》《癸未冬日心田田九以陈括堂咏竹十律见示、因次其韵而和之》《送傅仑西先生还平阴》《春日送宗兄辉曾归宁海应试》《哭叔弟树玫墓》《寄舍弟益崇》《过故人邢氏别墅》《过徐四东友人山庄》《庚辰五月与张叔度、崔安澜登大伾山》《贺郭秀才援例成均》《赠心田田九》《贺张夔龙武举》《夜梦亡弟树玫从予索钱》《九日怀邢三绍文》《赠任侠》《癸未九日客二柏堂寄舍弟益崇》《从子盈九索诗不与作此嘲之》《喜田九携诗见访》等，绝大部分人不可考，且多不是历城人，可见杨德亮这期间主要在外地营生。其中其弟益崇不是杨德昭。其中这位田九与杨德亮过往较密，似乎是位诗人。

诗集中无《续修历城县志》中所提《夏秋苦雨用长男受廷原韵》及《感怀寄两儿受廷、对廷并示长孙志启》诸篇及祭文二首、记一首，因此此《空翠集》不是县志中编者所见抄本，此集似乎早于上述抄本。

四、杨德昭《览胜集》《登高新唱》一卷《杨德昭诗稿》一卷《东皋书屋遗稿》一卷

德昭，字用晦，历城县人，诸生。《续修历城县志》卷第二十九《艺文考八》著录：杨德昭著《览胜集》，源自《历下诗抄》，卷未详。又著《登高新唱》一卷，据本书。山东省委党校图书馆藏此书。山东省委党校图书馆又藏《东皋书屋遗稿》一卷。《览胜集》不及见，或不再存世，山东省图书馆藏《杨德昭诗稿》一卷，不知与此《览胜集》有无关系。

（一）《登高新唱》一卷

杨德昭撰，半叶九行二十字，白口，四周双边，单黑鱼尾。清乾隆五十二年(1787)历城杨氏用晦堂刻本。内封题：沈向斋、徐后山两先生评点 用晦堂藏板 附载秋菊诗十首。前有乾隆五十三年(1788)平阳徐昆序，又有乾隆五十二年(1787)杨德昭自序。后有耿玉函跋。

关于此集的由来，杨德昭自序中述说十分详细，序略曰：梅溪耿子、受圃黄子之二人者，吾契友也，相尚以诗。是岁九月九日，二子同人载酒游于泺北鹊山之丛林寺，既而叹曰：吾友用晦，癖于诗者也，恨不携之俱来。遂遣介驰请。余方静坐斋头，授两幼子《毛诗》，竟忘其为重阳节也。闻招驰至，而诸同人毕至矣。乃相与盘桓，摄衣而上，是时夕阳在山，新月穿林，东望华不注，峭壁插天，苍翠如滴，南望大佛诸岭，迤逦千里，西南一面，鲁卫接壤，北望京师，而神游所止，去天尺五，身寄半空，飘飘有凌云意。俯视济泺交流，潆洄入海。山下古寺，黄花点径，红叶铺砌，居然佛界。此外村烟缭绕，万开鳞次，农报秋成，士女乐业，又宛然太平景象。余顾而乐之，及酒后耳热，触兴成诗。一时同人，在山及未在山者，竟相属和，余一一答之，遂得前唱若干首。向斋沈先生为泺源山长，吾侄受廷游于门下，持以请教，蒙加裁政，并为诗以和之，既又率诸同人之在泺源者共和之。至杭州八铭赵子、嘉兴双梧史子，则向斋先生之同乡友也，均以诗名世，亦群起而和之，余又一一答之，更得续唱若干首。后山徐先生由京来泺，见而悦之，统赐评点，并为叙以冠其首。本无诗也，因吾心之思以成诗。本无思也，因众心之思以成思。余固集众思之益，而又不敢掩众思之妙，因付剞劂，不惟借以见耿黄诸子之豪情胜举为不可及，而沈徐两先生所以奖励后进之至意为不虚矣。耿玉函《跋》略曰：菊称隐逸，昔陶渊明爱而珍之，以其潇洒篱落，别有一段幽香傲骨，迴出尘俗外也。吾友用晦，赋性恬澹，人颇似之，尝作《秋菊诗》六十首以自况，余每吟赏不置。今经后山先生评后，录其十首，附载《登高集》末，并质同好。

关于此集的内容，《续修历城县志》卷第二十九《艺文考八》曰：德昭原唱七律一首，用先字韵，诸和作及德昭和诸人之诗皆同体，次韵前唱。和者十九人，诗四十八首。续唱和者十四人，诗亦四十八首。惟续唱中沈可培向斋、史兰双梧为嘉兴人，赵士霖八铭为杭州人，其余作者大抵皆济南人。诸诗流连光景，清远无俗韵。作者如黄永宁、黄清宁、黄裔度、黄裔香、邵柱、张杶、张枢、秦庆澍、卢乐水、马绍常、董淇、杨龙官、胡梅魁、刘文澄、王复炘诸人，其文词罕传于世，惟藉是编得以考其名字。而承平时都人士登临文酒之乐，亦即此可以想见。其中发起人之一是梅溪耿子，即耿玉函，字抱冲，号梅溪，长清县人，乾隆乙卯举人，官临朐县教谕，有《抱冲山房诗》。耿玉函曾教读于历城，是历城名士余正酉的受业师。此次唱和活动是耿玉函教读历城时所发起。另一发起人是受圃黄子，即黄永宁，字受圃，历城人，有《萝卜唱和诗》一卷。阅全书，杨德昭前唱诗为《九日同耿黄诸子登鹊山口占》，耿玉函和四首，杨德昭答四首。黄永宁、黄清宁、黄裔香、黄裔度、邵柱、张杶、张枢、朱士倌、秦庆澍、杨瑨、卢乐水、马绍常、董淇各和一首，杨德昭各答一首。其兄杨德亮和二首，杨德昭答二首。其兄杨龙官、其侄杨肇泰，杨受廷、杨对廷各和一首，杨德昭各答一首。最后杨德昭有《既答和章复记以诗》结尾。计四十八首，和者十九人。续唱嘉兴沈可培和诗一首，杨德昭答诗一首、杭州赵士霖和诗六首，杨德昭答诗六首。嘉兴史兰和诗四首，杨德昭答诗四首。商河亓保、孙本楷各和诗一首，杨德昭各答诗一首。陵县孟长峦、历城韩文澜、胡梅魁、刘文澄、姚廷训、姚谦持、胡典龄、李乃溥、王复炘各和诗一首，杨德昭各答诗一首，最后杨德昭有《既答和章复记诗四首》，计诗四十八首，和者十四人。

此集是济南名士文化的代表作，诸家诗人因诗集的刊刻得以流芳。其传世的价值极高，是研究济南史志及历史人物的重要资料。

(二)《杨德昭诗稿》一卷

杨德昭撰,半叶七行二十二字,无格。清抄本。

正文卷端题:七言绝句,下题:历城杨德昭用晦著。诗有《三月九日芳郝水村二首》《咏红丁香》《醉中看桃花成吟》《春夜课读示通凤两子》《折来白丁香、红桃花共插一瓶戏成绝句》《复咏瓶中桃花》《春暮携小儿辈东溪闲步》《四月八日重晤郝水村因赋》《闻友人登危山有诗即和其韵》《五月十七日重与王蕙田晤喜赋》《盟弟王蕙田纳姬彩云戏赠绝句三十首》等诗,最后诗有序,序曰:彩云者,蕙田所纳姬也。蕙田年已四十有五,有妻无子。阿城铁崖刘公是其表兄。蕙田尝馆于其家,因赠一妾,名曰彩云,年甫十九,貌美而性柔,蕙田颇为珍爱,及来泺上,谈及之,余按韵戏赠绝句三十首,命次男岳通伺暇录出,以示不忘。余素不嗜香奁体,偶然为之,非敢以此为工,为吾弟蕙田志喜也。诗后有感语,似是王蕙田所作。杨德昭一发不可收拾,又有《重赠彩云歌三十首叠前韵》,诗中及诗后又有蕙田感语。杨德昭又有《复为何慧娘作惜别诗三十首再叠前韵》,序曰:蕙田妻名何慧,字兰韵,是其继配。蕙田来东,刘铁崖复以彩云赠之,将欲携归晋阳,未得即行,渐起思乡之念,余为重作惜别诗三十首以送之。杨德昭又有《重别王蕙田三十首三叠前韵》《寄怀王蕙田三十首四叠前韵》《为王蕙田纳妾代赋催妆八首同押云字》。评曰:韵绝秀绝奇绝快绝。一百五十八首如海市蜃楼,千态万状,神化莫测,冠古之才仅见于斯,小儒舍乔而不能下也。最后是《题笃斋余舍亲扇头二首》《己未秋岁试至城舍于府学东庑外后邻大明湖题即用壁间诗韵》。以上诗集主要是为王蕙田所作,是杨德昭香奁体诗体之集合。同时,在诗集中可知,杨德昭主要是在家读书,课子。

(三)《东皋书屋遗稿》一卷

杨德昭撰,半叶八行二十二字,白口,四周双边,单黑鱼尾。清曲阜孔宪奎刻本。正文卷端题:历下杨德昭用晦 卷末题:外孙孔宪奎校刊。

从诗集看,大部分是在历城时作。有不少游览济南名胜之作,如《游龙洞》《登华不注》《登白雪楼》《泺干春兴八首用杜少陵秋兴韵》《晚邻泺水》等。同时,又有其出外的痕迹,如《由济水赴盐场舟中作》,可知杨德昭以盐务养家,盐务是历城杨氏的家族主业,杨氏的兴盛与此业务有重大关系。但不知杨德昭的盐店在那里,其诗中有《东阿道上》,《恩邑次子岳通生辰示以诗》,不知是否在鲁西。

五、杨受廷《江南如皋县志》《庐山诗》三卷《敝帚吟稿》

受廷，字咸之，号虚谷，德亮子，乾隆戊申科举人，嘉庆丙辰科进士，官江南如皋县知县，有《敝帚吟稿》。

《续修历城县志》卷第二十二《艺文考一》著录：杨受廷修《江南如皋县志》，卷未详。《续修历城县志》卷第二十九《艺文考八》著录：杨受廷撰《庐山诗》三卷，《续修府志采访册》《历下诗抄》作《敝帚吟稿》，山东省图书馆藏其《敝帚存》一卷。

（一）《敝帚存》一卷

杨受廷撰，半叶八行二十一字，无格，清抄本。函套题签：杨受廷敝帚存抄本。目录下题：济南杨受廷咸之。计五古五首、七古十二首、五律二十六首、七律七首、五绝七首、七绝四首、五排一首。后附《登岱诗三十韵》《历下八景》《白雪楼怀古十首步沧溟先生韵》《白雪楼怀古后十首》《登岱诗八首》《历下八景步家君原韵》。

诗集非按时间排序，因此只能大体了解杨受廷的经历。杨受廷是嘉庆元年(1796)丙辰科的进士，是科举制下的成功者，当然，科举道路上的艰辛人人有之。其诗《自叹》中提到学书的艰难。因为书法也是科举道路上必修课，不下苦工也不行。又有《劝学篇》，是劝别人亦是劝自己。会试得进京，在诗集中亦有体现，如《过居庸关》(三首)《都中病后口占》，赴官南方，亦有《赴南乡口占》《小阳月芭蕉二首》《渡江》《于役》。又有《偶成》诗写仕途，诗曰：簿书鞅掌已经年，转忆京华快若仙，说与人人浑不信，海天风浪夜乘船。对于写诗与仕途，又有《书怀》诗，诗曰：咸之非诗人，平生诗绝少。矢口偶成篇，亦有人呼好。二十余年来，功名都草草。未登君子堂，翻被俗人恼。自知从政拙，何能书上考。剜肉医人疮，攫食供人饱。念此百不适，抽身愿及早。秋风生树林，矰缴阻归鸟。我已厌鸡肋，人方觊其宝。不患名不成，所忧志不皎。从此栖故园，或可恣探讨。妄意十年后，从容定诗稿。诗中述说官场的黑暗，表达了及时抽身的愿望。作为进士、诗人，在野、服官应酬在所难免。诸类诗有《题黄楚桥所藏吴思堂山水帧子》《题某翁独立图》《题冯勉亭照》《题钱介繁照六首》《题王季如读书图》《游平山赠小石和尚》《题王溥泉拥书图二首》《题张致轩图》《题徐湘浦图四首》等，家族中人科举考试的进步，理应祝贺，有《闻果亭叔及镜澜弟中式》诗。其《目眚口占》诗写的比较凄惨，可能是其老年所作，失明带给老年杨受廷的痛苦可想而知。其后附诗全是为写诗而写诗。

王钟霖《国朝历下诗抄》卷二收杨受廷诗二十一首,其中与上集重十首,其他十一首是:

《城南行阅陂田》《访友人不遇、途中遇之》《枚皋宅》《漂母祠》《哀公蒲》《杜康桥》《娑罗碑》《枸杞井》《不寐》《题湘浦小照、两人肩舆、舆中人并随行一人同一面目》《送王季如赴广东》。

(二)《如皋县志》二十四卷

杨受廷修,马汝舟纂,半叶十一行二十二字,白口,左右双边,单黑鱼尾。清嘉庆十三年(1808)刻本。地方官修志是常态,也是国泰民安的标志,而地方官亦雁过留声。此志以谨严称于世。

六、杨补廷《高识新编》一卷《后溪新书待正》一卷

补廷,字益之,受廷弟,贡生。候选训导。山东省图书馆藏其《高识新编》一卷、《后溪新书待正》一卷,各书目无著录。

(一)《高识新编》一卷

杨补廷辑,十行字不一,无格,稿本。前有道光十九年(1839)杨补廷自序。此书的由来,杨对廷自序曰:阴阳家流,皆捉影捕风,毫无实据,而人多惑之,士大夫更甚。夫专口福祸,皆以部位方向为凭,年月日时为准,是人事可不修,而积善积不善之说,惠迪从逆之训,皆不足据也,亦何怪人之怠于为善而敢于为恶哉。某自少时,即斥其说,而闻者不信,因捡先民关其说者,得若干条,汇为一集,而以雍正十三年上谕一道冠之,口唐传奕,极诋浮屠法,集晋魏以来,与佛驳议诸论说,为高识编,因名之为高识新编,附律例各一条。士大夫读某是编,聋起聩开,耳目无所障蔽,于以专崇乎惠迪从逆说,积善积不善之训,庶于国家化民成俗之意,不无小补乎。后题道光十九年七月下浣历下杨补廷后溪氏识。此书虽抄辑而成,但著者意存高远,非一般儒者流。

(二)《后溪新书待正》一卷

杨补廷撰,半叶八行二十五字,无格,稿本。封面题:后溪新书待正 同治五年十月。

内容包括:《养心为养生之本》《莲公抱怨》《记高念东珩语》《人事补天》《书老泉诗论后》《学神说》《论智》《广李卓吾语》《泺湄富人》《正胜邪》《理夺于欲》《四君子遗事》《四天论》《淡泊》《贪吝之害》《鬼神》《诚感》《历

城杨征甫小传(传入家谱及县志、姑附此)》《人异禽兽论》《书李勷语后》《科第非福(此征甫所述)》《黄崖山村异事(同治五年十月初六日)》《训俗》《天人(治心)》《卓识》《气说》,是杨对廷文集,内容繁杂,既有论说,又有叙事。有眉批,有删改。其中有关于杨氏家族者,如《历城杨征甫小传》《卓识》等篇。

(三)诗九首

王钟霖《国朝历下诗抄》卷三收杨补廷诗九首。有《诸葛鼓》《古寺》《过城东窑头庄梁式玉雁翅山房》《咏苏东坡、除夜大雪宿潍州》《送朱碧泉归江东二首》《梁式玉、王雨生偕游龙洞佛峪二首》《忆朱虚山师旋里》等。其中王雨生即王钟霖。

七、杨澥《隙扫斋诗抄》一卷《隙扫斋学诗草》一卷《意园诗钞》不分卷

澥,字意园。历城县人,长清籍,乾隆已酉拔贡,嘉庆辛酉科举人,莱芜县教谕。

《续修历城县志》卷第二十九《艺文考八》著录:杨澥著《隙扫斋诗抄》一册,据本书,《隙扫斋学诗草》一卷,据本书。据《隙扫斋学诗草》卷末杨若桀识语,历城杨氏之杨毓琦藏杨澥手订诗集一卷,《隙扫斋学诗草》据以刊刻。此卷现藏于山东省图书馆,名曰《意园诗抄》不分卷,且前述两种,藏于山东委党校图书馆。杨澥遗稿全部存于世。

(一)《隙扫斋诗抄》一卷

杨澥撰,半叶八行二十字,白口,左右双边,单黑鱼尾,清同治四年(1865)刻本。正文卷端题:济南杨澥意园氏著。前有同治四年(1865)单为鏓序,后有同治四年(1865)杨若桀识语。

此集得以刊刻存世,颇有故事,杨澥之子杨若桀识语中曰:(先君)惟闭户读书,手不释卷,兴至成篇,辄粘壁间,满即揭去,以为常。汉阳叶东卿世丈与邹平成肃中年丈皆与先君子有同嗜,屡欲代付剞劂,先君子雅不自信,力辞而止。桀自少壮即为家计糊口于外,弗克常侍左右。先君子著作甚富,不自收拾,弃养后,古文词已不可得,惟诗尚检葺千余首。方拟就质先君子生平至契,亟为刊存,适海丰张表弟石舟官江南,服阕,携之都中,为代浼杜石樵年丈序而行之。后至金陵,因乱放失。呜呼,先君子一生心血不且尽没于世哉!爰于散佚之余,随在搜录,积二十年,又得若干首。及桀未衰,谆求高密单伯平先生选定,敬授梓人,冀异日前稿复得,续

为刊补。庶几载诸家乘，用示子孙，桀遂获于迟暮之年，稍释隐憾。谨正之伯平先生，颜曰《隙扫斋》，盖先君子书室之最惬心者，藉以识典型之遗，而先君子生平志行亦可概见云。从序中看，当时，杨潾之挚友汉阳叶志诜、邹平成瓘曾谋划为杨潾刊刻文集，杨潾没有答应，杨潾殁后，其子若桀仅搜得其诗千余首，本欲刊刻，杨潾表侄海丰张石舟(不知名号)借服阙之际，将稿携至京师，请滨州名人杜堮作序并欲刊刻之，张回江南服官，至金陵，因战乱而将稿散失，杨若桀又用二十年之力搜集其父遗诗，请其父挚友单为鏓选定刊刻，单为鏓以“隙扫斋”为之名集，此名亦为杨潾生前最惬心之书室名。单为鏓选定并为之序。

关于杨潾为人，杨若桀识语曰：先君少负铁才，学识渊博，尤擅长古体诗，不甚留心时文。而赋性骾峭，慎交游，以故落落寡合。据单为鏓序，杨潾曾游于刘凤诰之门，刘凤诰是乾隆五十四年(1789)己酉科探花，乾隆称为“江西大器”。又与诸城张瑶简(不知名号)、邹平成瓘、历城朱氏之以文名世之朱曾武、朱曾喆为友，曾为朱曾喆批点其《养中之塾文集》。可见其结交皆“有道德、能文章之士”。

杨若桀用二十年之力搜集到其父遗诗一百二十四首。从杨潾遗诗看，从一开始就是出行，从河南信阳至湖北，登上闻名天下的黄鹤楼，腊日下雪时在武昌使院小集，过汉江，到隆中谒武侯祠。又曾客居沧州，有《清明沧州道中阻雨夜坐不寐成三十韵》《雨止》《毗陵庄卿山乙丑来游京师、行时其太夫人为手系椒囊一、戊辰四月与余同客沧州、距系囊之日历四年矣、卿山未敢稍移系处、怃然为余道之、余感焉作诗以赠并写余哀》。为了参加会试，曾数次赴京，有《下第出都遇歌伶双玉感而作》诗，中有“十年几度踏春明”句。又曾去过浙江杭州，有《瓜洲渡江》《冬暮过虎丘》《湖楼对雪》《苦雨(乙酉春初杭州)》《游孤山》等诗，到六十四岁时还漂游在外，其《六十四岁生日》诗中有“三千里外客游身，六十头颁又四春”句。其之前一首是《春初偶成(己丑立春日)》，之后有一首《中秋对月》，诗中有“南来四度此中秋，浙水东西任浪游”。可见杨潾来浙江已四年之久了。其六十四岁生日应为己丑年三月(其诗有“合向桃花留夕阳”句)，而《中秋对月》应写于这一年的中秋，即道光九年(1829)，如果从道光乙酉(五年)到杭州，至此应有五个年头了。其后《秋日病起消怀(甲午八月)》诗中有“一双客燕犹栖垒”句，可见到了道光十四年(1834)杨潾还在南方未归。杨潾可能于道光十五年(1835)归里，其有《乙未五月四日昼寝作》诗，但诗里内容并无归里证据，道光十七年(1837)杨潾有《丁酉初度过泉上放歌》，确实是身在济南了。

(二)《隙扫斋学诗草》一卷

杨潾撰，半叶八行二十字，白口，左右双边，单黑鱼尾，清同治四年(1865)刻本。正文卷端题：济南杨潾意园氏著。前有杨潾自序，后有同治四年(1865)杨若棨识语。

关于此集的来源，杨潾自序曰：潾七八岁时即好诗，辄取唐贤近体律绝日讽咏之，解者一二，不解者过半也。长应科目，学为制举之文，顾心不甚好，而益喜声律之学。凡古体、歌行由唐、宋作者以上，沿古、初汉、魏、晋、宋，尤惬胸臆。然心知其难，愈不敢易于出手。作校官后始稍稍为之。诗既非多，又性不好收拾，脱稿后辄从散佚。壬戌落春官第归，冬居稍暇，检箧衍中尚余若干首，乃略挑择，录为一卷，题曰《却扫斋学诗草》。从潾序中可知，此卷乃杨潾自选诗集，并未刊刻。至于其刊刻情状，杨若棨识语中曰：先君子意园府君遗诗一册，棨于同治乙丑闰月已敦求高密单伯平先生选定，并仰体先志，拟曰"隙扫斋"，敬授梓人矣。惟以未得先君子《自叙》一语为憾。工未竣，族侄毓琦适从书笥中检得先君子手定诗集一册，计若干首，金门刘太夫子诗附焉。珍重见贻，实先兄伯杞手抄于嘉庆壬戌者，迄今已六十四年。维时先君子官泗水广文，棨尚未生也。惊喜之余，转深感触伏，念棨自少壮出游，先兄又早殁于嘉庆庚辰，致先人著作散佚殆尽，是册犹幸为吾杨氏收藏，赖先灵默佑，遂出以示子孙而垂家乘，用是急缮清本，续付剞劂。毓琦幼为先君子所器，今食饩有声，其素所默识先君子《明湖杂咏》以下等作刻于末，其与伯平先生选本重者数首，悉载之，谨全其为先君子手泽之所存而已。

本集收杨潾诗约五十六首，是杨潾嘉庆七年(1802)以前所作，自己选定，子杞手录。中杂有蒋因培诗二首，刘凤诰答蒋因培诗二首，郭平溪和诗二首。诗以应酬唱和为主，如《许君以游楚诗见质、余为删存其半用赋长句贻之兼邀许游大泽》《再题许君游楚诗卷二首》《五大夫松歌(为毕秋帆中丞赋)》《祝开府长牧莽夫子四十》《题砯山夫子寒江独钓图小照》《许松田留别次韵》《戏答王容谷》《容谷以幨帷征题、右方先有署语、颇引故事即反其意戏成二首》《题济南德太守寒香课子图二首》《三月六日夜雪同杨生际昌、景生行可联句》《代金门夫子答蒋丞诗二首》《题宜之家兄松石小照二首》《题汪粟园明府望云小照二首》《再题望云图二首》《题云素夫子栽竹写书图三首》《未谷分书老槐两字为王容谷作》等，从第一首诗便知当时杨潾已在泗水任教职。其中很多诗是与山东官场上人物之唱和应酬。因此可知此诗集大部分是在山东官场时作。

(三)《意园诗钞》不分卷

杨潾撰，半叶十行二十一字，粗绿口，四周双边，绿格纸。清抄本。一册一函。正文卷端题：意园诗抄，次行题：济南杨镜澜先生讳潾手著。

此集即为杨潾之子杨若桀在其父千余首诗因金陵战乱散佚后又历二十年之力搜集而得者，应为杨若桀手抄。诗共约二百五十五首，由单为鏓选定，较《隙扫斋诗抄》溢出一百三十余首。因此此本价值极高。如有《五十有九生日(甲申)》诗，可推知杨潾生于乾隆三十一年(1766)。又如《汉江舟中寄怀吴问亭先生》诗中载："辛未二月晤于海丰，九月再晤于武昌"，又载："前在抚署三间瓦屋，吴住东头，余在西头，日邀余对酌"。可知杨潾于嘉庆十六年(1811)九月在武昌抚署，与海丰吴氏每日对酌，《续修历城县志》杨潾本传中有"尝主楚襄鹿门书院讲席"。不知是否在此主讲书院。又如《哭季女诗四首(有序)》，序中题"道光七年岁在丁亥十二月初八日六十二岁老叟意园挥泪记"，并题"季女若楷殁且八月"。《小女孙于去年五月十三日痘殇、今届一周、怆然念是日为长女孙初度、故示以次首(丁酉)》，提供了家庭人员的一些信息。

综合以上，杨潾遗诗共存近三百首，文集已经佚失，不知所佚失的千余首诗与所存三百余首是否有重复，如无重复，杨潾佚失诗千余首，但能存近三百余首，亦是杨潾之子杨若桀以一己之力为之，杨若桀能于同治四年(1865)刊刻其父著述，较之历城巨族朱氏后人，确可谓后继有人。

八、杨岳春《意为草》

岳春，字虚生，监生。孔宪奎序其《意为草》曰：余母舅三人，先生其季，壮年去济，侨居吾邑。其子应为杨恒祺，字麟台，曲阜籍，道光二十三年(1843)癸卯科三十九名举人，福山县训导。

《续修历城县志》卷第三十《艺文考九》著录：杨岳春著《意为草》一册，据本书。《山东文献书目》著录：《意为草》不分卷，杨岳春撰，清同治七年刻本(一册)，见山艺。可见此书在编修《续修历城县志》时尚存，现不知存否。

诗七首

王钟霖《国朝历下诗抄》卷三收杨岳春诗七首:《咏雪二首》《感遇二首》《感怀示侄恩绂》《恭书奏折自嘲》《对镜》。

九、杨晓春《师竹斋文稿》

《续修历城县志》卷第三十《艺文考九》著录:杨晓春著《师竹斋文稿》,据《杨氏族谱》,卷未详。

十、杨润《遵生集要》一卷

《续修历城县志》卷第二十三《艺文考二》著录:杨润著《遵生集要》一卷,据本书。

十一、杨致祺《天畅轩仅存草》《会心新抄》

致祺,字征甫,受廷子。贡生。候选教谕。有诗文集。征甫先生书法入神,精天文,制星晷,写兰竹尤妙。其叔杨对廷撰《杨征甫小传》曰:杨致祺,字征甫,邑廪生。内行纯笃,以孝友闻,不慕荣利,家虽贫,不屑干求,人咸高之。性聪敏,有异才。能为古文词,有坡公气。工于书,直造晋人之室,得者珍之。尤邃于历算及律吕之学。著《测时彝器图说》一卷、《琴问》一篇,识者服其精到,谓为前人所未及。晚年待选学博,未及而卒。

《续修历城县志》卷第三十《艺文考九》著录:杨致祺著《天畅轩仅存草》,据《山左诗集抄》,卷未详。著《会心新抄》二册,抄本。可见《续修历城县志》编修者仅见《会心新抄》,《山东文献书目》著录此书,标注出于《山东通志·艺文志》,因此此书可能已佚失。

诗十四首

杨致祺著《天畅轩仅存草》未及见,王钟霖《国朝历下诗抄》收其诗十四首:《春日之泺口》《过扬州访李楳》《吴中题画图为小栏花韵午晴初》(四首)《鸡冠花》《柳》《山行》《拟古》《过朗园赠周生》《赵州桥戏作钉铰体》《西佛峪避暑》《登汇波楼》。

十二、杨恩祺《天畅轩忆得偶存诗稿》四卷《诗余》一卷《论书卮言》一卷《天畅轩印存》四卷

恩祺,字子惠,受廷子。有《天畅轩诗稿》。性高洁,读书不求仕进,工写生,精金石篆刻,不轻为人作。

《续修历城县志》卷第二十三《艺文考二》著录:杨恩祺著《天畅轩印存》四卷,见《天畅轩诗稿》,下录杨丕度《天畅轩诗稿跋》曰:先严一生嗜古,好印章,喜古文,于篆刻之事,以意为之,印古朴逼秦汉篆,篆有《天畅轩印存》四卷。《续修历城县志》卷第三十《艺文考九》著录:杨恩祺著《天畅轩忆得偶存诗稿》四卷,据本书,《山左诗汇抄》作《俟来轩忆得偶存吟草》。按语曰:是编,同治丙寅刊,末附词九阙,《论书卮言》五十则。

《天畅轩忆得偶存诗稿》四卷《诗余》一卷《论书卮言》一卷,杨恩祺撰,半叶九行二十四字,白口,四周双边,单黑鱼尾。清同治五年(1866)济南杨氏谦益堂刻本。藏山东省委党校图书馆。前有道光三十年(1850)周乐序,又有同治五年(1866)李佐贤序,又有道光二十一年(1841)杨恩祺自序。有周乐、陈凤林、王德容、王鸿、李佐贤、李蒙泉、范鋐等题辞。正文卷端题:济南杨恩祺子惠著,同里周乐二南选。男丕度、丕镇、丕桢谨校。周乐、王德容、范鋐是历城诗人,李蒙泉是历城进士,道光二十年(1840)庚子科殿试三甲五十五名,江苏吴县知县。王鸿,字子梅,江苏吴县人。曲阜令王大淮之子,曾官聊城县丞,诗人,在山东交游颇广。陈凤林,嘉道年间有著名艺人,不知是此人否。此集卷末有"板存济南杨氏谦益堂"。卷三、四封面有"缺卷一二"。后有牌记曰:此册书衣写缺一二卷字,乃知是刘仲华旧口之书,今予得上册,适成全书,曷胜庆幸。民国癸巳澄月二十八日,半叟记于济上。可知此书合璧于民国癸巳年间,保存至今亦属不易。

关于诗集的由来,杨恩祺序曰:余幼时最为先大父所怜爱,提携保抱之余取唐人五七言诗,手录而口诲之,又为粗解其义,俾知诗之所以为诗,讽诵既久,遂效吟哦,虽不免于浅薄稚嫩,而支离杂凑之弊,差幸无之,故见者多谓可学诗,而余亦窃有志焉,比少长,得披读乎汉魏大朝之什,以及历代名家诸集,初不禁望洋向若,而学诗之念以息。顾结习未除,感物触事,犹往往藉以遣兴,然实自知蛙响蚓讴之无当于风雅也。是以数十年来,曾无所谓诗卷者,遇有所作,书以片纸,聊博同人之一粲,旋亦弃去。庚子冬友人王子梅见余古剑古镜诗,欲索览全稿,余答以无,且为道其意,

子梅笑曰:君意亦太拘,吾人作诗,原以自抒其性情,纵不皆佳,亦何妨录存,且编年以次之,遇暇日自观,则向之所历,有因之而如在目前者,即以吾诗为吾之自记也可,况异时静阅,则瑕疵尽出,从而推敲酌定之,以求惬心贵当,藉以验造诣之浅深,不又吾学之一益乎,余感其言,乃摭拾弃余,并追思所未忘,录成兹册,共得四卷,非敢存稿,仍留以自遣焉尔,因名曰《忆得偶存》云。关于其诗集的刊刻,周乐序曰:一日,冒雨过子惠居,小饮之余,出其诗属为论定。其子丕度于同治五年(1866)序曰:曾经周二南先生选定,撰序劝以开雕,而先子以未敢自信,不肯付梓,迨先子即世,度又以遭际多艰,力难刊印,而吾邑余秋门先生刻《山左诗续抄》,选入四十余首,姑苏符南樵先生刊《国朝正雅集》,抄选数十首,而全稿未梓,则度夙夜之憾也,今春与弟丕镇言及,弟曰:兄奚不早言,此人子所宜亟为者,其即付剞劂,以防久而散失,度因悉心校对,以竣其事。当时利津名士李佐贤主济南书院讲习,时为秀才的杨丕度曾在济南书院读书,因与李佐贤交游密切,为刻其父诗集,求李佐贤为其父诗集作序,因而前有李佐贤同治五年(1866)序。可见,在杨恩祺诗集结成的过程中,王鸿、周乐均起了重要作用,儿子丕度保存校对,丕镇出资。除原有序言外,在同治五年(1866)刊刻时,丕度又索当时名士李佐贤序。

关于杨恩祺其人,周乐序曰:乐与子惠同受于崔倬人先生,时子惠年方少,胸怀磊落,已有不可一世之概。至观其所为,则又然诺必信,取予不苟,先生既重其文行,妻以其子,乐亦与相视莫逆,为金兰交。然自是时,乐饥驱四方,不复常与子惠聚。迨道光庚子归自燕赵,乐年过七旬,子惠亦年将周甲,乐尚老贡成均,而子惠竟蹭蹬名场,欲青一衿而不得,天何厄子惠之甚也,然天虽厄之已甚,而子惠狂介自如,翛然栖迟于湖山之间,日啸咏以自娱,而视膏粱锦绣如敝屣,亦可以知其志趣之所在矣。结合杨恩祺自序,我们可以对杨恩祺一生有一粗浅的认识。除诗文外,杨恩祺酷爱印章。在其诗集中亦有杨恩祺与友人出外拓碑之举。但对于杨恩祺而言,人生最大的伤痛是科举考试,一生连一秀才亦未中,从其诗中亦有郁郁寡欢的体现。其子丕度的解释是:为文章必本性情之真,而出以雅正之笔,彼矫揉造作,侮圣人之言者,不忍为也,故于猎取功名不近焉。

卷一诗集中多有咏物诗,如《盆梅》《玉簪花》《杏花四首》《月中桂四首》《秋夜》《半开杏花》《菊》《明湖四咏》《芭蕉》等等。从诗集看,杨恩祺曾南游秦淮,行程中有《过泰山下》《题半程旅壁》《至敖阳题旅壁》《过陶衢》

《过大嵎崖》《过秦淮板桥》《舟夜》《舟中不寐》《过江上某寺》《秦淮河柳》等，至于为什么南行，一般是谋生之需。有少许交游诗，如《和杨铁厓西湖竹枝词三首》《庚辰春游琅园赠周定斋》《落叶寄怀汪星浦》《贺秦隆占纳妾二首》《丁亥新秋偕乐山昆仲过子默表丈言息庐留饮赋》《题徐云樵表舅独立苍茫遗照》，主要是历城友人。

卷二开篇第二首诗是《开州早发》，依次是《客馆秋夜》《庚寅冬客潞州府署遣怀》《客潞忆家》《题退笔束（有序）》，其《题退笔束》诗序曰：三兄作山水，喜用秃管，每嘱留蓄，庚寅客泽潞，于知交处收其弃余，共得若干枝，因总为一束，裹置几上，客况无聊，漫题遣兴。后还有《庚寅秋杪寓泽州怀仁书院有感》，因此可知杨恩祺可能就教于怀仁书院。这一年是道光十年(1830)。回济南后，《过琅园访定斋不值自游其池》，其后又过琅园时，已物是人非，友人故去，有《重过琅园感忆周定斋》诗纪之。其他交游诗有《晚过开元寺赠无垢道人》《赠直斋章大令》《送唐子翰之浙江》、杨恩祺作了不少题画诗，是应酬之作，如《题菊石横幅》《鹊华秋色图》《题黄垆感旧图》《题空山访友图》《题王季如折梅美人图》《题画眉美人图四幅》《题野趣图》《题荼蘼春去图二首》《题木兰从军图》《题空山觅句图》《题鸡声茅店月图》《题人迹板桥霜画》《题金叶山风柳长幅》《题王子梅画禅诗佛图》《题孙鹤山蕉窗读画图》，此是杨恩祺诗集一大特色，从中看杨恩祺书法、诗作已达到一定高度，求者无数，杨恩祺对书法的兴趣还从诗集中有表现，如有《临王子敬玉版十三行贴》《辛巳季春偕家三兄及家石泉兄登黄石崖拓北魏造像记事二十四韵》《登佛慧山拓大隋造像记》等。

卷三中不少感怀诗，感慨养家糊口的艰难，对自己遭际的感叹，如《感怀》诗曰：迂拙乖时用，谋生计鲜周。敬之空说项，王粲未依刘。饭煮强赊米，身余不典裘。艰辛固吾分，莫慰北堂忧。《伤贫》诗中有“生计真难喻，饥寒并此身”句。《五十自寿诗》二首中有“半生徒作我，百事不如人”句，实际是对自己科举不第的痛伤。生计之艰难，以致无力埋葬母亲，当弟弟寄来丧葬费时，百感交集，写了《收子厚弟寄到先慈殡资志感》诗，诗曰：喜与悲交并，南金寄到时。感深惟有泪，愧及不成词。刻骨知难忘，扪心罪奚辞。明明一人子，乃竟使如斯。生活照旧，诗酒依旧，有《客至庖空、仅以时蔬佐饮占此解嘲》《病噎戒酒、忽思小饮、家人劝阻之弗能听也、作此抒怀》诗。与历城朱氏家族的后人相比，杨氏后人还是比较实际，坐馆教书对杨氏家族文士来说亦能接受，杨恩祺为生活所迫，也出去坐馆，其有

《馆中寄家书》一诗。到晚年，与同学周乐、王德容交往最为密切。有《题二南诗稿二首》《以吟草质二南四兄因书一律》《又春草四首》《题秋桥诗抄》《赠王秋桥》《题秋桥诗续抄》《以诗草质二南因承留酌兼以诗续抄及外集见贻占此志谢》《夜阅二南外集》《秋桥长孙入泮志喜》等诗。

卷四仅有《醒世劝善百一诗》长句一首，应是杨恩祺自我删诗的结果，杨恩祺对自己的诗传世还是很用心的，他一直在删诗以求好诗传世，其有《删诗》诗四首，《诗草删成感书二律》，其二律最后一首有句云：七年倘蓄三年艾，五字或留两字名。一点痴心还自笑，古来得丧总难衡。杨恩祺觉得一生没有一点成就，只余此诗集尚可自慰，而其后人亦完成其父心愿。

十三、杨丕度《乐天轩诗集》

丕度，字坦夫，恩祺子。诸生。有《乐天轩诗集》。

《续修历城县志》卷第三十《艺文考九》著录：杨丕度著《乐天轩诗集》，源自《历下诗抄》，卷未详。王钟霖《国朝历下诗抄》卷四收杨丕度诗二十五首。

王钟霖《国朝历下诗抄》卷四收杨丕度诗二十五首。计有：《凤阳道中》《拟杜工部秦州杂诗》十首《偕唐子翰、王梦周、李梅生谳周氏琅园》四首《饯春曲（选四）》《春游》《和黄云士赠别原韵》《登赤壁有感》《早发马当》《浔阳道中》《和匡鹤泉年丈游灵岩原韵（选一）》。其中最后一首中匡鹤泉即匡源，曾为咸丰帝师，慈禧太后政变后被贬，回山东任泺源书院山长。丕度能与之唱和，可见丕度当时在济南诗坛有一定名气。

第三章　历城李氏家族及著述考

第一节　历城李氏家族

历城李氏家族可知的始祖是李溥，字克仁，太学生，妻沈氏。以子德容直隶安肃县知县，敕封文林郎，妻封孺人。以孙李庆翱河南巡抚，加二级，诰赠荣禄大夫。妻赠一品夫人。子二，德容，德懋。德容，字敬斋，乾隆三十四年(1769)己丑科进士，殿试三甲五十六名，授直隶安肃县知县。[①]《续修历城县志》有传，言时值金川用兵，安肃县为南北孔道，德容力行不扰民。后移疾归里，教书为业。有《笃敬堂诗稿》《文稿》行世。[②] 德懋，因德行入《续修历城县志》列传，传曰：李德懋，字恕堂，号�溪，德容弟。天资敦敏慷爽，初应童试不利，兄德容方有声于庠，则曰：'耕与读不可兼，兄任读，我任耕也。'自是综理家政，德容得以专心攻苦。既德容成进士，令安肃，以廉吏称，德懋无所取给于官，而反以资补其缺乏焉。性和易，与物无忤。遇事绳尺自检，截然不可踰越。乡人有所争，造门请质，得片言立判，甚或望庐而返。平居敦睦宗族，尤好施与，焚券之事，无岁无之。世好某除夕为债家所窘，公闻，立命子负橐往，代之偿，债家惭谢而去。一中表官浙，卒于官，贫甚，公措资斧，从二千里外归其丧。[③] 子四，廷芳、廷璐、廷珍、廷芬。

---

① 参见毛承霖修、赵文运等纂：民国《续修历城县志》五十四卷，卷三十四《选举表一》，民国十五年(1926)济南大公印务公司铅印本。

② 参见毛承霖修、赵文运等纂：民国《续修历城县志》五十四卷，卷三十九《列传一》，卷二十九《艺文考八》，民国十五年(1926)济南大公印务公司铅印本。

③ 参见毛承霖修、赵文运等纂：民国《续修历城县志》五十四卷，卷四十四《列传六》，民国十五年(1926)济南大公印务公司铅印本。

长子廷芳,《续修历城县志》有传,见后详考。长子李缙,缙子福麒,均无载。次子李庆翱,原名綖,字公度,一字小湘。张氏妾生。咸丰二年(1797)壬子科会试第八十八名,殿试二甲十五名。翰林院庶吉士,散馆授编修。后仕至河南巡抚。因事降三级调用,遂解组归,优游林下。[①] 宣统元年(1909),经山东巡抚袁树勋奏请开复降调处分,奉旨俞允。著有《来青馆诗集》二卷。子四,福沂,字孟鹤,监生,河南宁陵县知县,调任江苏新阳县知县;[②]福瀚,字仲鹤,号海航,行二,又行九,道光乙巳年四月十二日时生,光绪五年(1879)己卯科举人(第二十九名),分省补用知府;[③]福沄,字季鹤,太学生;福淶,字稚鹤,以父河南巡抚荫通判,改安徽休宁县知县。[④]

次子廷璐,字安思,号秋农,太学生,候选县丞。子三:绂、约(得春)、庆翔。绂,字伯麟,号小农,太学生。[⑤] 子二:兆蓉、兆梅。兆梅,字和生,同治元年(1862)举人。曾以团练守城功保候选教谕,后成进士,以即用知县分发直隶,光绪七年(1881)补行唐县,先后署邯郸县、抚宁县。卒于官,年六十八。著有《锄月山房诗稿》《劝民稼穑歌》。[⑥] 兆梅本生父得春,原名李约,字仲博,历任上海南汇县典史,历署上海南汇县县丞,在任著有循声。[⑦] 庆翔,字子翙,号石瑚。咸丰九年(1858)己未科山东乡试举人(第六十二名)。任青城县教谕。[⑧] 咸丰年间,曾同官绅创办民团。巡抚丁宝桢建济南石圩,庆翔监修。后曾监理泺源书院,与匡源相善。后选授江西德安县

---

① 参见毛承霖修、赵文运等纂:民国《续修历城县志》五十四卷,卷三十四《选举表一》,卷四十《列传二》,民国十五年(1926)济南大公印务公司铅印本。

② 参见毛承霖修、赵文运等纂:民国《续修历城县志》五十四卷,卷三十五《选举表二》,民国十五年(1926)济南大公印务公司铅印本。

③ 李福瀚乡试朱卷,参见毛承霖修、赵文运等纂:民国《续修历城县志》五十四卷,卷三十四《选举表一》,民国十五年(1926)济南大公印务公司铅印本。

④ 参见毛承霖修、赵文运等纂:民国《续修历城县志》五十四卷,卷三十七《貤封表》,民国十五年(1926)济南大公印务公司铅印本。

⑤ 参见《李兆梅会试朱卷》。

⑥ 参见毛承霖修、赵文运等纂:民国《续修历城县志》五十四卷,卷四十《列传二》,民国十五年(1926)济南大公印务公司铅印本。

⑦ 参见《李兆梅会试朱卷》。

⑧ 参见毛承霖修、赵文运等纂:民国《续修历城县志》五十四卷,卷三十四《选举表一》,民国十五年(1926)济南大公印务公司铅印本。

知县，以亲老告近，旋丁内艰，未起服而卒，著有《鲁经齐谐山馆文集》《桐荫轩诗赋》若干卷。[①] 子五：福铨、福鋆、福铭、福銮、福钧。福銮，字芙岑，岁贡生；福钧，字幼石，优贡，直隶候选县丞。[②] 李福銮参与了《山东通志》的最后修订，为《山东通志》的最后铅印出版贡献了力量。并且与张英麟之子张元钧共同全程参与了《续修历城县志》编订，为民国时期十分活跃的济南地方文人。

三子廷珍，字谦思，监生。过继伯父德容，援例为官，[③]嘉庆年间任直隶安肃县知县，时值北方白莲教叛乱，军兴四起，师出其境，谨承家训，支应差役，不扰闾阎，积劳成疾，卒于官，归榇之日，士民数千人出郊奠送。[④] 据李廷芳《袁江于役草》中《袁浦喜遇二侄纬别后寄示三十二韵》诗，廷珍殁于嘉庆二十年(1815)左右。其子“李纬，字秋屏，官福建莆田县巡检。”[⑤] 据李福瀚朱卷，福臻可能为其后人。

四子廷芬，字湘畹，河南获嘉县巡检。[⑥] 据李廷芳《袁江于役草》中《袁浦喜遇二侄纬别后寄示三十二韵》诗，廷芬殁于道光五年(1825)。子三，纯、絭，绚。[⑦] 纯子三：钟霖、钟骏、钟嵋。钟霖，入《续修历城县志·一行传》。传曰：字星阶，恩贡，候选教谕。事父以孝闻。父性严，钟霖年已颁(斑)白，值父谴怒，必长跪得请乃已。家素贫，父老，不出户庭。仲弟钟骏宦山西，久不归，季弟弱，家事钟霖一身任之。仰事俯蓄，悉资馆谷以给，虽甚困，不以升斗干人。父病，汤药必亲尝。及父病革，顾谓钟霖曰：汝兄

---

① 参见毛承霖修、赵文运等纂：民国《续修历城县志》五十四卷，卷四十《列传二》，民国十五年(1926)济南大公印务公司铅印本。

② 参见毛承霖修、赵文运等纂：民国《续修历城县志》五十四卷，卷三十四《选举表一》，民国十五年(1926)济南大公印务公司铅印本。

③ 参见毛承霖修、赵文运等纂：民国《续修历城县志》五十四卷，卷三十五《选举表二》，民国十五年(1926)济南大公印务公司铅印本。

④ 参见毛承霖修、赵文运等纂：民国《续修历城县志》五十四卷，卷三十九《列传一》，民国十五年(1926)济南大公印务公司铅印本。

⑤ 毛承霖修、赵文运等纂：民国《续修历城县志》五十四卷，卷四十一《列传三》，民国十五年(1926)济南大公印务公司铅印本。

⑥ 参见毛承霖修、赵文运等纂：民国《续修历城县志》五十四卷，卷三十五《选举表二》，民国十五年(1926)济南大公印务公司铅印本。

⑦ 参见毛承霖修、赵文运等纂：民国《续修历城县志》五十四卷，卷三十五《选举表二》，民国十五年(1926)济南大公印务公司铅印本。

弟三人，汝能承家，仲官山西，足自给。惟念季尚幼，恐不克自立耳。钟霖泣对曰：但有儿在，无忧失所也。”父目遂瞑。既葬父，待弟尤笃，视侄宝和如子，恩勤教诲，迄于成立。天性肫笃，家无甑石之储，而待宗族戚党綦厚。叔紧故，无子，遗一妾无所归，钟霖养赡终其身。友人杨某客死于外，为措二百缗助其殡葬。生平待人和易，言动必循礼法。先后为济南书院、尚志堂监院数十年，后进考德问业，多取师资，人咸爱而敬之。科举停后，复为中学堂监学。寿至八十，卒于家。钟霖中年无子，年近七旬始得二子，人谓善人宜有后也。[①] 钟骏，字东樵，监生，历署山西汾阳、榆次县知县。[②] 绚，字芰芗，江苏知县。子三：钟苓、钟杨、钟元。李兆梅会试朱卷中文霖、瑞霖不知何人之子。另有福瀛，不知何人之子。《续修历城县志》中李福鸿、李绎、李福兆、李绮等人，亦尚不知谁家子。由于没有发现历城李氏家族族谱，对于此家族研究尚有若干缺憾。

历城李廷芳家族自乾隆以至清末，中进士者三人，举人三人，为官可考者十五人，八人任地方知县，一人补用知府，李廷芳之子李庆翱更官至河南巡抚。李氏家族是历城重要的科举家族之一。至民国间仍在历城有较大的影响力，且大部分人均有著述，其中以李廷芳著述传世最富。

第二节　李廷芳及著述考

一、李廷芳其人

李廷芳，字勉思，号湘浦，山东历城人。约生于乾隆二十八年(1763)，[③]乾隆五十四年(1789)拔贡。纯皇帝东巡，召试二等，恩赉有加。

① 参见毛承霖修、赵文运等纂：民国《续修历城县志》五十四卷，卷四十四《列传六》，民国十五年(1926)济南大公印务公司铅印本。

② 参见毛承霖修、赵文运等纂：民国《续修历城县志》五十四卷，卷三十五《选举表二》，民国十五年(1926)济南大公印务公司铅印本。

③ 参见秦国经主编：《清代官员履历档案全编》，华东师范大学出版社 1997 年版，第 29 册第 396～397 页。嘉庆十一年五月分月官员外郎一员，同知一员，通判一员，知县十员。其中(难简缺)李廷芳，山东济南府历城县举人，年四十四岁，据此推定李廷芳生辰。

逾年，朝考二等，选日照县训导。[1] 李廷芳在任日照训导前，只有少量诗歌传世，如《秋夜雨后有怀蓉江朱丈（时蓉江客西安）》（后改为《秋夜雨后怀朱蓉江客西安》）、《题黄受圃游济水图二首》《秋郊晚眺》《游龙洞寺》《雪后登楼》等，为李廷芳在历城时所作，一般为记游之诗。乾隆五十五年（1790）年，李廷芳到京以拔贡身份参加朝考，有《庚戌都中送蓉江朱丈之西安》[2]。乾隆五十七年（1792），李廷芳任日照县训导。[3] 与汪玉瓒[4]、县尉李篴槎[5]结下了深厚的交情。李廷芳有《赠海曲尉篴槎宗兄》《题汪藕船折梅小照》《长歌为汪藕船暨儒人六十双寿作》等诗，其中后诗中有句曰："壬子东游来海上，我偬薄官欣相傍，追欢握手如平生，快论倾入频跌荡，羡君文彩何翩翩，飞扬意气凌云烟，据悟轩下闻高咏，陶乐斋前伴醉眠。（据梧轩在日照县尉署中，陶乐，余斋名，时与藕船啸咏其间。）"[6]其中据梧轩即县尉李篴槎之居室。李廷芳《赠海曲尉篴槎宗兄》诗道："东海贤少尹，诗书结书契，莫言门外汉（篴槎尝自谓），原是个中人，甲第三台旧，名场七战身，共誇雏凤好，素业有传薪。"又道："屈指三年久，相交孰最亲，与君联臭味，同是宦途人，气谊俨昆弟，过从无主宾，花时一尊酒，常喜有芳邻。"[7]汪玉瓒为李廷芳评点《碧梧红豆草堂诗》，并为其《安疏草堂五言排律》作序，末题作"甲寅二月上浣藕船弟汪玉瓒拜题"。乾隆五十九年（1794），江苏丹徒张秉锐任日照知县，其兄张秉钧亦随之，李廷芳又多了唱和的诗友，张秉钧，字平伯，号岘西，江苏丹徒人，乾隆四十八年（1783）举人。其弟秉锐，字颖叔，号石农，乾隆五十四年（1789）进士，官山东日照等县，署济宁知州，迁东昌同知。[8] 李廷芳有《海曲杂兴二首兼呈张石农明

---

① 参见毛承霖修、赵文运等纂：民国《续修历城县志》五十四卷，卷三十九《列传一》，民国十五年（1926）济南大公印务公司铅印本。

② 此朱蓉江不知何人，与李廷芳关系非同一般，李廷芳前后有二诗为他而写。可能为历城人。

③ （清）陈懋修（清）郑作相纂：（光绪）《日照县志》十二卷首一卷，卷五《秩官》，稿本。

④ 汪玉瓒，字藕船，浙江仁和人，可能以游幕为生。

⑤ 李篴槎，不知何名。

⑥ （清）李廷芳撰：《碧梧红豆草堂诗》一卷，稿本。

⑦ （清）李廷芳撰：《碧梧红豆草堂诗》一卷，稿本。

⑧ 参见柯愈春著：《清人诗文集总目提要》，北京古籍出版社 2001 年版，第 802 页，第 836 页。张秉钧著《客吟黄金台集》《一廱江雪集》，张秉锐著《石家诗抄》。《萱寿堂同怀诗集》六卷为其兄弟诗合编者，刻于道光年间。

府》《题张平伯诗卷后》等。张秉钧与张秉锐兄弟为李廷芳评点《碧梧红豆草堂诗》，张秉钧还为李廷芳《碧梧红豆草堂诗》作序。在日照，除官幕两途的友人外，李廷芳还与当地士人萧池等往来唱和。李廷芳有《夏日微雨迟萧咸斋同年小饮不至》《晚秋同萧咸斋孝廉李荣陛上舍游聚奎山》《游依园和丁佩紫元韵(园在诸城、近超然台)》等诗，李廷芳与友人们游遍了日照的山山水水，先后留下了诸如《宿龙潭寺遇雨》《夜宿五莲山》等诗。此时期与同里交游者有画家郑士芳等人，有《风雪晚行寄郑五柳田》《雨中访王润斋秀才》等诗。尽管李廷芳于乾隆五十九年(1794)中举，其在日照训导一职从乾隆五十七年(1792)一直到嘉庆二年(1797)，共六年①。期间，李廷芳有《碧梧红豆草堂诗》一卷、《安疏草堂五言排律》一卷，有稿本存世，且部分选入《湘浦诗钞》中。

嘉庆三年(1798)，李廷芳经山东巡抚伊江阿等保举，保题给咨，赴部引见。据嘉庆三年(1798)八月二十六日档案，“大学士管理吏部事务一等忠襄公臣和珅等谨奏，先据山东巡抚伊江阿等疏称，日照县训导李廷芳系济南府历城县人，由拔贡朝考引见，奉旨以教职用，选授今职，续经甲寅科中式举人，六年俸满，该员才具优长，明白吏治，询属堪膺民社等因到部，查与例相符，应准其保题，随行文调取，去后，今据该抚给咨，该员到部，臣部照例考试，履历进呈御览，俟命下之日，臣部将该员职名缮写绿头牌，带领引见，恭候简用。”②嘉庆五年(1800)，李廷芳补直隶香河知县缺。据嘉庆五年(1800)档案：“李廷芳，山东济南府历城县举人，年三十八岁，原选广东英德县知县，亲老题明，改补近省，今籤掣顺天府香河县知县缺。”③以此可知嘉庆三年(1798)，李廷芳选广东英德县知县，因亲老未赴任，直至嘉庆五年(1800)补香河县知县。可以推测，李廷芳任职香河县从嘉庆五年(1800)至嘉庆七年(1802)或八年(1803)。李廷芳有《之任香河遇雨志喜》诗，据《续修历城县志》，其父李德懋以子顺天香河县知县，敕封文林

① (清)陈懋修(清)郑作相纂：(光绪)《日照县志》十二卷首一卷，卷五《秩官》，稿本。

② 参见秦国经主编：《清代官员履历档案全编》，华东师范大学出版社 1997 年版，第 23 册第 493～494 页。

③ 参见秦国经主编：《清代官员履历档案全编》，华东师范大学出版社 1997 年版，第 23 册第 577 页。

郎。[1] 然后丁母忧，服阕，授江苏靖江令。据嘉庆十一年(1806)五月二十八日档案："李廷芳，山东济南府历城县举人，四十四岁，原选广东英德县知县，因父母年老，告近改选直隶香河县知县，嗣丁母忧，服满赴补，仍以近省之缺补用，今籤掣江苏常州府靖江县知县缺。"[2]

李廷芳在香河县事迹无从考证，而在靖江干了七年，留下一些诗歌，从中可以考证其事迹。李廷芳于嘉庆十一年(1806)秋莅任靖江县知县，与靖江县籍陕西巡抚朱勋接下了深厚的友谊，李廷芳在其诗《寄谢朱虚舟夫子五十韵(有序)》序中谈其结识经过道："丙寅秋，芳承乏靖邑，适中丞奉讳归自秦中，晋接里第，纵谈终南、大华之胜。"[3]可见两人一见如故，相谈甚欢。之后，朱勋寄送李廷芳盆梅，频寄皮冠、裘服等，令李廷芳十分感动。而与朱勋的关系对于李廷芳在靖江县施政有很大帮助，尤其在疏浚靖江五港工程中，朱勋力排众议，帮助李廷芳完成这一重大的利民工程。李廷芳有《浚靖江五港纪事追和朱虚舟中丞见投之作》诗详细记载之，诗曰："靖江为县濒江国，海陵珠皋界其北。绕城支港六十四，载在图经可稽覈。马驮旧是一沙洲，坐令沙田丰稼穑。前朝守土有陈侯，堰卧铜龙指遗迹。尝疏其五纳江水，更浚团河备蓄积。马君踵事补其遗，某区某甲详登册。御潦曾忘夏雨愁，决渠快借春膏力。泮桥郦阁屹残碑。一水平分入功德。人往风微年复年，奔沙不抵江涛激。其间故道多淤浅，面埶渐随陵谷易。奸民盗垦且盘踞，利博毫毛害千亿。有司欲治屡因循，年逢旱潦忧濒逼。我初下车得其概，往日源流半通塞。本如棋布方罫均，无奈星罗宿离贷。亟思举锺合千夫，悉铲断潢归一脉。民生所关未敢专，周咨父老聊规画。一时争讼互喧阗，措手未遑舌先咋。或言此举未便民，前令既兴旋罢役。或言鼛鼓任弗胜，请牒空繁终扞格。县官无才口嗫嚅，僚佐从旁亦惶惑。是时公方读礼归，独鉴区区助将伯。力排众说豁群疑，顿教谤焰如冰释。择利原非郑国渠，闻讴那避泽门皙。纷纭程作纲在纲，次第输资裘集腋(其无人承挑之处、公又捐资以成之)。宽乡狭乡判差等，一畚一搱分

---

① 参见毛承霖修、赵文运等纂：民国《续修历城县志》五十四卷，卷三十七《貤封表》，民国十五年(1926)济南大公印务公司铅印本。

② 参见秦国经主编：《清代官员履历档案全编》，华东师范大学出版社 1997 年版，第 29 册第 397 页。

③ (清)李廷芳撰：《清爱堂诗钞》七卷，卷五《秦豫游草》之《寄谢朱虚舟中丞五十韵(有序)》序，清道光五年(1825)文宝斋刻本。

专责。为霖余润遍乡间，两换阶口复旧绩。骤看东涧接西溪，一听朝潮更夕汐。香稻红翻下潩田，柔桑绿暗三条陌。到处都闻秧马歌，布谷声中过尝麦。公诗归美媿莫承，所幸穷阎藉衣食。量移比岁傍垂虹，传来江介增封殖。慰公乡思和公诗，公或闻之喜形色。始信留侯借一箸，绝胜贾让陈三策。风皱春波吉字纹，此中浩浩涵公泽。"①《靖江县志稿》载："李廷芳，山东历城人，举人，十二年入簾，回任，十五年入簾，回任，尝开五大港，东西困河，有记勒于石。"②可见，疏浚靖江五港是李廷芳在靖江时执政的最大功绩。李廷芳自嘉庆十一年（1806）秋到任，除两次短暂离任就乡试考官外，一直干到嘉庆十七年（1812）。"移剧吴江，民数千祖道垂涕，不忍令速行。士大夫绘图征诗，争相唱和。"③临行，有《癸酉三月量移松陵留别靖江诸父老》诗。期间，李廷芳有《安疏草堂诗稿》④，不见稿本或刻本。《湘浦诗钞》有存。

嘉庆十八年（1807）三月，李廷芳移任吴江知县。有《初到松陵作》诗。"及莅吴江，决疑狱，锄强暴，奸豪为之敛迹。又捐购地亩，建同善堂，立义冢，以收葬无祀积厝，士民感德，有'郭华野重来'之颂，立生祠祀之。吴祭酒锡麒、顾太史元熙均为文勒石，以纪其事。"⑤李廷芳诗中也有一些印证，如《山民待诏建众善堂于黎川、余既勒石纪事矣、待诏复置余长生位于堂中、属家子仙孝廉为之记、吴榖人祭酒撰文并书泐石、酬以二诗兼志愧怀》。期间，李廷芳与当地士人唱和尤多。如《题楚江归棹图》《题陈小湘鸳机旧梦图》《题徐石轩司马吴淞归养图》《次韵徐山民待诏见投之作》《题徐樵云爱菊图》《题陈生希茹梦琴图》《题陈生益斋抱砚图》《绿晓渔庄图为杉山陈丈作》《题蔡竺溪孝廉春明策蹇图》等，还有与同时官员唱和之作，如《题家兰卿薇垣归娶图（名彦章、十七成进士、补中书、乞假归娶）》《和胡

---

① （清）李廷芳撰：《清爱堂诗钞》七卷，卷一《浚靖江五港纪事追和朱虚舟中丞见投之作》，清道光五年（1825）文宝斋刻本。

② （清）于作新修（清）潘泉纂（咸丰）靖江县志稿十六卷，卷十《职官表》，清咸丰七年（2857）活字本。

③ 参见毛承霖修、赵文运等纂：民国《续修历城县志》五十四卷，卷三十九《列传一》，民国十五年（1926）济南大公印务公司铅印本。

④ 《清爱堂诗钞》孙晋灏序曰："古人有一官一集者，明府之宰靖邑也，既以《安疏草堂诗稿》镌行矣，今 客又请以松陵所作编为清爱堂稿锓版，以公同好。"

⑤ 参见毛承霖修、赵文运等纂：民国《续修历城县志》五十四卷，卷三十九《列传一》，民国十五年（1926）济南大公印务公司铅印本。

者岛除夕原韵(时者岛督运来江)》《周公毅公玉印歌为其裔孙石苔明府作》《仙山纪梦图(为同年周石苔明府题)》等。吴江地处江南名胜之区,李廷芳在此结交了诸多名士,其中与长洲举人孙晋灏交谊最深。孙晋灏,字补云,举人。自题长洲人,长洲是苏州府驻地之一。李廷芳所在吴江亦属苏州。李廷芳对孙晋灏评价甚高,其诗中有"南国无双士"之称,注曰:"孝廉诗文书法独步一时"。[1] 李廷芳所作《顾耕石太史枫江话别图次孙补云孝廉韵》是其交往最早的一首,嘉庆二十一年(1816)秋,李廷芳曾与孙晋灏同游,有《丙子秋同孙补云孝廉郑霭亭居士游阳羡禹门山寺》《次补云游龙池禹门山寺元韵》《善卷寺祝英台故宅》《丙子秋日同孙补云孝廉晋灏惠泉试茶》《和孙补云孝廉白门中秋对月元韵》《秋日补云霭亭同游宏济寺》等诗记之。上述诗歌入李廷芳《清爱堂诗钞》卷五《白门游草》,可以推测为李廷芳入簾参与江苏乡试,交卸后从吴江北上,经宜兴等地到南京,同行者有孙晋灏等人,他们同游宜兴之禹门山寺,祝英台故宅等地,到南京后,有《联玉农司马结吟秋社于莫愁湖上得诗十六首》《孝陵》《金陵怀古二首》《秦淮杂感二首》《莫愁湖》等诗,回程经镇江,有《晓次京口》诗。从李廷芳诗集看,李廷芳可能借机回故乡探视,从镇江至瓜州,经山东郯城,回到济南,有《别后至京口却寄》《瓜州阻雪》《倾盖亭(亭在郯城十里铺)》《过柳絮泉李易安故宅》《王秋史二十四泉草堂三首》《题梅花屋》《柳絮泉即目》《晚春》《秋日即兴》《白桃花二首》《鲸鲵归化图为同年单柳桥明府题》《立秋答友人作(七夕后一日)》《题朱秋岚桐荫课子图》《魏致和槐荫堂自叙书后》等诗。嘉庆二十四年(1819),李廷芳丁外艰,居吴江,有陕西之游。此游与陕西巡抚朱勋有关,前述李廷芳在任靖江县时与朱勋结下了深厚的友谊。李廷芳叙此次西游缘由道:"丙寅秋,芳承乏靖邑,适中丞奉讳归自秦中,晋接里第,纵谈终南、大华之胜。心向往之,中丞服阕,复抚秦,芳亦移任松陵,猝猝十余年,兹游不果,己卯以丁外艰居吴下,秋杪,公私少闲,束装以往,中丞道契阔,握手拳拳,时有兼督皋兰之命,匆匆西行,芳留署数日,探奇觅胜,金石名迹麕载以归。"李廷芳一路吟咏,有《秦豫吟草》二十首存世。

道光元年(1821),李廷芳服阕,赴京谒选。之前,朱勋"分廉俸,不远

---

① (清)李廷芳撰:《清爱堂诗钞》七卷,卷五《白门游草》之《丙子秋日同孙补云孝廉晋灏惠泉试茶》,清道光五年(1825)文宝斋刻本。

三千里遣伻为芳偿公帑。”[①]这是李廷芳与朱勋友谊的最好注脚。在京时，挚友杜堮为作济南山水扇面并记两人离合踪迹。李廷芳后有诗《辛巳谒选都门、同年杜石樵少宰堮[②]为作济南山水扇面并记两人离合踪迹、阅今又五年矣、偶检及此、不胜慨然、即次其看花见怀原韵奉寄》记之。选广东英德县令。李廷芳于“道光建元腊日赴粤”[③]，过杭州，一路吟咏，有《粤游草》存世。知英德期间，妻子刘氏亡，李廷芳有《刘孺人挽辞》诗。诗中述道，李廷芳原室井氏亡于丙午二月，李廷芳有《悼亡诗》六首，存二首。继室刘氏从李廷芳四十年，诗中还提到，“次儿綖为张氏妾出，孺人素爱之，时在英德署中，孺人就医羊城，弥留之际，犹呼曰：‘吾儿，吾儿，胡不来’云。”[④]綖即李庆翱，后官河南巡抚。道光五年(1825)四月，李廷芳因病求出使，押解银十万两赴袁浦，一路吟咏唱和，成《袁江于役草》，在袁浦遇二侄李纬[⑤]，有诗《袁浦喜遇二侄纬别后寄示三十二韵》，此诗且记述了李廷芳此次出行及当时的家庭情况。诗曰：“自我赴岭表，计今已五年。与汝不相见，七稔于兹焉。今春会于役，度岭复涉滩。因病求出使，就道心已欢。舟行一月余，始得履平川。佳辰入麦秋，黄云翻陇边。风来饼饵香，时时驻马看。渐进淮北境，恍已到乡关。不觉輾然喜，病势日就痊。袁浦事已竣，秣马欲言旋。忽闻尔南来，顿使开心颜。伏汛今已届，黄河水泊天。不辞波涛险，乘风挂蒲帆。乍见各悲喜，还疑梦寐间。人生聚与散，始信有前缘。汝年三十六，髭须已鬑鬑。勤能为国用，清白本家传。念予四弟兄，汝父最为贤。筮仕得冲邑，兵务正繁难。不劳一民力，永革万户钱(安肃向有兵差帮项三千两、弟却之不受、民永赖焉)。车马戴星出，案牍披夜阑。劳劳不遑息，身非金石坚。小民失众母，如伤慈父然(弟殁后、民上堂额曰：斯民父母、灵柩出郭、各制衣伞、送者塞途)。今已十年矣，思

---

① (清)李廷芳撰：《清爱堂诗钞》七卷，卷五《秦豫游草》之《寄谢朱虚舟中丞五十韵(有序)》序，清道光五年(1825)文宝斋刻本。

② (清)王贤仪《家言随记》卷四《亲戚情话》有注：“湘浦姻伯与滨州杜石樵先生同受业于泺源书院，山长嘉兴沈向斋先生同叙泺源问答梓行，同选拔献赋召试，分宦京外时，寄筒以字易诗，一时称为李杜。”

③ (清)李廷芳撰：《清爱堂诗钞》七卷，卷五《粤游草》，《西湖雪望》，清道光五年(1825)文宝斋刻本。

④ (清)李廷芳撰：《湘浦诗钞》二卷，卷下《刘孺人挽辞》，清道光七年(1827)广州刻本。

⑤ 李纬是鸥社后期主要成员。

之有余酸。汝叔昨又殁,雁行半缺残。少壮不可恃,衰老宁久全。汝祖营葬事,日夜心悬悬。昨与汝兄书,亟须卜牛眠。乞假理窀穸,人子职方完。淹留已旬日,势难久迁延。相与整行李,有泪不敢弹。炎凤烈日中,长途愿勉旃。"[①]道光七年(1827),成《湘浦诗钞》二卷,刊刻于广东"省城西湖街简书斋"。"移澄海,所至有政声"。"后卒于任"[②]卒年不详。

二、李廷芳著述考

李廷芳著述主要为诗赋。宣统《山东通志·艺文志》收录其《湘浦诗钞》二卷,《续修历城县志·艺文志》亦仅收其《湘浦诗钞》二卷,《湘浦诗钞》吴兰修序曰:"所著有《安疏草堂》《清爱堂》诸集,后删为《湘浦诗钞》二卷。"李灵年、杨忠主编《清人别集总目》中罗列李廷芳著述十种,分别为:《袁江于役草》一卷(稿本)、《碧梧红豆草堂诗》一卷《安蔬草堂五言排律》一卷(稿本)、碧梧红豆草堂诗一卷(稿本)、《李湘浦先生诗稿》不分卷(稿本)、《清爱堂诗钞》七卷(道光元年文宝斋刻本)、《湘浦诗钞》二卷、《湘浦赋钞》一卷、《安蔬草堂试帖》二卷(道光七年刻本)、《湘浦赋钞》(清刻本)、《安蔬草堂诗钞安疏草堂试贴》(嘉庆刻本)、《安疏草堂集》(道光七年刻本)、《安蔬草堂试帖》二卷(道光三年刻本)。[③] 兹就所见,辑录李氏著述如下,即辩证错讹,又使李氏著述全貌得以展现,为进一步研究奠定基础。

(一)《碧梧红豆草堂诗》一卷《安蔬草堂五言排律》一卷

李廷芳撰,每半叶十行,行字不一,无格,草稿本。一册一函。藏山东省图书馆。

前有乾隆六十年(1795)张秉钧撰历城李湘浦孝廉碧梧红豆草堂诗集叙,有张氏私印:"京江后人"、"秉钧"、"平伯"、"石阑花雨"。此叙当为张氏手书。张秉钧,字平伯,号岘西,江苏丹徒人,乾隆四十八年(1783)举人。其弟秉锐,乾隆五十九年(1794)知日照县时,李廷芳任日照训导。张秉钧写此叙于其弟官署。正文首行题:碧梧红豆草堂诗,下题:济南李廷芳湘浦,再下有"臣廷芳"、"湘浦"印章。此书为李廷芳草稿本,通篇行草手书,有多处改动,且在天头或诗后录有评论,其中有沈向斋、汪藕船、张

① (清)李廷芳撰:《袁江于役草》一卷,稿本。

② 毛承霖修、赵文运等纂:民国《续修历城县志》五十四卷,卷三十九《列传一》,民国十五年(1926)济南大公印务公司铅印本。

③ 李灵年、杨忠主编:《清人别集总目》,安徽教育出版 2000 年版,第 782 页。

秉锐、李绍唐等人。李氏任日照训导，与日照县衙诸诗友常有唱和。如李氏《题张平伯诗卷后》，《长歌为汪藕船暨儒人六十双寿作》等。稿中有"删"或"此首删"字样。内容多为李氏早期作品。《安蔬草堂五言排律》亦行草手书，亦有改动与品论，为李氏试帖诗。后有道光二年(1822)刻本《安蔬草堂试帖诗》二卷，中有同者。经比对知，稿本《安蔬草堂五言排律》无庚午考帘作之《赋得江远欲浮天(得浮字)》及丙子考帘所作《赋得经为人师(得师字)》等，可知稿本作品较早，而后刻成之试帖诗中，有三十四首选自稿本，又有二十六首选自于后作之佳者。

此草稿本又有《碧梧红豆草堂诗》稿本二种，即下面所谓二、三稿本。且收入道光刻《湘浦诗钞》，然上题沈、汪、张、李等品论均未见，是为此草稿本价值之所在。

(二)《碧梧红豆草堂诗》一卷

李廷芳撰。其一为二稿本，每半叶十行，行二十字。其一为三稿本，每半叶八行，行十八字。二册一函。藏山东省图书馆。

二稿本，青欄，单鱼尾，天头有吴石华批，行字间有圈点与批改。有"青州闫氏星文家藏印"。吴石华，名兰修，广东嘉应州人。嘉庆十三年(1808)举人，官信宜训导。在粤香书院筑室，藏书万卷。通经史，兼擅算学，有《桐花阁词》一卷、《守经堂集》一卷、《荔村吟草》三卷、《桐花阁诗集》不分卷。[①] 此本与草稿本比对，多以楷书，无沈向斋、汪藕船、张秉锐、李绍唐等人品论，独有吴石华品评。此本应为吴兰修评本，用吴石华之名品评，似为过录本。

三稿本，茶色欄，前有孙星衍题记，又有嘉庆丙寅立秋后一日全椒吴鼒题记。文中有吴鼒及李廷芳侄经浤品评。吴鼒评点后有其印章"山尊"。后有吴鼒及李经浤题识。孙星衍，江苏阳湖人，字伯渊，又字渊如，号季逑，乾隆五十二年(1787)一甲第二名进士，授编修，以骂和珅，不留馆，改刑部主事，官至山东督粮道。工词章，与洪亮吉齐名。后深研经史文字音训之学，旁及诸子百家。著有《尚书今古文注疏》《芳茂山人集》等。

---

① 参见张撝之、沈起炜、刘德重主编：《中国历代人名大辞典》，上海古籍出版社 1999 年版，第 1055 页。柯愈春著：《清人诗文集总目提要》，北京古籍出版社 2001 年版，第 1231 页。

并辑刊《平津馆丛书》《岱南阁丛书》。[①] 李氏与孙氏结识应于孙氏官山东时，李氏有诗《上观察孙渊如先生》，中有："愧我何堪邀鉴拔，感公加意费磨礲"。又有《呈孙渊如师》，可见孙氏于李氏有提拔之恩，有师生谊。这种关系为科举制产物，孙星衍应为李廷芳乡试的考官。星衍对李氏诗评价甚高，其题曰："以刘长卿马戴之风神，擅韩冬郎罗隐之好句，由其秀骨天成，不独脍炙人口"。吴鼒，清安徽全椒人，字及之，又字山尊，号抑庵，嘉庆四年(1799)进士。官侍讲学士。工骈文，善五言长古。以母老告归，主讲扬州书院。有《吴学士集》《百萼红词》。[②] 李氏与吴氏之交应起于李氏为官江苏之时。李经浤者，廷芳侄，其它未详。此稿本较二稿本较晚之证据在于有些诗歌已在草稿本或二稿本修改之基础上修正，且书中有大量吴鼒与经浤之批点，为草稿本及二稿本与后世刻本所无，且有当世名家孙星衍题记。此其价值所在。

此两稿本所收诗同，与草稿本比对，收诗较多，可为鉴定山东省图所藏为草稿本之证据。

《碧梧红豆草堂诗》为李廷芳官江苏靖江之前作品，尚未见刻本，但部分诗作收入道光七年(1827)刻《湘浦诗钞》。

(三)《袁江于役草》一卷

李廷芳撰，每半叶九行，字不一，红格，草稿本。一册一函。

正文首题"袁江于役草"，次行题"乙酉七月湘浦手订"。文中有吴石华、杨大中朱墨笔批点。

李廷芳于嘉庆二十三年(1818)丁外艰，服阕，选广东英德令。道光五年(1825)春，李氏因病求出使差，押银十万两远赴江苏袁浦，时用工于黄河。夏返回广东。一路吟咏，成《袁江于役草》一卷，中杂有友人题诗，或与李氏唱和之作，或送别诗。如王春发(雨芗)所作《湘浦夫子移官粤东五年于兹、翘首南云远莫能见、忽以南河远饷公竣过扬、意外拜瞻、谒忱尤慰率呈二律即送行旌》。此行可用稿本后一诗括之："春风到处香如海，流水无声雪满村，十万饷银初纳去。六千里路乍归来。"此本后列入《清爱堂诗钞七卷》中，然批点与诸友人和诗或送行诗均删不存，此稿本之价值所在。

---

① 参见张撝之、沈起炜、刘德重主编：《中国历代人名大辞典》，上海古籍出版社 1999 年版，第 790 页。

② 参见张撝之、沈起炜、刘德重主编：《中国历代人名大辞典》，上海古籍出版社 1999 年版，第 1046 页。

(四)《李湘浦先生诗稿》不分卷

李廷芳撰,行字不一,稿本。山东省博物馆藏。

此诗稿其一为《安蔬草堂试帖》,与道光三年(1823)刻本比较,序跋次序略异,前有嘉庆己未七月纪晓岚叙,乾隆甲寅二月上浣汪藕船序。后有嘉庆七年五月二十三日德州封大受安蔬草堂课诗跋,嘉庆甲子宋祖绳题记。且后有江凤彝跋,徐彬跋,为刻本所无。

其二为《诗稿》,有楷有草,抄录笔迹约四五种之多,诗稿均嘉庆癸酉移宰吴江县后作。中有重复,为稿本与清稿本之别,当为《清爱堂诗钞》之稿本。中有多人批校题跋,如王苣孙,徐彬,扬基、翁广平、赵云球、杨孚观、阎学海、陈以谦、诸元钧,阮亨、孙晋灏、宋潢,汪锟、徐达源、张次华、廖纪、汪瑚、翟凝等。

(五)《安蔬草堂试帖》二卷

李廷芳撰,张缙卿注,每半叶八行,行二十字,白口,左右双边,单黑鱼尾。清道光三年(1823)刻本。藏山东省图书馆。

封面题:道光癸未重刻,河间纪晓岚先生评定。前有嘉庆十四年(1809)七月纪晓岚叙,嘉庆七年(1802)五月二十三日德州封大受序,后又有乾隆五十九(1794)二月上澣仁和汪藕船跋,嘉庆九年(1804)宋祖绳题记。清乾隆时期名臣纪晓岚为本书作叙,为此本得以广泛传诵之基。通过纪叙可知此叙非李氏所求,乃纪氏偶然获读而写,李氏为纪氏乾隆庚戌廷试时所选拔者,有师生之谊。试帖名家纪晓岚曰:“见此集,如逢故友,如到旧游,欣赏流连,不忍释手。”

此本最早刻本当为纪晓岚所见者:“余于和斋袁壻处见此集”。为嘉庆刻本。李灵年、杨忠主编《清人别集总目》已著录。其次为此道光三年(1823)重刻本。当为据嘉庆本重刻者。此本正文次行题:“济南李廷芳湘浦著”,三行题:“京江门人张颉雪缙卿注”。国家图书馆藏清道光十八年(1838)新聚堂刻本,为李廷芳之弟李廷瑛①注者。有清咸丰六年(1856)三元堂刻本,封面题:安蔬草堂诗详注,咸丰丙辰新镌,泊镇三元堂发行。此本序跋与清道光三年(1823)刻本同,正文次行题:济南李廷芳湘浦著,弟廷瑛芝圃注。据郭树芳、靳琮杰著《泊头雕印考略》中载,有清同治二年(1863)刻本,署:同治二年新镌 泊镇聚元堂梓行。此外尚有清光绪三年

① 此李廷瑛应非李廷芳胞弟。

(1877)三盛堂刻本，亦为李氏之弟注者。可见此本传播之广。

稿本《安蔬草堂五言排律》计六十五首，其中一首重，实六十四首。《安蔬草堂试帖》计六十首。两者重三十四首，因此稿本《安蔬草堂五言排律》并非为《安蔬草堂试帖》诗之底本。两者并存，基本形成李廷芳试帖诗全貌。即封大受序中所叙："尝辑风檐之作以及曲室所成殆过百篇，删存二卷"。而省博所藏《李湘浦先生诗稿》前一部分应为《安蔬草堂试帖》诗之稿本。

(六)《清爱堂诗钞》七卷

李廷芳撰，半叶七行二十一字，大黑口，四周双边，单黑鱼尾。清道光五年(1825)文宝斋刻本。藏山东省图书馆。

前有李廷芳同年友山东琅邪宋潢道光元年(1821)序，长洲孙晋灏嘉庆二十一年(1816)叙，同乡友翟凝题记。后有徐步汀跋。宋潢，字星溪，号小岚，乾隆己酉拔贡，任郓城训导，甲寅举于乡，嘉庆乙未成进士，辛酉点庶常，改户部主事，历任诸司，后外简安徽颍州府知府，调补庐州知府，擢苏松粮道，署江安粮道，因劳成疾而殁。① 宋潢序与《湘浦诗钞》序同，中有其交往叙："道光建元之岁，两生同以服阕补官聚于京师，齐生乃以一编掷鲁生"。

此本以"清爱堂"名者，以"清爱堂在松陵官舍听事之右，湘浦明府迎养其封翁筠溪先生问安视膳之所也"。此名由来亦以"封翁每以清廉爱民为训"。此本为李氏官吴江所作，孙晋灏序曰："古人有一官为一集者，明府之宰靖邑也，既以《安疏草堂诗稿》镌行矣，今客又请以松陵所作编为清爱堂稾锓版"。诗钞卷一首诗为《癸酉三月量移松陵留别靖江诸父老》，可知此集之始即离别靖江之时。

前四卷由同乡翟凝选定并校定。翟凝，字鳞江，嘉庆九年(1804)举人，以大挑知县分浙江。历署泰顺、嵊县、临海县事，所至廉正有声。其为诗多谐语讽世，稿多毁弃，著有《真研斋诗稿》。② 翟凝题记中曰："余于嘉庆己卯秋之官浙西，舟泊吴门桥下，旧雨欢逢，流连旬日，承命校仇，殊惭班斧，谨择其尤雅者二百篇，厘为四卷"。

卷五为《白门游草》，为李廷芳因公赴南京，余暇游览所作。其第一首诗《丙子秋日同孙补云孝廉郑霭亭居士游阳羡禹门山寺》中有句云："今秋

---

① 沈兆祎修、王景祜纂：民国《临沂县志》十四卷首一卷，卷十《人物二》，民国六年(1917)刻本。

② 参见毛承霖修、赵文运等纂：民国《续修历城县志》五十四卷，卷三十九《列传三》，民国十五年(1926)济南大公印务公司铅印本。

白下会于役，迂道慰我频年思”。可为注解。中多有与孙晋灏（补云）唱和者。在宁期间，与友人结“吟秋诗社”，有《联玉农司马结吟秋社于莫愁湖上得诗十六首》。

卷六为《秦豫游草》，是草为李廷芳游陕西所作，借道河南归，亦有诗作，因为《秦豫游草》。此次出游缘由，在李诗《寄谢朱虚舟夫子五十韵有序》中有叙：“丙寅秋，芳承乏靖邑，适中丞奉讳归自秦中，晋接里第，纵谈终南大华之盛，心向往之。中丞服阕复抚秦，芳亦移任松陵，卒卒十余年，兹游不果。己卯以丁外艰居吴下，秋杪，公私稍闲，束装以往，中丞道契阔，握手拳拳，时有兼督皋兰之命，匆匆西行，芳留署数日，探奇觅胜，金石名迹，橐载以归”。

卷七为《粤游草》与《袁江于役草》，前者为李廷芳赴粤途中及到广州所作，后为道光五年（1825）春，李氏押银十万两远赴江苏袁浦，夏返回广东，沿途所作。有稿本，所录尚有友人唱和诗。此为从稿本中选出者，均为李氏诗。

（七）《湘浦赋钞》一卷

李廷芳撰，每半叶九行，行十九字，白口，四周双边，单黑鱼尾，无格。清道光七年（1827）简书斋刻本。藏山东省图书馆。

前有德州封大受嘉庆四年序，此书与诗钞同为广州简书斋刊刻。书中刻有黄曲江、韩春帆、徐乔生等人批点。

（八）《湘浦诗钞》二卷

李廷芳撰，每半叶九行，行十九字，白口，四周双边，单黑鱼尾，无格。清道光七年（1827）简书斋刻本。藏山东省图书馆。

前有广东学政白镕道光五年（1825）序，山东琅邪宋澋道光元年（1821）序，嘉应吴兰修道光六年（1826）序，又有孙星衍、吴鼒、王芑孙、洪梧桐，阎学海等题辞，后有嘉庆十八年（1813）陈以谦跋，阮亨、周世锦、诸元钧题诗，道光七年（1827）陆耀遹题识。

此本为李廷芳官广东时所刻，封面题“道光丁亥刻”。陆耀遹题识页有“省城西湖街简书斋刊刻”，可知刻书地点为广东省城广州。

此本与稿本《碧梧红豆草堂诗》和《袁江于役草》在内容上有一定采录关系。将稿本中部分录入，稿本中无者亦甚多。书中将二、三稿本中评点刻入，此外，尚有稿本所无者，如孙星衍、廖纪、宋澋、王芑孙、阎学海、阮亨、孙晋灏等评点。吴兰修序中曰：“湘浦诗六卷，今编为二卷”。有类《渔洋精华录》,然不知何人为之选者。此本应为李廷芳诗之精华所在。吴兰修在其序中进行了较详细的评点。如:"湘浦《山塘》句云:桃花春水渔郎棹,杨柳东风小玉家。山尊学士称为绝妙好词。集中此类甚多,如《宿板桥村》云:绿杨阴里藏茅屋,红蓼香中问板桥。《梅花》云:东阁诗情偏冷峭,西溪烟水易黄昏。《立秋夜怀人》云:一叶梧桐秋信到,三更风雨夜潮来。皆绝世风神,惜不令渔洋老人见耳"。符葆森《寄心庵诗话》云:"苏小小墓,杭人以为好事者之所为,题咏甚夥,求与题相称者,惟李湘浦大令一首"。[①]

第三节　李纬及著述考

一、李纬其人

李纬生于历城,曾祖李溥,字克仁,太学生,妻沈氏。子二,德容,德懋。德容,字敬斋。[②] 德懋,字恕堂,号筠溪。因德行入《续修历城县志》列传。德懋慷慨好义,为其兄德容专心攻举业而辍读,任耕作,理家政。[③] 子四,廷芳、廷璐、廷珍、廷芬。廷珍,字谦思,监生。过继伯父德容,援例为官,[④]廷珍子纬,字秋屏,历任福建莆田县涵江司巡检、河南济源县邵源镇巡检。[⑤] 官莆田丞,当外洋犯顺,与邑令议堵御海口,不合,告归。与邑人周二南、王秋桥、马词溪、谢问山、何岱麓诸君子于大明湖上更唱迭和,极一时风雅之盛。著有《湖上闲吟草》。[⑥]

---

① 转引毛承霖修、赵文运等纂:民国《续修历城县志》五十四卷,卷二十九《艺文考八》,民国十五年(1926)济南大公印务公司铅印本。

② 参见毛承霖修、赵文运等纂:民国《续修历城县志》五十四卷,卷第三十四《选举表一》,民国十五年(1926)济南大公印务公司铅印本。

③ 参见毛承霖修、赵文运等纂:民国《续修历城县志》五十四卷,卷第四十四《列传六》,民国十五年(1926)济南大公印务公司铅印本。

④ 参见毛承霖修、赵文运等纂:民国《续修历城县志》五十四卷,卷第三十五《选举表二》,民国十五年(1926)济南大公印务公司铅印本。

⑤ 毛承霖修、赵文运等纂:民国《续修历城县志》五十四卷,卷第三十五《选举表二》,民国十五年(1926)济南大公印务公司铅印本。

⑥ (清)王钟霖撰:《国朝历下诗抄》四卷,卷四,清光绪四年(1878)至光绪五年(1879)刻本。

李纬为同邑王德容《秋桥诗续选》跋曰："壬寅岁，余从闽中归，适陇州刺史马词溪里居。花朝日，简招王秋桥、周二南、谢问山、朱退旃、何岱麓及余七人宴饮历下亭，词溪首唱七律四章，皆属和焉。是后提酒携榼，递相宾主，济南名声之区游屐殆遍。每饮必有作，互相磨砺，忘机如鸥，遂名鸥社。"①马国翰为王德容《秋桥诗续选·书》曰："壬寅癸卯间，秋桥先生与周君二南、谢君问山、何君岱麓、朱君退旃、李君秋屏、彭君蕉山及余八人续鸥社于大明湖，春秋佳日，互为主宾，吟咏倡和，欢洽永日。"②从马国翰记述看，道光二十二年(1842)与道光二十三年(1843)初，是历城诸诗人聚集非常频繁的时期。李纬从福建归来，见到了堂弟李庆翱，李庆翱已经中道光二十年(1840)庚子科山东乡试第十六名举人，科举道路一片光明，李纬十分欣喜，有《自莆田归里喜见小湘十二弟》二首，其一曰："驰驱万里赋归来，三迳荒芜长绿苔。且喜青云振甲第，剧怜白首隐蒿莱。明湖花柳寻天乐，大海干戈动地哀。自笑冯唐年已老，功名还望少年才。"其二曰："故家门第已荒凉，剩有青箱属雁行。我实难承先世泽，弟真能续旧书香。连床风雨人归后，孤馆池塘客梦长。久住蛮乡烟瘴地，七年不见发苍苍。"③对李庆翱的成长充满了期待，并慨叹自己"冯唐已老"，无法再建功立业，求取仕途攀升。李纬回里后，见到堂弟李庆翱为一喜事，知道友人郑云龙早已去世，亦为一悲事，李纬有《哭郑萍史孝廉》诗，诗中有"鸥社重添我，鸰原独吊君"句，颇为感慨。李纬与诗友尽情于山水间，参与并见证了一段美好时光。代表这段时光的诗歌如：马国翰有《花朝日偕周二南、王秋桥、谢问山、朱退旃、李秋屏、彭焦山泛舟明湖即事》《四月十九日为唐拾遗杜少陵生辰、诸同人循鸥社故事集北极台酹祭、便就会饮诗、纪其事》《竹醉日为余初度、鸥社诸君以诗见惠、闲日集饮湖上、始知朱退旃先生与余生同日、赋此代祝并酬诸君意》《寻钓矶旧迹》《周二南先生招饮会泉寺遇雨》《秋抄(杪)朱退旃约鸥社诸友佛山会集》《仲冬四日李秋屏表兄招鸥社友为二南岱麓两先生祝嘏于湖西客舍、二南先生以诗见寄因和》等诗。王德容有《花朝马词溪刺史招同社友集历下亭》《四月十九日少陵生辰同社友集北极

① 毛承霖修、赵文运等纂：《续修历城县志》五十四卷，卷三十《艺文考九》，民国十五年(1926)济南大公印务公司铅印本。

② (清)王德容撰：《秋桥诗续选》四卷，马国翰《书》，清道光三十年(1850)刻本。

③ (清)王钟霖撰：《国朝历下诗抄》四卷，卷四，清光绪四年(1878)至光绪五年(1879)刻本。

台酹祭》《九月既望社集千佛山旷如亭》《暮春邀同社游海右亭》《问山摹杜少陵南熏殿画像、四月十九日招同社酹祝》等，李纬有《九月望朱退旃召集千佛山旷如亭》等，诗曰："才过重阳节，登临兴倍豪。故人将进酒，我辈敢题糕。九点青烟迥，三秋白雁高。惟怜黄菊老，应共首频搔。"①

道光二十三年(1843)三月初七，马国翰入京觐见，随即赴陕西，继续其仕途。鸥社诸诗人依然集会，这一年五月十三日，李纬又召集诸友于大明湖上，王德容有《五月十三日李秋屏招聚湖上、竹吾时已赴秦赋以志感》诗，这年秋，王德容卧病②，直到次年正月十四才见好，王德容有《上元前一日病瘥、退旃、秋屏约同观灯》诗。这样，由于马国翰离去，王德容又得病，诗友聚集少之又少，正如王德容所说"吟侣今年疏阔甚"③。这也容易理解，社中老友得病，其余人那有聚会的心情。道光二十四年(1844)始，他们又开始聚会，或大聚，或几人小聚。从王德容《二南邀吟侣北极台小酌值雨》《仲秋晚集》《重阳后二日二南约同次云、秋屏泛舟》《诸同人邀赴历山归路口占》《元旦后家醸初成、邀社友赏之》《秋屏元辰初度、望后同友补祝》《五月十三日寿退旃》《秋日访秋屏》《九月廿三日偕秋屏重游龙洞佛峪》《正月四日约诸友小酌》《余秋门司马见访因集湖上》《二南邀同秋屏游卧牛山》《暮春集秋屏斋为崔戟坊七十寿》等诗中可略窥一二。李纬也有《同王秋桥游龙洞、次日由佛峪归》《秋门召同二南、秋桥泛舟湖上》等诗。

马国翰赴陕西州县任，与家乡诸吟侣只能书信问答，诗歌以和。马国翰既有写给不同吟友的，也有诸如寄怀同人的，李纬有《和马词溪寄怀同人原韵》诗，诗曰："忆昔湖亭别，离筵酒数巡。关河千里道，风雨五陵春。故国青山客，新诗白社人。十年曾有约，应共享鲈莼。"④马国翰有《答李秋屏表兄》诗，是李纬与马国翰的私人诗歌问答。

期间，李纬移家大明湖上，与湖上居住的王德容家不太远，王德容有《秋屏移家湖上》诗，诗中有"我是鸥社老吟侣，从今过访路非迂"⑤句。

---

① (清)王钟霖撰：《国朝历下诗抄》四卷，卷四，清光绪四年(1878)至光绪五年(1879)刻本。

② 王德容《秋桥诗续选》卷一《卧病》诗其二中有"旧疾乘秋发，非缘一日成"句。

③ (清)王德容撰：《续秋桥诗选》四卷，卷一《九日病中简同社》，道光三十年(1850)刻本。

④ (清)王钟霖撰：《国朝历下诗抄》四卷，卷四，清光绪四年(1878)至光绪五年(1879)刻本。

⑤ (清)王德容撰：《秋桥诗续选》四卷，卷二，道光三十年(1850)刻本。

谢焜老来又有北游之举，李纬有《历下亭送谢问山北游》诗，诗曰："青山余落日，白发去孤城。相送故人酒，难堪远别情。平生多感慨，到处有逢迎。瞻望湖亭上，待君秋月明。"①王德容《寿问山七十》诗中有"白头秦赵倦游归，盟结湖山愿未违"②句。约道光二十七年(1847)春夏间，谢焜去世。③ 约道光二十八年(1848)初夏(不到五月十三)，朱诵泗故去。李纬为同邑王德容《秋桥诗续选》跋又曰："不数年，词溪仍官秦中，问山，退旃相继物故，岱麓就馆他方，惟秋桥、二南及余老于牖下，时相过从，而旧社冷落矣。"④道光二十八年(1848)腊月初，李纬约同老友周乐、王德容等小集，王德容有《腊初秋屏约同二南、次云为消寒会即席有作依韵奉和》诗纪之。李纬较周乐与王德容年少，周乐殁于咸丰三年(1853)，李纬为之作碑传，传略曰："先是在关中时左手小指生一疽，十余年浸淫不已，遂至于卒，寿七十七岁，时咸丰三年十一月二十四日。先生一生笃友，于兄弟多赖以举火，又性好周人之急，即力不能逮，亦必邀同志共成之，以故殇后，家綦贫无子，余一老妻，赖当道及戚友共赙之始克以礼葬，移前二室袝焉。高密单征君伯平善笔札，以事来济南，知先生病不起，预为题其墓碑，藏王茂才世修家，葬后世修出所题摹勒上石。"⑤至于李纬生卒，待考。

二、李纬著述考

(一)《湖上闲吟草》

李纬著有《湖上闲吟草》。稿未见。《续修历城县志》之《艺文考》依据《山左诗汇抄》著录。余正酉《国朝山左诗汇抄后集》收李纬诗九首：《历下亭送谢问山北游》《九月望朱退旃召集千佛山旷如亭》《同王秋桥游龙洞次日由佛峪归》(四首)《哭郑萍史孝廉》《和马词溪寄怀同人原韵》《秋门召同二南秋桥泛舟湖上》。王钟霖《国朝历下诗抄》多《自莆田归喜见小湘十二弟》(二首)。《历下亭送谢问山北游》《九月望朱退旃召集千佛山旷如亭》两首前已

---

① (清)王钟霖撰：《国朝历下诗抄》四卷，卷四，清光绪四年(1878)至光绪五年(1879)刻本。

② (清)王德容撰：《秋桥诗续选》四卷，卷二，道光三十年(1850)刻本。

③ 参见本人《谢焜及著述考》中考证。

④ 毛承霖修、赵文运等纂：《续修历城县志》五十四卷，卷三十《艺文考九》，民国十五年(1926)济南大公印务公司铅印本。

⑤ (清)周乐撰：《二南诗续抄》卷三，清道光二十二年(1842)刻本。

录,《同王秋桥游龙洞次日由佛峪归》诗四首,其一曰:有约寻名胜,探奇愿不违。鹿车穿径细,鸟道入烟微。野水流云度,荒村落叶飞。渐知山寺近,路遇一僧归。其二曰:行入招提境,名山说禹登。前朝黄叶寺,老屋白头僧。洞暗云常护,崖危石欲崩。到来心已寂,静坐悟三乘。其三曰:山寺鸣钟晚,寒林起暮烟。僧厨三饭熟,佛殿一灯圆。扫石留云住,移床待月眠。宵深参静息,讵肯梦游仙。其四曰:归路仍寻壑,清溪几曲湾。寺藏红树里,泉落白云间。慰我烟霞癖,随君杖履闲。好山看不厌,期与暮春还。《哭郑萍史孝廉》诗曰:一自莲湖别,新诗久不闻。秋风山鬼哭,宿草故人坟。鸥社重添我,鸰原独吊君。徘徊泉畔路,含泪对斜曛。《和马词溪寄怀同人原韵》诗前已录。《秋门召同二南、秋桥泛舟湖上》诗曰:粼粼细浪縠纹生,十里烟波画舫轻。往日楼台春草梦(余氏园在湖、今废),多年风雨故人情。西湖柳色联吟好,北阙恩光入觐荣(时将引见入都)。汾水功成须退早,林泉犹待结鸥盟。《自莆田归里、喜见小湘十二弟》诗前已录。

从其所存诗看,均是其交游密切者,如谢焜、朱诵泗、王德容、郑云龙、马国翰、周乐等,且均是后期鸥社的主要成员。而小湘即李庆翱,光绪初曾任河南巡抚。关于其诗,余正酉曰"诗亦清超隽永,不落俗格。"①

(二)《行间记》

《续修历城县志》卷二十二《艺文考一》著录:李纬《行间记》,记邑人滑县知县孟屺瞻破白莲教匪事甚详,源自《续修府志采访册》,卷未详。关于历城孟屺瞻任滑县知县时破白莲教一事,在历城引起很大反响,当时的历城诗人周乐、王德容等均有诗纪之。

第四节 李庆翱及著述考

一、李庆翱其人

李庆翱,原名綖,字公度,一字小湘,廷芳子。道光二十年(1840)庚子科乡试第十六名。历城同榜中式者金洙之子金寿萱,中式第三十九名,后

---

① (清)余正酉编:《国朝山左诗汇抄后集》三十九卷,卷二十六,清道光二十九年(1849)海棠书屋刻本。

亦考中进士。王克敬,中式第五十一名,后大挑知县,分发江西。还有李以诚,参加顺天乡试。[①] 乡试是一个大关口,古往今来,数以十万计的科考者被挡在此关卡外,而能成为举人,就可以走上仕途。清末四大中兴名臣之左宗棠即由举人晋据要职。同时,作为举人,很容易得到坐馆教书或执教书院的机会。李庆翱科举道路颇经挫折。历经十余年的艰辛,咸丰二年(1852)壬子科会试,李庆翱终于以会试第八十八名成为贡士,而殿试以二甲十五名的优异成绩得入选翰林院,成为庶吉士。入翰林院是能够顺利升迁的捷径。从人脉和出身决定了他们的前程,一般最差是知府。当然也需要一定时间的历练和等待。此时又有一个机会出现了,太平天国运动在南方发起,时任礼部给事中历城毛鸿宾上疏出谋划策,清廷决定派其赴山东办团练,作为同乡的李庆翱亦奉命回籍会同给事中毛鸿宾办理团练,咸丰三年(1853)他们回籍办团练,咸丰四年(1854),太平天国将领林凤祥和李开芳奉命北伐,过境山东临清等地,但孤军深入的太平军很快被消灭。毛鸿宾于咸丰五年(1855)简授湖北荆宜施道,李庆翱授山西大同府知府。此次办理团练,对毛鸿宾与李庆翱等均是绝佳升迁机会,北伐的太平军覆灭,他们的任务就算完成,用时亦较短。同时,在战乱不断的清末,他们积累了练兵用兵的经验,是他们最终升任封疆大吏的重要原因。李庆翱授大同府知府未期年,量移蒲州。蒲州地据关河,为秦、晋、豫咽喉地。蒲坂有失,秦、晋皆不保。同治初元,粤逆窜关中,回民相继为乱,庆翱调集兵勇与贼夹河而战,贼屡犯屡却,全境获安。秦、豫边民皆视蒲境为乐土,百姓扶老携幼集河墙者麇至,庆翱命舟迎渡,百姓欢呼曰:李青天活我。李庆翱以文士而从容应对乱民,之前办理团练而知兵起了重要作用。既而调防荣河,燕、晋、中州之民在秦谋生者,聚对岸以数千计,载粮数百车。庆翱复命舟渡之,曰:弗渡,是赍盗粮。渡四日乃尽。贼至,无所掠而去。会丁母忧,晋抚以防河吃紧,飞章奏请,夺情留任。疏中有'得将难,得将于晋省尤难'等语。同治七年(1868),擢河东道,寻迁山西按察使,晋布政使,迄未解兵柄。同治十三年(1874),军事平定,乃吁请回籍,补行守制,有诏给假百日。假满起复,入都陛见,赏赉优渥。光绪元年(1875),擢河南巡抚,正身率属,用人行政,一秉大公,期年之间,百废俱

① 参见毛承霖修、赵文运等纂:民国《续修历城县志》五十四卷,卷第三十四《选举表一》,民国十五年(1926)济南大公印务公司铅印本。

举。时张曜、宋庆两军俱隶豫省，粮饷时需接济，庆翱每饬藩库先期筹备，按月支发无阙。故终其任，与张、宋两军意见异常融洽。三年(1877)，岁大饥，疏请帑银十万两，截留酒米五万石，以救灾黎。寻以地方报灾事迟，与布政使同时被议，庆翱降三级调用，遂解组归。性至孝，在蒲州时，烽燧告警，母张氏适寝疾，庆翱欲留侍汤药，母谕曰：若勿以私废公，竭忠报国，吾心安，吾目瞑矣。庆翱夙具知人识，如广西巡抚高崇基、马丕瑶，湖南按察使沈晋祥，仓场侍郎俞廉三，皆其官布政使时所深赏拔者也。归田后，优游林下。值黄河为灾，又连年歉收，前后巡抚遇有疑难事，尝造室咨访，庆翱知无不言，然未尝一语及于私。宣统元年(1909)，经山东巡抚袁树勋奏请开复降调处分，奉旨俞允。著有《来青馆诗集》二卷。

二、李庆翱著述考

(一)《来青馆诗集》不分卷

李庆翱撰，半叶九行二十一字。无格。清抄本。藏济南市图书馆。此本是李庆翱诗作总集，应是作为刊刻前的清膳稿本，诗题目上均有选刻记号，但最终没见刻本，因此此集是孤本，相当珍贵。

此集包含了李庆翱一生的一些重要信息。我们从中可以捕捉到其本传中没有的资料，同时也能印证本传所记。其第一首诗是《重阳后二日共随虚白夫子登历山即和原韵》。从诗中看，这是李庆翱二十岁时所写。诗中提到李庆翱“年十九始自粤东归里”①。即李庆翱自幼即随父李廷芳远宦广东，十九岁归里，开始集中精力攻读举业。其师虚白夫子不知何人。从以后几首诗看，李庆翱去过静海、沧州，登州，有《静海旅舍题壁》《沧州城南题壁怀学正徐四》《登州观海市歌》等诗。在相当长的读书科举期间，李庆翱在济南交游最为密切的是林基，《续修历城县志》有其父子三人传记。林基传略曰：基，字心培，浚源次子。幼嗜学，于诸子百家涉猎殆遍，旁及地舆、天算，无不洞澈原委。每读一书，辄手录其精粹，细字密行，裒然成帙。道光十七年(1837)拔贡，就教职，选海丰县教谕。俸满，以知县升用。咸丰四年(1854)，授湖北罗田县知县，旋署黄安县，莅鄂之初，值发逆肆乱，楚北遍地贼氛，武昌、汉阳相继沦陷，黄安因以不守。是时，胡林

① 李庆翱《和杨资璞任城土山即事杂咏原韵》第一首有“道光十九年自岭南归”句，可以推知李庆翱嘉庆十七年生。

翼抚湖北，治兵治吏，号称严明。署臬司某方欲以失城之律罪基，林翼独以其内无守卒，外无援师原之，俾而获全，仍罣吏议。后随阎敬铭办理粮台，叙功，开复原官，仍留湖北补用，历署黄安、蒲圻等县，所至以廉惠称。同治十三年(1874)，卒于鄂，著有《尚友谱》若干卷，待刊。① 李庆翱有《和林心培明湖夜泛七律四章》《月夜怀林心培》《乙未春寓匏轩柬林心培》《开山车中怀林心培》等诗，除林基外，李庆翱还与金寿萱②交游，有《生日戏作即寄林心培、金慈华》诗，李庆翱应与他们都是同学关系。李庆翱又有《乙未六月姚以临师以大挑选中州、濒行出团扇命书、爰集毛诗六章、章八句、志心维申颂祝也》诗，是李庆翱提到的另一位老师。此人即是姚庄持，字以临，历城人。道光元年(1821)第十八名举人，以德行名世。入《续修历城县志》《一行传》。此次大挑应是一等，以知县分发河南，曾任河南偃师知县。而科举道路上得遇德才兼备的老师，也是人生之幸。李庆翱虽然聪敏，也历经数次乡试的失败，有《落第》诗，诗曰：泪眼看山色，难吟失意诗。功名黄叶落，心事白鸥知。细雨和愁织，秋风搅梦吹。齐门空挟琴，能几少年时。可见科举考试对士子们的折磨是何等刻骨铭心。《落第》诗后有《泰山》一诗，不知是去散心还是去许愿。其后有数首诗是去曲阜路上和在曲阜时所作。有《九月十二日将至阙里、发济南道上口占》《开山车中怀林心培》《宿张夏即事》《十三日晓发辛庄岭》《沙河道上》《宿下张驿》《十四日渡汶水》《宁阳西郭踏月》《望日至阙里坐月有感(是日余生日)》，《生日戏作即寄林心培、金慈华》《十七日登至圣庙奎文阁》《诗礼堂》《洙泗》《古桧歌》《蓍草》《楷木》，从诗中看，李庆翱到达曲阜正好是其二十四岁生日，其生辰是九月十五。在曲阜住下，至十月二十二日，家中写信来催他回家考试。因此估计李庆翱曲阜一行是为教读而来。之后有不少应酬之作，如《代陈荔塘和杨雪茱至公堂即事原韵》《贞女八章》《宋烈妇行》《题友人归隐图小影》《遥题红豆轩美人小影》《题姚东麓春江花月图》《又题柳阴觅句图》《题观瀑图》。至《梅翁图》诗，下题：寓岱麓雨花道院时作。又有《听泉山房题壁》《壬寅暮春留题听泉山房》《听泉山房醉中题扇》等

① 毛承霖修、赵文运等纂：民国《续修历城县志》五十四卷，卷第三十九《列传一》，民国十五年(1926)济南大公印务公司铅印本。

② 寿萱，字慈华，洙次子。少负隽才，工书能诗，善属文。弱冠补博士弟子员，与同里李庆翱、李鸿畴为同砚友，以文字道义相切劘，道光二十年举于乡。二十七年捷南宫，廷试时，以忤当朝红臣肃顺而被褫革，放归后优游林下数十年。

诗，此时已是道光二十二年（1842），李庆翱住雨花道院中，从道光二十三年（1843）所作《癸卯孟夏偕王乃吉诸同人登岱》《观日出口占赠乃吉同年》《癸卯端阳侍家慈观岱垣刈麦率成三十韵即东庄宣之》等诗看，李庆翱仍在泰安。最后一首诗注曰：时主讲岱麓书院，寓岱观雨花书院。可见李庆翱有一段时间主讲于岱麓书院。道光二十四年（1844），李庆翱赴京参加甲辰科会试，有《甲辰上元晓度（渡）桑干宿黄村题壁》诗，而此时自己同学李鸿畴因于道光十五年（1835）中举而已经进入仕途，李庆翱有《和家小岚大尹见赠原韵即以送别》，后又有《丙午四月送别家小岚》诗，诗中有"弱冠相亲十六年，论交二妙本缠绵。鹊华烟月同文战，燕赵风云总辔联"句，写自己与李鸿畴十六年交谊，一同在省城考试，又一同去参加过京城会试。结果，同学已"先著祖生鞭"，而"须眉似我不堪怜"。李庆翱曾经入官幕，其《寄内》诗中有"入幕为宾将一载"句，入幕当然是为了谋生，但也能够锻炼即将入仕的文士。又有《藕溪居士出离情诗卷嘱题将一载矣、余以尘俗奔驰、不遑握管、思辄歉然、己酉秋复泛舟安陵、适携此卷、倚蓬剪烛、率赋此篇》诗，知李庆翱在陕西谋职，应还是幕府人员。咸丰元年（1851）李庆翱有《辛亥秋偶过金慈华书斋、适见新蕉两本秀发菉竹中，索余诗以纪之、因率成四绝》，金寿萱为李庆翱同学友，道光二十年（1840）与李庆翱同中举，道光二十七年（1847）考中进士，但因肃顺的原因而褫革归田，优游林下，课子读书。此时应是金寿萱家居期间。后有两首是《四月廿九日固安道中口占题龚家营壁》《五月朔过赵北口题壁》，应是咸丰二年（1852）春闱后作。这一年他终于考中进士，并且入翰林院。估计李庆翱应该四十余岁了，仕途看好。机缘再次降临，咸丰三年（1853），便奉旨会同毛鸿宾回籍办团练，有几首诗是这期间写的，如《雪后之齐河》《齐河大桥远眺》《营中有感》《重阳后三日自齐河暮归》《题姜玉溪明府师竹山庄图》《自题锦绣川别墅图》《和毛寄云给谏祝阿营中书怀原韵并柬小岚》。参与办理团练的毛鸿宾、李庆翱均是此次事件的受益者，咸丰五年（1855），办理团练结束后李庆翱即授知府，大大缩短了进阶的时间。自《丙辰六月朔日平定州道中》起，李庆翱赴职山西，途中有《郑村住程一日（村去省廿里）》《六月三十日雨中过雁门关》。在大同知府任有《丁巳正月十三日过雁门关遇雪（时大同祈雪、初十日启行赴省、十二日在山阴早行便有雪）》《寺中题壁》《暮春十九日大同道中旅店题壁》《题竹林七贤图》《有感》《题簪牡丹执卷美人团扇》《题郑五参军采桑图》诗。咸丰七年（1857）中秋，李庆翱赴蒲州知府任。有《丁巳仲秋道出荣河、登秋风亭故址、暮赴陈云逵大令之招即席怀大同诸君子》诗，时历城李崇蟠亦在山西任知府，署冀宁道，聊城李汝霖为大同知府，皆东人，而又同宗，当时有"三李"之目。其交游者还有章丘焦友麟[①]，有《题焦笠泉珠泉归思图纨扇》。在其《庚申迎春日口占》中有"三载蒲州守，行春又一年"句，知李庆翱在蒲州知府任的时间。又有《辛酉端阳和朱二泉述怀见示之作即用原韵》《试院即事次章子和太史韵》《月夜不寐感而有作晓起录呈试院诸君子》等诗，是李庆翱在蒲州的最后时期，他还主持了府试。自《九日抵万泉席间赠宋谐庭大令》开始，李庆翱调任新职，据《续修历城县志》李庆翱本传中所谓"调防荥河"。此官职级及管辖范围待考。后有《逍遥楼听雨口占》《防河永乐得读杨缃翁观察赐书、三门峡祭冰而开诗以志喜仍用前韵》《河上巡防仍用前韵柬局中诸君子》《同治癸亥嘉平十九日河东旅次敬和崇敌舲诗喜雪原韵》《五月廿三日赴西河查勘水势甫归、即奉敌舲师赐诗敬步原韵寄呈》《廿八日雨中赴条山下栖岩寺听经再步敌舲师原韵兼谢赐章》等诗，均是在防河任上所作。其中崇敌舲即崇恩，旗人。曾任山东巡抚，此时亦为封疆大臣，与李庆翱交往十分密切，且李庆翱以师尊之。又有《同治甲子岁中秋日口占》《永乐防次秋日杂感即步崇敌诗见寄原韵》《中秋望月有怀崇敌舲夫子、瑛兰坡中丞用前韵》《题瑛兰坡中丞所藏戴醇士前辈画册十幅》等诗，从中看，李庆翱不但与满洲大臣崇恩关系密切，还与当时封疆大吏瑛柴交往密切。其《丁卯四月四日荥河防寓口占》中有"羽书棼集大河边，戎马倥偬忍息肩"句，可见防河责任重大。到同治六年(1867)，李庆翱在此任上也有六年之久了。咸丰七年(1868)，李庆翱擢河东道。后升任山西按察使、布政使。山西一直处于动荡之中，至《题刘福堂军门边城奏捷图》，山西始安定。李庆翱归家补行守制，给假百日。李庆翱有《题退旃先生诗稿》诗，是为历城朱诵泗所作。光绪元年(1875)，擢河南巡抚。在河南任上有《丁丑嘉平廿有六日夜雪扑窗、声如戛玉、被中口占以纪此境、数年未得矣噫》等诗。光绪三年(1877)，以地方报灾事迟，降三级调用，遂解甲归田。数十年宦途终于结束了，归家途中一路吟咏，有《由汴归里小住任城除夕口占》《和杨资璞任城土山即事杂咏原韵(正月卅日)十四首》《戊寅暮春抵里口占》诗，看来李庆翱自光绪三年(1877)末归家，一路缓慢北行，与同里并巡抚衙门

① 焦友麟，字子恭，号铁珊，又号笠泉。道光癸巳进士，历官刑科给事中。

书记兼奏牍杨毓琦唱和，到次年暮春才到家。其抵里口占诗云：数椽老屋傍城根，坐拥琴书静闭门。许我归来学耕钓，毕生高厚感天恩。从此，李庆翱成为真正的愚公，以后作诗以酬答题图诗为主，兼有与同里前辈及同辈挚友唱和诗，还有与济南官场人物唱和诗。在李庆翱诗中，有“余归林下，当道诸公羡之，戏呼为神仙”小注，可知李庆翱相当享受其退隐生活。其时，其长子福沂亦出仕，李庆翱有《寄南沙丝绸豆面手巾百工菜诸物戏占四绝以示大儿福沂》《丁亥十一月二日闻南沙事戏占四绝》诗，其中后一首有“先君官江苏有生祠，乃闻忧归里。大儿福沂亦官江苏，因公镌职，而余老在”句。知李庆翱有老年丧子之痛。在《续修历城县志》萧衡本传中载：“晚岁家居，与同邑尹都转式芳、李中丞庆翱、汪太守兆侗、吴刺史梦龄、陈观察钦、傅观察廷琦、贾学博邦达、李教授春元游，徜徉湖山，后学仰其言论风采，称为‘佛山九老’。”可略知李庆翱老年生活。

(二)《来青馆杂体诗剩稿》二卷

李庆翱撰，半叶七行二十二字，清李福涞抄本。正文卷端题：历下李庆翱筱湘甫著 男福涞编辑。济南市图书馆藏，仅存卷上。此本上卷内容与《来青馆诗集》上册排序基本相同，但少一些。个别诗题目略有变动。

第五节　历城李氏其他人员著述考

一、李德容《笃敬堂诗稿》(文稿)

李德容，字敬斋，乾隆三十年(1765)乙酉科山东乡试第四十四名。乾隆三十一年(1766)丙戌科贡士。① 从乾隆《历城县志》看，李德容虽然参加丙戌科会试并入选会士，但并未参加殿试，因此未成进士，原因可能有两种：一是自身有病无法参加殿试，二是家中老人病逝。乾隆三十四年(1769)殿试第三甲五十六名，授直隶安肃县知县。② 安肃当南北孔道，民苦徭役。时值金川用师，大兵过境，止有车十数乘，马数十匹，吏请尽民车

---

① (清)胡德琳修(清)李文藻等纂：《历城县志》五十卷首一卷，卷第三十《选举表三》，清乾隆三十八年(1773)刻本。

② 毛承霖修、赵文运等纂：民国《续修历城县志》五十四卷，卷第三十四《选举表一》，民国十五年(1926)济南大公印务公司铅印本。

以应役，不许。及兵至，见供不足用，相顾大哗。德容曰：兵所以救民，因救民而反病之官可弃，病民事不能为也。且为亦无及。众默然，既而曰：此仁厚令也。疾行过境。旋移疾归里，教授生徒，从游者甚众。著有《安蔬草堂诗稿》行世。①

1.诗三首

李德容本传中所述著《安蔬草堂诗稿》未见，因其侄李廷芳有《安蔬草堂五言排律》一卷《安蔬草堂试帖》二卷，此诗稿可能有误。《续修历城县志》卷第二十九《艺文考八》著录李德容著《笃敬堂诗稿》《文稿》，源自《李兆梅乡试朱卷·履历》，卷未详。诗文稿均未见。张鹏展《国朝山左诗续抄》卷三十二收李德容诗三首：《雪霁访友》《薄暮郊行》《雨后北极台远眺》、王钟霖《国朝历下诗抄》亦收此三首。《薄暮郊行》：回溪带山郭，寒烟迷远树。隔岭数声钟，人在斜阳路。《雪霁访友》：踪迹久疏阔，夜来风雪晴。巀华城上出，楼阁水边明。欲共围炉话，何妨策蹇行。寒梅窗下放，相对一宵清。《雨后北极寺远眺》：游氛净洗雨晴初，缥缈高台接太虚。锦截半弯悬蝃蝀，珠抛万斛动芙蕖。绿萍开处来吟舫，丛柳阴边识酒垆。更爱披蓑堤畔叟，一竿斜照钓鲈鱼。读李德容诗，质朴无华，无雕琢之痕，诗中透出平和之气，亦可从中见李德容的性格与气质。

二、李庆翔《鲁经齐谐山馆文集》《桐荫轩诗赋》

李庆翔，字石瑚，庆翱从弟。咸丰九年(1959)己未科乡试第六十二名，历城同科中举者有怀恩元(字季凝、号芝九、第四名)、楚登鳌(字笔峰、第八名、光绪二年进士)、吴梦龄子吴琦(字慕韩、第二十三名、内阁中书)、吴梦龄子吴珂(改名湒庚、字韵坡、第五十名、河南固始县知县)、陈沂(字子与，第五十三名，鱼台县教谕)、刘赐璋(字达夫、赐麟弟、第五十五名、署阳信教谕)。后同治年间选任任青城县教谕②。据民国《青城县志》，李庆翔到任不数月即赴济南兼任泺源书院监院。而《续修历城县志》李庆翔本

① 毛承霖修、赵文运等纂：民国《续修历城县志》五十四卷，卷第三十九《列传一》，民国十五年(1926)济南大公印务公司铅印本。

② 民国《青城续修县志》卷一末载：李庆翔，字石瑚，历城县举人。同治年间莅青城，到任不数月，调任济南兼任泺源书院监院，按期实验文艺，师生荟萃一堂，诚君子三乐之一也。李公素与抚宪阎敬铭及后任丁宝桢相善，院中事务任其整顿，当时课院者至二千余名，文化蒸蒸，山左极称盛焉。

传中述其在青城“士以教品立节，文风不变。以卓异荐，在任候升。”显然有虚美的成分，能够得“卓异”的考评，是巡抚对其所作所为的肯定，亦是其在体制内得以晋升的渠道。李庆翔得以晋升的功绩，《续修历城县志》述道：咸丰辛酉、同治壬戌，捻匪两次窜扰山东，省城戒严，庆翔同官绅创办民团，昼夜训练。贼至，登陴防御，贼知有备去。济南石圩建自山东巡抚丁宝桢，庆翔监修，巩固至今。最后以军功保升知县、同知衔直隶州用。光绪初年，岁大饥，庆翔奉檄往赈武定府属，查验灾区，均沾实惠。监理泺源书院时，胶州匡源主讲席，每立规程，必与庆翔商定，文学彬彬，称极盛焉。书院中蓍草生，太常仙蝶至，主讲赠联云：“得气灵蓍滋化雨，寻缘仙蝶爱春风。”后选授江西德安县知县，以亲老告近，旋丁内艰，未起服，卒，年五十有三。庆翔性孝友，幼孤，事生母惟谨。与孤侄兆蓉、兆梅攻苦相砥砺，卒成名。与朋友交，然诺不欺。耽书史，著述多佚。有《鲁经齐谐山馆文集》《桐荫轩诗赋》若干卷，藏于家。子五：福銮，岁贡生；福钧，优贡生。①

李庆翔《桐荫轩诗赋》不见著录，王钟霖《国朝历下诗抄》收其诗二十三首，诗抄小传曰：原名纪，字子翙，号石瑚，行十六，历城县人，纬从弟。咸豊己未恩科举人，青城县教谕，江西德化县知县。

诗有：《暑日即事》《赠杨资璞》《题俞逸仙卧游图》《拟杜少陵骢马行用原韵》《癸亥九月、由都旋里、在泺买舟之任东邹学署、感怀有作四首》《谢又彭表兄赠菊》《东邹道中遇雪感怀二首》、《冬夜不寐感怀有作八首》《癸酉中秋后三日、偕小湘十二兄暨诸同人游龙洞四首》。

由以上诗可以知李庆翔生活及交游的许多细节。李庆翔自幼随宦广州（羊城）②，因仲兄约在上海为官，去过上海看过鲈鱼产卵地。道光二十七年(1847)冬，就婚陕右，夜坐围炉，与同人咏生春诗。道光二十九年(1849)在江南河道总督府读书小住数载，时河道总督是聊城杨以增，署内有荷芳书院，常偕友人会课。李庆翺因此与杨以增之子杨绍和同学。其《冬夜不寐感怀有作》中有“当时同砚杨协卿，乌石生诸君俱天各一方，不胜今昔之感”小注，杨协卿即杨绍和。在河道总督衙门时，每值秋闱皆由袁浦归里应试。咸丰五年(1855)，李庆翺曾投笔从戎，其自道：乙卯余从

① 参见毛承霖修、赵文运等纂：民国《续修历城县志》五十四卷，卷第四十《列传二》，民国十五年(1926)济南大公印务公司铅印本。

② 其父李廷璐为候选县丞，可能赴广州当过小官。也可能随长兄绂在广州。

戎冯官屯，时僧邸与崇雨舲抚军在彼会剿。胜利后依然走科举之路，咸丰九年(1859)中举，次年赴京春闱，自庚申始试春闱悠历三科。最后只能走大挑之路，同治二年(1863)大挑二等，以教谕用，李庆翔有《癸亥九月、由都旋里、在泺买舟之任东邹学署、感怀有作》诗，其一曰：意气凌云感慨多，壮怀无计补蹉跎。功名笑我同鸡肋，辛苦空将铁砚磨。这是对自己科举的无奈。没有办法，只好"冷宦萧条寄此身"。诗中交游者有杨毓琦，是历城才子，后追随李庆翱幕中。还有就是李庆翱，其堂兄。有《癸酉中秋后三日、偕小湘十二兄暨诸同人游龙洞》。诗中没有关于其监理泺源书院的记载，最后其以知县在任候铨，诗曰：携锄镇日辟园荒，闲课奚童灌溉忙(署内有园现种花)。好待来年春色至，满庭花发拟河阳(余现以知县在任候铨)。[①] 仕途的大进，心情十分不错，从诗中看，其有治百里的期待。

三、李兆梅《锄月山房诗稿》《劝民稼穑歌》

李兆梅，字和生，庆翔胞侄，同治元年(1862)举人。三年(1864)，捻匪扰山东，兆梅以团练守城功，保候选教谕。十三年(1874)成进士，即用知县，签分直隶。光绪七年(1881)，补行唐县，捐廉倡修文庙，修东西陵御道二次。衙署倾坏，捐廉自修，鸠工庀材，胥按市价，商民皆感诵焉。十七年(1891)，调署邯郸县。时滏阳河坝久废，淹没民田，兆梅亲勘灾区，相度形势，筑长堤十余里，以障长沟之水。下疏猪龙河十余里，以利宣泄。沿河民田数千顷得无患，民为建生祠。又捕获邻境剧盗十三名，例得优保，力辞不受。十九年(1894)，调署抚宁县。是年，用兵朝鲜，运送军火，兵车过境者络绎，事办而民不扰。明年，卒于官，年六十八。著有《锄月山房诗稿》《劝民稼穑歌》，待梓。[②]

其诗稿未见著录，王钟霖《国朝历下诗抄》收其诗四首，诗抄小传曰：李兆梅，字和生，行四，历城县人。翔犹子。同治王戌并补行，辛酉科举人。甲戌科进士，直隶即用知县。

《灯花》：匝月腾奇焰，书檠宛有情。祥光镕一片，瑞彩聚三更。蕊喜联珠结，花看并蒂生。知缘增喜庆，侵晓鹊争鸣。《消署放歌》：古人有术

① (清)王钟霖辑：《国朝历下诗抄》四卷，卷四《冬夜不寐感怀有作》之八，清光绪四年(1878)至光绪五年(1879)刻本。

② 毛承霖修、赵文运等纂：民国《续修历城县志》五十四卷，卷第四十《列传二》，民国十五年(1926)济南大公印务公司铅印本。

能避寒，但思炎威心境安。我欲却暑用此法，历数家珍搜文翰。伊昔师旷调琴叩清征，雪霰立下积尺咫。又忆魏王曾作南皮游，甘泉浮爪沈朱李。何人山堆杨家冰，对之不觉生寒棱。紫龙之髯柄三尺，挥之清凉能驱蝇。洞房新设蛟毫褥，拂拭恍有波层层。水晶帘内人挟纩，为有季龙水井寒威增。或如长安子弟召名姝，左右陈设招凉珠。或如河朔避暑，昼夜饮碧筒，一倾千百壶。或作北窗卧，或挂北风图，暗中凉意生习习，驱散炎歊暑气无。《送赵枚卿归里》：自与清芬接，真夸鄙吝消。敲诗欢永昼，翦烛话连宵。揽胜临芳圃，寻秋过野桥。来年花信动，良晤想非遥。《秋日过白雪楼即景》：七子联吟地，寻秋此暂停。菊名分种问，书韵隔花听。老树藤盘碧，残碑藓蚀青。流连难遽去，小坐话沧溟。

读兆梅诗，才气纵横，其《消署放歌》，有李白诗气。

『下编』

名士竞风流

第四章　历城尹廷兰及著述考

第一节　尹廷兰其人

范坰《论诗绝句》中云："尹畹阶廷兰，历城人。乾隆甲午举人，高唐学正。历下诗教中微，始振起之。有句云：'村落霁春雨，野风开杏花。'为时所传诵。范墅、二南皆其高足也。"①《续修历城县志》云："尹廷兰，字畹阶，乾隆三十九年举人，官高唐州学正。少受业于同邑周永年，精考证之学。在高唐时，岁旱多蝗，大吏不欲闻，廷兰袖而请曰：'此独非蝗也耶？'邑始获以灾告。大吏衔之甚。廷兰遂称疾归，日与翟凝、周奕黉寻林泉胜处，饮酒赋诗，称'历下三诗人'。"②

尹廷兰，字畹阶，历城人。其父尹庄，妻王氏，以其子清平县训导③，乾隆五十五年(1790)，貤封修职郎，妻貤封八品孺人。④ 其早年求学情形，资料甚稀，《续修历城县志》仅载："少受业于同邑周永年，精考证之学。"⑤尹廷兰有《游佛峪感怀林汲师》二首，其一有"林汲泉边过，凄然奠一杯"句。

---

① 范坰《论诗绝句》其九载诗曰："二周诗律净如揩，说有师承出畹阶，春雨杏花双拗句，晚唐风韵写幽怀。"

② 毛承霖修、赵文运等纂：《续修历城县志》五十四卷，卷第四十一《列传三》，民国十五年(1926)济南大公印务公司铅印本。

③ 此处为《续修历城县志》所载，与民国《清平县志》所载不同，此志尹廷兰官清平县教谕。

④ 毛承霖修、赵文运等纂：《续修历城县志》五十四卷，卷第三十七《貤封表》，民国十五年(1926)济南大公印务公司铅印本。

⑤ 毛承霖修、赵文运等纂：《续修历城县志》五十四卷，卷第四十一《列传三》，民国十五年(1926)济南大公印务公司铅印本。

其二有“小子受经日，先生高尚年。真成泉石癖，曾作画图传。”[1]关于其精考证之学，在其弟子周乐为其《华不注山房文》二卷《序》中曰：“先生孙润生孝廉出先生古文一编，属乐校勘次第。读之，文共四十二首，而其考据之精确，议论之雄快，笔墨之雅洁，卓然成一家言。”此文可为之佐证。乾隆三十九年(1774)尹廷兰考中举人，历城同科举人有张承辉、余宇、毛培。自考中秀才至中举期间，尹廷兰在教书谋生的同时，不断攻读举业，终于考中举人。中举是其科举道路上完成的重要一步，也为其入仕奠定了基础。其后的科举道路十分艰辛，数次北上，尹廷兰没能再进一步，最后只能接受“大挑”。按乾隆十七年(1752)定制，四科不中的举人(嘉庆五年(1800)改为三科)，吏部据其形貌应对挑选。显然，尹廷兰“大挑”二等，以教职用。据同治《即墨县志》：尹光兰，历城人，举人，乾隆间任即墨县训导。[2] 此尹光兰即为尹廷兰之误，历城县志无举人尹光兰。可以推断，尹廷兰大挑二等，曾任即墨县训导。尹廷兰中举后，按规制，连续四科不中进士，尹廷兰在乾隆四十九年(1784)就应参加大挑。可能这一年大挑二等，就任即墨县训导。至乾隆五十四年(1789)升任清平县教谕。据民国《清平县志》，乾隆五十四年(1789)，尹廷兰任清平县教谕。至乾隆六十年(1795)，即墨副贡周冠玉继任，[3]尹廷兰在清平县教谕任上达六年之久。以后就职无考，据光绪《嘉祥县志》，嘉庆四年(1799)，尹廷兰任该县训导。[4] 县训导为从八品，较县教谕正八品职衔略低，不知为何尹廷兰职衔降低，或是县志有误。据光绪《高唐州志》，嘉庆五年(1780)，尹廷兰任高唐州学正，至嘉庆十一年(1806)武定举人张杓继任。[5] 这是尹廷兰教职生涯的最高点。然而，尹廷兰在高唐州学正任应该没有这么长时间，从其诗集看，仅有几首诗。其在高唐州正任上，只有上述《历城县志》中关于尹廷

---

[1] 毛承霖修、赵文运等纂：《续修历城县志》五十四卷，卷第五《山水考一》，民国十五年(1926)济南大公印务公司铅印本。

[2] (清)林溥修(清)周翕鍠纂：《即墨县志》十二卷，卷六《职官》，清同治十二年(1873)刻本。

[3] 梁钟亭、路大遵修、张树梅纂：《清平县志》不分卷，《秩官篇》，民国二十五年(1936)济南文雅斋铅印本。

[4] (清)章文华、官擢午纂修：《嘉祥县志》四卷首一卷，卷二《职官》，清宣统元年(1909)刻本。

[5] (清)周家齐修(清)鞠建章纂：光《高唐州志》八卷首一卷末一卷，卷一《职官》，清光绪三十三年(1907)刻本。

兰因蝗灾而为民请命一事有载。自高唐州蝗灾获告后，尹廷兰告病归园，以授徒为生，与历下数诗人优游林下。其授徒的佐证是其为同乡朱曾传《说饼庵诗集》序中曰："柔兆摄提之岁，予授徒于乡。"柔兆摄提是丙寅年，应为嘉庆十一年(1806)。尹廷兰卒年不详，咸丰五年(1855)，以孙同知衔直隶清丰县知县，貤赠奉政大夫，其妻徐氏赠宜人。① 孙式芳，字菊田，道光三十年(1850)进士，以知县分发直隶。初任盐山，后任庆云。晚主讲景贤书院，士子服教。既卒，与济阳张尔岐、历城周乐并祀焉。子绪曾，候选知县。处乡里，兴善举，有父风。② 士芳父炬，妻陈氏，咸丰五年(1855)，以子同知衔直隶清丰县知县，诰赠奉政大夫。妻奉宜人。同治元年(1862)，以子运同衔直隶清丰县知县，诰赠朝议大夫，妻封恭人。本生父澜，妻韩氏，咸丰七年(1857)以子直隶清丰县知县，遵例急公，貤赠文林郎。妻赠安人。③

尹廷兰一生致力于授徒与教谕生员，历城著名诗人翟凝、周奕黉周乐等均出其门下。尹廷兰与翟凝、周奕黉并称"历下三诗人"。周乐有《秋闱后将赴呈畹阶夫子》，诗曰："冷宦时犹忌，先生道可亲。爱才真若命，垂老不知贫。边李已云古，济南无此人。吾侪殊自幸，得及拂清尘。"④又有《秋夜怀畹阶夫子》，诗曰："济南余此老，身世足悲歌。膝下一孙小，樽前数友多。生涯吾舌在，岁月异乡过。风露凉如许，清吟兴若何。"⑤尹廷兰有《答周二南》《答周二南秋夜见怀之作即用原韵》诗，前诗曰："我辈穷通异，三生各有因。智输公瑾捷，老耐少陵贫。爱尔才无敌，贻余句入神。相期千古在，莫斗眼前春。"又有"咄咄为豪举，三川六日游。谷深无客到，壁峭有诗留。鸟语空山寂，霜寒落木秋。吾乡众少年，为尔一低头。"后诗曰："久病嗟衰朽，伤怀废啸歌。床头罇酒共，屋角乱山多。此际遥相忆，故人谁

---

① 毛承霖修、赵文运等纂:《续修历城县志》五十四卷，卷第三十七《貤封表》，民国十五年(1926)济南大公印务公司铅印本。

② 毛承霖修、赵文运等纂:《续修历城县志》五十四卷，卷第四十《列传二》，民国十五年(1926)济南大公印务公司铅印本。

③ 毛承霖修、赵文运等纂:《续修历城县志》五十四卷，卷第三十七《貤封表》，民国十五年(1926)济南大公印务公司铅印本。

④ (清)周乐撰:《二南吟草》不分卷，稿本。

⑤ (清)周乐撰:《二南吟草》不分卷，稿本。

见过。平生周茂叔，风雨兴如何。”又曰：“才绝禹登山，扶筇落木间。同游几人在，合沓数峰闲。胜事君能往，重阳我又还。何当红树里，相对一开颜。”[①]尹廷兰为周乐《二南诗抄》题词，诗与前《答周二南》略异。师徒相知，远则相思，近则同游。名宦李肇庆亦为尹廷兰弟子，并为尹廷兰及翟凝、周奕黉合刻诗集。其《三君诗序》[②]云：“尹畹阶夫子，余师也。翟鳞江，余祖姑母子，又甲子乡试同年。范墅，余之友也。……方余馆畹阶夫子于李家桥也。鳞江与余同砚席，后从畹阶夫子于北村，范墅又与余同砚席，而周二南以时往来，游谯其间，赏奇晰疑，畹阶皆以为忘年友，三人一以余之师为师，盖无日不畅聚一处也。犹忆丙寅秋，余与鳞江、二南、范墅随畹阶夫子游龙洞、佛峪诸山，时红叶被岭，雨后瀑下如练，畹阶夫子饮酒大乐，相与掀髯论诗，自谓远喜高岑，近喜边李，鳞江、范墅自谓喜温李，二南则自谓于古今诗鲜不爱，尤喜其性情近真者，一时哗然，笑乐醉极，赋诗吟声与瀑声相间，何其盛也。”[③]此序极尽尹廷兰与诸弟子亦师亦友之状。周乐序《华不注山房文》曰：“吾乡高唐学博尹畹阶先生以抗直忤上官归，教授里门，以诗学倡导后进，乐与翟鳞江、周范墅、李霱云皆从之游，得窥诗家门径者，先生力也。”[④]尹廷兰以诗著称于世。历城鸥社主盟范坰认为，尹廷兰是历城诗教重振的先导，是历城诗坛承前启后的人物。尹廷兰对自己的诗也颇为自负，晚年将自己诗作整理，分为上下两卷，曰：“吾欲贻厥孙，谋别无长物，惟是编为平生心血所在，授之小子，俾识此种香气一线，诗书之绪藉以少延，老夫死骨不腐矣。”

尹廷兰一生清苦，“晚年运蹇，一子又亡，继孙才六岁”。尹廷兰在收集校刊历城先辈文献过程曾贡献力量。他与李肇庆、周乐等为明边贡诗文加以校刊补板，并有《补刻华泉集后序》记之。

---

① (清)尹廷兰撰：《华不注山房诗》二卷，卷下，清道光七年(1827)李肇庆刻历下三君诗本。

② 周乐代笔。

③ (清)周乐撰：《二南文集》二卷，卷下《三君诗序》(代)，清道光二十二年(1842)刻本。

④ (清)尹廷兰撰：《华不注山房文》一卷，周乐序，清道光二十八年(1848)刻本。

第二节 尹廷兰著述考

一、《华不注山房诗》二卷

尹廷兰撰，半叶九行二十一字，白口，四周单边，单黑鱼尾，清道光七年(1827)李肇庆刻历下三君诗本。藏山东省图书馆。前有桐城姚景衡历城三诗人传，又有道光七年(1827)崔平瑞跋，道光七年(1829)李肇庆序，又有嘉庆九年(1804)王余枚《华不注山房诗叙》。又有周乐《校订尹畹阶先生集成题以一律》诗，诗曰："吟草荒村手自删，萧然鹤发鬓全斑。声居大吕黄钟列，品在华泉白雪间。一代箕裘绵世泽，千秋著述付名山。书斋亲定先生卷，不负游踪远入关。"

正文卷端题：历下尹廷兰畹阶著，周乐二南、乔岳松石、后学余正酉秋门、岐山崔平瑞珠岩仝校。关于此书的刊刻，崔平瑞《跋》曰："岁丙戌，余主讲永康，适历下李霱云明府来攝邑篆，公余赋诗饮酒，相得甚欢，因出一编见示曰："此吾乡尹畹阶先生诗稿，即余瓣香所在也。"雒诵数过，沉雄老健，卓然成家。山左诗人自王渔洋、赵秋谷诸先辈后，此其杰出者乎！霱云曰：'吾友如翟鳞江、周范墅，亦以诗鸣于时，惜其人已没，遗稿亦多散佚。'每为余摘述卷中佳句，余向慕綦切，又以弗窥全豹为憾。丁亥夏，霱云移任灞陵，余与俱东。而周二南、乔松石亦自历下来，携鳞江、范墅诗各一帙。时霱云将刻畹阶先生诗，属与鳞江、范墅遗稿并加校仇，畹阶诗仍分上下两卷，鳞江、范墅则各为一卷。是举也，芟存编次以二南总其事，而余与松石俱供扫叶之役云。"此跋提到正文卷端参与校仇者三人，而历城诗人余正酉却没有提到。姚景衡《历城三诗人传》曰：咸宁令君李余堂既刻其师尹畹阶先生《华不注山房诗》成，又与周君二南梓其友翟鳞江、周范墅遗诗，余君秋门复取而重订之。余正酉时正服官山西，与李肇庆同在山西。而余正酉正在搜集山左诗人之诗，家乡先辈诗当然是重中之重。关于尹廷兰诗二卷的由来，李肇庆序中曰：余藏畹阶夫子诗二卷，系王青阶孝廉手录本。王青阶即历城举人王联登。而王联登所手录稿本来自前述尹廷兰自编。

尹廷兰诗集记录了其人生的踪迹，可与县志所记相印证。诗集初始主要是尹廷兰教读生涯，有《登岱》《无字碑》两首，是其登临泰山所作。《感怀四首》《大明湖》《历下亭怀周东木》《瘦马》《湖西》《落花》《过故人山居》《千佛山晚眺》《乞郝邻霞画》《游禹登山晚宿般若寺怀林汲师》等诗是尹廷兰在济南教读所作。不知是什么原因，尹廷兰曾在苏州一带居住，有《雨中卧病瑞光寺》《游狮子林》《生日》《赠张菊田》《林铁箫小照》《垂虹亭夜泊》等诗。尹廷兰中举以后，没能进一步考中进士，最后通过大挑走向仕途，其第一站是即墨训导。尹廷兰有《即墨杂咏四首》《即墨道中赠徐环甫明府》《观海》《耐冬花》等诗。从《厌次城南看花同赵笛楼学博集同学诸子》诗看，尹廷兰可能又赴惠民县、陵县或阳信县任职。但以上各县县志均无载。《历城文史资料·历城名人》第九辑载：尹廷兰曾出任高唐州学正、清平县训导，历署即墨、阳信、乐安、嘉祥教谕训导事。不知其源于何处。其后《夜合花歌》《立秋日喜雨》等诗可能是在此地任职时所作。据诗中描述，亦是内陆气候。至《招友食藤花》诗，应是至清平县任职所作，其诗第一句即是“我来贝邱饕皋比，自云人地颇相宜”。隋代曾改贝邱县为清平县。又有《送禹奇泉明府归成皋》《九日独酌》《送曹凌轩明府之济南》《夜坐》《奉和阿雨窗转运小沧浪元韵兼呈黄岳领明府》《清平县重修忠孝祠唐右卫铠曹参军吕公方毅据史增入赋诗纪之》《立春前一日送金叶山南归》《水仙花》《清平頖宫故柏行》《奉和黄岳领明府负沙行之作》《种棉花歌》《斋中手种垂柳一株三年已成围矣、临行留诗以告来者》。可知尹廷兰在清平县任职至少三年之久，其《种棉花歌》中记述了清平县种植棉花的土壤、时节、方法、采摘并织布情形，是研究当地农作物生产的重要资料。从尹廷兰诗集看，其下一站是定陶。但民国《定陶县志》无载。有《重九前一日自堂邑之定陶、留别黄筠圃、孙程万两广文》《定陶怀古》《乙卯记事》《偶成》《赠史东圃广文》《赠董红珊少府》《盆中腊梅》《正月晦日雪》《栽牡丹》《过何司马别业看牡丹》《题曹州杜千总家人传后》《忆大明湖》《赠莫价藩文学》《捕蝗行》《九日登髣山同及门诸子》等诗，从《乙卯记事》诗中可知尹廷兰到定陶任的时间约为乾隆六十年(1795)。从《赠莫价藩文学》诗后记知此诗作于嘉庆元年(1796)。大体可知尹廷兰在定陶的时间。自卷上最后一诗《儿宽墓》，尹廷兰已经到乐安县任职。又有《织女篇为汉孝子董永作》《乐安四谏诗》《桓台怀古》《炬儿学射》《官军入蜀》《食蟹》《闻雁》《题段赤亭访碑图》《题吴兰皋明府花县迎春图》《单县河决》《夜坐》《奉和翁覃溪阁学题聊城姚氏家藏十三行石刻原韵》《人日遣怀》《韩庄杏花十余里独往赏之》《留别沈蓴湖秀才》等诗。从尹廷兰在乐安所作诗看，尹廷兰与当时鼎鼎大名的金石学者翁方纲、段松苓有交往。翁方纲，字正三，号覃溪，又号苏斋，顺天大兴人。乾隆十七年(1752)进士，选翰林院庶吉士，散馆，授编修，历任广东、江西、山东等地学政，官至内阁大学士。精研经术，擅长金石之学。书法自成一体，是清代四大家之一。在任山东学政期间，与山东金石学者段松苓有交往。段松苓曾为搜集青州石刻。段松苓，字劲伯，号赤亭，又号玉华子，诸生。好金石碑版。著《益都金石记》四卷，编辑《益都先正诗丛抄》，有《穆如堂诗草》。《望萌山作》是尹廷兰在嘉祥县任上所作诗，诗名下有注“在嘉祥城内”。《祭惠济公庙礼成纪事》有序，序中有“嘉庆四年二月，余攝邑训导。”可知尹廷兰任嘉祥县训导的时间。在嘉祥期间，曾赴曲阜拜谒至圣之庙、墓，有《孔庙观汉碑》《蓍草》《谒至圣墓》。离任后曾短暂家居，有《蒋伯生诗后》《晨次齐河桥》等诗。高唐州学正是尹廷兰仕途的最后一站，从诗集看，在高唐仅有《高唐杂诗八首》《生孙二首》《萤》，再就是回济南路上所作《过济宁怀孙嘉树同年》《登舟口号》两首，从此，尹廷兰设馆教书，重拾舌耕之路，闲暇与众弟子友游览历下好风景，做官时的郁闷之气一扫而空。其《归田偶述》有“几年垒块郁胸中，解组归来洗一空”句，而其“士必无才方免妒，人非有品不能穷”句，可略知其解甲归田的原因。而其“人非有品不能穷”句，非尹廷兰而不能讲也。作为承前启后的诗人，他所处的时代历城诗坛略显空寂，而在他的带领下，其后历城诗坛人才济济。关于他的诗，王余枚序其《华不注山房诗》曰：“公禀天地刚气，于书不遗古今，而能识其正伪醇驳。其论前世失得，人品高下，不苟不随，有古真儒风。尤喜吟诗，其出辞命意，必有心得。凡有关于国计民生之大，必剖析其隐微而明白陈之。至于褒忠扬烈，劝孝、惩淫、激贪，必长言咏叹，不遗余力。歌哭笑骂，悲惋欷歔，若动于不自知，盖其性情然也。”该序对于尹廷兰诗情诗意作精妙之总结。其弟子周乐题其集云：“声居大吕黄钟列，品在华泉白雪间。”历城余正酉云：“先生诗沉雄老健，卓然成家，于吾乡说饼庵、钟退轩[①]外，足称后劲。”

二、《华不注山房文》二卷

尹廷兰撰，半叶九行二十一字，白口，左右双边，单黑鱼尾，清道光二十八年(1848)刻本。二册一函。前有道光二十六年(1846)仲冬周乐序，又有道光二十八年(1848)戊申二月朔宗姪尹葆棂序。后有道光二十七年(1847)孟春同里后学花寿山跋。正文卷端题：“历下尹廷兰畹阶著 孙式芳润生编辑 后学周乐二南 王德容体涵仝校”。有“菊坞读过”印。山东省图书馆藏。此印是民国历城著名收藏家周菊伍之印。

正文卷端题：历下尹廷兰畹阶著，孙式芳润生编辑。后学周乐二南、王德容体涵仝校。可见尹廷兰文集由其孙尹式芳编辑并刊刻，其二弟子友周乐、王德容校刊。周乐序略曰：今年秋，先生孙润生孝廉出先生古文一编，属乐校勘，次第读之，文共四十余首。……先生已归道山，鳞江、范墅、霱云之墓亦皆有宿草，惟余七十老生，白发龙钟，编次先生文集于风雪纸窗之下，其亦可慨也已。而出资者，历城尹葆棂也。尹葆棂序略曰：棂幼时侍先中丞公，尝呼棂而告之曰：吾宗有畹阶先生者，官学博，性憨直，诗古文皆苍郁古健，近今罕匹，惜未得其全集付梓。棂心志之，弗敢忘。……岁丙午，自中州旋里，闻畹阶翁孙润生孝廉有手录古文藏本，亟索观之，文仅四十余首，续录复得数首，二南序其缘起，后有花南村先生跋语，其赞叹赏识与先中丞略同，润生欲刊板而无其力，时棂将束装入关，亟分旅费助之，以成先中丞之志而继余堂外舅之美。此尹葆棂应为历城尹济源之子，李肇庆之婿也，《续修历城县志》无载。花寿山跋中道：山少时曾晤先生于霱云斋中，未获时奉杖履，今其嗣孙润生孝廉裒集先生文欲付之子，而问序于周二南，余假诸二南而快读焉，斯足幸矣。

关于尹廷兰之文，尹葆棂序中已略述尹济源之评价。周乐序中评曰：“文共四十二首，而其考据之精确，议论之雄快，笔墨之雅洁，卓然成一家言。且又韬光匿采，不苟求时誉，使人皆不知其为深于此道者，其品抑何高也！花寿山跋云：“吾乡多诗人，而谈古文者颇尠，是编原本经训，语语

① 指朱曾传、钟廷瑛二诗人。

典实，笔笔朴老，不为伪秦汉，亦不斤斤然描摹八家声口，奋笔直书，泽以书卷，不识于辛稼轩《美芹十论》、张文忠公《归田类稿》何如，而屈指乡前辈中不数数观也。”

三、《蔚塘杂录》

《续修历城县志》卷第二十三《艺文考二》著录：尹廷兰撰《蔚塘杂录》，源自王钟霖《国朝历下诗抄》。

尹廷兰一生以教读、教职终老，无以实现文人治百里邑的理想，但其热爱生活，热爱家乡的山水，留下大量的诗歌，作为周永年的弟子，其文亦足以传世。但由于其交游范围较小，在山东范围内影响也不够大，但他作为历城诗坛上承前启后的诗人，对历城后世诗坛影响极大。

第五章　历城翟凝及著述考

第一节　翟凝其人

翟凝，字鳞江，历城人。生于乾隆四十一年（1776）九月十日，卒于道光三年（1823）九月十日。翟凝有一兄，周乐《枕湖楼记》中曰："湖之南有枕湖草堂，为故友翟修来居士与其弟鳞江孝廉款客处。"①"鳞江家世忠厚，伯兄修来喜其颖异，命从同里崔倬人先生受业。先生尝曰：'此天马难羁勒，恐终非人间物耳。'"②翟凝青年时代是位十分活跃的诗人。司马鹏为《范墅诗钞》所作小引中曰："君承家学，好古工诗，同邑金文波、李霨云、翟鳞江、周二南、余秋门及前莱芜令北直纪秋水结吟社于明湖，当时以有明七子拟之。"③翟凝与李肇庆、周乐、周奕黉等同学。李肇庆所作《三君诗序》④对他们的交谊及其性情有详细描述，序云："尹畹阶夫子，余师也。翟鳞江，余祖姑母子，又甲子乡试同年。范墅，余之友也。……方余馆畹阶夫子于李家桥也。鳞江与余同砚席，后从畹阶夫子于北村，范墅又与余同砚席，而周二南以时往来，游谳其间，赏奇晰疑，畹阶皆以为忘年友，三人一以余之师为师，盖无日不畅聚一处也。犹忆丙寅秋，余与鳞江、二南、范墅随畹阶夫子游龙洞、佛峪诸山，时红叶被岭，雨后瀑下如练，畹阶夫子饮

---

① （清）周乐撰：《二南文集》二卷，卷上《枕湖楼记》，清道光二十二年（1842）枕湖书屋刻本。

② （清）周乐撰：《二南文集》二卷，卷上《翟鳞江传》，清道光二十二年（1842）枕湖书屋刻本。

③ 毛承霖修、赵文运等纂：《续修历城县志》五十四卷，卷三十《艺文考九》，民国十五年（1926）济南大公印务公司铅印本。

④ 周乐代笔。

酒大乐，相与掀髯论诗，自谓远喜高岑，近喜边李，鳞江、范墅自谓喜温李，二南则自谓于古今诗鲜不爱，尤喜其性情近真者，一时哗然，笑乐醉极，赋诗吟声与瀑声相间，何其盛也。”①尹廷兰自高唐学正任称疾归，日与翟凝、周奕黉寻林泉胜处，饮酒赋诗，称“历下三诗人”。② 吟社友余正酉述道：“鳞江与予少同砚席，而年长于予。长身颀立，工吟善书。平居简默，自重酒后，即议论风生，睥睨座客。与周二南、范墅、王青阶友善，日相过从，每樽酒论文，偶意见不合，缘一字辄攘臂争，至碎瓶罍，移时，复笑乐如故，无町畦也。忆嘉庆辛未冬，寓予齐川精舍，剪烛谈诗，恒至漏数下，始各就寝。并出旧作相是正，以故予存鳞江手稿甚多。尝有句云：‘鸡声隔壁晨炊熟，鸦阵连天噩梦阑。茅店笼灯烘柿客，豆田吹火卖鹑人。’”③翟凝有《假馆呈秋门》诗，诗曰：“假馆宜东郭，文心觉稍清。人烟喧暮市，风雪闭严城。僻地仍多客，残年惜寡营。围炉兼煮茗，谈笑坐深更。”可见翟凝也曾假馆教读谋生。后来，余正酉于嘉庆丁丑科钦取八旗官学汉教习，翟凝有《五古赠秋门即送入都》诗相赠。挚友周乐对翟鳞江最为了解，周乐曰：“鳞江体貌魁伟，其为诗多谐语讽世，稿旋毁弃，尤工篆隶行草，兴至立挥数十纸，客不当意者竟不为书。余齿逊鳞江一岁，日过从甚相得。”④翟凝中嘉庆九年（1804）山东乡试甲子科举人，同科有挚友李肇庆，还有郭敏磐。⑤ “鳞江举孝廉后，数上公车不第，意阻丧，愈放怀诗酒间。一日，醉跨驴游南山柳泉观、吊枝庵诸胜，值风雨，坠驴伤足，从此微跛，益颓唐不自振。”⑥这次醉游，留下了《柳泉观即目》《游吊枝庵》等诗，而坠驴伤足，着实不轻，其《入山病足》有“怯着游山屐，经旬病未能”句，又有“离家未百里，

---

① （清）周乐撰：《二南文集》二卷，卷下《三君诗序》（代），清道光二十二年（1842）枕湖书屋刻本。

② 毛承霖修、赵文运等纂：《续修历城县志》五十四卷，卷第四十一《列传三》，民国十五年（1926）济南大公印务公司铅印本。

③ （清）余正酉编：《国朝山左诗汇抄后集》三十九卷，卷十三，清道光二十九年（1949）海棠书屋刻本。

④ （清）周乐撰：《二南文集》二卷，卷上《翟鳞江传》，清道光二十二年（1842）枕湖书屋刻本。

⑤ 参见毛承霖修、赵文运等纂：《续修历城县志》五十四卷，卷第三十四《选举表一》，民国十五年（1926）济南大公印务公司铅印本。

⑥ （清）周乐撰：《二南文集》二卷，卷上《翟鳞江传》，清道光二十二年（1842）枕湖书屋刻本。

乡思剧难胜”句。可见在南山养病有较长时间。另有《妄动歌》《疾愈》诗，与此次伤足有关。

翟凝人生的绝大部分时光是在故土历城度过的。挚友周乐是其历城生活的最重要的见证人。周乐有《翟鳞江下第久无书至作诗慰之》《重阳寿翟鳞江兼约登高》《与鳞江同拜华泉先生墓》《春初同翟鳞江泛舟明湖即事》《雪夜后从鳞江斋归即景赋寄》《送鳞江之宁津遂赴礼闱》《访鳞江谋醉、鳞江坚执酒戒、归赋七古二十六韵寄之》《同范伯野、翟鳞江、傅云会、李仲恂看洛口河涨》《病起寄鳞江》等诗，周乐诗作中记录了翟凝生活的点滴，从中可窥一斑。

翟凝人生的一大转折是参加大挑，以知县需次浙江。参加大挑的时间大约是嘉庆二十四年(1819)[①]，赴浙的时间也应是这一年。从翟凝诗集可以看到写于嘉庆十七年(1812)的《迎春》诗，嘉庆二十二年(1820)的《五古赠秋门即送入都》诗，可以大体佐证翟凝赴浙的时间。还有李肇庆《北上留别翟麟江表叔即送需次浙江》诗中有“木天福分吾何有，六度春明皆浪走。燕台同去复同来，嫫母无盐均一丑”句，可知他们参加了六次会试，第六次会试是嘉庆二十二年(1817)，而下一届会试时间是嘉庆二十四年(1819)，是翟凝参加大挑之年。《续修历城县志》载：李肇庆，嘉庆九年(1804)举人，大挑知县，分发陕西，以亲老，改直隶，历署武邑、完县事。[②]查清同治《武邑县志》卷六《秩官》载：李肇庆，嘉庆二十四年(1819)任。可以证实翟凝、李肇庆同年中举，又于嘉庆二十四年(1819)同时大挑知县并去赴任。

翟凝曾是一个极其活跃的诗人，但约嘉庆十七年(1812)由范垌发起的鸥社，翟凝却没有侧身其中。前述周乐的解释是：屡受春闱不第的打

---

① 此时间推断过程如下：历城李纬为周乐所作碑传中曰：“先是在关中时左手小指生一疽，十余年浸淫不已，遂至于卒，寿七十七岁，时咸丰三年十一月二十四日。”前推可知周乐生于约乾隆四十二年(1777)。周乐为翟凝所作传曰：“余齿逊鳞江一岁。”可推知翟凝生于约乾隆四十一年。据周乐“其卒之月日时与其生同”。据王钟霖“生重阳后一日，殁亦日同”。可知翟凝生于九月初十。按周乐、王钟霖记述与《临海县志》参照，翟凝殁于道光三年(1823)九月初十，时年四十有七。前推，翟凝应生于乾隆四十二年(1777)九月初十，从周乐年龄推算翟凝应生于乾隆四十一年九月初十，有一点矛盾。

② 毛承霖修、赵文运等纂：《续修历城县志》五十四卷，卷三十九《列传一》，民国十五年(1926)济南大公印务公司铅印本。

击，又加醉游南山，坠驴伤足，从此微跛，益颓唐不自振。翟凝有《秋日村居》《冬日村居》等诗，其《冬日村居》中有“室小书藏富，山深客到稀。”似乎后来过着与世隔绝的山村生活。翟凝赴官，同学友周乐为之送行，周乐曰：“鳞江赴浙，余祖之湖上，乘间以一觞进曰：‘县令亲民官，此去可抒抱负。’然观君瞻视步履，气微惫。‘之浙，幸早归，改广文，辞民社之责，可以啬神虑、颐寿年。’鳞江微颔之。”①可见世事蹉跎，时间已经磨去了翟凝的锐气与抱负。从挚友周乐上述句中并不看好翟凝远赴南方做官。余正酉在《国朝山左诗汇抄后集》翟凝小传中曰：当其赴浙时，二南尝劝改就教职，鳞江意怫然，竟驱车去。李肇庆亦有《北上留别翟麟江表叔即送需次浙江》诗，送翟凝赴浙，诗曰：“若论总角交，除我竟无两。重以葭莩情，况为词坛长。忆昔联床续邺斋，槐黄满路策驽骀。秋风共揽云中辔，落魄王郎（谓王青阶）日日偕。木天福分吾何有，六度春明皆浪走。燕台同去复同来，嫫母无盐均一丑。丈夫行乐贵当时，岂待千金买笑资。湖山啸傲山公约，花柳行藏杜牧知。镜中渐觉朱颜改，五斗亦堪托千载。好马途穷逐队行，名花秀发无人采。吾今北辙君南辕，前路升沈莫赘言。但愿帷车作新妇，休教快犊着先鞭。一词更进涉吞吐，大好梁园非故土。买山力要及时努，莫向江南作初祖。”②翟凝背负着表侄的期望，一路南行，亦有新鲜的事物、新交友人出现在其诗歌中。而在浙期间，“爱越山水，吟咏最多”③。其诗有《渡扬子江》《半山看桃花作》《严江舟中杂诗》《再过七里泷》《三月八日严江舟中有感》《纤夫叹》《永康道中》《过缙云访刘藜阁》《江山船歌》《金华舟中即事》。同时，在江南期间，为同邑李廷芳批校过《李湘浦先生诗稿》。据周乐《翟鳞江传》曰：“需次浙江，历署泰顺、临海县事。”④查光绪《泰顺县志》，卷四职官表有翟凝条载：江南人，病故。下一任欧阳炘，道光元年（1821）任。可以推知翟凝可能于嘉庆二十五年（1820）署泰顺，翟凝

① （清）周乐撰：《二南文集》二卷，卷上《翟鳞江传》，清道光二十二年（1842）枕湖书屋刻本。

② （清）王钟霖辑：《历下诗抄》四卷，卷三，清光绪四年（1878）至光绪五年（1879）刻本。

③ （清）王钟霖辑：《历下诗抄》四卷，卷三，清光绪四年（1878）至光绪五年（1879）刻本。

④ （清）周乐撰：《二南文集》二卷，卷上《翟鳞江传》，清道光二十二年（1842）枕湖书屋刻本。

有《泰顺署中双桧歌》《泰顺虽边邑十二首》，其《泰顺虽边邑》详细叙述泰顺县风土人情。周乐曰："鳞江两摄县事，俱廉政有声，泰顺虽边邑，号称难治，鳞江以简静治之，民亦相安，鳞江曾赋诗自慰。"[①]翟凝所赋诗即此《泰顺虽边邑十二首》。查道光《嵊县志》卷六《职官》载：翟凝，历城举人，道光二年(1822)署任。《续修历城县志》卷第四十一《列传三·文苑》翟凝条载："历署泰顺、嵊县、临海县事。"[②]查民国《临海县志稿》卷十四《官师·令佐》：翟凝，山东济南人，举人署，道光三年(1823)。"归自临海，以积劳卒于舟，年甫四十有七。……其卒之月日时与其生同，亦一奇也。"[③]王钟霖曰："所莅感慕清贫，友人集赙送回里，生重阳后一日，殁亦日同。"[④]通过周乐记载与泰顺、嵊县、临海县志记载参照，可以断定，翟凝于嘉庆二十四年(1819)会试后参见大挑，大挑一等，以知县分浙江，回家后收拾行囊，一般在家不能超过一个月，然后远赴浙江，以当时的条件，到浙江时也应该是夏秋之际，然后是等待知县空缺，即所谓需次，当然开始能够得到署理知县的机会也是收获。嘉庆二十五年(1820)，得署理泰顺县机会。道光元年(1821)继续等待，道光二年(1822)署理嵊县，道光三年(1823)署理临海，时间不长归，卒于舟次[⑤]。周乐曰："因循竟不果，三年卒，殁与浙。"[⑥]翟凝殁后，周乐有《哭翟鳞江》诗二首，其一曰："载酒曾为湖上游，重阳把菊忆风流。谁知死日仍生日(鳞江重阳后一日生，亦于是日殁)，却怪归舟是去舟。仕宦一场同水逝，妻孥八口隔江留。久闻冷面知交少，可有人来赠麦不。其二曰："附郭荒坟宿草新，天涯屈指几伤神。那堪海右逢寒食，又向江南哭故人。旅榇何时返吴越，生刍一束愧朱陈。湖亭我欲招魂祭，

---

① (清)周乐撰：《二南文集》二卷，卷上《翟鳞江传》，清道光二十二年(1842)枕湖书屋刻本。

② 《续修历城县志》卷第四十一《列传三》。《续修历城县志》翟凝条出处为《二南外集·翟鳞江传》，但周乐未提翟凝署嵊县事。为《续修历城县志》编者所加，可见编者作史之态度。

③ (清)周乐撰：《二南文集》二卷，卷上《翟鳞江传》，清道光二十二年(1842)枕湖书屋刻本。

④ (清)王钟霖辑：《历下诗抄》四卷，卷三，清光绪四年(1878)至光绪五年(1879)刻本。

⑤ 周乐在《哭翟鳞江》诗下小注曰："时谢临海篆，返杭，殁于舟中。"

⑥ (清)周乐撰：《二南文集》二卷，卷上《翟鳞江传》，清道光二十二年(1842)枕湖书屋刻本。

烟树凄迷望不真。”[①]子三，长早殁，次子起绍娶周乐之女，季子起绳读书继父业。[②]

第二节 翟凝著述考

翟凝诗作不少，余正酉《国朝山左诗汇抄后集》卷十三存翟凝诗五十一首。王钟霖《历下诗抄》收翟凝诗二十八首，较余选诗仅多出《河间》一首。现存《真研斋诗草》一卷。

《真研斋诗草》一卷，翟凝撰，半叶九行二十一字，白口，四周单边，单黑鱼尾，清道光七年(1827)李肇庆刻历下三君诗本。藏山东博物馆、青岛图书馆、济南市图书馆。前有周乐所作翟凝《传》，又有附录周乐《哭鳞江》旧作四首。其中二首未见于周乐诗抄中。其一曰：才闻保障颂声传，噩耗旋惊到耳边。尚冀他年彭泽返，何期今日葛洪仙。才高或有修文召，命蹇应还为子捐(鳞江长子幼子前一岁相继亡)。未识邑中诸父老，几人洒泪送归舟。其二曰：颓唐惊说貌清癯，五斗驱驰累病驱。若有当年餐口藿，或应晚景缓桑榆。舆歌空复悲清宦，天意偏口口老儒，得马果然不为福，九原可悔此行无。其他两首与前录略异。

正文卷端题：历城翟凝鳞江著，周乐二南、乔岳松石、后学余正酉秋门、岐山崔平瑞珠岩仝校。关于翟凝诗集的刊刻，崔平瑞序《历下三君诗》略曰：“岁丙戌，余主讲永康，适历下霱云明府来摄邑篆，公余赋诗饮酒，相得甚欢，因出一编见示曰：‘此吾乡尹畹阶先生诗稿，即余瓣香所在也。’雒诵数过，沉雄老健，卓然成家。……霱云曰：‘吾友如翟鳞江、周范墅，亦以时鸣于时，惜其人已没，遗稿亦多散佚。’……丁亥夏，霱云移任灞陵，余与俱东。而周二南、乔松石亦自历下来，携鳞江、范墅诗各一帙。时霱云将刻畹阶先生诗，属与鳞江、范墅遗稿并加校仇，畹阶诗仍分上下两卷，鳞江、范墅则各为一卷。是举也，芟存编次以二南总其事，而余与松石俱供

---

① (清)周乐撰：《二南诗钞》二卷，卷下，清道光九年(1929)李肇庆刻本。

② 参见(清)周乐撰：《二南文集》二卷，卷上《翟鳞江传》，清道光二十二年(1842)枕湖书屋刻本。

扫叶之役云。”[1]余正西亦曾参与，余正西《国朝山左诗汇抄后集》卷十三翟凝条中云：“予游长安，尝删订其集，并尹畹阶先生及周范墅诗重刻之，周二南、桐城姚庚甫为之传云。”[2]

诗草有《迎春》《读一斋集恭记、用集中九日对菊呈太师文正公原韵》《题冯补梅鸿泥图》《入馆书怀四首》《留智庙题壁》《河间》《雄县题壁》《河间旅舍见题雁诗有相呼莫飞去、高口口口群语、甚有致、为志一绝》《题李吉父表兄小照》《小斋》《赠纪秋水》《临池歌》《扑萤》《八里洼》《土屋》《柳泉观即目》《游吊枝庵》《菩萨峪赠研虑和尚》《山农》《山妇》《山童》《山姑》《蚕姑庙》《入山病足》《妄动歌》《疾愈》《中元纪游三十八韵》《假馆有作示余秋门》《移馆乡中有作》《远山积雪》《除夕歌》《别尹畹阶先生》《渡扬子江》《赠石门耿对于大令》《题画鸡卷》《半山看桃花》《严江舟中杂诗四首》《再过七里泷》《三月八日舟返严江、忽念春闱试期、怅口口口》《纤夫歌》《永康道中》《缙云道中访刘藜阁不值》《江山船歌》《由金华换舟至永康作》《泰顺二堂双桧数百年物也歌以纪之》《泰顺虽边邑十二首》《除夕》《岁暮感怀二首》，共六十三首。与余正西《国朝山左诗汇抄后集》卷十三所存翟凝诗五十一首对校，重三十九首，其中有些诗名略异，翟凝存诗共有七十六首，除前述外，还有《国朝山左诗续抄后集》之《山僧》《椿芽》《看杏花作》《秋日村居》《漫兴四首》《冬日村居》《迎春》《五古赠秋门即送入都》《赠武定李监榆（宝裔、李文襄裔、工诗善书以州判罢归、著有《聊斋传奇》九种并说部诗文集若干卷、河间纪文达公序之）二首》等十三首。

关于翟凝之诗，桐城姚庚甫景衡云：“鳞江《泰顺》诸诗，殊近武功。”[3]袁洁《蠡庄诗话》中云：“乙亥暮春，偕友人游历下城东之闵子墓，见壁有小诗，不著姓名，云：‘两楹终日对山开，寒食芳尊奠绿苔。笑指南村好风景，杏花红出破墙来。’笔致轻逸，疑是仙迹，后询之，乃邑人翟鳞江笔也。鳞江诗工对仗，有赠予句云：‘游踪海内留鸿爪，宦味年来笑鼠肝。’”[4]周乐作

① 毛承霖修、赵文运等纂：《续修历城县志》五十四卷，卷二十九《艺文考八》，民国十五年(1926)济南大公印务公司铅印本。

② (清)余正西编：《国朝山左诗汇抄后集》三十九卷，卷十三，清道光二十九年(1949)海棠书屋刻本。

③ 同上。

④ 同上。

《翟鳞江传》中云“其为诗多谐语讽世”①。今检卷中，如《蚕姑庙》《江山船歌》等篇，皆语含滑稽，意存惩戒，信如乐所言。其他如《坠地歌》《入馆书怀》诸作，亦多恢诡之趣，而才力富赡，气骨凝重，虽近俳体，要不失为雅音。②

① （清）周乐撰：《二南文集》二卷，卷上《翟鳞江传》，清道光二十二年（1842）枕湖书屋刻本。

② 毛承霖修、赵文运等纂：《续修历城县志》五十四卷，卷二十九《艺文考八》，民国十五年（1926）济南大公印务公司铅印本。

第六章　历城周奕黉及著述考

第一节　周奕黉其人

周奕黉，字范墅，历城诸生。祖鳌，父兰荪，皆邑名宿。总角从祖学，极聪敏，祖特钟爱之，长益倜傥，诗文皆务求自得，不欲以时妆为媚，故恒试列高等，秋闱辄不售。客游江南北，历览凭吊，得江山助，诗境大进。①从周奕黉所存诗集中，可以看到他游历大江南北的燕泥鸿爪，如《西湖杂咏十首》《宣城道中》《归途即事》《梦武昌》《槜李舟中》《过竹店有怀毛雷门先生》《西安舟中》等诗。周奕黉与同邑周乐、翟凝等最为友善。司马鹏为《范墅诗钞》所作小引中曰："君承家学，好古工诗，同邑金文波、李霱云、翟鳞江、周二南、余秋门及前莱芜令北直纪秋水结吟社于明湖，当时以有明七子拟之。"②周奕黉所存诗中有他们交往的印记，如《题李霱云乘槎泛舟图》《周二南李、霱云读书五龙潭赋赠》《送翟鳞江、李霱云北上》《李霱云新疏七十三泉纪之以诗》《赠纪秋水明府淦》《晤纪秋水》《题纪秋水豆花集》等。翟凝的叔父亦是性情中人，时常招周奕黉辈饮酒赋诗。周奕黉《赠翟依光先生(鳞江叔)》诗曰："草堂居士真豪迈，酒社追寻款段嘶。湖水分流舍南北，春风扶醉影东西。未甘寂寞门罗雀，犹喜酣歌夜舞鸡。小阮君家多洒落，可容我辈日招携。"③周乐亦有《赠依光翟四丈》佐证，诗中有"中有

① 参见(清)周乐撰:《二南文集》二卷，卷上《周范墅传》，清道光二十二年(1842)枕湖书屋刻本。《国朝山左诗续抄》卷三十二周奕黉条注:字范墅历城县诸生，建子曾孙。

② 毛承霖修、赵文运等纂:《续修历城县志》五十四卷，卷三十《艺文考九》，民国十五年(1926)济南大公印务公司铅印本。

③ (清)余正酉编:《国朝山左诗汇抄后集》三十九卷，卷十七，清道光二十九年(1849)海棠书屋刻本。

一翁忘甲子，散仙疑自天谪来。鹤姿洒落性通彻，嗜酒喜与客相结"句，又有"代耕之禄仅养身，金钱到手挥如土。几欲置驿招行人，老至举止益狂放。"①周奕蕡与李肇庆、周乐、翟凝等同学。李肇庆作《三君诗序》②描述了他们交谊及其性情，序云："尹畹阶夫子，余师也。翟鳞江，余祖姑母子，又甲子乡试同年。范墅，余之友也。……方余馆畹阶夫子于李家桥也。鳞江与余同砚席，后从畹阶夫子于北村，范墅又与余同砚席，而周二南以时往来游谶其间，赏奇晰疑，畹阶皆以为忘年友，三人一以余之师为师，盖无日不畅聚一处也。犹忆丙寅秋，余与鳞江、二南、范墅随畹阶夫子游龙洞、佛峪诸山，时红叶被岭，雨后瀑下如练，畹阶夫子饮酒大乐，相与掀髯论诗，自谓远喜高岑，近喜边李，鳞江、范墅自谓喜温李，二南则自谓于古今诗鲜不爱，尤喜其性情近真者，一时哗然，笑乐醉极，赋诗吟声与瀑声相间，何其盛也。"③尹廷兰自高唐学正任称疾归，日与翟凝、周奕蕡寻林泉胜处，饮酒赋诗，称'历下三诗人'。"④对于周奕蕡其人，周乐纪其二事：其一，"范墅贫无立锥地，然未尝妄有干求，余曾招同翟鳞江、纪秋水、王青阶集历下亭，时风雪连朝，雾凇缀湖树如花。鳞江、秋水皆被裘瑟缩，若不胜寒者，而范墅衣敝缊袍，凭轩引巨觞独酌，顾谓座客曰：'此水银世界也，盍赋诗。'遽起，呵冻笔立成四十字，咸诧其清绝，为之搁笔。秋水隐虑范墅寒，欲为赎质裘，而观其意气豪迈，未敢启齿。他日赠以诗曰：'范叔一寒至此也，顾郎非可衣食者。'亦可以知范墅之介操矣。"⑤其二，"余旧家湖上，与范墅宅相近，及余移居东郭外，范墅亦携妻孥依余为邻，早晚过从，值余卧病，恒为余检视医药，守至夜半始归，余竟不得死。"⑥从第二事可见两人之交谊。周乐有《范墅被窃以诗唁之》诗曰："月色惨淡北风急，鬼蜮逡巡夜深至。鑽穴蛇进声琐琐，梦中尚疑鼠骋肆。北来长物本无多，冥搜遂至倾

---

① （清）周乐撰：《二南吟草》不分卷，《赠依光翟四丈》，稿本。

② 周乐代笔。

③ （清）周乐撰：《二南文集》二卷，卷下《三君诗序》（代），清道光二十二年（1842）枕湖书屋刻本。

④ 毛承霖修、赵文运等纂：《续修历城县志》五十四卷，卷第四十一《列传三》，民国十五年（1926）济南大公印务公司铅印本。

⑤ （清）周乐撰：《二南文集》二卷，卷上《周范墅传》，清道光二十二年（1842）枕湖书屋刻本。

⑥ 同上。

篋笥。孟光粉奁失荆钗，阮郎新裤丧犊鼻。惟有缊袍未将去，留与先生似有意。卧犬不惊了鸟寂，君何太疲贼何智。况君素乏缚鸡力，从容饱飏安所忌。妻孥夜泣恨如仇，官府朝诉视如戏。比邻主人为太息，辗转衾裯不能寐。岁暮杖头君无钱，风雪何由供沉醉。”①可以印证周奕黉家庭贫困状。周奕黉也是以教书为生。《传》中曰：“自其舍耕异乡，客江南北。”周奕黉虽然家庭贫困，但其为人直爽，义气。周乐作周奕黉《传》曰：“范墅跅驰有奇气。方余初见时，取其几上文观之，范墅遽从余手中夺去，微哂曰：‘汝亦解此耶！’及折节与余交，乃以兄事余。凡余为乡里义举，范墅必助余计划奔走，虽甚寒暑，不惜力，以故乡人畏其气难近而谅其心无他，及其死也，皆流涕而思之。”②周奕黉除与上述同人交往外，还与历城诗人钟廷瑛、范炯、徐子威等交游，周奕黉有《寄赠钟退轩先生》《题范伯野济南百咏诗卷二首》等诗，徐子威有《赠周范墅奕黉见访》诗，诗曰：“溪上落花满，访君春正深。论诗数杯酒，话旧十年心。无限别离干，还期风雨寻。顾余双鬓白，空作老龙吟。”③周奕黉与当时山东名宦刘大绅、蒋因培等有交往，周有《潭西精舍呈寄刘寄菴先生》《题蒋伯生明府载菊图三首》等诗。当时有许多文人拜在刘大绅门下，历城有朱畹等人。蒋因培罢官后亦在泺源书院教书。

得中秀才，是古代科举文人在科举制度下迈出的第一步。邑人王钟霖《历下诗抄》中曰：“先生少负英才，成童入泮。”④可见周奕黉较早步入诸生之列。周奕黉在乡试之前的县试、府试等预考中列高等，但秋闱总是落榜。“长山袁拙庵⑤员外重其才，招至都，为纳赀入监，冀得一捷，卒放归，数年郁郁以卒，年甫三十有五。”⑥挚友早亡，周乐有《哭范墅》诗二首，其一曰：“排闼凄风夜半侵，文星惊看少微沉。蹉跎竟使斯人死，颠倒难窥造物

① （清）周乐撰：《二南吟草》不分卷，《范墅被窃以诗唁之》，稿本。

② （清）周奕黉撰：《范墅诗草》一卷，清道光七年（1827）李肇庆刻历下三君诗本。

③ （清）王钟霖辑：《历下诗抄》四卷，卷三，清光绪四年（1878）至光绪五年（1879）刻本。

④ （清）王钟霖辑：《历下诗抄》四卷，卷三，清光绪四年（1878）至光绪五年（1879）刻本。

⑤ 长山袁氏是清代科举望族，代有人出，此袁拙庵不知是谁，待查。

⑥ （清）周乐撰：《二南文集》卷上《周范墅传》，清道光二十二年（1842）枕湖书屋刻本。

心。贫念妻孥宁瞑目，信传朋辈尽沾襟。如何卧榻才交睫，恍惚仍闻笑语临。”其二曰：“死去真同失臂膀（余病中范墅所赠句），赠诗一送一悽然。颓唐论齿宜君后，酸楚催心竟我先。多病自怜飞鸟倦，余生仍为捕蛇捐（范墅句：三年倦鸟又归来。又云：余生我仗捕蛇存）。手抄遗卷传山左，聊使吟鬼慰九泉。”①诗人谢焜亦有《哭周范墅（奕黉）同学》，诗曰：“英妙推君最，谁知入世难。读书三十载，终此一儒冠。惊定心逾恸，情深泪不干，留题伯野集，竟作古人看。”②邑人王钟霖《历下诗抄》中曰：“先生少负英才，成童入泮，嘉庆壬申卒，年三十五，周二南收其残稿梓之。”③嘉庆壬申即嘉庆十七年(1812)，因此前推，周奕黉约生于乾隆四十三年(1778)。周奕黉殁后，周乐“乞友人李霨云孝廉为经纪其丧，月遗钱帛恤其孀孤”。④

第二节　周奕黉著述考

范坰《论诗绝句》云：“周范墅奕黉，历城庠生，少年英发，诗有唐音，同人多期望之意，讵年三十四而死矣，有稿在余处，自题为忆存集。”⑤王钟霖《历下诗抄》中曰：“周奕黉，字范墅，历城县人。诸生。有《范墅诗草》。”⑥

一、《范墅诗草》一卷

周奕黉撰，半叶九行二十一字，白口，四周单边，单黑鱼尾，清道光七年(1827)李肇庆刻历下三君诗本。藏山东博物馆、青岛图书馆。前有周乐撰周奕黉《传》，附录周乐《哭范墅》旧作二首。

正文卷端题：历城周奕黉范墅著，周乐二南、乔岳松石、后学余正西

---

① (清)周乐撰：《二南吟草》不分卷，《哭范墅》，稿本。

② (清)谢焜撰：《绿云堂稿》二卷，卷一，清嘉庆二十五年(1820)刻本。

③ (清)王钟霖辑：《历下诗抄》四卷，卷三，清光绪四年(1878)至光绪五年(1879)刻本。

④ (清)周乐撰：《二南文集》卷上《周范墅传》，清道光二十二年(1842)枕湖书屋刻本。

⑤ 范坰《论诗绝句》其五十三。年少周郎有夙根，桐花万里走精魂，玉楼早赴修文召，遗集亲题号忆存。

⑥ (清)王钟霖辑：《历下诗抄》四卷，卷三，清光绪四年(1878)至光绪五年(1879)刻本。

秋门、岐山崔平瑞珠岩仝校。周乐曰:“霱云官灞陵,余携其诗卷入关,相与商订刊之,然已散佚多矣。”①关于周奕黉诗草的刊刻,崔平瑞序《历下三君诗》叙述最为详细。《序》略曰:“岁丙戌,余主讲永康,适历下霱云明府来摄邑篆,公余赋诗饮酒,相得甚欢,因出一编见示曰:‘此吾乡尹畹阶先生诗稿,即余瓣香所在也。’雒诵数过,沉雄老健,卓然成家。……霱云曰:‘吾友如翟鳞江、周范墅,亦以时鸣于时,惜其人已没,遗稿亦多散佚。’……丁亥夏,霱云移任灞陵,余与俱东。而周二南、乔松石亦自历下来,携鳞江、范墅诗各一帙。时霱云将刻畹阶先生诗,属与鳞江、范墅遗稿并加校仇,畹阶诗仍分上下两卷,鳞江、范墅则各为一卷。是举也,芟存编次以二南总其事,而余与松石俱供扫叶之役云。”②可见,《范墅诗草》一卷是与尹廷兰《华不注山房诗》二卷、翟凝《真研斋诗稿》一卷为合刻本,合称《历下三君诗》四卷。

周奕黉《范墅诗草》收《春日村行》《池上和刘寄庵先生》《西湖杂咏十首》《江南道上二首》《归途即事》《有怀济南(时在钱塘)》《梦游武昌纪之以诗》《往赘武林即成催妆诗四首》《檇李舟中》《题李霱云乘槎泛舟图》《周二南、李霱云读书五龙潭赋赠》《题小鹤画牡丹》《李霱云新疏七十三泉纪之以诗》《自述》《七夕二首》《有怀武林》《过竹店有感毛雷门先生》《送翟鳞江、李霱云北上》《祝杏村太史招饮分韵得精字》《题蒋伯生明府载菊图三首》《霧松花》《购斋东郭与二南为邻诗以纪之》《题翟依光先生小照(翟鳞江叔)》《致周二南》《赠醉琴道人》《寄友人》《羊流店题壁》《题木兰小像二首》《西安舟中》《早春和二南移居元韵二首》《赠纪秋水明府》《题范伯野济南百咏诗卷二首》《感怀》《喜雨》《章丘道中》《有感》《用栢梁体答笠山翟翁》《章丘店中题壁》《重阳后得二南寄书以二律答之二首》《题郑元和教歌图》《寄赠钟退轩先生》《赠纪秋水》《赠笠山翟翁句二首》《茶花》《城南》《寒食扫墓》《赠纪秋水》《岳少保》共六十九首。余正酉曰:“范墅论戚谊于余,辈行较晚,而年稍长,性倜傥,工诗,与翟鳞江、周二南最友善,卒后,李霱云司马为刻其诗一卷。及予入关,哲嗣元善浼余重加删订付梓,续抄中仅

---

① (清)周乐撰:《二南文集》卷上《周范墅传》,清道光二十二年(1842)枕湖书屋刻本。

② 毛承霖修、赵文运等纂:《续修历城县志》五十四卷,卷二十九《艺文考八》,民国十五年(1926)济南大公印务公司铅印本。

存一绝[①]，殊不足征，诣力今为补存廿余首，可慰范墅于地下矣。”余正西《国朝山左诗汇抄后集》收周奕篑诗二十七首，其中除个别诗名略异外，仅多出《潭西精舍呈刘寄庵先生》一首。王钟霖《历下诗抄》所收周奕篑诗六首亦与余集重。

二、《范墅诗抄》一卷

马国翰《手稿存目》中有《四家诗抄》一册，马国翰《自序》略曰：“会稽司马翼甫先生出残稿四帙见示，一为《丰山诗抄》，钱塘陆君钟撰，先生外祖也。一为《范墅诗抄》，同邑周君奕篑撰，先生岳翁也。一为《苹野诗抄》，一为《郓生诗抄》，安福王君正雅及孙荣祖撰。苹野，先生太亲翁。郓生，其佳婿也。抚卷慨然谓余曰：‘四君皆逝，已为地下陈人。咏歌篇章，率多散落，断圭零璧，箧笥仅存。恐或湮没，冀垂永久，幸联同志，盍甲乙而剞劂之。’余受而披读，诗笔虽异，要皆卓然足自成家，因就诠次，仿渔洋山人《十种唐诗选》例，人为一卷，而‘四家诗抄’颜诸篇首。”[②]司马鹏《范墅诗抄小引》略曰：“家贫落拓，赍志以终。霭云搜其遗稿，与尹畹阶及鳞江诗草同刊于灞陵，名之曰《历下三君诗集》，行世已久。箧中旧有佚篇一帙，多前集所未收，录而存之，以补缺遗。”[③]《范墅诗抄》未见行世，诗抄中诗多《历下三君诗》未收者。

---

① (清)张鹏展编辑《国朝山左续抄》卷三十二存周奕篑《西湖》一绝。

② 毛承霖修、赵文运等纂：《续修历城县志》五十四卷，卷三十《艺文考九》，民国十五年(1926)济南大公印务公司铅印本。

③ 毛承霖修、赵文运等纂：《续修历城县志》五十四卷，卷三十《艺文考九》，民国十五年(1926)济南大公印务公司铅印本。

第七章　历城范坰及著述考

第一节　范坰其人

范坰，字伯野。其父范丽光[①]，直隶上谷人，乾隆三十年（1765）拔贡[②]，乾隆三十三年（1768）任齐河令，乾隆三十九年（1774）以忤上官被议去职。[③] 范炯生于乾隆三十三年（1768）二月初九，出生时，其父还需次于济南，八月，范丽光补齐河县令，由母亲董氏带刚出生仅半年的范炯赴父亲任所，直至乾隆三十九年（1774）范丽光被议去职，时年范炯七岁，跟随母亲就住外祖家，住三年，乾隆四十二年（1777），十岁的范炯随母亲返都城居住，乾隆四十八年（1783）复来历下，乾隆五十年（1785）春，迎娶程氏，程氏名莹，字雪门。其父程垣初由武进士选曹州营守备，迁文登协都司，时擢广东游击，女儿出嫁后即偕家眷赴广东任。乾隆五十一年（1786）范

---

① 据民国《齐河县志》卷二十一《职官》及范炯《五十生日自序》，范炯其父为范丽光。据余正西《国朝山左诗汇抄后集》卷二十八，范坰父为范丽生，选其《夜集听琴》诗一首，诗前小传曰："字口口口口人，乾隆乙酉贡生，官商河县知县，罢官后居济南，入历城籍，子坰见前。（袁玉堂洁《蠡庄诗话》云：'伯野尊甫讳丽生，乙酉明经，除商河令，以忤上官去职，卒于历下。'）"可见余正西之错误源自袁洁《蠡庄诗话》。

② 范坰跋《送陈中丞入都诗集》曰："与笠帆中丞无半面识，然其先德莼渼先生与先考紫山公同以畿辅名宿举乾隆乙酉拔萃科。……予则随宦山东，亲没无所归，占藉历下，为齐民已三十余年矣。"据陈文新主编《〈清实录〉科举史料汇编》，乾隆三十一年（1766）四月戊申，礼部带领八旗、奉天、直隶、江南、山东、山西、河南等省选拔贡生引见，得旨，张起洙、琨玉、范丽光…等十五名着以知县试用。

③ 杨豫修修、阎廷献等纂：《齐河县志》三十四卷首一卷，卷二十一《职官》，民国二十二年（1933）济南中西美术印刷社铅印本。

丽光卒，由于范丽光失官多年，宦囊早罄。留下孤男寡女，痛苦不堪。[①] 范炯记下了一家痛苦经历："先考自以宦橐萧然，无以为终老计，深有望于余，余亦自念亲将老，家无卓锥，日夜攻苦，不问外事，骤膺大故。痛儿欲触棺死，而病母弱弟，相向哭失声，又以家贫，不克归葬，贳华山之阳徐氏地数弓窆焉。犹幸先考广交游，诸父执愍余孤露，岁畀膏火资，久之渐零替，家日以贫，而余又不谙家人生产事，坐以困，清早被敝衣出门，惘惘访所知，欲以绝粮告，口未言，面已赭，又或以友朋杂坐，终不得言而所知，或幸察余意，倩余作书傭，得升斗携以归告，母命妇速作食，妇则诺，俄延顾盼，不敢以无薪对，徐命长女乞诸邻，然以炊湿，烟灼两目，泪涔涔滴，余不忍视，偕弟妹予母前，询往事，母絮絮谈，亦泣下，曰：'汝其少休'。余退而据三足几，拭瓦砚，磨墨子，濡秃管，作感怀诗，有得意句，诵母听，母为解颜笑。饭熟，聚而食，儿辈腹久馁，或争盌与箸，余怒加诃责，母则嗔余噪。赁人庑下居，租不给，日相诟。岁将暮，木叶簌簌下，一家无完衣，图书笔研俱质钱，无复计，坐愁叹，有客叩门，恐是索逋者，属儿出应，无言，余在家启门，客已入，乃良友虑余饿几病，来相视，延入庐，拂破櫈与坐，呼儿洗瓦瓶，贳茶供客饮，客急呼令返，袖出百钱与儿买枣栗，客睹余状甚窘，爱莫助，时欷歔，余则反自宽劝客无介意。客去，夜无被，夫妻子母背相向，终夜叹不能寐，如是者数年。娅张氏江南作县令，称贷而往，冀得小分润，至则值其方解溧水篆，缺库项，令甲如星火，自不得生，遑顾戚，住一年，无所获，依依归，贫如故。时为乙卯岁，先妣卒，无以敛，痛更甚于丧考时，幸赖友人力，祔诸茔。两弟无室家累，先后赴京师，各就微官，一筮仕于秦，一需次于蜀，不复相顾问。余与一妻一妹三子三女而处室焉。幸后得小馆，岁获薄修数十金，稍稍免饥冻。三十后，名日著，交日广，作书记，岁入亦渐丰。妹与两女俱遣嫁，长子庄娶妇，生一女。次子茂早卒，三子英亦授室，惟一少女尚未字，八口之家计日授饘粥，然终不能置田宅。"[②]前述范坰兄弟三人。范坰在其《论诗绝句》中曰："季雅弟埙，少余六岁，自癸丑别后，走津门，赴京师，入大兴县学，捐吏目，出嗣长房，至己巳暂来一晤，旋分发四川需次，未几卒。年四十四岁。余同母三人，仲弟以供事铨授陕西

① 参见（清）范坰撰：《如好色斋稿》十卷，癸集《文》，清嘉庆二十五年（1820）刻本。

② （清）范坰撰：《如好色斋稿》十卷，癸集《文》，清嘉庆二十五年（1820）刻本。

安康县典史，自愿出嗣远房，遂绝音问。”[①]范坰出身地方官员家庭，其岳父为较高级别武官，其《寄内》诗中有“时外舅擢广东副总兵”。但父辈并没有给他留下丰厚的财产供其不劳而食，其一生一直以游幕为生。年轻时曾游幕东南都会南京，留有《秦淮夜兴》《晚翠阁上作》等诗，其《客怀》诗表达了年轻夫妻别离之苦与出外谋生的无耐。诗曰：“在家忧饥寒，出外伤离析。年少复几何，胡为常戚戚。初志愿躬耕，甘贫食其力。造物妒安闲，纷然百端集。驱我东南行，所求在鸡肋。妇子门内啼，车徒门外立。出门路漫漫，低头强忍泣。尔来经几时，蟾兔圆已七。羞涩囊橐空，浮沉书信失。有梦或相亲，无梦惟相忆。长房术不传，奋飞乏两翼。盈盈一水地，见面知何日。志大或难副，舌存未应默。努力向前去，劳者有时息。”范坰还在峄县、黄县、掖县、即墨、聊城、泰安等地游幕，并于嘉庆十五(1810)至十六年(1811)在历城知县刘加封[②]幕中。范坰在即墨游幕时，其子阿欣殇，范坰有《哭亡儿阿欣》诗，下注曰：“儿生嘉庆元年二月十九日，至十一年九月初六日殇，时余客即墨，赴至作此”。时长子范庄跟从范坰游幕即墨。听到其弟死亡的消息，“奋袂将仇医”。范坰有三女三男[③]，长男庄，字群美，小儿英，字饴生。长男庄习武，范坰在其《子庄娶妇词》中云：“我生三女已稼二，惟有两儿俱未婚。小儿十四年尚幼，大儿二十余三春。能挽强弓不识字，分于先世为冢舅。”小儿习文，范坰《勉子英》诗中有句云：“吁嗟乎阿英，汝年已十八。质地尚聪颖，眉宇亦秀发。七岁就外傅，寒暑才一眨。五经诵已终，时文昧理法。渐长工愈疏，何日望通达。念此是吾忧，训诫宣笔札。”但其小儿亦好诗。范坰《论诗绝句》其七十九载：“儿子英，字饴生，生于戊午，已废举业，偶有可采之句，而工力不专。”其诗云：“髫年心拟出群雄，性懒才疏句未工。我已六旬儿正少，早谋升斗慰衰翁。”即小儿二十三岁时尚没有自谋生路，依靠父母生活，并且已放弃举业，因此父亲希望儿子早日找到营生手段。

范坰自“四十以后至五十有三，芟繁就简，得八百余篇”[④]。嘉庆二十

---

① (清)范坰撰：《如好色斋稿》十卷，己卷《论诗绝句》其四十九，清嘉庆二十五年(1820)刻本。

② 刘加封，字松卿，陕西咸阳进士，十四年任历城知县。毛承霖修、赵文运等纂：《续修历城县志》五十四卷，卷三十三《职官表》，民国十五年(1926)济南大公印务公司铅印本。

③ 前述次子茂早卒。

④ (清)范坰撰：《如好色斋稿》十卷，谢焜序，清嘉庆二十五年(1820)刻本。

五年(1820),自刻其诗文《如好色斋稿》,时年五十三岁。范坰有《自题志道图照》诗,对其一生作一总结,诗曰:“昔我二十三十时,志气岂止高龙髟。致身台阁等闲事,希功稷离应无疑。谁料所愿百不遂,橐笔奔走寒且饥。日者谓余时运晚,年过四十当信眉,尔来四十复五十,依然穷贱空尔为。发落眼昏齿牙豁,精神渐衰筋力疲。儿子长大多不肖,冥顽骄懒凡庸资。砚田莫供八口食,书剑远客东海湄。对镜自伤甚矣惫,生胡为者良可悲。一昨劳(崂)山揽佳胜,海山澒洞空心期。碧海神山无乃是,长春真人称仙师。幸余婚嫁事已毕,放怀五岳堪游嬉。”诗中提到游览劳山之事,范坰有《己卯四月劳(崂)山纪游》诗,详述游劳(崂)山事。

范坰以诗名世,范坰《如好色斋稿》诗自序云:“余自七岁受诗,虽固不解。辄能效其音节,以儿语为五七字。比知识渐开,好吟美人香草之词,二十以后,遭时坎壈,又多感慨悲凉之调。至三十以后,稍知途辙,转觉得句之难,取从前所作数百篇,删除毁弃十不存二三焉,又辍而不作者数年。四十以后,复渐觉其易。然每一篇成,亦不敢废讨论。”这段自序是诗人对其一生作诗的写照。诗人作《新齐音风沦集》一百首。其一曰:“齐风齐语渐传讹,碑版零星没薜萝。生长济南名士地,百篇留得醉时歌。”后注曰:“济南山水首见于春秋,汉唐以来,英才辈出。题咏日新。杜诗云:济南名士多。良不诬也。惟古迹渐湮,表章为亟。予小子性耽游览,癖嗜吟哦。再赋百篇,敢希千古。”其中,诗人将济南名泉品题一遍,因自号品泉生,时人亦以此许之,为济南诗坛一大景观。范坰在里居期间,与同里诗人周乐、徐子威、谢焜、何邻泉、李僩、郑云龙等游览济南山水,诗歌唱和,留下了诸如《访周二南不值归途口占》《游趵突泉作》《济南竹枝词》《秋日与史查圃、张温如、周二南会饮千佛山》《酬周二南茂才见赠之作》《暮秋与查圃、二南、醉琴会饮元武台》《与问山、二南明湖泛舟、醉后访醉琴索茶》《醵饮城北桃叶村六言》《与蒋芷帆、谢问山、何苹野饮北园三言》《由北园归至趵突泉饮茶》《千佛山会饮》《登南山》等诗歌。范坰与诸诗人结鸥社于大明湖上,是这一诗社的创始人。范坰创立诗社的具体时间未详,最早提到鸥社的诗歌为《题鸥社十六韵示同社诸君——同社诸君者谢问山焜、周雅山乐、何苹野邻泉、李仲恂僩、郑于田云龙、蒋芷帆沅》[①],按其诗作顺序,在

① 其中周雅山乐应为周乐,字二南,雅山可能是其号,不见记载。郑于田云龙即为郑云龙,字耕南,号萍史,于田可能为其另一字号,不见记载。

其诗《壬申九日佛山登高》后，这一年为嘉庆十七年(1812)，时年范坰四十四岁。如果前诗为鸥社成立范坰第一首诗，鸥社成立的时间约为嘉庆十七年(1812)。范坰还有《癸酉冬日与何苹野、李仲恂、郑于田鸥社小集》，诗中有“郑五芳邻久，年前始订交。”其中郑五便为郑云龙，癸酉年为嘉庆十八年(1813)，年前订交应为嘉庆十七年(1812)，鸥社成立时所谓同社诸君便有郑云龙，可以作为鸥社成立于嘉庆十七年(1812)的旁证。范坰在其《论诗绝句》补一中提到张遇康，张与范“庚午、辛未同主历城令刘松卿幕中”。即范坰于嘉庆十五年(1810)、十六年(1811)在历城知县刘加封幕中。因此可以推断鸥社成立的时间在至少在嘉庆十五年(1810)以后。而历城著名诗人周奕黉未列入鸥社之中，查王钟霖《历下诗抄》，所选周奕黉诗小传中曰：“周奕黉，字范墅，历城人，诸生，有范墅诗草。先生少负英才，成童入泮，嘉庆壬申卒，年三十五，周二南收其残稿梓之。”[①]嘉庆壬申正是嘉庆十七年(1812)。如果周奕黉活着，必入鸥社，因此鸥社成立时间至少为嘉庆十七年(1812)周奕黉逝后。范坰留下了大量与鸥社诸诗人唱和之作。有《与李仲恂、何苹野、郑于田、谢问山复作诗社》，其中一诗道出了诗人们当时心态。诗曰：“谁要千秋万岁名，秋蝉春鸟应时鸣。游仙暂设非非想，谒贵羞称触触生。有数才华归虎观，无憀怀抱付鸥盟。漫誇一卷如冰雪，难与人间治不平。”还有《勉同社诸子二十韵》《将之聊城留别同社》《重赴聊城同社饯余大明湖赋此留别》《余与周李何郑胥谢诸君唱酬鸥社、藉以流连光景而已、甲戌小春、刘春塘、胡悳亭又因萍史以韵语下问感而赋此以志一时人才之盛》[②]、《鸥社宴集》《和竹溪题鸥社诗抄原韵》《送竹溪返平阴即次留别元韵》《乙亥正月四日邀诸社友谯集、各欲和余归途诗叠韵纪事》《丙子腊月与诸社友作消寒会即事》等，大约能看到范坰与鸥社诸友从嘉庆十七年(1812)至嘉庆二十一年(1816)之间的活动。范坰能够主盟鸥社，与其身份与财力亦有一定关系，现从所存资料可知，范坰曾于嘉庆十四年(1809)、十五年(1810)、二十四年(1819)、二十五年(1820)为历城知县重要幕员，又兼为本地人，因此在历城有重要的地位，经济收入也应不菲。范坰之死鲜有记录，据郑云龙《焚余诗草》有《秋日感怀用杜工部秋兴八首用原韵(时客青城官舍)》诗，其第六首诗云：大明湖畔佛山头，

① (清)王钟霖辑：《国朝历下诗抄》四卷，卷三，清光绪四年(1878)刻本。

② 此处“胥”，在《重赴聊城同社饯余大明湖赋此留别》诗中有夹注：“胥文学桐字云和新来入社。”

玩赏三春共九秋。命酒谁为风月主，怀人易起古今愁。凄凉此日鼠封马，冷落当年社聚鸥(伯野开鸥社，时殁已数月)。华屋荒邱多少怅，何堪洒泪过西州。① 诗中提到范炯去世的大体时间是郑云龙在青城县署教读时。又有《流民行》诗，注曰：癸未春有流民集青邑数百人、皆去岁邻境被水灾者、感而有作。癸未年即道光三年(1823)。此诗在《秋日感怀诗》后面，因此，范炯可能殁于道光二年(1822)春。郑诗中"玩赏三春共九秋"。前已论证范炯成立鸥社约在嘉庆十七年(1812)，经过九年，或在嘉庆二十五年(1820)，或在道光元年(1821)，可与前述相证。

第二节 范坰著述考

李灵年主编《清人著述总目》中载：《如好色斋稿》，嘉庆二十五年刻本，藏鲁图、鲁博。《新齐音风沦集》一卷《三省平定歌》一卷附《宋人绝口》一卷，手抄清诗抄本(丛书综录补编)。②《续修历城县志》艺文志载：范坰《如好色斋稿》诗六卷文四卷，《新齐音风沦集》一百首。就以上记载，范坰著书二种，实际仅《如好色斋稿》一种十册。

山东省图书馆藏范坰《如好色斋稿》十册一函，封面题签钤有"如好色斋"阳文正方印章。内封有何邻泉嘉庆庚辰六月题楷书"如好色斋稿"。此稿分甲、乙、丙、丁、戊、己、庚、辛、壬、癸十部分，甲至丁为诗，戊为风沦集，己为论诗绝句，庚至癸为文。计诗六卷，文四卷，《新齐音风沦集》为诗之第五卷。丙卷含《三省平定凯歌十章》。总序卷端钤有"于氏钧藏子孙永宝"阳文正方印章。每卷卷末题："男庄群美、英饴生，壻周轼仰苏、尤学礼二未、黄愈显文谟仝校字"。此稿总体上可分为四部分进行研讨。

《如好色斋稿》十卷，范坰撰，半叶八行二十字，白口，四周双边，单黑鱼尾。嘉庆二十五年(1820)历城范坰家刻本。藏山东省图书馆。卷十略有缺页。

《如好色斋稿诗甲乙丙丁四集》四卷，半叶八行二十字，白口，四周双

---

① (清)郑云龙撰：《焚余诗草》一卷，清道光二十三年(1843)刻本。

② 李灵年、杨忠主编：《清人别集总目》，安徽教育出版2000年版，第1345页。

边，单黑鱼尾。前有嘉庆二十五年(1820)黄裔香[①]总序。黄为范坰儿女亲家，黄序中云:“岁在戊寅，承以季女觋室次子愈显，始得以姻家谊数相过从。”[②]又有嘉庆二十五年(1820)重五日同里诗友谢焜诗序。有嘉庆十九年(1814)冬日自序作为题词之首，又有辛未暮春楚北毕旦初苏桥氏[③]题诗六首，辛未夏日山阴史积记查圃氏[④]题诗四首，辛未秋日同里周乐二南氏题诗一首，辛未嘉平同里周奕黉范墅氏题长诗一首，壬申小春同里翟凝鳞江氏题诗一首，甲戌九日同里李僩仲恂氏题诗一首。正文卷端次行题“品泉生范坰伯野氏”，下钤“鸥社”阴文正方印章。此本为范坰家藏本。其诗稿甲卷为嘉庆戊辰(十三年)以前所作，即其四十岁以前所作。其余乙丙丁三集三卷为其四十至五十二岁所作，因丁集后有缺页，无法判定是否有五十三岁时所作诗。

《如好色斋稿戊新齐音风沦集》一卷，半叶八行二十字，白口，四周双边，单黑鱼尾，无格。前有嘉庆十七年(1812)四月二十一日同里翟凝序，又有山阴史积记槎圃、海宁张遇康蓉塘、钱塘蒋沅芷帆、同里周奕黉范墅、洪洞张辉山温如、同里王家宾季如、同里周乐二南、同里谢焜问山、北平陈葆淳菊舟、广陵耿和年芝庭、门生于龙标衣菴题词。正文卷端题:“邑人范坰伯野氏著 同研谢焜问山氏参”。卷末有嘉庆戊寅年(二十三)北平黄式叙跋。跋曰:“齐音之作始于明季王季木考功象春，颇涉神仙幽怪之事，百余年后，宝山毛海客大瀛为续齐音，平原董书农芸为广齐音，要不外风月闲情、湖山逸兴而已，其于表彰幽隐以及沿革兴替之端或未之备。今吾友范君伯野复为新齐音百首，发端之后，首述本朝巡幸之隆，然后自虞夏以迄今日，有颂圣，有表扬、有议论，有感慨，有托讽，有期望，而湖山风月之情即寓焉。昔人称杜陵为诗史，如伯野者其庶几乎。”此为时人对其新齐音之评价。

《如好色斋稿己论诗绝句》一卷，半叶八行二十字，白口，四周双边，单

---

① (清)王钟霖辑:《国朝历下诗抄》卷一载:黄裔香，字效斋，历城县人，有《九日复登腊山》诗。

② (清)范坰撰:《如好色斋稿》十卷，黄裔香总序，清嘉庆二十五年(1820)刻本。

③ 范坰《论诗绝句》其十一载:“毕苏桥丹初，湖北蕲水人，性孤介，生平不近女色，久游山左，多寓寺观中，诗近中晚，今八十余，犹健也。”

④ 范坰《论诗绝句》其二十六载:“史槎圃积记，字廷书，浙江绍兴人，幕游山左，遂家焉。妻方氏善治生，所余修脯悉以易田，与余比邻者数年，虽藏箱积聚，犹不忘归志云。”

黑鱼尾。前有嘉庆己卯年(二十四年)长至日楚南张杰序。正文卷端题：品泉生范坰伯野氏。据范坰《论诗绝句》其五十七载："张伯良杰，湖南人，以刺史需次保定，好诗好名，使车至济南，因玉堂[1]遍访诗人，各有题赠，时余客聊城，寄诗云：如何斜日秋风里，不见诗人范品泉。今补深州，妻丁梦仙宜人亦工诗。"张杰与历城诗人均有交往。范坰《论诗绝句》八十一首，其八十首为《聊述论诗之意》，诗曰："幼躭笔墨学讴吟，五十年来阅历深。一个诗人诗一首，高山流水会知音。"《论诗绝句》共有八十个诗人，范坰先作诗人小传，后作诗论。诗人包括三教九流，多为名不见经传之人，因此为后世保留了宝贵的资料。从《论诗绝句》中可以概见诗人范坰的交游，大体分四部分。其一，地方官员。如曾任历城令胡德琳、曾任莱芜令张庆源、曾任曹县令胡京、曾任邹平令徐彬江、曾任陵县令徐绍薪、曾任金乡令吴堦、曾任博兴令焦孟竹、曾任掖县令蒋第、曾任日照令杨嗣曾、曾任泰安令蒋因培、曾任乐安县令袁洁、曾任聊城令冉永淦、曾任济阳令汪汝弼、曾任嘉祥、长清、历城令戴屺、曾任历城令刘加封、曾任滋阳令陈醇等，有些地方官曾是范坰的幕主，而有些却是因诗而结缘。其二，历下或山左地方及寓居历下之诗人。有些同里诗人如尹廷兰、徐子威、郑士芳、谢焜、周奕黉、翟凝、周乐、何邻泉、余正酉、李僩、郑云龙等进入范坰笔下而县志有传，还有进入范坰笔下而县志无载者，如、蒋沅(芷帆)[2]、刘春塘(浣香)[3]、谢嘉墅(伯皋)[4]、范庄[5]等，可以补县志之缺。而寓居历城并买小园于历城南壕上之杜云(晓岩)[6]、比邻而居的史积记(槎圃)[7]等更不载于史乘。

---

① 范坰《论诗绝句》其四十二载："袁玉堂洁，江南桃源人，以辛酉拔贡为山左县令，权乐安，被黜，纳赀开复，授金乡，未踰年而罢，好写蒲桃，工题咏。"

② 范坰《论诗绝句》其五十二载："蒋芷帆沅，杭州人，以父官山左，遂家历城，工诗。失雌十五年始得鸾膠，再续犹不忘故偶云。"

③ 范坰《论诗绝句》其七十载："刘浣香春塘，历城人，蒲若先生之裔，诗字并工，三十余始入邑庠，先时曾馆黄揆生参军署，岁试不利，参军为之援例为太学生，俾之入闱，非其意也。闱后科试终获隽焉。"

④ 谢焜之子。

⑤ 范坰之子。

⑥ 范坰《论诗绝句》其二十四载："杜晓岩云，宝坻文端相国之裔，早游山左，买小园于历城南壕上，极花竹之盛，工治庖，好宾客，一时贵显多从之游，兴至吟诗以自娱。"

⑦ 范坰《论诗绝句》其二十六载："史槎圃积记，字廷书，浙江绍兴人，幕游山左，遂家焉，妻方氏，善治生，所余修脯悉以易田，与予比邻者数年，虽仓箱积聚，犹不忘归志云。"

其三，地方幕府同僚或游幕山左及候补山左的诗人。有些同僚是山东人，如聊城朱勷，与范坰同客峄县，谈诗颇恰。而大部分同僚为外地人，如浙江会稽人孙兰，与范坰同客即墨；浙江海宁人张遇康①，与范坰同主历城幕；河南杞县人于龙标②与范坰于嘉庆二十四年(1819)、二十五年(1820)同幕历城。浙江秀水诸生郭桓，与范坰相交甚深，多有诗歌唱和，郭桓六十一岁卒于山东，范坰有诗挽之。游幕山左的诗人，如顺天通州人刘锡智，游山左三十年。浙江秀水人郭桓，幕游山左四十年。杭州人黄畹、苏州人沈默、江苏元和人张诩均在山左地方幕府任书记。江苏元和人孙宗朴在山东巡抚幕中掌笺奏十余年。直隶永平人惠昌运世袭轻车都尉，需次二十余年未得补。四川射洪人秦为品以运判需次山左十余年。其四，其他。如曾赠以齐音续咏百首的毛大瀛，对范坰作《新齐音风沦集》有所启发。如主讲于泺源书院的沈可培、祝堃，还有主持大明湖北畔北极台的道士李醉琴③，范坰与之诗酒唱和多年，并为之选刻遗稿。还有秦淮伎女谢玉娘，范坰记道："谢玉娘，秦淮伎也。学诗于随园，颇有思致，余甲寅客金陵，晤语数四，仪度闲雅，吹气如兰，有《秋影稿》一卷，时二十八岁，杜门觅偶，有三不嫁之愿，一别二十六年，不知其所究竟矣。"④

《如好色斋稿文庚辛壬癸四集》四卷，半叶八行二十字，白口，四周双边，单黑鱼尾。前有嘉庆二十五年(1820)夏之月李僩序。其文包括赋、铭、祭文、书、订譌、、记、论、书序、寿序、跋。对于其文评价，李僩序中云："品泉先生，诗人也。偶及于文。理真情挚。落落大方，尚论古人，奇不诡正，试取其文，杂之唐宋八家，无以辨也。同人盛称其四六，而其付梓也，四六汰而不存，则其师法好尚可知已。"

关于《如好色斋稿》刊刻时间，序跋均无提及，从内容看，嘉庆二十五

① 范坰《论诗绝句》其补一载："张蓉塘遇康，浙江海宁州人，筮仕广东琼州府经历，六权州县篆，奉讳后候铨于家，庚午、辛未同主历城令刘松卿幕中，时相唱和，顷自台湾复游山左，赠予神麯二匣，新诗益工矣。"

② 范坰《论诗绝句》其七十七载："于衣菴龙标，河南杞县人，工诗善绘事。己卯、庚辰间为历城韩大令掌书记，而余主稿，遂以所作见质而执贽焉，为余画扇作藤花鱼戏图，极生动之致，观其画可知其诗矣。"

③ 范坰《论诗绝句》其二十五载：李醉琴，道士，本扬州诸生，弃家为皇冠，于济南北极台，甘贫守约，诗为小诗，多自得之句。诗曰："高台日伴水中鸥。几许闲情物外游。浊酒一壶琴一曲，满天风雨冷如秋。"

④ 范坰《论诗绝句》其七十八。

年(1820)为其诗文形成最晚的时间,序跋最晚时间为嘉庆二十五年(1820)。从李倜序中可以看出,李倜作序时,文似已刻成。从校刊人看,是家刻本无疑。此书可能早已刊刻,至嘉庆二十五年(1820)刊成,因此此书可定为嘉庆二十五年(1820)历城范垌家刻本。

第八章　历城周乐及著述考

第一节　周乐其人

周乐，字二南，晚号漫翁。先世江宁人，自其祖游幕山东，落籍历城。为乾隆间名士周永年族侄。① 兄弟排名行四。因仲父为武官，其兄周礼，从兄周官皆中武举。《续修历城县志》皆有传。受其影响，少喜拳勇。周乐自述道："初承父命业儒，既见仲父及两兄皆以武显，遂漫欲学武，常逃塾从里巷恶少习拳勇，遇不平辄寻门，师摒之门外，父拟使改业，为具筵邀市贾，命拜为师，翁不拜，而目笑之曰：龌龊贾，岂堪我师哉。无已则仍儒耳，贾慙而去，父怒笞逐之，翁漫诣师所，泣白自悔，师鉴其诚，复纳之。"②后入邑庠，食饩，道光元年(1821)恩贡，后屡踬场屋，以贡生终。③ 周乐七十岁时曾自述道："夫我，少之时，不才，好勇斗狠，长然后能改，则以学文，庠与其进也，三十即禀(疑为廪)，五十而贡，方六七十，虽不中，乡人饮酒，如见大宾(辛丑曾充乡饮大宾)，然终于此而已。"④家境素丰，其兄周礼从

---

① 毛承霖修、赵文运等纂：《续修历城县志》五十四卷，民国十五年(1926)济南大公印务公司铅印本。卷五十三《杂缀三》曰："历城周二南，名乐，林汲先生之族侄也。"

② (清)周乐撰：《二南文集》二卷，卷下补《漫翁传》，清道光二十二年(1842)刻本。周乐之师为崔云辉，字倬人，祖籍山西，在济南教读近一生，弟子满棚，周乐有《崔倬人先生传》见《二南文集》卷上。

③ 参见毛承霖修、赵文运等纂：《续修历城县志》卷四十一《列传三》，卷三十四《选举表一》，民国十五年(1926)济南大公印务公司铅印本。《选举表》为恩贡，《列传》为岁贡，经研究，应为恩贡。

④ (清)周乐撰：《二南文集》二卷，卷下补《丙午七十集四书文》，清道光二十二年(1842)刻本。

征川陕白莲教，嘉庆三年(1798)八月十一日阵亡于陕西。[①] 从兄周官以征白莲教屡立战功，后任胶州都司，亦殁于任上，均有周乐为之经办丧事。家庭重要成员亡后，家境败落。但周乐生平乐善好施，“同母兄弟五，从兄弟四，遂析爨，皆竭蹶顾恤之，族姓戚友不能婚嫁与孤寡不能自存者，率自任”。[②] 性喜交友，素豪饮，“偶得卖文钱，即市酒召客欢饮。有招饮者，亦无不往”。[③] 与同里同学周奕黉[④]、翟凝[⑤]、李肇庆[⑥]最为莫逆。周乐为翟凝所作传中云：“与同邑周乐过从甚相得，而意见多不合，每杯酒论文，辄缘一字，攘臂争至碎瓶罍，移时复笑如故，无町畦也。”[⑦]李肇庆《三君诗序》[⑧]云：“尹畹阶夫子，余师也。翟鳞江，余祖姑母子，又甲子乡试同年。范墅，余之友也。……方余馆畹阶夫子于李家桥也。鳞江与余同砚席，后从畹阶夫子于北村，范墅又与余同砚席，而周二南以时往来，游谦其间，赏奇晰疑，畹阶皆以为忘年友，三人一以余之师为师，盖无日不畅聚一处也。犹忆丙寅秋，余与鳞江、二南、范墅随畹阶夫子游龙洞、佛峪诸山，时红叶被岭，雨后瀑下如练，畹阶夫子饮酒大乐，相与掀髯论诗，自谓远喜高岑，

---

① 毛承霖修、赵文运等纂:《续修历城县志》五十四卷，卷四十二《列传四》，民国十五年(1926)济南大公印务公司铅印本。

② 毛承霖修、赵文运等纂:《续修历城县志》五十四卷，卷四十一《列传三》，民国十五年(1926)济南大公印务公司铅印本。

③ 毛承霖修、赵文运等纂:《续修历城县志》五十四卷，卷四十一《列传三》，民国十五年(1926)济南大公印务公司铅印本。

④ 周奕黉，字范墅，诸生。父祖皆邑中名宿。长而孜孜于诗文，曾客游大江南北。友人招至都门，为纳资入太学，而科第失利，放归，数年郁郁而终，年甫三十五。曾数与历下诸名士聚于历下亭，豪饮赋诗，其诗集有友人李肇庆、周乐刊刻于陕西。参见毛承霖修、赵文运等纂:《续修历城县志》卷四十一《列传三》。

⑤ 翟凝，字鳞江，嘉庆九年举人，以大挑知县分浙江。历署泰顺、嵊县、临海县事，所至廉政有声。平居简默自重，酒后则议论风生。工书，诗多谐语讽世，著有《真研斋诗稿》。参见毛承霖修、赵文运等纂:《续修历城县志》卷四十一《列传三》。

⑥ 李肇庆，字裔云，号余堂。嘉庆九年举人，大挑知县，分发陕西，以亲老，改直隶，历署武邑、完县事。丁外艰，起复，需次陕西，以勘灾受知大吏，署镇安，旋补长武。升至潼关厅抚民同知。因商州大旱蝗，布政使檄肇庆往摄州事，因捕蝗坠崖受伤，自是得心疾，逾三年竟卒。参见毛承霖修、赵文运等纂:《续修历城县志》卷三十九《列传一》。

⑦ 毛承霖修、赵文运等纂:《续修历城县志》五十四卷，卷四十一《列传三》，民国十五年(1926)济南大公印务公司铅印本。

⑧ 周乐代笔。

近喜边李，鳞江、范墅自谓喜温李，二南则自谓于古今诗鲜不爱，尤喜其性情近真者，一时哗然，笑乐醉极，赋诗吟声与瀑声相间，何其盛也。”[①]从中可睹彼此性情及交情。嘉庆十三年（1808），周乐得重病，同学周奕簧日夜照顾，周乐在《周范墅传》中曰：“余旧家湖上，与范墅宅相近，及余移居东郭外，范墅亦携妻孥依余为邻，早晚过从，值余卧病，恒为余检视医药，守至夜半始归，余竟不得死。”[②]李肇庆为周乐准备了送死的衣具。周乐在《寄霱云》诗下小注云：“戊辰秋，余病亟，霱云为制衣衾、备殓具，当其时不知也，病瘥后赋寄。”[③]除寄李肇庆外，周乐还有《病起有感寄鳞江》，可见他们的交情之深。周乐与诸文士在大明湖上结成诗社，诗歌唱和，最为相得。司马鹏为范墅诗钞所作小引中曰：“君承家学，好古工诗，同邑金文波、李霱云、翟鳞江、周二南、余秋门及前莱芜令北直纪秋水结吟社于明湖，当时以有明七子拟之。”[④]后与范垌等结鸥社于大明湖上，周乐为参与这一诗社历时最长者。最初建社主盟者为范垌。“邑人范垌立鸥社，约周乐、徐子威、谢焜、何邻泉、李僩诸吟侣酬唱，云龙以翩翩少年亦与其间”。[⑤]后李肇庆官陕西，寄书招之，“二南既不得志于时，又以知交零落”[⑥]，道光七年（1827）[⑦]，“遂携眷往，居关中十年，与其贤士大夫相切劘，学大进。”[⑧]“故人初待之甚厚，既而翁觉其意稍疏，又辞去”[⑨]，漫游燕赵，年已近七十

① （清）周乐撰：《二南文集》二卷，卷下《三君诗序》（代），清道光二十二年（1842）刻本。

② （清）周乐撰：《二南文集》二卷，卷上《周范墅传》，清道光二十二年（1842）刻本。

③ （清）周乐撰：《二南诗钞》二卷，卷上，道光九年（1829）李肇庆刻本。

④ 毛承霖修、赵文运等纂：《续修历城县志》五十四卷，卷三十《艺文考九》，民国十五年（1926）济南大公印务公司铅印本。

⑤ 毛承霖修、赵文运等纂：《续修历城县志》五十四卷，卷四十一《列传三》，民国十五年（1926）济南大公印务公司铅印本。

⑥ （清）周乐撰：《二南文集》二卷，卷上、花寿山撰《周二南先生小传》，清道光二十二年（1842）刻本。

⑦ （清）周乐《崔倬人先生传》中曰：“道光七年，友人李霱云宰陕西首邑，召乐诲其子”。见《二南文集》卷上。

⑧ 毛承霖修、赵文运等纂：《续修历城县志》五十四卷，卷四十一《列传三》，民国十五年（1926）济南大公印务公司铅印本。

⑨ 应为道光十九年，（清）周乐有《己亥冬辞馆旋里留别关中故人》，见《二南续诗钞》卷一。

矣。"[①]道光二十年(1840)归[②],次年"主讲济南景贤书院[③]。傍明湖典屋十余椽,架藤萝满院,斋前植杂花草无形列。自课其子读书。"[④]其间,又与鸥社同人时常集会。历城乾隆间进士李德容之孙李纬为同邑王德容《秋桥诗续选》跋曰:"壬寅岁,余从闽中归,适陇州刺史马词溪里居。花朝日,简招王秋桥、周二南、谢问山、朱退旃、何岱麓及余七人宴饮历下亭,词溪首唱七律四章,皆属和焉。是后提酒携榼,递相宾主,济南名声之区游屐殆遍。每饮必有作,互相磨砺,忘机如鸥,遂名鸥社。不数年,词溪仍官秦中,问山,退旃相继物故,岱麓就馆他方,惟秋桥、二南及余老于牖下,时相过从,而旧社冷落矣。"[⑤]周乐生于乾隆四十二年(1777)十月[⑥],卒于咸丰三年(1853)十一月,时年七十七岁。挚友李纬为之所作碑传中曰:"先是在关中时左手小指生一疽,十余年浸淫不已,遂至于卒,寿七十七岁,时咸丰三年十一月二十四日也。先生一生笃友,于兄弟多赖以举火,又性好周人之急,即力不能逮,亦必邀同志共成之,以故殁后,家綦贫无子,余一老妻,赖当道及戚友共赙之,始克以礼葬,移前二室袝焉。高密单征君伯平善笔札,以事来济南,知先生病不起,预为题其墓碑,藏王茂才世修家,葬后世修出所题摹勒上石。"[⑦]

周乐人生有二不如意处,其一,科举不畅。周乐自传中道:"专攻读,昼夜无间,邑试冠军,入黉序,食饩十余年,贡成均,颇有文名。然其运则

---

① (清)周乐撰:《二南文集》二卷,卷下补《漫翁传》,清道光二十二年(1842)刻本。

② (清)杨恩祺撰:《天畅轩忆得偶存诗稿四卷诗余一卷论书卮言一卷》,周乐序中曰:"迨道光庚子,归自燕赵,乐年过七旬。"清同治五年(1866)济南杨氏谦益堂刻本。周乐在为老友王德容《秋桥诗选》四卷作《思竹斋存稿序》中曾述其庚子春归自关中,王德容出《思竹斋存稿》八卷嘱其论定,其将稿带回广平府永年县官廨,并于这年四月于官廨写成《思竹斋存稿序》,因此周乐可能于道光二十年年底归里。

③ (清)周乐《丙午七十集四书文》中道:"辛丑宝臬使延景贤书院,餽兼金一百。"

④ 毛承霖修、赵文运等纂:《续修历城县志》五十四卷,卷四十一《列传三》,民国十五年(1926)济南大公印务公司铅印本。

⑤ 毛承霖修、赵文运等纂:《续修历城县志》五十四卷,卷三十《艺文考九》,民国十五年(1926)济南大公印务公司铅印本。

⑥ 周乐《二南吟草》中《悼亡》诗中有"生辰同阅雪霜寒"句,句后注曰:"内子同余丁酉十月生。"丁酉即为乾隆四十二年(1777)。

⑦ (清)周乐撰:《二南诗续抄》三卷,卷三,清道光二十二年(1842)刻本。

蹭蹬特甚。”[①]其《咏风筝》诗云：“尚留一线青云路，未免群儿白眼看。”[②]表达了文士科举不中的矛盾心态。周乐居陕西期间，其友人理学家李元春为其《制义》序中曰：“先生之制义，遇世之文也，何潦倒白发如此哉，劝其归而试，犹可与诸少年争胜，幸龙头终属老成，而先生置之不答。”[③]周乐自传道：“文极得意，便极失意，中亦有漫不经意而被黜者。”[④]年近五十而举恩贡，而后屡困礼闱，最终竟连一学官而未获。其二，身老无子。济南书院主讲嵇文骏[⑤]有《挽周二南》诗曰：“八十死何憾，传君况有诗。所嗟疾病异，更益友朋悲。山水空留影，琴书付与谁。伤心头白叟，身老竟无儿。”[⑥]周乐曾作《乞子小引》，中有曰：“今已小星旁置，未逢入梦之芝兰，年过商瞿，顾头颅而生感遇，同伯道惟形影之自怜，兹具蘋藻之微仪，敢冀神明之降察，如以某不当绝嗣，愿求一线之延。”[⑦]后中年得子，有《得子》诗曰：“呱呱有啼声，入门心暗惊。深知慈母喜，迎说一儿生。”[⑧]后此子殇，有《哭儿》诗，诗下注曰：“名全昌，时八岁，以痘殇”，诗曰：“半世头颅白，艰辛只此儿。掌珠今忽失。天道渺难知，空有锡鳞梦，何堪弱犊悲，药宁将汝误，惝怳自猜疑。”[⑨]后年过六十又得一子[⑩]，周乐有《得子》诗曰：“望七才生汝，汝来何太迟。转虞衰老日，难见长成时”。[⑪] 此儿名全悌，亦痘殇。周乐有

---

① (清)周乐撰：《二南文集》二卷，卷下补《漫翁传》，清道光二十二年(1842)刻本。

② 毛承霖修、赵文运等纂：《续修历城县志》五十四卷，卷五十三《杂缀三》，民国十五年(1926)济南大公印务公司铅印本。另见(清)周乐撰：《二南诗钞》卷上。

③ (清)周乐撰：《二南制义》《李元春序》，清道光十八年(1838)刻本。

④ (清)周乐撰：《二南文集》二卷，卷下补《漫翁传》，清道光二十二年(1842)刻本。

⑤ 嵇文骏，字步云，号春原，无锡人。年甫弱冠，即橐笔出游，当道荐主济南书院讲席。时以俊秀主讲，实罕有之事。道光壬辰(十二年)中顺天乡试。见(清)刘声木撰《苌楚斋续笔》卷十。济南书院讲堂右侧，有嵇先生祠，为祀前主讲嵇文骏者。见毛承霖修、赵文运等纂：《续修历城县志》五十四卷，卷十五《建置考三》，民国十五年(1926)济南大公印务公司铅印本。

⑥ 毛承霖修、赵文运等纂：《续修历城县志》五十四卷，卷五十三《杂缀三》，民国十五年(1926)济南大公印务公司铅印本。

⑦ (清)周乐撰：《二南文集》二卷，卷下，清道光二十二年(1842)刻本。

⑧ (清)周乐撰：《二南诗钞》二卷，卷上，道光九年(1829)李肇庆刻本。

⑨ (清)周乐撰：《二南诗钞》二卷，卷上，道光九年(1829)李肇庆刻本。

⑩ 周乐《思竹斋存稿序》中曰：“余过周甲始获一雄，而体涵丈夫子二。”《二南文集》卷下。

⑪ (清)周乐撰：《二南续诗钞》三卷，卷一，清道光二十二年(1842)刻本。

《丙午春哭华生儿八首》，下注曰："儿九龄以痘殇"。[1] 有《丙午春觅获遗孙于登州志喜》诗，诗后注曰："世袭云骑尉亡侄全荣有外舍儿寄养登州宋生大用家，余返自关中，知之，适及门王缊之随中丞幕旋里，属为访寻，竟得迎归，已十三龄矣，遂以为亡儿全悌之嗣。"后诗有注曰："儿全悌以痘殇"。并有"蹉跎八载悲赋鹏，藐孤永留天一方"。[2] 周乐生前终于获承嗣孙，稍释无子之憾，可以含笑九泉矣。

作为诗人，周乐得到时人赞誉。关西李元春为二南文集序中曰："二南先生山左耆宿也，以诗名，梓其前后集，不胫而走四方。"[3]周天爵为《二南诗钞》序曰："（二南）好为诗，一有所感，其声应心而出，其材又能宛转形模，运使古今策物、里巷纤俚歌谣之辞，如碎金之于大冶，一镕之，訇然宏声出焉。"[4]郭阶平序《二南诗续钞》曰："予惟二南之诗，踔厉骏发，掀鳌掷鲸，纵控一指，不逾尺寸，亦可谓工于词矣。至其沈思独往，波震飚逝，庄语、谐语、胜语、豪语、冲远语、激昂语，掐肝擢肾，毕肖其性情以出，不待补假而后成，其诸意之所至，而词亦至者乎。"[5]周乐亦为文。李元春序曰："二南于诗有偏好，而闲为古文，暇亦出其诸作相质，且曰：人谓我文少，不副诗，兼传不如专传，予读之曰：不然，先生诗传文正，不可不传。"[6]马国翰序曰："先生夙负玮异之才，劬嗜典籍，自经逮史，以迄庄骚。博览群书，无物不刊，尤肆力于汉唐以来诸大家之文，枕藉茹涵，沉潜醲郁，时有会心，用以自抒其机杼，且不为浮虚无物之谈，以伦纪为本原，以性情为作用，凡属阐表微潜，箴规朋执之篇，莫不与人心世道息息相关，即如一二游戏小品，鼓吹幽闲，亦不失劝惩之微意，取精多二用物宏，骎骎乎登古人之堂而食其胾矣。"[7]周乐文集中留下其时代大量历下名士传记，为后世修地方志保存了珍贵资料。同里诗友范坰在其《论诗绝句》中曰："周二南乐，历城廪生，诗笔清新，为时辈所推。"[8]

---

① （清）周乐撰：《二南续诗钞》三卷，卷二，清道光二十二年（1842）刻本。

② （清）周乐撰：《二南续诗钞》补遗，道光九年（1829）李肇庆刻本。

③ （清）周乐撰：《二南文集》二卷，《李元春序》，清道光二十二年（1842）刻本。

④ （清）周乐撰：《二南诗钞》二卷，《周天爵序》，道光九年（1829）李肇庆刻本。

⑤ （清）周乐撰：《二南诗钞》二卷，《郭阶平序》，道光九年（1829）李肇庆刻本。

⑥ （清）周乐撰：《二南文集》二卷，《李元春序》，清道光二十二年（1842）刻本。

⑦ （清）周乐撰：《二南文集》二卷，《马国翰序》，清道光二十二年（1842）刻本。

⑧ （清）范坰撰：《如好色斋稿》己卷《论诗绝句》，清嘉庆二十五年（1820）家刻本。

周乐作为历下名士，为同时代友人著述作序，并为桑梓文献的刊刻尽力。朱曾传《说饼庵诗集》四卷，周乐属马国翰刻于陇州。周乐寄马国翰诗自注云："李霱云曾刻《说饼庵诗》一卷，兹经国栋搜补，得四卷。"[①]周乐有《阅王国栋(勋臣)所注朱式曾说饼庵全集为题二律寄陇州马词溪刺史付梓》。尹廷兰《华不注山房诗》二卷，周乐题其集云："声居大吕黄钟列，品在华泉白雪间。"尹廷兰《华不注山房文》二卷，周乐为之作序，序曰："先生孙润生孝廉出先生古文一编，属乐校勘。"《历下三君诗》四卷，为历下尹廷兰、翟凝、周奕黉三诗人合集，李肇庆在陕西为之刊刻者。而周乐总其事。崔平瑞《跋》曰："而周二南、乔松石亦自历下来，携鳞江、范墅诗各一帙。时霁云将刻畹阶先生诗，属与鳞江、范墅遗稿并加校仇，畹阶诗仍分上下两卷，鳞江、范墅则各为一卷。是举也，芟存编次，以二南总其事，而余与松石俱供扫叶之役云。"[②]何邻泉《无我相斋诗选》四卷，周乐序曰："山右刘蕉坡庶常侨居泺滨，见岱麓诗而嗜之，拟为刊以问世，属余选定，余不辞，为节存若干首。"[③]郑云龙《焚余诗草》二卷，周乐序曰："举孝廉后，尝寄札属余归定其集。及余归，而萍史已为地下人矣。其长君方洲以父遗命，囊诗三册来，拜求论定。批视，为余所未见者殆十有六七。携赴平干，悉心校阅，仅余数页未竟，而署内不戒于火，延及余斋，图籍灰烬，萍史诗册亦为谢仙攫去。急驰书告其长君，索取原稿，则故纸零缣，涂抹几不可识。搜剔汇萃，只得二卷，重为评论，归其家藏之。"[④]王德容《秋桥诗选》四卷，新《通志》中云："德容诗原稿名《思竹斋存稿》，凡八卷，周乐所论定。此本则又同所删定也。"[⑤]周乐为其友余正酉《秋门诗钞》二卷、《国朝山左诗汇后集》三十九卷作序，并为其友李僩《诗集》、乔岳《松石诗钞》二卷作序，还为同邑杨恩祺《天畅轩忆得偶存诗稿》四卷作序。道光二十七年(1847)，

---

① 毛承霖修、赵文运等纂：《续修历城县志》五十四卷，卷二十九《艺文考八》，民国十五年(1926)济南大公印务公司铅印本。

② 毛承霖修、赵文运等纂：《续修历城县志》五十四卷，卷三十《艺文考九》，民国十五年(1926)济南大公印务公司铅印本。

③ 毛承霖修、赵文运等纂：《续修历城县志》五十四卷，卷三十《艺文考九》，民国十五年(1926)济南大公印务公司铅印本。

④ 毛承霖修、赵文运等纂：《续修历城县志》五十四卷，卷三十《艺文考九》，民国十五年(1926)济南大公印务公司铅印本。

⑤ 毛承霖修、赵文运等纂：《续修历城县志》五十四卷，卷三十《艺文考九》，民国十五年(1926)济南大公印务公司铅印本。

周乐与花寿山、王德容、孙兰枝等诗人共同完成《沧溟先生集》的校刊，由李攀龙的九世孙李献方刊刻，是周乐对地方文献刊刻最后的贡献。也实现了鸥社诗人们的共同夙愿。

第二节　周乐著述考论

周乐以诗名世，诗作流传最多。亦有文传世。李灵年、杨忠主编《清人别集总目》中罗列周乐著述如下：《是真语者斋吟草》不分卷，稿本（鲁图）。二南诗钞二卷续钞一卷补遗一卷，余正酉选，道光九年紉香斋刻本（鲁图、豫图、粤图、鲁博、青岛、台大）。二南诗钞二卷续钞五卷附晓岚诗帖，道光九年紉香斋刻本（鲁图、青岛）；道光二十九年紫藤书屋刻本（鲁图）。二南诗钞一卷续钞二卷补遗一卷续钞一卷，道光刻本（北图）；道光十一年紉香斋刻本（中科院）。二南文集二卷救世苦心吟一卷，道光十八年刻本（北图、赣图）；道光二十二年枕湖书屋刻本（鲁图、人大、青岛）；道光二十六年刻本（首都）。周二南外集，道光二十六年刻本（赣图、山东师大）。二南制艺，道光十八年刻本（鲁图、赣图）。[①]《续修历城县志·艺文志》收录《二南诗钞》二卷《二南续诗钞》五卷，《二南外集》二卷，周乐、李肇庆、庆禄《消夏同咏》，《周氏族谱》。兹就所见，辑录李氏著述如下，即辩证错讹，又使周氏著述全貌得以展现，为进一步研究奠定基础。

一、《二南吟草》不分卷

周乐撰，红格，半叶九行二十二字，单红鱼尾，稿本。山东省图书馆藏。版心下刻“四宝斋”，二册一函。前有道光壬午秋张杰行草书诗序，落款钤“张杰”阴文正方印，“伯良”阳文正方印，前钤有“如来名声晋闻”阴文长方印。有道光二年（1822）闰三月中浣东阿周天爵楷书序，并钤“周天爵印”阴文正方印。有历城梁士俊楷书序，并钤有“梁士俊印”阴文正方印，“附庸风雅”阳文正方印。有嘉庆癸酉历城范垌序。有嘉慶二十三年（1818）六月云間蒋锦标[②]叙。丙戌冬至前十日章寅序，钤有“春草诗人”

① 李灵年、杨忠主编：《清人别集总目》，安徽教育出版2000年版，第1434—1435页。

② 周乐《二南诗抄》卷上有《送蒋望峰锦标之青州参军》诗。

(阴文正方)印章。一册内书衣粘有一纸,为辛巳重阳前四日刘耀椿序,钤有“耀椿之印”阴文正方印。二册内书衣粘有信笺一纸,为施溥小跋。另面行草三行,曰:集中《悼亡》《哭子》诸作。即从性口中道出,是为压卷之作,昔吾师船山先生云作诗与作人一理(去不复口知),真之一字,君诗可当此语。此跋语不做何人所作。每册书序后均有“丙戌冬仲新阳王鸣凤秫农氏读于历下寓斋”。函套题签:“周二南先生是真语者斋吟草”。上书衣题签:“是真语者斋吟草”。正文卷端题:“二南吟草”。所谓稿本《是真语者斋吟草》不分卷,即为此。

是书为二南诗钞之稿本,其中被刊印之诗天头均有红字“钞”作为标记。此吟草“盖寓郡馆紫云榭时、张北麓代为编录者”。[①] 张北麓者,历城举人张文简也。张文简,嘉庆二十四年(1819)副贡,道光元年(1821)举人,与周乐为同里挚友,以教读为生。《续修历城县志》无传,仅杂缀中有记载一条:“历城张北麓文简,辛巳同年。词辨纵横,尤豪于饮,拇战轰雷。翟鳞江凝、周二南乐偕同人访之西郭书馆,适他出。诸君谋小饮,捡其笥,仅一青衫,送质库沽酒命酌,叠‘青’字韵七绝,似打油体,极谐妙。匆匆一阅,仅记鳞江一联句,云‘这回气煞愣头青’。……北麓有二兄,赤贫无赖,各爨已久,北麓授徒卖文,不时周给。求索偶不遂,辄被殴,北麓多方借贷以供,无怨言。……君明敏多才,朋好以干吏期许,竟困顿礼闱,抑郁以终。”[②]是书由张文简编录,成书于道光元年(1821)以前,有道光元年(1821)重阳前四日安丘刘耀椿手书小序。是年底周乐携赴京城,请友人序跋,其中有道光二年(1822)闰三月友人东阿周天爵序。又有同年闰三月后同乡好友梁士俊序,及同年秋杪友人张杰序。

为周乐作序者,有同里好友,如梁士俊、范垌。梁士俊,字石民,家世儒素。嘉庆五年(1800)举人。考充教习,后以知县分四川,历任巨邑,以慈惠称。上游皆倚重之。平生笃于内行,胞叔昆季共蒦肆负累,悉以禄偿。亲故远相干,厚赠以归。故罢官后,囊橐萧然。著有《蜀游草》,未梓。[③] 范垌,字伯野,游幕,工诗,主盟鸥社于大明湖上,于七十二泉品题殆

---

① (清)周乐撰:《二南吟草》不分卷,梁士俊序,稿本。

② 毛承霖修、赵文运等纂:《续修历城县志》五十四卷,卷五十三《杂缀三》,民国十五年(1926)济南大公印务公司铅印本。

③ 毛承霖修、赵文运等纂:《续修历城县志》五十四卷,卷三十九《列传一》,民国十五年(1926)济南大公印务公司铅印本。

遍，因自号品泉生。著《新齐音风沧集》一百首。刊《如好色斋稿》。[1] 又有同乡友人，如东阿周天爵、安丘刘耀椿。周天爵，字敬修，东阿人，嘉庆十六年(1811)进士，初知怀远县，俗故刁悍，下车即访知擒其渠，重惩之余，许其自新，盗风遂息。邑滨淮，常被水灾，捐廉并劝富户修塘坝，以牧水利，开稻田万余顷。调阜阳，以猛济宽，言官劾以非刑毙命，交江督严查，复奏有爱民如子、嫉恶如仇之语，宣宗朱批此等不避嫌怨之员最为难得，著送部引见，旋署宿州知州入觐，寻，升庐州知府，甫七月，升凤庐道，抵任后以手书谕降辖境内著名盐枭，淮海肃清。升江西按察使，调安徽，旋擢陕西布政使，未抵任，署漕运总督，严管水手械斗与抢掠，用混江龙打通临清至通州之浅水妨碍通航处，实授漕督。己亥年署湖广总督，后调河南巡抚，闽浙总督等，后家居八年，咸丰元年(1851)复起，三年(1853)九月卒于军。[2] 周乐《清涧红爪诗序》中道："周天爵者，字敬修，邑进士，今官宿州牧，余客东阿时所交之直凉友也。"[3]周乐与周天爵的交谊最久，刘耀椿，"字庄年，嘉庆庚辰进士，选庶吉士，改颍上知县，性峭直，不爱钱，不媚上官，除暴绥良，循声大著，调阜阳，平反冤狱，百姓呼为青天，尝夏日行乱山中，以手掬泉水饮之，土人构亭其上，名曰刘泉。疆臣以循良第一荐，宣庙召见，问吏事甚悉，即授刘安知州，移泗州，清操益励，迁安庆知府，每岁江涨，田多淹没，耀椿捐俸金倡筑大堤，自是郡东南无水患，郡人号曰刘堤。抚署吏欲舞文，属以骫法，怒曰：汝恃中丞吏乎，立予杖，其强项如此，寻擢兴泉永道，进四川按察使，以英人陷厦门，吏议罢归，主讲泺源书院十年，提倡朴学，多士宗仰之。著有《青州府志》六十四卷、《神器图说》《海南归櫂词》各二卷。"[4]刘耀椿主讲泺源书院时，周乐与他及济南书院山长嵇文骏交往颇多。又有其他各地友人，如湖北安乡张杰、云间蒋锦标、昆山王鸣凤、章寅、施溥等。章寅，江苏如皋举人，道光年间历任山东福山县、潍

---

① 毛承霖修、赵文运等纂：《续修历城县志》五十四卷，卷四十一《列传三》，民国十五年(1926)济南大公印务公司铅印本。

② 参见周竹生修 靳维熙纂：(民国)《续修东阿县志》十六卷首一卷，卷之十一《人物志上》，民国二十三年(1935)济南午夜书店铅印本。

③ (清)周乐撰：《二南文集》卷上，清道光二十二年(1842)刻本。

④ 孙维均、章光铭修 马步元纂：(民国)《续安丘新志》二十五卷，卷十七《事功传》，民国九年(1920)石印本。

县、蓬莱县、曹县、恩县、长山县等地知县。[①] 张杰，湖北安乡监生，历仕直隶。直隶《深州风土记》有传。因山东地方官袁洁而访济南诸诗人，结下深厚友谊。周乐有《深州张伯良刺史查取废庙及僧田之多者、创设义学二百三十三处、览其规条、喜志长古一章》。[②]

二、《二南诗钞》二卷《二南诗续钞》二卷《续钞》三卷《补遗》一卷

(一)《二南诗钞》二卷附《咏史诗》一卷

周乐撰，余正酉评定。半叶九行十九字，白口，四周双边，单黑鱼尾，无格。清道光九年(1829)李肇庆刻本。二册。封面题：“二南诗钞 道光己丑镌 纫香斋藏板”。诗钞上下二卷，正文卷端题：“济南周乐二南著 同学余正酉秋门评定”。又附有咏史诗一卷，正文卷端题：“济南周乐二南著 叙州张凤翎希文评定。”版心刻卷下，道光己酉海昌周乐清《二南诗续钞》序中题：“君有咏史诗二卷”，此处一卷，另一卷附二南诗续钞卷末，题曰：“二南咏史诗钞”。前有道光己丑(九年)夏四月历城余正酉序，道光九年(1829)仲冬桐城姚景衡序，道光二年(1822)秋仲历城梁士俊序，道光二年(1822)闰三月中浣东阿周天爵序，嘉庆癸酉(十八年)孟秋历城范坰序，嘉庆二十三年(1818)六月云间蒋锦标序。有同里李倜、何邻泉、海宁俞显以、湖南张杰、如皋章寅、同里尹廷兰、绣江李廷棨、同里乔岳题辞。后有道光己丑(九年)李肇庆跋，述刊刻情状，跋曰：“岁戊子，余宰灞陵，适二南、秋门先后至余署中，二南因出所为诗，属为编定，余以吏事碌碌无少暇，赖秋门为竭力三月之力录存四百余首，集成示余，爰亟劝付梓，以与海内知诗者共赏之。”卷末有安丘刘耀椿跋，东阿周天爵跋，同里花寿山跋，灞陵董浩跋，董浩为此诗钞校仇者，其跋曰：“时秋门先生方删定其集，因得从事校仇之役。”刻书者为周乐挚友李肇庆。

(二)《二南诗续钞》二卷附《二南咏史诗钞》一卷

周乐撰，郭阶平、韩振欧评定。半叶九行十九字，白口，四周双边，单黑鱼尾，无格。清道光十一年(1831)刻本。封面题：“二南诗续钞 道光辛卯镌 纫香斋藏板”。前有道光辛卯(十一年)夏燕山徐锟序，道光十一年

---

① (清)王贤仪《家言随记》卷四《尚论景行》记道：“章直斋明府寅，如皋孝廉，宰潍县，左迁，从武参赞征西域，以功复官，又亏赋，系狱，历下魏致和姻丈竭产以助，得再起，终曹县任，贫莫能归，诗多悲壮语。”

② (清)周乐撰：《二南续诗钞补遗》，道光九年(1829)李肇庆刻本。

(1831)洛阳郭阶平序。有岐山王树堂、番禺陈廷选、云间潘鹏程、青州蒋湜、阳丘李沧瀛、蜀南张凤翎、浙瓯缪希曾、常熟蒋坊、开平司徒照、受业李渟、吴县孙兆溎、燕山达兴阿、澄江查慎思、梁州胡德元、洛阳郭阶平题辞,历城李肇庆题词一首。末有灞陵蓝峰①跋卷下有马国翰叙,有会稽陈庆怡题辞、又有孙兆溎、杨艮元、刘士推、郭士藩、王德容、李步尧、袁肇基、范炳华、(受业)李溥、易世泽题辞。此本亦为李肇庆官陕西时为之所刻,时周乐居李肇庆署内。马国翰叙曰:“己丑,霱云司马复为先生梓囊稿四百余首,积两岁,复存诗百余篇,辛卯续钞出焉。”卷末题:受业李溥校字。李溥,李肇庆长子,周乐为李肇庆所作传中道:“余与余堂交最久,入关诲其长子溥,次子洵”。② 韩振欧,字又启,号雪坡,世籍陕西泾阳,十七岁补诸生,戊寅中乡试,癸未成进士,入词馆,出为县令,归里待铨,时潼商道庆钟斋先生闻其名,延为潼川书院山长。后需次直隶,先后署涿州、永年、清苑、易州,所至有声,积劳成疾,道光乙巳二月十七日卒,年六十二岁。③ 末有道光癸巳(十三年)九月二十六日王志湉跋、道光癸巳(十三年)九月中浣王志瀜跋,道光辛卯(十一年)冬乐陵史评(衡堂)跋,乌照(翼侯)跋,

《二南咏史诗钞》一卷,前有道光甲午(十四年)九月长白庆禄弁言。卷末题:受业李溥校字。又有王志瀜跋语、古郏孟广均跋。正文卷端题:济南周乐二南著 长白庆禄钟斋评定。庆禄弁言曰:“今岁甚苦热,且官有闲,因忆《史记》所传诸人,随意拈咏,而二南明经、霱云司马乃共推奖而和之,不三月,三人所咏裒然成集已,名《消夏同咏》,付之梓工,兹二南又检出所作,梓入续钞。”

(三)《二南诗续钞》三卷《补遗》一卷

周乐撰,周乐清、单为鏓评定。半叶九行十九字,白口,左右双边,单黑鱼尾,无格。清道光二十九年(1849)刻本。三册。封面题:“二南诗续钞 道光己酉冬镌 紫藤书屋藏板”。卷末题:“受业绛县张熙懋芸溪校刊”。周乐曾有《慰及门张芸溪下第》诗,注曰:“名熙懋,山西人,候选训导。”④卷一卷二正文卷端题:“济南周乐二南著 海昌周乐清文泉评定”。前有道光

---

① 题灞陵蓝峰宁域识。

② (清)周乐撰:《二南文集》二卷,卷下《李余堂传》,清道光二十二年(1842)刻本。

③ 参见(清)周乐撰:《二南文集》,卷下《韩雪坡刺史墓志铭》,清道光二十二年(1842)刻本。

④ (清)周乐撰:《二南诗续钞》三卷,卷二,清道光二十二年(1842)刻本。

己酉(二十九年)海昌周乐清序[①],道光丁未(十七年)仲春同里李僩序,道光庚戌(三十年)孟春下浣东牟王者政序[②],有掖县李图、广西许延徽、会稽嵇文骏、天雄王佑、钱塘吴清鹏、蓬莱杨廷芝、同里吴炳荣、同里南村花寿山、(高密)单为鏓、朱凝煃、刘耀椿、高树德、沈淮题辞。后有同里毛鸿宾、王德容、乔岳、杨垣(子明)、周乐清(文泉)、长山马桐芳(子琴)[③]、同里吴炳荣、受业古绛张熙懋题辞。卷二后为补遗。卷三正文卷端题:"济南周乐二南著 高密单为鏓伯平评定"[④]。卷三前有同里南村花寿山、淄川孙孝淑、受业盛桂林(小澜)题辞。卷三末有咸丰四年(1854)李纬为之所作碑传。卷三为其晚年诗,自道光三十年(1850)至咸丰三年(1853)十月二十五日。当周乐写完《挽敬修大兄七律四首》[⑤]、《小阳月二十五日惊闻王秋桥溘逝、望哭之余口占五律四首作挽、不复计词句之工拙矣》后不久,亦病逝。因此卷三应为咸丰四年(1854)以后的补刻。

(四)《二南文集》二卷附《救世苦心吟》一卷

1.《二南文集》二卷

周乐撰,半叶九行二十一字,白口,左右双边,单黑鱼尾。清道光二十二年(1842)刻本。封面题:"二南外集 道光二十二年镌 枕湖书屋藏板"。二册一函。有道光戊戌(十八年)关西李元春序。有道光壬寅(二十二年)同里马国翰序,又有同里花寿山《周二南先生小传》。有嘉兴沈涛、刘在荣、(赵州)王大磬、(晋陵)杨垣、(掖县)李同[⑥]、傅董惟[⑦]、郑增修、乔岳、鹿泽长、李澍、王德容、(威远)邹光钺[⑧]等题辞。文集为其受业门人陈凤梧

① 周乐有《题周文泉大令静远草堂吟卷》,下注:名乐清,字安流,海昌人。《二南诗续钞》卷二。

② 周乐有《王春舫太守过访以蜀道吟卷见示为题一律》,下注:"春舫,名者政,文登进士,官四川龙安府知府,时乞养旋里。"《二南诗续钞》卷二

③ 马桐芳题二首,后一首题曰:马桐芳又赠。

④ 周乐有《庚戌春单伯平徵君过访云欲南游即事赠别》,下注曰:"名为鏓,高密举人,举孝廉方正,官栖霞教谕。"《二南文集》补遗。

⑤ 周天爵病逝于咸丰三年九月十五日。周乐此诗注曰:"兄以兵部侍郎于九月十五日病殁阜阳,时年七十九岁"。

⑥ 即掖县李图,原名李同,字少伯。

⑦ 字文麓,高密人,道光五年拔贡。官延川县知县,有文中"四灵"之目。

⑧ 邹光钺,字鸿放,举人,四川威远人,曾任肥城知县。周乐有《邹鸿放大令诗序》。周乐刊刻《二南文集》,得到邹氏资助,见《二南文集》邹光钺题辞。

(霭士)、贺兆庆(旟丰)、盛攀桂(小澜)、陈大鹏(搏九)[①]、胡承惠(侍枫)、董树屺(燮荣)、王化醇(缊之)[②]、张廷柱(松云)、张汝扬(磻溪)、李纯儒(泮金)等校刊。

从文集目录看,卷上续补《蓼斋孟公传》,卷下续补《何岱麓诗序》《漫翁传》,但从内容看,卷上补《华不注山房文集序》《金孝子传》《治家格言诗弁言》《殷孝子传》《王孝子寻亲记》《左仙舟先生暨德配郑安人寿序》,卷下补《张孝子负骨归葬记》、又补其受业弟子胡承惠跋,述收其师骈文之缘由,后即有《丙午七十集四书文》一篇。从续补情况看,周乐为其师历城尹廷兰所作《华不注山房文集序》,为其友清代辑佚大师历城马国翰所作《治家格言诗弁言》,戏作《丙午七十集四书文》均为道光二十六年(1846)所作。可见续补所作应为道光三十年(1850)刻《救世苦心吟》时补刻。

文集有王德容、花寿山、乔岳、马国翰、李图、傅董惟、李元春、陈介繁、周天爵、嵇文骏等人评,评点附于每篇文后,或一人评,或多人评。

二南文集又称外集者,以其以诗鸣世,文为次,如僧人以佛经为内学,故以所作诗文为外集。所谓《二南外集》者,即为此。

2.《救世苦口吟》一卷

周乐撰,半叶九行二十一字,小字双行同,白口,左右双边,单黑鱼尾。清道光三十年(1850)刻本。封面题:"救世苦口吟 道光庚戌秋镌 板存济南府署迤西敬慎书屋"。前有道光庚戌(三十年)十月柳道人序,有自序,又有南屏济禅师序,又有道光三十年(1850)立秋日历城李綎[③]序。后又有周乐弟子张熙懋跋,受业朱云官跋。周乐自序述其缘起,曰:"道光庚戌夏,余以指痏十四年不愈,拟卜休咎,适柳道人降乩,因焚香拜祷,真人既赐医方,又命作救世苦口吟数十首,题为忠孝节义礼义廉耻八字,劝人向善,本系素心,辄于课文之余,每一字作十截句,共成八十首,原本圣贤之训,参以古人事迹,不计工拙,但期人人见之有所激发兴起,则与世道人心不无小补,亦或不负真人随在救世之苦心已。"此八十首劝世诗由南屏济禅师点定,周之弟子张熙懋注释。张跋曰:"南屏济禅师点定二南夫子苦口吟八十首,谓剀切可以

① 入《续修历城县志》之《忠烈传》,阵亡于咸丰十一年八月十五日圣佛寺院与捻军之战。

② 老友王德容之次子,见周乐《小阳二十五日惊闻王秋桥溘逝,望哭之余口占五律四首作挽,不复计词句之工拙矣》。《二南诗续钞》卷三。

③ 后更名庆翱,字公度,一字小湘,李廷芳子,官至河南巡抚。

劝世，惟前代名人事迹览者未必尽悉，宜稍加注释，为昏衢一灯。时夫子以书院课文未暇，而属懋代为之，懋不辞荒陋，辄于雨窗次第笺注，约志梗概，人所习见者。姑从其略，庶几人人一览了然。”

（五）《二南制义》不分卷附《二南试律拟》一卷

周乐撰，半叶九行二十五字，白口，左右双边，单黑鱼尾，无格。清道光十八年(1838)刻本。前有关西李元春序，傅董惟复书充序，费开绥序，关西韩世雄序。后有云鳞、傅董惟、陈仲祺跋。李元春序曰：“丙申主讲潼川书院，得交历城明经周二南先生。时先生居李霱云司马西席兼主凤山书院。予往，曾读其所梓诗，以为可继渔洋兄弟及孙树百、赵秋谷诸人后，至是先生乃尽出未刻诗与古文制义，辱委点定之。……但先生制义与诗古文等非犹夫无学无识者之所为，未遇世不可不传于世，尚可为他日后学遇世之资，故因其归，劝终付梓而以向曾点定并为之序。”韩世雄序曰：“二南先生，山左名宿也，主讲凤山书院六年，于兹弟与侄辈尝从问字，丁酉秋，雄得陪先生听署西席，昕夕倾谈，藉读梓诗全集，知毕生心血所成，一日出文稿百余篇，皆来关中作，读竟，益叹于此道三折肱矣。因共乐输赀付枣梨，先生因并属雄点定。”约略可见此书刊刻情形。

（六）《周氏族谱》

周乐撰。《续修历城县志》卷第二十二《艺文考一》辑录，卷未详。《二南文集》卷上有周乐撰《始立家谱序》，序曰：“余先世江宁籍也，籍历城自余祖始，祖自江宁游幕山左，至历城取(娶)余祖母杨氏，得仲伯二嗣，遂家焉。伯即余父也，余父长游胄学，仲父自营伍起，官至都阃。父长子自武举署长清汛千总事，随剿陕匪殉节，得世袭云骑尉。仲父长子自武举实授长清汛千总，随剿川匪，以功升守备、赏带花翎归，升都阃。自是两支弟侄概习武，独余以伯支仲子习文，继父业，家籍历城已阅四世，而先世自祖以上竟无谱牒可考，余深以为憾，余幼时及见祖父，不知谱牒为重，未及致问。迨后遭家不造，大故频仍，两支兄弟皆析爨各谋生，余亦蹙蹙饥驱他乡无暇日，先世谱牒益无从稽考矣。……伯仲二支瓜衍日繁，数世而后，不且本原莫悉，敬睦无由，或至庆吊不通，视为路人乎，此则余之所大惧也。因是稽古宗法，次其昭穆，详其出处，合志一编，原籍余虽知之，托始于历城可也，曾祖余虽闻之，托始于历城之祖可也。”①

① （清）周乐撰：《二南文集》卷上，清道光二十二年(1842)刻本。

第九章　历城王德容及著述考

第一节　王德容其人

王德容，字体涵，号秋桥，世居蓬莱。生于乾隆四十六年(1781)，后嗣从叔，居历城。成人后以教读为生，桃李遍历城。成年后喜吟咏，抒发性情耳。老而弥坚，卓然以诗人侧身于历城诗坛。咸丰三年(1853)十月二十五日殁于家。有《秋桥诗选》四卷、《秋桥诗续选》四卷存世。

一、王德容其人

王德容兄弟三人，“未冠至济南，为从叔嗣，事继祖父母及父母，咸得欢心，而又念生父母不已，不二三年，辄一归省，往来跋涉，不辞艰辛”。①王德容在蓬莱老家度过了他的少年时光。蓬莱濒海，是丘陵地带，从他早年的一些诗中可以管窥其家庭状况：其《蓬莱秋日山居》诗曰：“暂辍芸窗业，农忙合共谋。黍先收道口，瓜助摘山头。户密无荒地，潮寒逼早秋。游闲村墅少，海岸下渔舟。”可见王德容蓬莱家庭有农业生产活动。王家还在海边荒山上建缘海山庄作为旅馆赚钱。其《缘海山庄》诗曰：“鱼盐未富厚，到此为悽然，树少无樵迳，山多半石田，朔风严海风，僻地淡村烟，底事添生计，关东到客船。”。王德容家有竹园，其《竹园》诗中有注曰：“余家旧以修竹名堂”，可见王德容蓬莱之家亦农亦商，生活比较富足，父辈可能是读书人，以修竹名堂，因此，后来王德容在历城斋号为思竹斋。王德容过继到济南以后，得以继续读书，考中秀才。后以教读为生，参加乡试十

① (清)王德容撰:《秋桥诗选》四卷，周乐《思竹斋存稿序》，清道光二十二年(1842)刻本。

余次，均告失败，傍明湖而居，桃李遍历城。子二：化起、化醇。长子化起，字基之，道光十七年(1837)举人，著有《佩韦轩诗草》，其具体营生未详，曾代父回乡探家。次子化醇，字缊之，贡生，以画梅著称，甚得山东巡抚崇恩赏识，多次陪同崇恩巡视各地，从王德容训诫儿子诗作中可知，如《醇儿从崇雨舲中丞东阅间道归视临行示此》《仲春望日醇儿从崇雨舲中丞东阅临行代言》等诗。而王化起也经常请自己师辈周乐等在巡抚衙门之珍珠泉畔饮酒，周乐有诗记之。王化起著有《香雪吟馆诗存》《咏梅杂诗》若干卷，其书法亦卓然成家。后官汶上县教谕。①

王德容以孝闻于时。马国翰序《秋桥诗选》中曰："余闻先生以孝行著，事大母得其欢心，尝倩谢镇甫作《谋奉图》以见志，未几而白云望邈，肠断重慈，窀穸之事，哀礼交尽。"②对于故旧友人，竭力施助。周乐序《秋桥诗选》中曰："李绍庭故人去世，妇尚少，遗三孤，无以为生，体涵为奔走醵金，使无冻馁，又呼其孤而长者，自教之，饮食启迪视若己子，凡十余年，入黉序，始勉以诗，命之归，生平类此者甚多，其行谊视蜀汉张裔魏、崔季珪为何如耶。"③

1. 教读生涯

清代读书人出路基本有两条：其一，科举考试的成功者一般走上仕途，进士最差也是即用知县，举人、贡生也算正途，经过一系列选拔，也能进入仕途，大挑一等可选为知县，其他即为教职用。当然，也有一部分举贡没有走上仕途者。其二，考中秀才之后没能再进一步，一般以教书为生，一边教书，一边读书参加科举，直至终老。当然也有一部分科举不成功者参与到各级官僚机构充当幕僚，尤以绍兴师爷为最。王德容便是成千上万个科举不顺者之一。王德容早年曾读书蓬莱之北林寺，有《北林寺读书》诗，诗曰："危坐长吟对月檽，禅房花影透珑玲。山僧也喜书声好，独倚松根夜夜听。"过继到历城从叔家后，还未成人，继续读书，拜在历城名师崔云辉门下，与周乐同学，周乐序其《思竹斋存稿》曰："余与体涵从崔倬

① 参见毛承霖修、赵文运等纂：《续修历城县志》五十四卷，卷第四十一《列传三》，民国十五年(1926)济南大公印务公司铅印本。

② (清)王德容撰：《秋桥诗选》四卷，马国翰《思竹斋存稿序》，清道光二十二年(1842)刻本。

③ (清)王德容撰：《秋桥诗选》四卷，周乐《思竹斋存稿序》，清道光二十二年(1842)刻本。

人夫子受业最久。”后辈马国翰也曾拜在崔云辉门下，马国翰序其《思竹斋存稿》曰：“体涵先生与余先后同受业于崔倬人夫子，先生长余在十年以上，逮余执经问字，而先生早以师法广其传、谈易坐皋比矣。”①从马国翰序中可知，在马国翰刚跟崔云辉读书时，王德容已开山收徒。这应该是王德容考中秀才后，为生活计，开始了其教读生涯。所谓教读，就是边教书边参加科举考试。他曾“十余战，屡困棘闱”。② 终以诸生终老。关于王德容的教读生活，周乐序其《思竹斋存稿》曰：“余久客秦，归仍饥驱，体涵则岁岁开馆湖侧，一时高足多题雁登龙以去，门前为百花洲，课暇每负手散步，其旁观荷芰扶踈，湖心亭舍掩映芦苇间，兴至亦拏舟往，有时竹笠芒屦，偕二三友人出游玉函、龙洞、鹊华诸山吟眺。又尝载酒率诸弟子登岱，徒步陟绝顶，拟晓观海日，夜忽大风雨，飞瀑疾霆，响震林谷，披衣呼诸弟子起酌，弟子咸愕顾失色，已独引杯赋诗自若。”③马国翰述道：“结庐鹊华桥畔，生徒从游者常数十人，列座彬彬，多济南知名士，哲嗣长公举孝廉，次公补博士弟子员，俱以家学显世，而凡及门弟子，率皆工于诗律。”④周乐、马国翰所述，极尽王德容教书生活之乐。而可以安慰自己的也仅如此，王德容《自叙》中云：“头垂白发，五十年久辞梓里，髀减青氈。桃李阴浓，多则欣乎门满，桑榆景晚，劳几苦夫舌干。”⑤在教书过程中，每到乡试之年，便要披挂上阵，甚或与门下弟子一起参加，当后辈甚或门人都在科举道路上前进一步时，自己作何感想呢？王德容有《榜后闻为乐陵明府宗公(元醇)荐感吟》诗曰：“十次文场苦，战北于今老。岂望科名骥，衰犹坐盐车。”⑥又有《六十自述》诗中曰：“名场岁月枉蹉跎，壮不如人奈老何。”⑦可见他内心之痛。王德容虽以诸生终老，但老天似乎眷顾这位忠厚长者，咸丰元年(1851)，王德容被保举孝廉方正，可稍补屡次科举不第之憾。

---

① (清)王德容撰：《秋桥诗选》四卷，马国翰《思竹斋存稿序》，清道光二十二年(1842)刻本。

② (清)王德容撰：《秋桥诗选》四卷，《自叙》，清道光二十二年(1842)刻本。

③ (清)王德容撰：《秋桥诗选》，周乐《思竹斋存稿序》，清道光二十二年(1842)刻本。

④ (清)王德容撰：《秋桥诗选》四卷，马国翰《思竹斋存稿序》，清道光二十二年(1842)刻本。

⑤ (清)王德容撰：《秋桥诗选》四卷，《自叙》，清道光二十二年(1842)刻本。

⑥ (清)王德容撰：《秋桥诗选》四卷，卷三，清道光二十二年(1842)刻本。

⑦ (清)王德容撰：《秋桥诗选》四卷，卷四，清道光二十二年(1842)刻本。

2. 交游

王德容早岁并不以诗人自居。马国翰序《思竹斋存稿》曰:“凡及门弟子率皆工于诗律,而先生方谦冲退让,不以诗自鸣,故同人亦罕知其有诗也。”①嘉庆十六年(1811)至十八年(1813),王德容有《国朝山左诗续抄》的校对之任,组织者是山东学使张鹏展。由此,王德容结识了一些同人,王德容有《重阳前五日同李敦麓、郑彦兮、赵西园诸同人登千佛山》诗,其中李敦麓即文登李淳琳、郑彦兮即日照郑勖士、赵西园即历城赵翰,均在张鹏展《《国朝山左诗续抄》校对姓氏中。王德容与他们结交近三年,后来王德容有《喜见李敦麓问知蔼溪师近况感赋简呈》诗,是王德容又见到李淳琳时之作,蔼溪师即为学使张鹏展主持编辑《国朝山左诗续抄》的文登李允升,王德容以师事之。郑勖士为王德容《秋桥诗选》题词。由于同乡,王德容与赵翰交往较多,王德容有(《过赵西园庄》《赵西园邀游绣水迤南诸峰简寄》《送赵西园之单县广文任》)②等诗,赵翰殁后,王德容有《望见城后庄感忆亡友赵西园》《过赵西园旧里感赋》诗,寄托思念。

王德容早年交情较深者除部分校对《国朝山左诗续抄》同人外,有贺瑞清(麟符)、宋维度(芸圃)③、李绍庭、周乐等。周乐,字二南,历城人。早年以教读为生,年近花甲赴关中同乡挚友李肇庆府教授李之子,兼代写应酬之文。近七十返里,主讲济南景贤书院。殁于历城。一生好交游,性喜诗文。王德容与周乐同学,两人往来颇频繁,留下不少诗歌。周乐入关投李肇庆,周乐序《思竹斋存稿》中曰:“余西行时,体涵祖饯西郭门外,握手依依,语若不尽,既别,又时时惠尺一问余无恙,并为余筹及立锥地。”④,周乐走后,与王德容交往较深的历城诗人是郑云龙。郑云龙,字耕南,号萍史,道光十二年(1832)举人,以教读为生,当年曾以翩翩少年侧身鸥社中。

---

① (清)王德容撰:《秋桥诗选》四卷,马国翰《思竹斋存稿序》,清道光二十二年(1842)刻本。

② 查民国十八年《单县志》,职官表有缺失,因无此人,有赵景沂,道光十三年单县训导。据王德容诗选,赵翰居平陵城西北隅。平陵,历城与章丘交界处,地属历城。既然此人在单县任教职,必然有功名,但《续修历城县志》无载,但他参见《国朝山左诗续抄》校对之任,至少是诸生身份。

③ 宋维度,齐东人,嘉庆戊寅恩科举人。或在历城教读,与王德容结识。《秋桥诗选》有宋维度题辞,自称“固均芸圃弟宋维度”。固均即是齐东。

④ (清)王德容撰:《秋桥诗选》四卷,周乐《思竹斋存稿序》,清道光二十二年(1842)刻本。

王德容与郑云龙均教读为生，同里居，且为儿女亲家。还有其他历城诗人，如李廷芳(《秋日见李湘圃寄来吴江近作》)、乔岳(《过乔松石窦家园别业》)、谢焜(《送谢问山之会稽》)、何邻泉(《寿何岱麓六十》)、王青阶(《送本家青阶入秦》)等[①]、而其《秋雨夜与韩锡伯、李绍庭集斋中》《夏日李春林邀同高晓山宴大明湖》《闻匪徒近单县界、惊怀白儒鸣(士昌)孝廉》《除前三日过故人杨辑五庄》《三月三日同郑萍史、李绍修登乐山》《送孙舜臣归安邑故里》《过问梁畊阳病归而志喜》《题枫林独坐图即寿曹仲宣五十》《赠王又鱼依二南韵》等诸诗中有些人物，多不可考。

前述周乐《思竹斋存稿序》中提到王德容常偕二三友人与及门弟子出游，王德容有《重阳前二日同徐双圃、管仙舫、郑萍史、柳陶门、李梦松及门重游大佛寺》《同萍史及圣水泉斋诸人游南郭外山》《丙申秋偕郑萍史及诸及门重游龙洞、佛峪作》《仲夏望后二日同王石町、张砚农并及门诸人游千佛山》等诗，王德容偕弟子游泰山亦有《自岱北赴泰安城道上》《登岱绝顶》等诗记之。可见王德容弟子亦为其游伴，可谓亦师亦友，其中李梦松[②]与之感情最深，王德容有《勉李生梦松》《李梦松及门闱后就馆》《梦松及门重游大佛寺》等诗。老家蓬莱族人与同郡之读书人与王德容亦有交往，同郡读书人来济参加乡试之际，王德容便成东道主，陪同他们游玩山水，把酒言欢。王德容有《忆登郡诸友》《喜族叔英泰应试至省》《送别故乡人归里因简寄兄》等诗。

道光二十二年(1842)，年已六十二岁的王德容侧身于历下诸诗人中，续鸥社之旧，别有一番情状。马国翰《书》曰："壬寅癸卯间，秋桥先生与周君二南、谢君问山、何君岱麓、朱君退旃、李君秋屏、彭君蕉山及余八人续鸥社于大明湖，春秋佳日，互为主宾，吟咏倡和，欢洽永日，每雅集时，秋桥长髯如银丝、轩轩霞举，共目为神仙中人。"[③]鸥社诗人马国翰，字词溪，号

① 王青阶，名联登，字青阶，历城人。道光元年举人，峄县教谕。周乐《周范墅传》中曰：昔余招范墅与翟鳞江、纪秋水、王青阶诸人集历下亭。可见王联登与历城名士周乐、周奕黉、翟凝等均有交游。王贤仪《家言随记》卷四《梓桑敬止》中曰："家青阶兄联登，历城辛巳孝廉，学行重时，同人称眇小丈夫，官广文，家居村归，见策骑来者，比近始下，则昔年及门，怒斥之，次日呼而夏楚焉，或以为甚，然犹有古道也。"

② 李梦松，咸丰元年辛亥科副贡。参见毛承霖修、赵文运等纂：《续修历城县志》五十四卷，卷第三十四《选举表一》，民国十五年(1926)济南大公印务公司铅印本。

③ (清)王德容撰：《秋桥诗续选》四卷，马国翰《书》，清道光三十年(1850)刻本。

竹吾，道光十二年(1832)进士，分发陕西知县，以陇州知州引退。谢焜，字问山，自浙江山阴占籍历城，以诸生终老，好吟咏，喜漫游。何邻泉，字岱麓，号苹野，好时古文辞，工唐隶，著《无我相斋诗》存世。朱诵泗，字退旃，彤孙，道光十一年(1831)辛卯科岁贡，昌邑训导。李纬，字秋屏，历任福建莆田县涵江司巡检、河南济源县邵源镇巡检。归里后侧身鸥社中，著有《湖上闲吟草》。彭泽令，字蕉山，章丘人，马国翰挚友。

王德容虽与马国翰同学于崔云辉，毕竟马国翰晚他十余年，他们的密切交往始于这次马国翰家居期间。德容有《祝马太夫人寿即简词溪》《送马词溪入觐》《送马词溪复任泾阳》等诗，挚友走后，留下了诗人无尽思念，如《五月十三日李秋屏招聚湖上、竹吾时已赴秦赋以志感》，王德容晚年与马国翰诗简往来不断，有《寄吟侣》《马词溪自陕简寄步韵答之》等诗。

二、王德容著述考

王德容著《思竹斋存稿》八卷，周乐、马国翰、孙钦若等序之，《秋桥诗选》中均提及，未见稿本，经掖县李同选定，为《秋桥诗选》四卷，清道光二十二年(1842)由王德容诸弟子刊刻。又有《续秋桥诗选》四卷，经周乐等选定，于清道光三十年(1850)刊刻。又有《思竹斋杂俎》，《续修历城县志·艺文考》著录。

1.《秋桥诗选》四卷

王德容撰，半叶八行二十一字，白口，左右双边，单黑鱼尾。清道光二十二年(1842)刻本。封面题:“道光壬寅镌”。正文卷端题:历城王德容体涵著，掖县李同少伯选定。前有道光二十年(1840)周乐于广平府永年县官廨序、道光二十一年(1841)马国翰序、孙钦若序、道光二十二年(1842)李同序。又有王德容道光二十二年(1842)夏自叙。后有何邻泉、乔岳、刘登桂、马国翰、孙钦若、谢焜、朱诵泗、张炘、郑勖士、宋维度题词。

《秋桥诗选》由掖县李同选定，并作序。李同序曰:“后二十年，游历下，与周君二南、王君体涵交，各出诗稿见示，皆崔倬人先生高弟也。”①李同，字少伯，同为原名，后改为李图，掖县人。工诗古文辞，文纵横跌宕，取法韩欧，诗尤精五古，出入曹刘陶谢间，论者谓莱郡自万锦堂《大风社集》后，其突过前人者惟图为最，由选贡令直隶无极，辞官归，侨寓潍阳，与诗

① (清)王德容撰:《秋桥诗选》四卷，李同《序》，清道光二十二年(1842)刻本。

人于祉、郭绥之往还，学者宗之，著鸿桷斋文集诗集，卓然可传。[①] 有孙钦若书。孙钦若，字敬之，号兰斋，茌平县城西葛庄人。家贫好学。道光八年（1828）举于乡，充馆陶书院主讲，士林以为矜式，道光十四年（1834）大挑二等选历城教谕，教士以诚孝弟为先。道光二十四年（1844）成进士，以知县分发浙江，历任新昌、萧山县知县，皆有政声。陛海宁州知州，旋擢杭州府东塘海防同知，调岩州府同知，充丙午、辛亥乡试同考官，摄上虞、仁和等县知县，金华府通判。后授岩州府同知，以年老致归，归之日，攀援者甚众，众门生咸送至百里外，两袖清风而去。著《兰斋诗集》。[②] 孙钦若道光十四年（1834）任历城教谕，王德容尚为秀才，因此孙钦若虽以同学弟自称，而王德容却以师尊之，王有《孙敬之师春捷后分发浙省赋送》诗。

校梓者有：吕孟甲镇瀛、蔡瑶蕴山、杨兆麟仁圃、杨子镇青圃、滕昆生春圃、李希骞次闵、陈锡甲梧堂、殷志发省愚、张士超越泉、曹邵庭承甫、李春荣秋实、张媚川珠泉、宋振蛟雨田、张鸿龄锡九、赵天泰复亭、郑葑禹山、杨兆凤霭人、孙鹤龄仙亭、王履中素轩、徐灿锦堂、关廷琛玉堂、鲍友贤景兰、司健亭惺岩、李朴子淳、张生甫吉人、高寿岳松乔、翟起绳正甫、陈兆贵敬斋、李梦松枕山[③]、魏保太平阶、郑云腾子雨、李裕兴云轩。婿郑屿方洲、男化醇组之编次。李同序曰："壬寅春，体涵门人将梓其师作以问世，而属余择其尤雅。"[④]以上是为王德容刻诗集诸弟子。

王德容有《思竹斋存稿》八卷，本欲刻印，请周乐、马国翰诸友作序，并请周乐论定。周乐《思竹斋存稿序》曰："体涵宴余湖上，谈次，出《思竹斋存稿》八卷，属余论定，余携至广平衙斋，详读之。"孙钦若亦读过此稿并周乐诸人之序并题词，但后来王德容改变主意，请掖县李同将《思竹斋存稿》八卷中优雅者选出，成《秋桥诗选》四卷，但依然把周乐、马国翰《思竹斋存稿序》置于前、孙钦若为《思竹斋存稿》作《书》置于马序后，之后为李同的《秋桥诗选序》。诸友为《思竹斋存稿》所作题词置于王德容自叙后。

王德容《秋桥诗选》四卷收诗一百九十七首，首诗《蓬莱秋日山居》为

---

① 参见（清）魏起鹏修、（清）王续藩纂：光绪《三续掖县志》四卷首一卷，卷二《文学》，清光绪十九年（1893）刻本。

② 参见牛占诚修、周之桢纂：民国《茌平县志》十二卷，卷三《人物志・乡宦》，民国二十四年（1935）铅印本。

③ 咸丰元年副贡，《续修历城县志》卷第三十四《选举表一》。

④ （清）王德容撰：《秋桥诗选》四卷，李同《序》，清道光二十二年（1842）刻本。

王德容早年居蓬莱老家时所作，末诗为《内病纪异》，所收均为六十二岁以前所作。诗有五言、七言，以五言为主，其中抒情、叙事、交游诗较多，还有少量咏物、悼亡诗。

2.《秋桥诗续选》四卷

王德容撰，半叶八行二十一字，白口，左右双边，单黑鱼尾。清道光三十年(1850)刻本。封面题："道光庚戌镌"。正文卷端题：历城王德容体涵氏著，同学周乐二南、花寿山南村、马国翰词溪仝选定。前有道光三十年(1850)花寿山秋桥续刻诗集叙、道光二十九年(1849)九月嵇文骏序、马国翰书。有河北献陵(献县)崔士元、房洪恩、历城朱畹、历城孙兰枝、蓬莱张香海、会稽嵇文骏、安丘刘耀椿、李绍闻、蓬莱杨廷芝、古棣(惠民)杨云辉、历城孙维宗、张健封、张寿昌①、文登王者政、历城金墉、历城乔岳、历城吴炳荣、历城周乐、高密单为鏓、历城朱凝煃等题词。后有道光庚戌(三十年)李纬跋。与道光二十二年(1842)刊刻《秋桥诗选》时相比，此时为王德容题词者众多，且不乏当时名士如崔士元、嵇文骏、刘耀椿、单为鏓、张香海等，可见王德容在道光二十二年(1842)以后，诗名日著，交往日广。王德容与周乐俨然以济南二老居世，诗人来济南须拜访此二老才不虚此行，名士崔士元题词道："古人吾不见，得见二先生(前已谒二南先生)。笑我三年客，新知二老名。高风揖湖水，白社仰鸥盟。古调元音在，争弹孝友声。"②

《秋桥诗续选》四卷是道光二十二年(1842)《秋桥诗选》刊刻以后，由济南名士花寿山、周乐、马国翰为王德容选定的诗集。《秋桥诗续选》共收诗二百六十七首，此集中尚有少量《思竹斋存稿》之诗。花寿山《秋桥续刻诗集叙》曰："兹又裒集新旧作为续集。"③诗集最后一首是《庚戌孟春下浣同二南访岱麓于泉上因感题其壁间旧照》，已经到了道光三十年(1850)。诗亦五言、七言为主，多感怀、叙事、交游等诗。

3.《思竹斋杂俎》

《续修历城县志·艺文考二》子部著录：王德容《思竹斋杂俎》，出自

---

① 张寿昌，字柳泉。无考，王德容有《张柳泉正月六日招饮》。《续修历城县志》卷三十四《选举表一》载：张寿昌，咸丰二年壬子科恩贡。

② (清)王德容撰：《秋桥诗续选》四卷，崔士元《题词》，清道光三十年(1850)刻本。

③ (清)王德容撰：《秋桥诗续选》四卷，花寿山《秋桥续刻诗集叙》，清道光三十年(1850)刻本。

《许星南乡试朱卷·履历》,卷未详。

作为诗人,王德容师承崔云辉。掖县李同序《秋桥诗选》中曰:"余在易州晤崔倬人先生,其论诗不主时代门户,惟自抒写性情而止,以为华泉、沧溟遗徽未泯也。后二十年,游历下,与周君二南、王君体涵交,各出诗稿见示,皆崔倬人先生高弟也。二南之诗激宕豪迈,有苏陆风格,其源盖出于杜韩,体涵清粹和适,与林和靖、谢皋羽相近,其源出于摩诘太祝门迳,虽若不同,而其感物写怀,悠然自得,皆能奉倬人先生之教,以成一家言者也。"①王德容《自叙》曰:"尝谓诗也者,肖心以出,斯见至情,冲口而来,方为天籁,否则,吟髭捻断,竟日推敲,稿腹扪成,数朝组织,而至缕红刻翠,面目无真,搓粉揉香,性灵全失者,固不足尚矣。"②马国翰序《秋桥诗选》曰:"《思竹斋存稿》凡八卷,多本色本分语,不事雕绘,而清辞丽句往往从真性情中流溢而出,渊然以古,浏然以清,非世之模山范水所可同日而语者。"③从德容及时人评论可知其诗与风格。王德容"晚受知于学使刘瞻岩,济南人皆重之,以为质而有文,介不绝俗,有陶靖节风。"④

王德容终生教读,无复杂经历,足迹仅海岱间。为人平和,非孤傲之士。其诗亦如其人,非以才学盛,加之其亦主张诗舒性情,因此,其诗确如当时众人所评。他所写家庭伦常与师友交游之诗,恻然从肺腑中流出,让人读后,或为之欷歔,或为之鼓舞,或为之悲喜交集。其诗不事雕琢,无涂抹痕迹,无深奥之感,即使我辈不懂诗者,读之亦能解其意,感其至情。再者,王德容人生的绝大部分时间生活在历城,其叙事诗、交游诗、悼亡诗保留大量历城历史资料,其在历城长达六十余年,是嘉道年间历城历史重要见证人。

---

① (清)王德容撰:《秋桥诗选》四卷,李同《序》,清道光二十二年(1842)刻本。

② (清)王德容撰:《秋桥诗选》四卷,《自叙》,清道光二十二年(1842)刻本。

③ (清)王德容撰:《秋桥诗选》四卷,马国翰《思竹斋存稿序》,清道光二十二年(1842)刻本。

④ 毛承霖修、赵文运等纂:《续修历城县志》五十四卷,卷四十一《列传三》,民国十五年(1926)济南大公印务公司铅印本。

第十章　历城徐子威及著述考

第一节　徐子威其人

徐子威，字云樵，号野泉。先世居江苏常州府，父幕游山左，遂家历城。① 中年后喜为诗，与新城王祖昌、历城范坰、醉琴道士等交游密切。著有《海右集》，亦有范坰为之重订的《云樵诗选》传世。

一、徐子威其人

“其降生也异，其先君子琴舟公俯几假寐，瞥见一客飘然而至，貌古神清，迥非凡品，及视其刺，则书贾岛百拜，公惊愕，俄顷而云樵诞矣。”②“未弱冠，曾依族兄石泉于汴梁，与友人某同时列黉宫，适有贵公子喜狭邪游，邀某共饮，而公子与人有睚眦，格杀之，希图漏网，遂嫁祸于某，某贫且懦，不能自白，已铁案如山矣，而先生为之不平，会大吏某公治中州，先生奋不顾身，代为申诉，不啻父兄子弟之陈情也者，某公心动，立为平反，脱某于死而以贵公子偿焉。然先生即以此事褫革，某公感其义，赠以金，援例入国学。当是时，徐野泉之名满天下，其慷慨激烈，生死且不避，又何暇计及功名哉！”③“其幼年酷嗜经史子集，然不以博青紫为荣。及壮，好纵游，闻佳山水，不计道里远近，即跋涉以往，遇川楚巨寇之变，手著《兵策》一卷，

---

①　毛承霖修、赵文运等纂：民国《续修历城县志》五十四卷，卷三十九《列传三》，民国十五年(1926)济南大公印务公司铅印本

②　(清)徐子威撰：《海右集》八卷，法式善《云樵山人小传》，清嘉庆二十年(1815)徐子威环翠山房刻本。

③　(清)徐子威撰：《海右集》八卷，曲江湄《野泉先生小传》，清嘉庆二十年(1815)徐子威环翠山房刻本。

期见用于世，未几乱息，遂焚其书，辄以诗自娱。”①

子威一兄二弟，俱早逝，奉母金氏并寡嫂孤侄，以孝友闻。② 徐子威以教书为生，勉强维持家庭生活。牟应震序曰：“其为毘陵旧族，僦屋而居，藉砚田以养母。母年八十有六，日二餐，其余一餐盖窘乏者屡矣。然未尝妄干一人。”③“先生以名下士遨游于燕赵齐鲁之间，落落寡合，晚年将老母僦居历下之南郊”④，子威乡友蒋嗣曾对其侍母有一段精彩的描写：“一日，天清朗，欲游无伴，因趋访，入陋巷，叩柴门而先生出，延坐，余以拜母请，入告而辞，遂约游，又入告曰：蒋君邀儿他适，愿母先饭，无相念，语音悃悃，闻之萧然，因问之曰：此中惟萱堂乎？曰：有嫂侄。无妻子乎？曰：在直隶。何单身居此？曰：自兄殁，母嫂无人奉，因来此十余年矣，无赀，故尚未往迎也。”⑤

中年后，喜为诗。其五律师承王、孟，逼近张、王。尝与友人泛舟湖上，遇新城王秋水，以论诗不合，至攘臂争。然遇心折，亦抑然自下。⑥“此历下所云诗疯子也。”⑦范坰《论诗绝句》云：“徐云樵子威，本常州人，以父客山左，遂家历城，事母以孝闻，长于五律，有《海右集》，年六十三卒。”⑧“子名烛，字耀之，号小樵，颇解风雅，能世君之家。”⑨

---

① (清)徐子威撰:《海右集》八卷，法式善《云樵山人小传》，清嘉庆二十年(1815)徐子威环翠山房刻本。

② 毛承霖修、赵文运等纂:民国《续修历城县志》五十四卷，卷三十九《列传三》，民国十五年(1926)济南大公印务公司铅印本

③ (清)徐子威撰:《海右集》八卷，牟应震序，清嘉庆二十年(1815)徐子威环翠山房刻本。

④ (清)徐子威撰:《海右集》八卷，翟凝序，清嘉庆二十年(1815)徐子威环翠山房刻本。

⑤ (清)徐子威撰:《海右集》八卷，蒋嗣曾序，清嘉庆二十年(1815)徐子威环翠山房刻本。

⑥ 毛承霖修、赵文运等纂:民国《续修历城县志》五十四卷，卷三十九《列传三》，民国十五年(1926)济南大公印务公司铅印本。

⑦ (清)徐子威撰:《海右集》八卷，蒋嗣曾序，清嘉庆二十年(1815)徐子威环翠山房刻本。

⑧ 范坰《论诗绝句》其二十诗曰:“枯松秃柳石嶕嶕，陡硼谁支独木桥，五字吟成心血尽，令人对此忆云樵。”

⑨ (清)徐子威撰:《海右集》八卷，法式善《云樵山人小传》，清嘉庆二十年(1815)徐子威环翠山房刻本。

关于徐子威的卒年,《海右集》中提到徐子威在世的最晚时间为嘉庆十九年(1814)六月中旬。在《补遗草》中有"张养良二兄为余总角交,别后垂五十年矣。余久客历下,于甲戌六月中旬之夕,忽晤于吴太守礼石处。"徐子威早在嘉庆十七年(1812)就欲刻其集,前面序跋大多为嘉庆十七年(1812)之作。且翟凝序中曰:"岁壬申秋七月,其海右初集将付梓。"在嘉庆二十三年(1818)所刻《云樵诗选》中范垌序曰:"年六十余,尽所有刻之,名《海右集》,刻成而死。"死后其友李僩欲刻徐子威诗选,请范垌选诗,"垌敬诺,阅今三年,未暇为也。今年六月,……付之剞劂氏。"可见嘉庆二十三年(1818)范垌等为徐子威刻诗选时徐子威已殁三年。可以推定为嘉庆二十年(1815),也即可推定徐子威《海右集》刊刻于这一年。

二、交游

徐子威为人仗义,"与人交真,气溢眉宇。"[①]"其为人不苟言笑,人与谈则谈,不与谈,则枯坐若忘饥渴,窥其意,竟不知何者为轩冕,何者为形骸。"[②]与北极台主持醉琴道人最为相惬。"性恬淡,耽吟咏,暇日辄一过北极台、趵突泉、金舆、佛慧诸名胜,同羽衣醉琴辈或雨后看云,或春前采药,盘桓终日,有不知其兴之所自来者。"[③]是醉琴道士激发了徐子威作诗的第二春,因与李醉琴唱和最多,其中徐子威有《秋日赠醉琴道士十韵》《春日湖上访醉琴不遇》、《秋霁访醉琴不遇》《湖上听醉琴道人弹琴》《叠北极台李醉琴道士原韵》《赠醉琴道士》《秋日孙湘云招饮历下亭、适醉琴亦买舟而至、再叠前韵以志雅集》《月夜登汇波楼赠醉琴三叠原韵》《赠醉琴道士二首》《秋夜怀醉琴》《题醉琴道士踏云小照》《赠李醉琴道士二十韵》等诗。还与醉琴道人同人交游,如毕旦初、古芬道人等。与祖籍老乡吴堦(次升)、蒋嗣会(二松)等交游密切。与一些喜诗文的地方官如蒋因培(伯生)、纪淦(秋水)、张问陶(船山)、汪汝弼(梦岩)等及江浙在山左幕僚如孙宗朴(湘云)等亦有交往。毕旦初,字苏桥,湖北蕲水人,性孤

---

① 毛承霖修、赵文运等纂:民国《续修历城县志》五十四卷,卷三十九《列传三》,民国十五年(1926)济南大公印务公司铅印本

② (清)徐子威撰:《海右集》八卷,翟凝序,清嘉庆二十年(1815)徐子威环翠山房刻本。

③ (清)徐子威撰:《海右集》八卷,翟凝序,清嘉庆二十年(1815)徐子威环翠山房刻本。

介，生平不近女色，久游山左，多寓寺观中。① 谢焜《停云集》中选有《毕苏桥稿》。吴堦，字次升，一字礼石，江苏阳湖人，入赀为县令，癸酉权金乡，首擒教匪崔士俊等十八人，以功洊擢曹州太守，屡撄吏议，圣明倚重，得从末减，后仍以小事解任。② 蒋嗣会曾为《海右集》作序。徐子威有《春日访毕苏桥》《赠毕苏桥四首》《怀古芬道人》《白云歌送闻人古芬》《暮春送闻人古芬之京师》《赠吴大令次升六十韵》《怀吴大令次升》《历下重逢吴大令次升话旧三首》《春日和蒋二松招余同吴次升、蒋伯生、闻人古芬游周朗谷园林二首》《历下初识蒋大令伯生、辱题先君子照奉酧三十韵》《春二月蒋二松将应董璐书院之聘、辱题先君子遗照并跋、是夕吴大令次升置酒话别、子威于筵间勉成长句以志心感》《春日历下亭和蒋伯生之任汶上感怀二首》《初春送蒋大令伯生之任泰安》《题纪大令秋水吟卷次周二南》《秋九月送张船山郡伯之任东莱》《李仲恂邀余同冯菊仙、董翊廷、郑萍史、白企岳游佛慧山次韵》。此外，张鹏展编选《国朝山左诗续抄》时，济南聚集了一批诗文之士，徐子威与宋绳先（松磵）、鹿林松（雪樵）等亦有诗歌往来。徐子威有《和宋松磵学博月夜招饮小沧浪亭次韵》《同宋松磵、毕苏桥、王秋水、范伯野舟中听陆秀三弹琴得琴字》《夜泊湖上怀鹿雪樵》等诗。

除与李醉琴等相交甚挈外，还侧身鸥社，与范埛等鸥社诗人相唱和。周乐在其《郑萍史孝廉诗序》中道："方范伯野诗人立鸥社，约余与徐云樵、谢问山、何岱麓、李仲恂诸吟侣酬唱，萍史以翩翩少年亦与其间。"③从徐子威所作诗中，可知徐子威与李僩、郑云龙交往最多。另有非鸥社中人，如冯菊仙、张春江、汪菊墅、张渔村、李石泉等与徐子威游宴频繁，惜不知其名。徐子威有《李仲恂邀余同冯菊仙、董翊廷、郑萍史、白企岳游佛慧山次韵》《寄李仲恂》《赠郑萍史》《答冯菊仙见访次韵》《秋日送张渔村归天津》《秋杪同张春江、汪菊墅两太史、李石泉司马、张渔村孝廉登岱遇雨》《秋夕同汪菊墅、张春江、李石泉、张渔村泊舟历下亭分韵得盟字》《九日登历山留宿栖云精舍寄冯菊仙、李仲恂二首》《湖上送冯菊仙同李仲恂、李东兰次留别韵》《同张春江、汪菊墅、鹿萍泉登济南城楼晚眺忆李石泉分韵得才

---

① （清）范埛撰：《如好色稿已·论诗绝句》，清嘉庆二十五年（1820）范埛家刻本。

② 同上。

③ （清）周乐撰：《二南文集》二卷，卷下《郑萍史孝廉诗序》，清道光二十二年（1842）枕湖书屋刻本。

字》《围炉同冯菊仙、李仲恂夜话四首》《秋日送张渔村归天津》等诗。从以上诗作，可大体看出徐子威的交游圈。

第二节　徐子威著述考

徐子威好诗成癖，自刻《海右集》八卷，诗友李僩亦以其诗杂芜言之。范坰为之选刻《云樵诗选》一卷。

一、《海右集》八卷

徐子威撰，半叶八行十八字，白口，四周双边，单黑鱼尾。清嘉庆二十年(1815)徐子威环翠山房刻本。四册一函，藏山东省图书馆。

封面题："法时帆先生鉴定 环翠山房藏板"。前有嘉庆十七年(1812)法式善序，壬申(嘉庆十七年)八月曲江湄序，嘉庆十七年(1812)六月毘陵蒋嗣会序，嘉庆十七年(1812)历城翟凝序，嘉庆十七年(1812)四月栖霞牟应震序，嘉庆十七年(1812)八月历城李敷荣序。又有辛未八月阳城白晓山题诗，新城王祖昌、蒋嗣会、牟应震、莱阳赵曾、毕旦初、松硼宋绳先、花寿山、李僩、醉琴道人题诗。又有戊辰冬壬申松韩文澜跋、卢伯龙跋、辛未初夏法式善跋、汪汝弼跋、辛未入伏第二日吴堦跋、壬申三月蒋因培跋、壬申七夕前二日吴登蟾跋、壬申七月望前三日白企岳跋。

关于徐子威诗作，汪汝弼跋曰："云樵生而颖异，总角工诗，及壮益肆力于汉魏六朝三唐两宋，其鸿词警句不下数千首，但有步兵疏懒之致，属稿即拈为团，投之酒罂，未尝汇录，致家人目为故纸，被拾字者携去，遂使数十年心血一旦归于无何有之乡，可胜惜哉。云樵懊恨无已，废吟十余稔，矢口不谈。适有维扬羽衣醉琴不远千里携诗卷来访，因而吟兴顿发，旗鼓为之，复整《海右集》之刻，皆三五年内所著，其中旧作仅存一二十首。"可见徐子威诗大部分散失。

翟凝《序》略曰："野泉诗寄托高旷，吐属清华，直如元酒太羹，非素心人不能领其味外味也。诗凡四卷，诗余一卷，俱有风格，卓然可传。五言天机空灵，逼近王、孟，尤非诸体所及。"可见在嘉庆十七年(1812)徐子威要刻诗集时仅有四卷，且有诗余一卷。历城举人韩文澜有《题云樵《海右集》诗卷》，诗曰："山左四君子，皎皎有东痴。嗣音谓已歇，百年竟属谁。

毗陵神秀宗，健步直追随。投我新诗卷，一吟一惊奇。腕底驱唐人，想君搦管时。雅调琴上弦，浓艳花著枝。有时峭壁立，有时碧涟漪。曼衍鱼龙戏，不尽媚幽姿。掩卷心已醉，好句十日思。如君窭且贫，豪兴终不移。知君养天和，循陔善娱嬉。愧无此雅抱，徒笑我支离。年来逐公车，北笑走京师。归煖旧青毡，酸醎似啜醨。最苦入门来，乏人备晨炊。维摩妻善病，井臼亲操持。得失何足患，家累不能辞。灰尘封笔砚，泥涂殢心思。清凉浣我肠，何幸见君诗。安得晨夕共，从君一洒之。”①

二、《云樵诗选》一卷

徐子威撰，半叶八行二十一字，白口，四周双边，单黑鱼尾。清嘉庆二十三年(1818)范坰选刻本。一册一函，藏青岛图书馆。

前有范坰序曰："云樵性迂缓，不合时宜，举生平报负，一寓于诗，年六十余，尽所有刻之，名《海右集》，刻成而死。……其友李仲恂秀才僴请于余曰：'云樵名心太重，刻诗太多，以致瑜不掩瑕，受人指摘。然其五言律师承王、孟，逼近张、王，亦瑕不掩瑜。请先生选而叙之，录而存之，僴当另刻，以翼其传。'坰敬诺，阅今三年，未暇为也。今年六月，张伯良刺史杰知云樵之死，以为其母尚在也，寄白金十两，并高句骊参，属余存问其母。嗟乎，谊何厚哉！然其母既没，反之刺史，则刺史之义弗彰。因徇李生之志，翻《海右集》，细心遴选，得可传之作若干首，付之剞劂氏。"可知此书刊刻情状。

《续修历城县志·艺文考九》著录为"二卷"。后注据《二南诗抄》。据《二南吟草》，有《张伯良刺史寄金恤徐云樵母、盖不知云樵母亦相继殁也、范伯野遂藉金选刻云樵诗选一卷传世、余两美之、纪以长古仍用伯野韵》一诗。应为"一卷"。青岛图书馆著录为"一卷"，正文卷端次行题"古近体六十二首"。一册一函，因应为"一卷"。

三、《兵策》一卷

徐子威撰，《续修历城县志·艺文考二》著录，此书据《海右集》序。法式善《云樵山人小传》、李敷荣《海右集序》、蒋嗣会《云樵先生诗序》，三者

① (清)王钟霖辑：《国朝历下诗抄》四卷，卷三，清光绪四年(1878)至光绪五年(1879)刻本。

均提到徐子威著有兵书。法式善《云樵山人小传》中曰:“遇川楚巨寇之变,手著《兵策》一卷”。① 李敷荣序曰:“乙卯、丙辰间,晤野泉于黄氏烟雨山房,尝以诗歌唱和,间与纵谈,乃知其留心经济,晓畅戎机。会有小丑跳梁,流荡川楚,野泉乃集古名将行兵之法,裒为一书。”②而蒋嗣会序曰:“所著《兵鹄》等书,议论慷慨,洞识机宜。”③书名不同,似应为一书,姑且存疑。

① (清)徐子威撰:《海右集》八卷,法式善《云樵山人小传》,清嘉庆二十年(1815)徐子威环翠山房刻本。

② (清)徐子威撰:《海右集》八卷,李敷荣序,清嘉庆二十年(1815)徐子威环翠山房刻本。

③ (清)徐子威撰:《海右集》八卷,蒋嗣曾序,清嘉庆二十年(1815)徐子威环翠山房刻本。

第十一章　历城何邻泉及著述考

第一节　何邻泉其人

何邻泉，字岱麓，号苹野。居近趵突泉，故名邻泉。肆力诗古文辞，工唐隶，与曲阜桂馥齐名，是鸥社贯穿始终的成员，著有《无我相斋诗》传世。

一、何邻泉其人

约生于乾隆四十三年（1778）①，少通经史，小试不利，弃去。挚友周乐曰："岱麓固非无意于世者也。弱冠后数以所学试有司，迄无所合，遂弃帖括，专力于诗家。"②不参加科举考试，绝对是当时社会的异类。作为诗人，诗酒唱和，虽然身心上得到极大的满足，但也需要解决生活负担，"二子犹黄口，双亲已白头"③，父母需要赡养，幼子需要抚养。诗人何邻泉到底怎样养家糊口呢？从其与其他人的诗文资料中可得到一些线索，其《自题小像》可中道："自笑清贫空负郭，半生事业砚为田。"④历城乾隆间进士李德容之孙李纬为同邑王德容《秋桥诗续选》跋曰："岱麓就馆他方"。⑤ 可以推

---

① 见卷四《己亥仲冬生辰自述》中曰："六十过头又二春。"

② （清）周乐撰：《二南文集》二卷，卷下《何岱麓诗序》，清道光二十二年（1842）枕湖书屋刻本。

③ （清）何邻泉撰：《无相我斋诗选》四卷，卷一《感怀》，清道光二十五年（1845）枕湖书屋刻本。

④ （清）何邻泉撰：《无相我斋诗选》四卷，卷一《自题小像》，清道光二十五年（1845）刻本。

⑤ 毛承霖修、赵文运等纂：《续修历城县志》五十四卷，卷三十《艺文考九》，民国十五年（1926）济南大公印务公司铅印本。

定何邻泉的职业为幕僚或塾师。由于如下原因,可以推定何邻泉早年可能以游幕为生。首先,何邻泉没有考中秀才,不具备塾师资格。在乡下识字者还可教教小孩子,在济南城内恐怕较难。其二,诗选中没有何邻泉与弟子称呼者唱和之作。而同里挚友王德容、周乐诗集中颇多。第三,何邻泉与许多知县、县丞有交往。第四,其《感怀》诗有“才短暂依刘”句①,可能是在历城知县刘加封县衙做文员。第五,其《赠张铭一》诗中有“几年共连幕,何用出门交。”②第六,孙瑞泉题词中有句曰:“升堂公干传衣钵(谓贵老师松卿太史)”。可见他可能曾经过刑名等方面的训练,老师即历城知县刘加封。经过一段时间锤炼,刑名师爷足以养家,发财不易。同里贺崇禧考中嘉庆十六年(1811)进士,以知县分发浙江,告近,改江苏,补六合县知县。③ 曾招何邻泉,周乐曰:“同邑贺吉人进士令江南,招之,辄欣然往,盖欲藉以览六朝旧迹也。”④欲游览六朝旧迹是实,谋生也是其前往江南的动力,可能是去做贺崇禧的幕僚。而在文人眼中出外谋生确实较俗,而游山玩水的确雅一些。“至则凡清凉山、燕子矶、雨花台、莫愁湖诸胜境题咏殆遍,寓近随园,蹑履独游,徘徊凭吊,深以不见袁简斋先生为恨。”⑤其诗选中存有大量这一时期的游览诗,如《舟过淮安即目》《夜泊扬州有感》《游平山堂》《扬州西郊即事》《登六合城楼》《瓜埠山寺记游》《游四松庵》《登清凉山》《登雨花台》《游莫愁湖》《秋夜独坐》《游随园怀袁简斋先生》《陪贺斗南泛舟秦淮》《登旷观亭归途遇雨》《停舟观音门游燕子矶》《偕贺质甫游邢园》《游武南冈别墅题赠》《口占留别贺伯湛》等。江南一行三月,何邻泉有《感怀》一诗,诗曰:“何当踪迹叹萍浮,为客江南任去留。賸有闲鸥云水梦,愧无秋雁稻粱谋。愁多未减挥毫兴,才短谁容借箸筹。正拟买舟归故里。一声玉笛起楼头。”从诗中可概知诗人归里的原因。百无一用是书

---

① (清)何邻泉撰:《无相我斋诗选》四卷,卷一《感怀》,清道光二十五年(1845)刻本。

② (清)何邻泉撰:《无相我斋诗选》四卷,卷一,清道光二十五年(1845)刻本。

③ 毛承霖修、赵文运等纂:民国《续修历城县志》五十四卷,卷三十九《列传一》,民国十五年(1926)济南大公印务公司铅印本。

④ (清)周乐撰:《二南文集》二卷,卷下《何岱麓诗序》,清道光二十二年(1842)枕湖书屋刻本。

⑤ (清)周乐撰:《二南文集》二卷,卷下《何岱麓诗序》,清道光二十二年(1842)枕湖书屋刻本。

生。“归而诗境大进”①。归来后，与范坰、周乐、谢焜、李僩、郑云龙结鸥社于明湖之上，极尽诗酒之欢。之后曾在邹平县知县吴怡②县衙游幕，有《陪吴和轩师春日游黄山》《秋日游黄山》诗。时间为道光五年至六年(1826)，道光二十二年(1842)，马国翰归里养病，诗人们重续鸥盟，历城乾隆间进士李德容之孙李纬为同邑王德容《秋桥诗续选》跋曰：“壬寅岁，余从闽中归，适陇州刺史马词溪里居。花朝日，简招王秋桥、周二南、谢问山、朱退旃、何岱麓及余七人宴饮历下亭，词溪首唱七律四章，皆属和焉。是后提酒携榼，递相宾主，济南名声之区游屐殆遍。每饮必有作，互相磨砺，忘机如鸥，遂名鸥社。不数年，词溪仍官秦中，问山，退旃相继物故，岱麓就馆他方，惟秋桥、二南及余老于牖下，时相过从，而旧社冷落矣。”③可见，道光二十二年(1842)及后数年，何邻泉与历城诸诗人游山玩水，诗酒唱和，度过一段美好的时光。之后，何邻泉就馆他方，人到老境尚远方糊口。何邻泉“工唐隶，与曲阜桂馥齐名。”④其《感怀》诗有“学为穷荒违素志，书凭意造窃虚名”。周乐序曰：“岱麓又以其余力工隶书，世称之，或过于诗，则亦知岱麓者也。”⑤可知其书法在当时享有较高名声。范坰所刻《如好色斋稿》书名即由何邻泉题。由于何邻泉的书法造诣益深，加之能文能诗，因此老来虽出外谋生，但也说明还有人聘用。老年诗中没有再提到生活困窘，而提到“心中一事偏成悔，未读书今补已迟”⑥。可见，其老年生活应衣食无忧。道光三十年(1850)，王德容有《庚戌孟春下浣同二南访岱麓于泉上、因感题其壁间旧照》诗二首，其一云：“饥驱白首出乡关，疏阔吟朋少往还。杯酒相逢增感喟，鸥社冷落好河山。”⑦出外谋生，与鸥社诸友门往来日疏。同年，老友王德容刻成《秋桥诗续选》四卷，却没有何邻泉的题辞，

---

① (清)周乐撰：《二南文集》二卷，卷下《何岱麓诗序》，清道光二十二年(1842)枕湖书屋刻本。

② 云南保山举人。道光五年(1825)至六年知邹平。1706通志

③ (清)王德容撰：《秋桥诗续选》四卷，李纬跋，清道光三十年(1850)刻本。

④ 毛承霖修、赵文运等纂：民国《续修历城县志》五十四卷，卷四十一《列传三》，民国十五年(1926)济南大公印务公司铅印本。

⑤ (清)周乐撰：《二南文集》二卷，卷下《何岱麓诗序》，清道光二十二年(1842)枕湖书屋刻本。

⑥ (清)何邻泉撰：《无相我斋诗选》四卷，卷三《六十生辰自述》，清道光二十五年(1845)刻本。

⑦ (清)王德容撰：《秋桥诗续选》四卷，卷四，清道光三十年(1850)刻本。

因此可以推断何邻泉可能殁于这一年春天以后。

何邻泉有二子，其感怀诗曾有“二子犹黄口”句，但长子早他而逝。其《六十生辰自述》诗中有“乙未季冬长子阿泰遽逝”注。[①] 道光二十年(1840)十月十七日，二弟殁，有《哭二胞弟东序(庚子十月十七日殁)》。白头送黑发，堪悲。

从何邻泉诗文资料中看，何邻泉早年可能信奉道家，后来皈依佛家。如其《感怀》诗中有“烟霞误我身”句，是其信道家之证据。道教追求成仙，不具有操作性，且离现实生活太远。后来何邻泉以“无我相”名斋，是佛家术语。何邻泉与道佛两家均有交往，有《题醉琴道士吟卷》《题茂林和尚照》《题悦林和尚照》诗等。佛教可以为知识分子提供精神慰藉。

二、交游

邻泉所交，以乡里诗人居多，嘉庆间历城诗人范垌与邑人周乐、谢焜、何邻泉、李僩结鸥盟诗社于明湖之上，[②]共游历下好山水，诗酒唱和，极一时之盛。诗人有《三月望日登千佛山》《登济南城楼望岱北诸山》《拜李沧溟墓》《答友人约游桃叶村》《同范伯野、蒋芷帆、谢问山游城北即事》《明湖泛月》《和周二南夜归原韵》《登会波楼望鹊华二山》《雨后湖上泛舟》《鸥社小集次二南韵》等诗，但这一切都无法压抑自己郁郁不得志之情。诗人有《感怀》一诗，诗曰：“历下游踪遍，山椒复水滨。无田空负郭，失路暂依人。霜雪盈亲鬓，烟霞误我身。半生多坎坷，孤负眼前春。”[③]前述道光二十二年(1842)，马国翰归里养病，诗人们重续鸥盟。此时范垌、郑云龙已逝，新加入者除马国翰外，又有王德容、朱诵泗、李纬等，何邻泉又有《和马词溪刺史花朝招鸥社友泛湖》《四月十九日为杜少陵生辰、谢问山约集北极台祭拜分赋七律一首》《马竹吾刺史五十寿诗(词溪生于竹醉日故号竹吾)》《马词溪约集饮历下亭》、《寿朱退旃明经》《周二南招集饮汇泉寺遇雨分赋五律二首》《朱退旃邀集饮千佛山旷如亭》《李秋屏招集吟侣寿周二南与余即事有作》等诗。

---

① (清)何邻泉撰：《无相我斋诗选》四卷，卷三《六十生辰自述》，清道光二十五年(1845)刻本。

② 毛承霖修、赵文运等纂：民国《续修历城县志》五十四卷，卷四十一《列传三》，民国十五年(1926)济南大公印务公司铅印本。

③ (清)何邻泉撰：《无相我斋诗选》四卷，卷一，清道光二十五年(1845)刻本。

除鸥社诗人外，还先后与同里名士郑士芳（柳田）、陈超（元圃）、娄凤翥（近霄）、何裕民（近山）等交往，有《寿郑柳田丈》《春日同谢问山、汪星浦、毛春北、李鄂生、陈元圃、家近山谳集南丰祠》《赠娄近霄（善画、尤工松竹）》等诗。

何邻泉还与富有诗才的官员往来，但从无所求。周乐曰："家剧贫而性介，素交如蒋伯生大令、戴已山刺史类能振拔单寒，从不以一刺干之。"[①]与何邻泉交往的官员除上述蒋因培、戴屺外，还有刘加封、袁洁、章寅、曾龄等，有诗如《刘松卿师移居招饮次伯野韵》《次问山吟坛纪事韵戏柬袁玉堂明府》《过朗园题赠主人周朗谷丈次蒋伯生大令韵》《潭西怀蒋伯生大令》《和袁玉堂明府移寓之作》《偕袁玉堂明府、刘鹤津山长集饮湖边酒肆、玉堂首唱一诗次韵和之》《送袁玉堂出关》《游趵突泉次章直斋大令韵》《和直斋大令明湖春泛原韵》《曾松崖刺史重修鹊华桥亭落成有诗依韵奉和》等，均为他们交往的见证。由于职务关系，何邻泉与官府幕僚亦有交游。从何邻泉诗选看，他的交游较广，后亦有所述。

第二节　何邻泉著述考

范坰《论诗绝句》云："何苹野邻泉，历城人，诗颇蒽倩而一芹未掇，当时惜之。"[②]何邻泉有《无我相斋诗选》四卷存世。

《无我相斋诗选》四卷，何邻泉撰，半叶九行二十一字，白口，四周双边，单黑鱼尾。清道光二十五年（1845）刻本。山东省图书馆有藏、济南赵晓琳亦有藏。前有道光二十三年（1843）闰七月下浣周乐序。题词者有：桐乡孙瑞泉（拜石）、同里谢焜（问山）、古吴王大淮（海门）、古吴王鸿（子梅）、管芝舫二尹室武进庄若韫（芸缃）、同里王德容（秋桥）无锡嵇文骏（春原）、同里朱诵泗（退旃）、宗侄裕民（近山）。正文卷端题：历城何邻泉岱麓。从其诗选序及题词者可以看出，何邻泉交往者主要是同里诗人。其中，何邻泉与范坰、周乐、谢焜交谊最深，而与后两者交谊最长，三人与"鸥

① （清）周乐撰：《二南文集》二卷，卷下《何岱麓诗序》，清道光二十二年（1842）枕湖书屋刻本。

② 范坰《论诗绝句》其六十二。诗曰："天半秋云薄似罗，一鈎纤月漾金波。门前花柳迎人笑，傅粉郎君本姓何。"

社”相始终,堪称“鸥社三老”。而与谢焜唱和最多,因为他们相处时间最多。何邻泉有《同范伯野、蒋芷帆、谢问山游城北即事》《次问山吟坛纪事韵戏柬袁玉堂明府》《赠谢问山》《春日同谢问山、汪星浦、毛春北、李鄂生、陈元圃、家近山谯集南丰祠》《问山生辰同饮湖上赋此为祝》《题问山秋牕著书图》《问山莫春湖上以诗见招依韵答之》《问山行吟图》等诗。其次是山左官幕两途的朋友。如王大淮,曾任曲阜知县,其子王鸿,官聊城县丞。而嵇文骏为济南书院山长。孙瑞泉,浙江桐庐县人,由拔贡授湖州武康县教谕,以字学名于时。还有一位女诗人庄若韫,其丈夫是某县县丞(二尹),在其诗选中有与之唱和之诗。山东省图书馆藏本残,周乐序只藏最后半叶数行,通过友人赵晓琳,得到周乐全序,而《续修历城县志·艺文志》上著录应有范垌序,原书未见。《续修历城县志·艺文志》编者著录:何邻泉《无我相斋诗选》四卷,据本书,而周乐序据《二南外集》,范垌序据《如好色斋稿》,可见当时著者未见此两序,应是残本。

关于此诗选的刊刻,挚友周乐序曰:“山右刘蕉坡庶常侨居泺滨,见岱麓诗而嗜之,拟为刊以问世,属余选定,此殆岱麓之一知己欤。余不辞,为节存若干首。”可见,诗选由刘琨耀刊刻,周乐选定。刘琨耀,字仲瑶,号蕉坡,山西洪洞人,道光十八年(1838)戊戌科进士。选翰林院庶吉士,散馆改刑部主事。官至河南道监察御史。不知何因,琨耀辞官后侨居济南,过着闲云野鹤般的生活,与历城及寓居历城诸诗人相往来。主讲济南书院的嵇文骏有《访刘蕉坡太史夜宿梦诗楼》《赠蕉坡太史》诗,通过嵇诗,颇能了解刘琨耀在济南的悠闲生活。后一首诗曰:“爱汝幽栖处,萧然别一村。宽闲尘事少,朴拙古风存。明月自临榻,青山常在门。高楼人不到,清绝是诗魂。”①

诗选共四卷,卷一选诗四十二首,诗作约成于何邻泉三四十岁时,诗多游览济南名胜与唱和之作,间有《感怀》《秋雨弥旬赋以记之》《避瘧》《病其蔬食止酒》《病后书怀》等抒情诗。唱和者有同里范垌、谢焜、周乐等人,官员有刘加封(历城知县)、袁洁、蒋因培等人。期间,范垌创立“鸥社”于大明湖上,何邻泉侧身其中,有《鸥社小集次二南韵》等诗。

卷二选诗四十三首,主要分为二部分,其一为唱和之作,如《题醉琴道士吟卷》《题二南诗抄》《题茂林和尚照》《题悦林和尚》《寿郑柳田丈》《题李

---

① (清)嵇文骏撰:《笔花书屋诗抄二卷》,卷上,清刻本。

仲恂小照》《题严秋槎二尹故姬慧香明月梅花遗照》《送袁玉堂出关》等诗。其二是赴江南应同里贺崇禧招期间所作诗。卷二大部分为赴江南途中、在江南期间及归途所作诗。还有两首为归来所作，即《赠谢问山》《赠方毓鳞处士》二首。

卷三选诗三十四首，约为道光五年(1825)或六年(1826)以后至道光十八年(1838)(何邻泉约六十岁)诗，主要为交游唱和诗，首即为《陪吴和轩师春日游黄山》《秋日游黄山》诗，吴和轩即邹平县知县吴怡，从此诗可以断定卷三开始时间，又可推断何邻泉在道光五年(1825)或六年(1826)在吴怡幕中。《送周二南之关中应李霱云明府之聘》，周乐于道光七年(1827)赴关中李肇庆府中。因可断定此诗写作时间。又有《题翟渐逵枕湖楼次二南韵》一诗，据周乐《枕湖楼记》载："湖之南，有枕湖草堂，为故友翟修来居士与其弟鳞江款客处。……今未及十年，果有楼起于湖上，则修来之子冢君翊风、次君渐逵，承父志，市邻宅为之者也。"其他交往者有庄若韫(女诗人)、谢焜(问山)、汪口口(星浦)、毛口口(春北)、李口口(鄂生)、陈超(元圃)、何裕民(近山)、李口口(苹野)、章寅(直斋)、袁洁(玉堂)、增龄(松崖)、王鸿(子梅)、王口口(秋查)、吴梅、王德容(秋桥)、娄凤翥(近霄)、阎口口(缉轩)等。还有少量状物诗与述怀诗。

卷四选诗四十三首，约为道光十八年(1838)后之诗，主要为交往唱和诗。道光二十二年(1842)"鸥社"重振，何邻泉与"鸥社"诸子唱和往来，诗篇尤多。其余交往者有刘琨耀(蕉坡)、吴口口(西堂)、王口口(又渔)、宗口口(谦吉)、王巘(今雨，秋史先生曾孙)、金口口(寿泉)、清口口(秋圃)、崇恩(雨舲)、张鼎铭(循之)、王口口(禹范)、严口口(秋泉、自号玉函山下民)、邹光钺(鸿放)、南口口(召荫)、沈口口(荫南)、汪口口(澹菴)、房口口(春樵)。

关于诗人何邻泉的诗作。周乐序曰："其诗皆近体，而古作阙如，不欲强为其不能以精其所能也。"范垌序曰："苹野之书，松雪之格也，其诗，则渔洋之调也。松雪之书以婉妙为工，渔洋之诗以逋峭为尚，是二者皆近于苹野之为人，故学之易得其神似。"谢焜题词中曰："五七律专家，出入温与李，既沁人心脾，睹之色然喜。"

第十二章　历城谢焜及著述考

第一节　谢焜其人

谢焜，字问山，自浙江山阴占籍历城。① 与弟照皆名诸生。家贫，诗酒自娱，广交游。诗宗少陵，一生致力于搜集昔人诗歌，刻《心仪》、《停云》二集，所辑《海岱英华集》未梓。有《绿云堂稿》行世。

一、谢焜家世

谢氏“家谱自晋世以来枝派详明，为绍兴望族，世称金龙四大王。”远祖“讳绪，行四，南宋诸生，读书金龙山，殉国难，河上显神，披发执鞭，淹敌复仇，历加崇封。”②范坰《论诗绝句》云：“谢问山焜，本籍绍兴，因祖佩组游幕山左，入历城籍，为名诸生。”③谢焜之父至少兄弟三人。谢焜《喜乙青弟得子诗以示意》中曰：“同父存三人，分居各相离。汝为季父后，三十愁无儿。”④另诗《乙青弟照自会稽寄到家书》中曰：“诸父康强皆早世⑤，王父皤皤发全白。”父辈皆早卒于祖父，生活重任便较早地压在谢焜弟兄身上。

---

① 此为《续修历城县志·列传三·谢焜》中所载，县志所载录自谢焜妹夫王贤仪《家言随记》卷四之《亲戚情话》，阅谢焜《绿云堂稿》，有《丙子正月哭内子》诗，中有“先父母尚停柩会稽，嘱早作归葬计。”可知其家为“会稽”，会稽与山阴同属绍兴府驻地，一河之隔。不知是当时称呼习惯？还是县志有误。

② （清）王贤仪撰：《家言随记》四卷，卷四《亲戚情话》，清同治素风堂刻本。

③ （清）范坰撰：《如好色斋稿》己卷《论诗绝句》，清嘉庆二十五年(1820)家刻本。

④ 据此诗，谢照似乎为谢焜之堂弟，也可能过继给三叔，据谢焜外甥王钟霖记载，应为亲兄弟。

⑤ 原文为“世”，是“逝”之误，或别有他因，待考。

生于绍兴师爷之乡的谢焜、谢焕兄弟，继承祖业，先后走上游幕之路。而弟谢照，以教读终生。关于谢焜的父亲，谢焜的外甥王钟霖记道："外祖玉庭公官福建上杭县二尹，权县事，先妣随任，外祖因公入山遇虎，从者避，谕虎，旋走，比回署，外庶祖母适生舅父，遂名虎，长更名熙，号虎臣，为问山、乙青两舅父异母弟，少先妣四岁，外庶祖母抚爱同厚。外祖逝世，回会稽，家清贫，乙青舅父奉庶母暨弟妹至济南，依问山舅父同居。"①

谢焜之弟谢照，字乙青，增生。"端谨有实学，馆榖膏火外，不知有牟利术。累于家口，或雨雪灶冷，饮咏自若，诗友外无多交，与柳氏荫堂、陶门昆弟以文学切摩，训及门立品励学，如陈元圃超、何近山裕民、弟云舫芳、萧氏肯堂、肯穀、郑仁圃锡鳞、汪以诚，先后擢科第，已乃以青氊老，诗文多散失。②"谢照曾长期教读无棣巡检朱沄之子，朱沄亦会稽人。谢照曾为朱沄《鑑泉诗钞》作序。谢焜有一子嘉墅，字伯皋。谢焜在其《喜乙青弟得子诗以示意》诗中曰："我年三十七，一子犹骄痴，十岁始授经，解诵毛苌诗。"这是谢嘉墅少年的状况。谢焜在其《秋雨叹示嘉墅》中曰："一饱无事就枕眠，风砭肌骨夜数起。莹莹短檠澹如萤，簌簌败絮凉于水。儿为太息声暗泣，如斯贫到何时已。无家可归已堪伤，赁庑何又遭迁徙。太平甘为离散人，端居得毋圣明耻。我闻此言心如挚，不图儿言能及此。"这是谢嘉墅长大以后面对家庭的少衣无食的现状而与父亲的对话，谢焜只能对以诗人虽潦倒，千古可留名等语，并督促儿子曰："念此及早事诗书，少小勿为人所鄙。"受父亲影响，谢嘉墅也走上这条道路。范坰《论诗绝句》中曰："小谢眉端现白毫，相逢欲赠吕虔刀。即今雪案埋头日，谁识超宗有凤毛。"③谢焜妹夫王贤仪为著名刑名师爷，著《家言随记》。外甥王钟霖，道光二十四年(1844)举人，仕至长芦运判。辑有《国朝历下诗抄》。在外甥中举后，谢焜写诗一首："早识汝能贵，今教语不惭。甥真无似舅，青却胜于蓝。乐事双亲健，家声一力担，愧余西笑久，即看杏花探。"④外甥科举成功，聊补自己一生之憾。

---

① (清)王贤仪撰:《家言随记》四卷，卷四《先妣谢太君志略》，清同治素风堂刻本。

② (清)王贤仪撰:《家言随记》四卷，卷四《亲戚情话》，清同治素风堂刻本。

③ (清)范炯撰::《如好色斋稿》十卷，已卷《论诗绝句》其七十六，清嘉庆二十五年(1820)刻本。

④ (清)王贤仪撰:《家言随记》四卷，卷四《亲戚情话》，清同治素风堂刻本。

二、谢焜其人

从谢焜诗集中看，谢焜早年曾奔波各地，有《龙山早行》《黄台桥道中》《居庸关》《涿州遇雨》等诗，而《乙青弟照自会稽寄到家书》诗下注曰：“己未自闽入越，为人盗害，不克东归。”诗曰：“北风飒飒从天来，天公为我增悲哀。渺渺云山随风起，江水三千书一纸。书中有愁言不得，书中有字皆成泪。收泪持书仔细看，涕泪不尽关山难。内言饥饿几就死，况复岁暮衣裳单。寡母十年不见面，思子心伤泪不干。穷冬日暮炊烟冷，故宇魂多白昼寒。嗟我何为遭穷迫，有生不断苦与厄。诸父康强皆早世，王父皤皤发全白。堂前不见老莱衣。孙子无能常作客。死者已矣魂未安，生者如是来不得。安得骨肉同聚首，我独何为心恻恻。”从此诗可以尽睹谢焜家庭早年之艰难困苦。谢焜在外地谋生十年之久，不得见家中寡母与白发苍苍的祖父，而家中饥寒交迫，父辈兄弟三人早卒，而未安葬，自己此时却遭盗，没有回家之资，徒心恻恻而已。谢焜曾远游福建等地，谢焜之父曾任职闽南永定县[①]、上杭县。可能因父亲的关系与福建巡抚陈预有交。后陈预嘉庆十九年(1814)至二十三年(1818)巡抚山东，谢焜可能入巡抚幕中，后陈预奉诏赴京，谢焜有《戊寅夏五送中丞陈笠帆预奉诏入都》诗，并为之编《送陈中丞入都诗集》，谢焜还曾在肥城、泰安等地游幕。科举是那个时代文士无法超越之槛，谢焜虽富有诗名，但与弟谢照皆以诸生终老。“乙卯不第，坐独轮车，敝衣竹笠，游齐鲁间，玩佳山水。”[②]其科举不第之痛用游玩的方式亦无法化解。“租居近水，引泉绕屋，叠石杂花木，作隐趣，名‘鷓园’，赋以志之。”谢焜在科举无望的情况下，也只好放弃。谢焜游踪较广，定居济南后，曾回老家一次，王德容有《送谢问山之会稽》，嘉庆二十五年(1820)曾北游，造访友人张杰，有《深州瑞麦行》《舒氏节孝行》诗，另有《京华旅馆感怀寄深州张刺史》《过天津梅树君(成栋)孝廉招饮赋赠即言别》等诗。谢焜人生另一痛处即中年丧妻。[③] 范坰《论诗绝句》云：“妻美早

---

① 谢焜有诗《留别赖仰南汝阳》中有注曰：“文辉弟随先君子任，卒于闽南永定县，殡而未葬，今廿年矣。”

② 毛承霖修、赵文运等纂：《续修历城县志》五十四卷，卷四十一《列传三》，民国十五年(1926)济南大公印务公司铅印本。

③ (清)王贤仪撰：《家言随记》四卷，卷四《亲戚情话》，清同治素风堂刻本。

卒，著《哀絃集》一卷。"[①]谢焜有《丙子正月哭内子》诗五首，其一曰："贫贱夫妻廿二年，欻分鸾镜剧堪怜。伤心未免因投药，此恨凭谁可问天。逆旅曾抛孤客泪，绿窗戏说再生缘。如何一枕悲凉梦，竟尔真情到眼前（乙亥冬余客泰安，梦内子亡，丙子上元日，偶感风寒，素病弱，医者误投以参苓，服曰：吾生死同日矣，七日而卒）。"谢焜年五十岁时，好友李僴有《谢问山五十》诗相赠，其一曰："囊空屡使阮郎羞，犹自行吟日不休。有泪常添潘岳恨，无家谁替杜陵愁。艰难藜藿聊充腹，笑骂文章拟责头。莫说儒冠真误汝，诗能寿世胜封侯。其二曰：终年放浪在山林，行乐不知霜鬓侵。兔颖难偿惟笔债，茧丝未尽是名心。解音曲善周郎顾，抱膝诗歌梁父吟。从此著书期努力，莫教轻掷好光阴。"[②]此诗是对谢焜大半生的写照。范垌《论诗绝句》云："与余有淄渑之好，落拓不偶，虽炊烟屡断而酒筵诗社无戚容也。"[③]这是谢焜挚友范垌对其性情的高度概括。"目损于酒，年七十不见物，犹日吟哦，令孙为书。"[④]年七十，老友王德容有《寿问山七十》诗。除诗酒外，谢焜还有丝竹之好，尤喜歌弹词。[⑤]

谢焜挚友范垌《论诗绝句》对其有评曰："凄凉一卷悼亡诗，千古英雄失志时。坐有心交罇有酒，天空海阔话襟期。"[⑥]梅成栋序《停云集》曰："问山夙抱才名而坎壈不遇，人皆悲之，向使问山早通仕籍，身登台省，必别有一番事业，岂第日夜伊吾，手不释卷，觅残芳剩馥于冷烟宿草间乎。然则天老其才，使之优游林下，所以不朽诗人而赐之领袖也。是问山之穷也，非问山之穷，乃天下之不忍湮没诗魂而使之终穷于地下也。"[⑦]"将易箦，云未为陈元圃作传歉事。撰痘神祠联：体谅人间慈父母，保全天下好儿孙。人多诵之。"[⑧]

---

① （清）范垌撰：《如好色斋稿》十卷，己卷《论诗绝句》，清嘉庆二十五年（1820）家刻本。

② （清）余正酉编：《国朝山左诗汇抄后集》三十九卷，卷三十八，清道光二十九年（1849）海棠书屋刻本。

③ （清）范垌撰：《如好色斋稿》十卷，己卷《论诗绝句》，清嘉庆二十五年（1820）家刻本。

④ 毛承霖修、赵文运等纂：《续修历城县志》五十四卷，卷四十一《列传三》，民国十五年（1926）济南大公印务公司铅印本。

⑤ 谢焜《丙子正月哭内子诗》之五有注曰："余有丝竹之好，尤喜歌弹词故云"。

⑥ （清）范炯撰：：《如好色斋稿》十卷，己卷《论诗绝句》其五十一，清嘉庆二十五年（1820）刻本。

⑦ （清）谢焜辑：《停云集》二卷，梅成栋序，清道光十二年（1832）刻本。

⑧ （清）王贤仪撰：《家言随记》四卷，卷四《亲戚情话》，清同治素风堂刻本。

三、交游

谢焜"家贫,诗酒自娱,广交游,喜接纳,投缟赠纻,率知名士。"①作为诗人,谢焜自序《绿云堂稿》云:"余性嗜诗,不敢以诗名,偶有所作,不过言己离别愁思而已。"其"诗宗少陵,奉少陵戴笠小像,举觞必祝,每四月十九日,仿浣花故事,集周二南、范伯野、何岱麓诸诗友为少陵寿。"②谢焜有《题杜少陵先生戴笠小像》诗,诗前小记曰:"王荆公有少陵先生戴笠小像,面长瘦,目炯,左腮一痣,生毫数茎。余于友人处见之,倩画工临摹,与同社范伯野坰、周二南乐、何岱麓邻泉、李仲恂僩每年四月十九日设祭于历下亭,盖仿四川浣花草堂故事也。"鸥社为嘉道间历城诸诗人之诗社,历三十余年。约嘉庆十七年(1812)由范坰创立,成员有范坰、周乐、谢焜、何邻泉、李僩、郑云龙等数人。谢焜列于其间。道光二十二年(1842),马国翰居家养病,鸥社重兴。马国翰为王德容诗选作书曰:"壬寅癸卯间,秋桥先生与周君二南、谢君问山、何君岱麓、朱君退旃、李君秋屏、彭君蕉山及余八人续鸥社于大明湖,春秋佳日,互为主宾,吟咏倡和,欢洽永日。"③历城乾隆间进士李德容之孙李纬为同邑王德容《秋桥诗续选》跋曰:"壬寅岁,余从闽中归,适陇州刺史马词溪里居。花朝日,简招王秋桥、周二南、谢问山、朱退旃、何岱麓及余七人宴饮历下亭,词溪首唱七律四章,皆属和焉。是后提酒携榼,递相宾主,济南名声之区游屐殆遍。每饮必有作,互相磨砺,忘机如鸥,遂名鸥社。不数年,词溪仍官秦中,问山,退旃相继物故,岱麓就馆他方,惟秋桥、二南及余老于牖下,时相过从,而旧社冷落矣。"④谢

① 毛承霖修、赵文运等纂:《续修历城县志》五十四卷,卷四十一《列传三》,民国十五年(1926)济南大公印务公司铅印本。

② (清)王贤仪撰:《家言随记》四卷,卷四《亲戚情话》,清同治素风堂刻本。

③ (清)王德容撰:《续秋桥诗选》四卷,马国翰《书》,清道光三十年(1850)刻本。

④ 毛承霖修、赵文运等纂:《续修历城县志》五十四卷,卷三十《艺文考九》,民国十五年(1926)济南大公印务公司铅印本。

焜约于道光二十六年(1846)仲秋后去世①,其参与鸥社历时三十余年,可以说是在诗酒欢唱中离世。历城诸诗人是谢焜最主要的交游者。除以上鸥社诸友外,还有历城诗人范奕簧(有《哭周范墅(奕簧)同学》)、王淳等,谢焜《和王古愚淳结交行》诗中曰:"今人交态薄,皆知不如古。但看交者谁,未可同日语。焜年三十六,备尝甘与苦。何事常落落,交友知所取,城南范伯野,骚坛掌旗鼓,交多奇杰士,我亦得相与。东邻有王叟,表字古愚甫。同学不相识,今始披云睹。叟本慎交人,世俗难为伍。示我结交行,观人于所主。我为伯野友,契结金兰谱。叟亦友伯野,纳交应见许。父事礼得当,忘年可俦侣。和诗聊言志,音节不足数。"从中可知其交友的原则,并且因挚友范坰结识一些友人,如朱道衍、杜云(晓岩)、李醉琴等人,谢焜有《丁丑夏读铸亭山人朱道衍诗、想见其人、九日遇于范伯野斋中、同饮赋赠》《题杜晓岩得鹿图照》《北极台会饮》等诗。由于谢焜长期作幕,与山东官幕两途人物均有交游,如袁洁(玉堂)、陈醇(贞白)、顾德庆(筠岩)、张鹏升(字培南、号滇洲)、刘清(字天一、号朗渠、又号松斋)等人。诗人袁洁寄居历城,与谢焜关系密切,并为谢焜刻其诗集《绿云堂稿》。谢焜有《袁玉堂罢官居历下建诗龛于将军庙征诗赋此》《闻友人述陈贞白醇乙亥除夕去滋阳任时事》《丁卯榜发后呈顾筠岩夫子德庆即送别》《送前济南太守张鹏升奉太夫人柩归滇南代祝德庆作》《纪事四首》。历城诗人的共同朋友湖南安乡张杰,因袁洁而历访历城诗人,与历城诸诗人建立深厚的友谊。谢焜有数诗相赠,如《喜晤张伯良杰刺史即送别》《深州瑞麦行》《京华旅馆感怀寄深州张刺史》。谢焜平生喜"搜今昔人诗歌,辑《海岱英华集》

---

① 查周乐《二南诗续抄》三卷之卷二有《哭谢问山老友》诗,诗中有"去岁君稀寿,登堂我杖鸠。我今七旬到,君竟九原游"句,又有《丙午余七旬金紱三绘老人星图为赠戏题长句于上》诗,丙午年为道光二十六年,因此可推知谢焜殁于道光二十六年,时年七十一岁。周乐《哭谢问山老友》诗前有《仲秋童云翮约与其门人辈泛湖》,因推知谢焜可能殁于仲秋以后。而据王德容《秋桥诗续选》卷三,有《哭兄》一诗,诗后小注云:丙申冬归,今已十载。可推此诗写于道光二十六年冬,后又有《正月四日同人小聚》《张柳泉正月六日招饮》诗,可知已经到了道光二十七年,再两首诗后即为《哭谢问山》诗。另在《哭兄》诗前王德容归老家一趟,时在秋天,而归家前有《仲秋二日集东郡知好秋试者二十人小饮》,可知这一年是山东乡试之年,应是道光二十六年。依次约略推断谢焜可能殁于道光二十七年。与周乐诗中记载有矛盾,但周乐诗写的明白,而利用王德容之诗推断,是基于其诗完全按时间顺序排列,可能有误,因此暂按周乐诗集推断。同时,因周乐生辰,可推知谢焜生于乾隆四十一年,长周乐一岁。

十二卷”。[1] 并以此好结交诸多志同好友。谢焜《停云集》自序曰:“余自结客少年,每逢佳士倾心前辈,喜托赏音,或隔关山订知心于两地,或联风雨得聚首于一方,莫不杵臼交深,笠车谊笃,言敦道义,真可终身,论到文章,洵堪千古。”[2]谢焜辑《心仪集》《停云集》,并刻之。谢焜诗集选诗极少,仅有两卷,中有《送江宁柳碧村际春之西安》《文昌宫道士韩廼斋读韩文有返俗之意赋赠》《和耿芝亭和年白豆花》《许真君庙中看牡丹感而有作》《陈荫南大本少府厅前牡丹盛开适陈秀青歌者携女弟子至诗以索饮》《三月廿五日重遇湛素云于汶阳、忆乙亥至今欻欻五载、接席言情、感殊今昔、漫成一律》《同沈植卿槐游普照寺》《留别姚杏田文坛守尉》《留别赖仰南汝阳》《留别陈荫南少府》《留赠素云》《书赵蘅士曰佩悼俪篇后》《题李怡堂观察世治仿剑南体村居诗卷后》《过天津梅树君成栋孝廉招饮赋赠即言别》《送赖仰南汝阳返永定》等诗,但从中也可概见其交游之广。

第二节　谢焜著述及辑刻考

谢焜以诗著于世,有《绿云堂稿》传世,并辑有《海岱英华集》二十卷、《心仪集》五卷、《停云集》二卷。虽家贫如洗,但依然为高密李怀民刊刻《主客图诗集》四卷,并辑刻《心仪集》及《停云集》。

一、《绿云堂稿》二卷

谢焜撰。半叶八行二十一字,白口,四周双边,单黑鱼尾。清袁沽刻本。山东省图书馆、南京图书馆、山东省委党校图书馆有藏。

前有嘉庆戊寅年(二十三)陈预序,道光十年(1830)四月那彦成序,嘉庆庚辰(二十五)年谢焜自序。陈预,顺天宛平县人,乾隆庚戌(1790)进士,由编修外放,历升至山东巡抚。那彦成,章佳氏,字韶九,一字东甫,号绎堂,满洲正白旗人,大学士阿桂孙。乾隆五十四年(1789)进士,选庶吉士,散馆授编修,直南书房,四迁为内阁学士。后擢工部尚书、兼都统、内务府大臣。后又曾任陕甘总督、直隶总督。那彦成所作短序后题“庚寅又

① (清)王贤仪撰:《家言随记》四卷,卷四《亲戚情话》,清同治素风堂刻本。

② (清)谢焜辑:《停云集》二卷,谢焜自序,清道光十二年(1832)刻本。

四月长白那彦成题于保定官廨”。可知是其任直隶总督时作。而一介草民怎么能得到封疆大吏之序，历城金洙曾官于此，可能是金洙为谢焜所求。

《续修历城县志·艺文考》作四卷，李灵年、杨忠主编《清人别集总目》中著录：《绿云堂稿》二卷，清刻本，藏鲁图、青岛。按：一作四卷。《绿云堂稿》二卷、《停云集》二卷、《心仪集》五卷，嘉庆刻本，南图藏。阅省图藏本，为二卷本，山东省委党校图书馆亦为二卷本。卷末有吴吝白跋，曰：“此谢问山诗二卷，系袁蠡庄刻，蠡翁敦于友朋可见一斑，吾闻仁人必昌大其后，吾欲访问袁之后人踪迹，以实吾言，民国癸未夏四月十有一日吴吝白记于历下窑窝。”

关于此书之刊刻，谢焜自序曰：“近年来积卷成帙，为袁玉堂见之，欲谋剞劂，余谓今之灾梨厄枣者多有覆瓿之耻，况蝉响虫吟，不合大观，讵能期诸久远，而玉堂先生谆谆不已，弗敢违其意，乃慎自去留。可百余首，先付梓人。”吴吝白跋文所题袁蠡庄即袁玉堂，名袁洁。袁洁，江南桃源人，以辛酉拔贡为山左县令，权乐安，被黜，纳赀开复，授金乡，未踰年而罢，好写蒲桃，工题咏。①

谢焜诗集名以《绿云堂稿》，可从其诗《晨起》中得到提示，诗曰：“晨起作小阁，诗情一何长。红粉砌花湿，绿云高树凉。放怀思所好，染翰成短章。寄声同心侣，此乐殊无央。”

谢焜之诗，陈预序曰：“此卷抒写性灵，语语如探喉而出者，中题少陵小像云：少得沾匄幸有余。又云：晴窗拈韵志私淑。其宗派可想而知。”

二、《心仪集》五卷

谢焜辑，半叶八行二十一字，小字双行同，白口，四周双边，单黑鱼尾。清道光十二年(1832)刻本。藏山东省博物馆、青岛市图书馆。

三、《停云集》二卷

谢焜辑，半叶八行二十一字，小字双行同，白口，四周双边，单黑鱼尾。清道光十二年(1832)刻本。山东图书馆、南京图书馆、山东省博物馆、青

① (清)范炯撰：《如好色斋稿》十卷，己卷《论诗绝句》其四十二，清嘉庆二十五年(1820)刻本。

岛市图书馆藏。

前有道光十二年(1832)梅成栋序，有道光十二年(1832)谢焜自序。关于《停云集》之编辑，梅成栋序曰："问山先生《心仪集》，余既为之序矣，复以向所心仪，而已长逝者别为《停云集》，问序于余，余览之，不禁喟然也。夫不朽有三，立言处一焉。立言多端，诗歌处一焉，然亦不易言矣，非天才俊雅、属思逸迈者无能卓然有以自见，即有所撰著，苟非有大力者阐明于后，亦未必传之久远，况乎岁月率更，耆旧凋零，而欲于卷帙散佚之余，蠹蚀鼠残之后，摸索遗珠，掇拾碎玉，此倍难矣。问山穷愁著书，恒慨然以阐幽表微为己任，今乃于已往故人或得一稿，或得片纸数行，反复吟叹，如此者有年。今年夏，客京师五阅月，始卒其业，其用心为独至，用力为已勤矣。"谢焜自序曰："乃者汇抄，存以编次，感亲故之凋零，一卷遗诗，读当残照，数行老泪，洒向秋风，别心仪曰停云，叹逝也。"

《停云集》收录吴肇元《吴百药稿》、江清《江桐敏稿》、毕旦初《毕苏桥稿》、胡思聪《胡听斋稿》、徐霖《徐肖岩稿》、徐秉鑑《徐冰嵒稿》、延寿《延荔浦稿》、胡卿《胡习亭稿》、饶文震《饶苍竹稿》、时铭《时香雪稿》、刘锡《刘韵湖稿》。著者均有小传。

四、《海岱英华集》二十卷

谢焜辑，稿未刊，不见稿本。《续修历城县志·艺文考》著录。

王钟霖《历下诗抄序》曰："问山舅父积学工诗，连不得志于东闱，益肆力于诗，时谓得老杜真派，乐交四方士，刘寄菴、袁玉堂、张杞园、阎雨帆诸前辈皆以诗相重，独轮戴笠数十年，购吾东诗，继卢雅雨先生《山左诗钞》，为《海岱英华集》二十卷，雨灯雪垆，浅斟低咏，勘定颇精审，惟非千金不能开雕，暮年目盲于酒，扶孙持集走乞先赠公曰：'一生精力在此，今乃入暗狱，甥雨生行且仕，当能成吾志。'郑重交付，霖谨置箧，弗敢忘。"①

《续修历城县志·艺文考》据王钟霖《历下诗抄》。且王钟霖辑谢焜诗小序曰："又搜辑《海岱英华集》二十卷待梓。"王钟霖之父王贤仪《家言随记》之《亲戚情话》中曰："辑《海岱英华集》十二卷，"与王钟霖说有矛盾，或为误刻，当以王钟霖所载"二十卷"为是。

---

① (清)王钟霖编：《国朝历下诗抄》四卷，《历下诗抄序》，清光绪四年(1878)至光绪五年(1879)刻本。

谢焜将所辑《海岱英华集》交付外甥王钟霖，期望刊刻，但最终没有刻成，其原因见王钟霖《历下诗抄序》曰："幸博一第，旋为鲜民烽警北来，携室馆于潍，主讲于陵，忽忽十年，分曹驾部，春闱屡阻，复分务于蓟永，时念前训，如胸横石，而俸薄不暇及，忽忽又十年，近读余秋门先生《山左诗汇抄》，《英华集》中诗已多见，蹉跎岁月，集箧谨藏，虞久而或散失，其何以慰舅父于九京耶，乃为《历下诗抄》，凡集选历下人诗，又搜求若干诗，舅父未及见者若干诗，共得百八十余人，诗一千一百数十首，略为次序，分作四卷，虽未扬海岱之英华，且先彰历下之名士。"①

五、《送陈中丞入都诗集》

谢焜辑，书未见。《续修历城县志·艺文考》著录，卷未详。

陈中丞即为陈预。嘉庆二十三年(1818)山东巡抚陈预奉诏入都，诗人们写诗送行，由谢焜辑成诗集，范坰《跋》略曰："然自中丞之来四五年间，年谷顺成，里无繁役，所谓'梁氏夫妻为寓客，陆家兄弟作州民'，荷厦屋之帡幪，恩泽亦非浅鲜。戊寅夏五，奉召入都，郭门祖饯，毂击肩摩，虽乞儇借寇不少殊。而书院谢生复于献诗祖道之后，选诸生送行诗之佳者，裒为一集，序而刻之，以褒扬中丞之惠政。予读其序，诵其诗，语语实录，如探喉而出。《孟子》曰：'仁言不如仁声，善政不如善教。'于此见中丞之洁齐冬冰，恩湛春露，胥出于自然，而非夫假饰言貌、钓弋名誉者所可同日而语也。情不能已，爰跋数语，用志私淑云。"②

谢焜有《戊寅夏五送中丞陈笠帆预奉诏入都》，诗曰："封圻节钺仗通儒，武备文修作用殊。祷雨空山膏泽应，观风群吏德音敷。鳣堂典籍捐清俸，虎镇籓屏建远谟(嘉庆丙子新设总兵官于曹州、由公奏请)。恩信岂惟人感化，春生陇麦雉方雏。依光三月类山鸡，回首梳翎羽未齐。训诫丁宁如弟子，诗书细绎忘筌蹄。未将文字酬恩遇，却献篇章待品题。倘荷一言称贾岛，瓣香长此奉昌黎。春风广座不知寒，沅沣芬芳蓺芷兰。忽报金门宣召命，早开龙阁待儒冠。书生志笃瞻韩易，圣主恩深借寇难。试看依依官路柳，长条无计系征鞍。西郊祖帐奏骊笙，吏绕民环忍便行。归去玉堂

---

① (清)王钟霖编：《国朝历下诗抄》四卷，《历下诗抄序》，清光绪四年(1878)至光绪五年(1879)刻本。

② (清)范坰撰：《如好色斋稿》十卷，癸卷文《跋谢问山送陈中丞入都诗集后》，清嘉庆二十五年(1820)刻本。

寻旧侣，竭来草野诵仁声。集传蛾述承家重，训守河津报国诚。天语如纶问民瘼，谢安再出慰苍生。”

六、《主客图诗集》四卷

李怀民编次，谢焜选梓。半叶八行二十字，白口，四周单边，单黑鱼尾，无格。清嘉庆十七年(1812)谢焜刻本(佚名朱笔圈点)。藏山东省图书馆。

正文卷端题：高密李怀民编次 历下谢焜选梓。前有嘉庆十七年(1812)谢焜序。序曰：“近来言诗者多慕初盛而薄中晚，其蔽往往流于粗放，李石桐先生尝辑中晚唐诗主客图，一取张水部之天然明丽，不事雕刻，一取贾长江之力求险奥，不吝心思，使学者由此而进，亦登高自卑之意也。顾其中或失之俗，或流于率，恐学者无张之风味，则易至于浮靡，无贾之风骨，则易入于纤巧，因择其尤精者录以付梓，以为初学法。”

第十三章　历城李僩及著述考

第一节　李僩其人

李僩，字仲恂，号闲人，道光八年（1828）戊子科第二十一名举人，历任黄县训导、清平教谕。[①]《续修历城县志》《列传三·文苑》中载：李僩，才峻性旷，睥睨一世，当时有才子之目。官清平训导二十年，及门多所成就。性孤孑，不随人为俯仰。诗清超绝俗，酷肖其人。与友作答，随手成辞，辄焚之。著有《耐寒轩诗集》。[②]

一、李僩其人

李僩约生于清乾隆五十一年（1786）[③]。家族不可考，有一兄长，李僩有《寄家兄书》诗。早年曾从历城耿姓师受业，余正酉在编《国朝山左诗汇抄后集》所收李僩诗前小序中曰："仲恂同余先后受业于耿梅溪先生之门。"[④]作为文士，年轻时均致力于举业。李僩早年安贫乐道，其《即事》诗

---

① 毛承霖修、赵文运等纂：《续修历城县志》五十四卷，卷第三十四《选举表一》，民国十五年（1926）济南大公印务公司铅印本。

② 毛承霖修、赵文运等纂：《续修历城县志》五十四卷，卷四十一《列传三》，民国十五年（1926）济南大公印务公司铅印本。

③ 据其《黄县杂拈》诗中有"青氇年五十"句，这一年为道光十五年。

④ （清）余正酉编：《国朝山左诗汇抄后集》三十九卷，卷三十八，清道光二十九年（1849）海棠书屋刻本。其卷九中选耿玉函诗，诗前小传月：耿玉函，字抱冲，号梅溪，长清县人。乾隆乙卯举人，官临朐县教谕，有抱冲山房诗。王钟霖《国朝历下诗抄》卷一选耿氏诗，小传云："耿玉涵，字梅溪，历城历城县人。"名字最后一字虽不同，但应为一人，耿氏应为长清藉举人，居历城。

曰："山翠落柴荆，村居易远名。移花散春色，种竹待秋声。命薄文词贱，家贫鸡犬清。迩来颇自得，缘督悟庄生。"①早年李僩斋号为"有余闲斋"。可知他读书之余，赋诗为乐，比较悠闲。从《续修历城县志》中没有找到李僩家族的蛛丝马迹，乾隆《历城县志》卷第三十三《貤封表》中李倗，祖李灿、父李际芳，乾隆元年(1736)以李倗官衔得以封赠，武举李伟，倗弟，伟子士瑜。不知是否是李僩家族中人。李僩最终考中举人，加之其考中举人以前之悠闲，可推知其家庭可能比较富裕。这种家庭可以支撑其参加科举，但只要析箸，他可能只能自谋出路。其挚友周乐为其诗集序曰："仲恂性好游览，岩壑窈窕之区，园林名胜之地，兴至辄袱被独往，不自定其所之。"②李僩有《游历山》《登岱》《登佛慧山顶回开元寺》《从七峪登驼腰岭抵神通寺》诗，可见一斑，而其《有余闲斋东游草》，是其东游记录，由于诗集没有刻本，又不见稿本，只能从余正酉所选诗与王钟霖《国朝历下诗抄》寻找蛛迹。余选诗中有《登青州城楼》与《沙门岛》应为其东游之诗。沙门岛即长岛，位于蓬莱以北海中，四面环海。李僩东游至海，并深入海岛。《沙门岛》诗其一曰："海带编为屋，蛎灰涂作墙。高天垂处小，圆日出时方。鱼骨多成庙，虾须矗似樯。回澜望无极，一发指扶桑。"其二曰："更在中华外，无风浪作堆。鲛人趁墟市，蜃气幻楼台。雨过鱼龙喜，潮归天地开。云霞空卷尽，何处觅蓬莱。其三曰："大瀛环四面，白昼气冥冥。日射波涛紫，天回岛屿青。采珠寻蚌殼，汲水带龙腥。千尺螺舟过，摇摇动若萍。"对于长岛风景描述栩栩如生，诗作大气磅礴，有李白之风骨。李僩东游，同乡友何邻泉有《题李仲恂小照》，诗曰："蹇驴袱被走青州，一路溪山豁倦眸。阮籍穷途泣何益，子猷逸兴画堪留。云团树影供吟料，风送泉声涤旅愁。几载与君共潦倒，题桥有志恐难酬。"③周乐亦有《题李仲恂骑驴返里图》诗四首，其一曰："客劳途尚远，惆怅出青州。剩有诗情好，闲从驴背收。空山横太古，野草入深秋。尺幅须眉现，平生好壮游。"④是当时李僩骑驴东游最好写照。周乐为其诗集序中又曰："凡遇往古残碣断碑，摩挲

---

① (清)余正酉编：《国朝山左诗汇抄后集》三十九卷，卷三十八，清道光二十九年(1849)海棠书屋刻本。

② (清)周乐撰：《二南文集》二卷，卷下《李仲恂诗序》，清道光二十二年(1842)枕湖书屋刻本。

③ (清)何邻泉撰：《无相我斋诗选》四卷，卷二，清道光二十五年(1845)刻本。

④ (清)周乐撰：《二南吟草》不分卷，稿本。

辨识，手拓以归。又或见幽人逸士，村叟涧樵，往往与藉草坐谈，竟日不倦。以故乡土风俗，俚歌衢谣，默志手录，而尽以入之诗。”①至于李僩访古碑拓古石，有《黄石崖搨东魏造像碑》诗可略知故事，诗曰：“碑在千峰顶，樵人到尚稀。路盘斜径上，天纵乱云飞。老树裂崖石，苍苔侵佛衣。凭高古洞外，啸恐触雷威。”②至于见幽人逸士等，将其见闻写入诗中，有《纪谈（铸亭山人游诸蛮洞、归述见闻因作）》七首。铸亭山人即平阴名士朱道衍，字星海，号铸亭山人，诸生，有《铸亭山人诗抄》，与济南诸名士多有交往。诗之一曰：“蛮烟与蜑雨，曾历五溪家。鼻祖尊神犬，心香供秽蛙。苗娘能种蠱，鬼蜮惯衔沙，饮食无须箸，晨昏一铁挝。”其二曰：“一日频寒暑，岩居无定乡。山深人化虎，树密鸟拖肠。夜火打鸡挂，春心招马郎。双双何处宿，草际野鸳鸯。”其三曰：“崎岖行不易，涧谷路霏微。封豕尾能射，异猺头可飞。惊蛇燃竹火，防虎键籐扉。毒雾蒸蒸起，群鸢坠落晖。”③其《闻西域官军累捷喜而有赋》十六首亦是听闻而作。因此，李僩诗作取材广泛。范坰曰：“仲恂今年三十二，其诗已不下千余首，多漫帙弃置，不甚爱惜。”④可见李僩创作力之盛。李僩年轻时尚有投笔从戎的想法，其《咏怀》诗其一曰：“秃笔似顽仆，动转不随意。劣砚似石田，洗濯多费事。吾有嵇康癖，性懒亦云至。苦为笔砚役，伏案辄思睡。班超终封侯，李广继得志。能挽二石弓，胜识一丁字。”⑤其《送李大投西安戎幕即呈杨公》诗之一曰：“旌旗掣雷电，指顾出雄关。威振中华外，名齐韩范间。黄河榆塞垒，白雪荷兰山。能使土番辈，不窥青海湾。”其二曰：“帷幄能运筹，君真可佐戎。河声过陕壮，山势入秦雄。草檄鹏盘外，吟诗弧啸中。勒铭推巨手，不数贰师公。”其三曰：“黄河天际流，骑马耀纯钩。自有超超箸，岂能

① 毛承霖修、赵文运等纂：《续修历城县志》五十四卷，卷第三十《艺文考九》，民国十五年(1926)济南大公印务公司铅印本。

② (清)王钟霖编：《国朝历下诗抄》四卷，卷三，清光绪四年(1878)至光绪五年(1879)刻本。

③ (清)王钟霖编：《国朝历下诗抄》四卷，卷三，清光绪四年(1878)至光绪五年(1879)刻本。

④ 毛承霖修、赵文运等纂：《续修历城县志》五十四卷，卷第三十《艺文考九》，民国十五年(1926)济南大公印务公司铅印本。另见范坰：《如好色斋稿》。

⑤ (清)王钟霖编：《国朝历下诗抄》四卷，卷三，清光绪四年(1878)至光绪五年(1879)刻本。

碌碌羞。断云金鴈驿，明月玉关楼。但得三边靖，何思万户侯。”[①]也反映了其远大抱负，然生不逢时，有一点小的机会也没有人召唤，最终只是蹉跎而已，其《咏怀》诗中又道：“毛褐耀曦晖，声价高锦绮。瓦缶作雷鸣，呜呜欺宫征。吾生未弱冠，妄意希青紫。忽忽十余年，头巾仍如此。功不加吏民，名不出閒里。对镜视头颅，曰事可知矣。”[②]

李僩人生的第二阶段是教读生活，为了维持生计，养家糊口。体现其教读生涯是其诗集《耐寒轩麦邱草》《蜡屐集》。麦邱，商河县古名，当时属武定府。可能李僩的教读生活始于商河，并维持了较长时间。并且他的斋号从“有余闲斋”改为“耐寒轩”。首先，商河地属华北平原，冬天天气寒冷，不似济南地处盆地，冬天天气也较温润。其次，表示自己的处境与心境。其《杂兴》诗中曰：“自我来麦邱，阴云日荒幻。岂为一人愁，遂使天地变。或者羁旅目，易为云翳眩。今朝喜初晴，红日惊乍见。却为风婆妬，吹到云片片。渐次可重霄，张起周天幔。四围一色裁，密密无破绽。安得剑如虹，一斫云根断。百里无纤翳，故乡或可盼。”[③]其《不寐作》诗其一曰：“病躯不耐五更寒，兀坐披衣晓漏残。得酒翻输求璧易，出门直比度关难。空教狂放如苏轼，渐觉糊涂似吕端。一旦逍遥释羁绊，纵然菽水有余欢。”其二曰：“伐檀久欲置河干，忍使从旁笑素餐。愧我斯行本蛇足，累人何苦费猪肝。当时悔受求贤聘，此际真如权印官。惆怅他乡痴立久，一行归雁下前滩。”[④]才华横溢的李僩拥有自己的家庭之后，只好抛弃了自己前期有余闲的生活，不得已以舌耕为生。他的大家庭不足以养活一个闲散的诗人及其妻儿。其《寄家兄书》中有“平安强自挑灯写，儿女都来和泪听”句，他出外教书可能是携妻带子。其《蜡屐集》是在什么地方时写的诗集，待考。“蜡屐”出自南朝宋刘义庆《世说新语·雅量》，是指悠闲而无所作为的生活。可能是李僩适应了教书生活的状态。李僩可能曾在历城附近教

---

① (清)王钟霖编：《国朝历下诗抄》四卷，卷三，清光绪四年(1878)至光绪五年(1879)刻本。

② (清)王钟霖编：《国朝历下诗抄》四卷，卷三，清光绪四年(1878)至光绪五年(1879)刻本。

③ (清)余正酉编：《国朝山左诗汇抄后集》三十九卷，卷三十八，清道光二十九年(1849)海棠书屋刻本。

④ (清)余正酉编：《国朝山左诗汇抄后集》三十九卷，卷三十八，清道光二十九年(1849)海棠书屋刻本。

读，道光十二年(1832)壬辰科历城举人陈超有《题仲恂师耐寒轩诗集》，可知陈超应为李僩弟子。

道光八年(1828)，李僩四十三岁，考中举人，是其科举生涯中里程碑，对于恃才傲物的李僩也是一个慰藉。他改斋号为“自牧轩”，“自牧”有自我修养之意。也是李僩人生的另一种境界。其同科同邑中举者为贾辉山。考中举人后，需北上参加会试。根据清乾隆十七年(1752)定制，四科不中举人可参加大挑，嘉庆五年(1800)改为三科。李僩与贾辉山均未再考中进士，于是经过三次北上参加会试后，只得接受参见大挑的机会。李僩有《自牧轩公车集》来记录自己几次北上会试的所见所闻。贾辉山乙未大挑一等，赴江苏署任知县。[①] 乙未年即道光十五年(1835)。李僩也是这一年参加大挑，应为二等，以教职用，选黄县训导。据光绪《黄县志》：李僩，十五年任，历城人，举人。孔广瑾，十五年任，曲阜人，举人。[②] 可知，李僩道光十五年(1835)任黄县训导，但时间不到一年。李僩的《黄县草》有所记录。到临海的黄县，李僩又看到当年曾东游时的大海。李僩有《望海》《桑岛》《屺岾岛》等诗，诗作一如当年的《沙门岛》，但豪气却大不如前。李僩年已五十获此教职，有何心境呢？其《署中感怀》诗曰：“一错真难铸六州，邯郸悔学寿陵侯。此行翻被为官累，何日才消作客愁。任说蠹鱼空食字，谁怜痴鲤误吞钩。几时脱却朝衫去，临水登山得自由。”[③]其《黄县杂拈》诗其一曰：“我与我周旋，荒斋只自怜。青氊年五十，白发丈三千。空食长腰米，难寻缩项鳊。无人问奇字，枉草子云元。”其二曰：“生性不谐俗，闭门终日眠。人情同鲁酒，愁绪似吴绵。磨墨勘诗讼，染毫参画禅。兴来盘地舞，一任笑狂偵。”其三曰：“正有思乡苦，匡床坐寂寥。蝉声沈远树，虫语聚深宵。短烛红犹炧，残杯绿未消。忽闻秋雨滴，悔却种芭蕉。”[④]其《漫兴》中“一官莫说广文冷，磈磊胸中有热肠。”另一首《黄县杂拈》中有

---

① 毛承霖修、赵文运等纂：《续修历城县志》五十四卷，卷第三十四《选举表一》，民国十五年(1926)济南大公印务公司铅印本。

② (清)尹继美修(清)王棠纂：《黄县志》十四卷首一卷，卷六《秩官志》，清同治十年(1871)刻本。

③ (清)余正酉编：《国朝山左诗汇抄后集》三十九卷，卷三十八，清道光二十九年(1849)海棠书屋刻本。

④ (清)余正酉编：《国朝山左诗汇抄后集》三十九卷，卷三十八，清道光二十九年(1849)海棠书屋刻本。

“微官无一事，真是可怜虫”句。训导一职可谓鸡肋，对于富家子，可以借病或亲老之由不上任，或赴任获取资历，人脉，且可以继续参加科举考试。对于贫困者则愈加贫困，但毕竟也是一种营生手段。李僩家境贫困，且独立不群，选任黄县训导时年已五十，只能选择就任，但其怀才不遇之郁勃之气常流于诗中。黄县训导之后，李僩应调任清平县训导，据宣统《增辑清平县志》载：道光年间，李僩，举人，历城人，任训导，年失考。[①]《续修历城县志》中称李僩“官清平训导二十年”。可以大体断定李僩主要仕宦生涯是在清平县度过。而这二十年并非确指。留下《清平草》纪之。而最后李僩可能升任清平县教谕，《续修历城县志》中称李僩“历任黄县训导、清平教谕”。只是《增辑清平县志》失载，无法佐证。李僩仕宦生涯的最后一站是临清州，应为临清州学正，由于民国所修《临清县志》缺嘉庆、道光及咸丰初学官就任资料，因此无法确定李僩就任临清州学官的时间，可大体推定为咸丰初年。留有诗集《清渊草》，其《至临清》诗曰：“日暮愁长道，喜闻鸡犬声。人烟迷晚市，云树拥重城。客路此方尽，乡心觉渐生。预知官舍冷，尊酒且频倾。”[②]在临清登临了临清永寿寺内的舍利塔，有《登永寿寺浮图绝顶》诗，诗中“言访永寿寺，遥出清渊城。一塔高千尺，欲与青天争。我来登其上，脚底烟云生”[③]等句，依然有豪气干云之势。

李僩卒年不详，咸丰三年(1853)，马国翰辞官归家，之后有《李仲恂广文以杂著见示题卷尾以赠之》，此诗说明李僩至少于咸丰四年(1854)还健在。

李僩其人，《续修历城县志》其本传有评：“才峻性旷，睥睨一世。”“性孤孑，不随人为俯仰。”前已述。其挚友范坰在为李僩诗集中作序中曰：“李生家贫学富，至性卓越，尝命儿子辈师之，其德行品望已自出于其类，拔乎其萃矣。”[④]

---

① (清)陈巨前修(清)张敬承纂：《增辑清平县志》十六卷首一卷，卷九《职官表》，清宣统三年(1911)刻本。

② (清)余正酉编：《国朝山左诗汇抄后集》三十九卷，卷三十八，清道光二十九年(1849)海棠书屋刻本。

③ (清)余正酉编：《国朝山左诗汇抄后集》三十九卷，卷三十八，清道光二十九年(1849)海棠书屋刻本。

④ (清)范坰撰：《如好色斋稿》十卷，壬卷《李仲恂诗集序》，清嘉庆二十五年(1820)刻本。

2、交游

从李僩所存诗中看，李僩不轻与人交，交往者主要为同邑文士。“邑人范坰立鸥社，约周乐、徐子威、谢焜、何邻泉、李僩诸吟侣酬唱，云龙以翩翩少年亦与其间”。[①] 可见李僩为鸥社中人，与范坰、周乐、徐子威、谢焜、何邻泉等一众吟友曾朝夕相处，游览名胜，互相唱和。其中与同邑周乐关系尤为密切。李僩在《题周二南诗集》诗中曰：“吾爱二南诗，意象难穷拟。缥缈步虚声，劖削混沌死。利刃断吹毛，寒泉滴石髓。不作一直笔，九曲珠穿蚁。不留一滞相，千潭月印水。时或发新声，亦偶契古旨。读破万卷书，别类一种子。全舒己性情，自道所得矣。”对周乐之诗有极高的评价。而周乐为李僩诗集所作序中曰：“言人所不能言，达人所不能达，淘汰熔铸，精光四溢。即平生厄塞慷慨不平之气，亦郁勃流露于间。”对于李僩诗也有极高的论断。道光七年(1827)[②]，周乐“遂携眷往，居关中十年”[③]好友远走关中，李僩有《送二南之长安即次其留别原韵》诗以志送别。又有《久不得二南消息月下小酌偶得二律》以志思念，诗中有句云“车笠交情久不闻，触怀离绪日纷纷。”同邑举人王联登(字青阶)应李肇庆课读之约赴关中，李僩有《送王青阶赴关中应李余堂课读之招并寄二南》，诗中有句云“此去相逢周茂叔，为言鸥鹭念同群”，亦表达思念之情。其《忆二南》诗中有句云：“伏枕不成寐，念子中夜起。启户窥前楹，明月似流水。我有七弦琴，囊以古锦绮。弹作山水吟，清音生十指，不晤钟子期，谁识玄外音。”表达了思念知音之情。谢焜亦为鸥社吟友，是位穷苦潦倒的诸生，但好吟不倦，且喜四处奔走。李僩有《谢问山五十》诗。鸥社主盟范坰亦为李僩重要吟友。他曾劝李僩“裒录成集，又为节其繁芜，节其泛滥”。李僩《删余集》即是范坰所为，并为之作序。因为李僩在外做官，道光二十三年(1843)开始的鸥社未能参与。由于李僩存诗不多，他与历城其他人的交往还有胡典龄(北桥)(《送胡北桥之官滇中》)、乔岳(松石)等人，李僩为乔岳《松石诗抄》作序。其他交往诗有《与柳陶民小酌超然亭》《赠提督闫公

① 毛承霖修、赵文运等纂：《续修历城县志》五十四卷，卷四十一《列传三》，民国十五年(1926)济南大公印务公司铅印本。

② (清)周乐《崔倬人先生传》中曰：“道光七年，友人李裔云宰陕西首邑，召乐诲其子”。见《二南文集》卷上。

③ 毛承霖修、赵文运等纂：《续修历城县志》五十四卷，卷四十一《列传三》，民国十五年(1926)济南大公印务公司铅印本。

(俊烈)》《题吴和轩明府天际归舟图》《题画马为金孝廉作》《再题吴九铭画鱼》等,只能略窥一二。

第二节 李倜著述考

一、李倜诗集

《国朝山左诗汇抄后集》载:"兹寄到全稿,有《有余闲斋东游草》《耐寒轩麦邱草》《蜡屐集》《自牧轩公车集》《黄县草》《删余集》《柳村集》《清平草》《清渊草》等十二集,约七八百首。除抄百数十首外,其余佳句五言如'猿啼巫峡晓,日照汉江流。树影争天立,泉声裂石飞。过村钟引客,问路树疑人。入寺依红树,同僧话白云。渔艇荻花白,佛楼灯火青。虫声喧月上,暝色度钟来。雨余烟态活,沙软屐声鬆。断云衔远树,明月坠前溪。'七言如《送胡北桥之官滇中》'雄雷裂地珠江水,雌霓横天铁索桥。能兼仙佛皆因酒,可抵公卿只此闲。点缀篱笆花姊妹,绸缪风雨蚁君臣。烟浦秋高双雁语,渔村夜定一灯来。远树送来初上月,回风勒住欲归云。新霁山光连树碧,高飞岛影入波深。'皆可传也。"①余正酉编《国朝山左诗汇抄后集》时,共见到李倜诗十二集,均为稿本,约七八百首。由于李倜诗未刻,稿本未知所在,现存余正酉编《国朝山左诗汇抄后集》中,卷十八《题周二南诗集》一首,卷三十八中《即事》《古离别二首》《寄家兄书》《游历山》《登青州城楼》《沙门岛三首》《送胡北桥之官滇中》《过南郊偶成》《夜坐》《励志二首》《猪毛店早发》《不寐作二首》《即席》《客况》《旅夜闻笛》《火灾行》《二十三日雪》《登岱二首》《赠提督闫公(俊烈)》《谢问山五十二首》《斋中即事》《亡女痘殇哭之以诗》《丁节妇二首》《改诗》《和友人悼亡二首》《太白楼》《南池》《书史阁部答睿亲王书后》《送友人从军》《闻西域官军累捷喜而有赋十五首》《题吴和轩明府天际归舟图二首》《送二南之长安即次其留别原韵二首》《题五鬼闹判图》《永定门野望》《舟中漫成》《惆怅》《新城道中》《久不得二南消息月下小酌偶得二律二首》《渡淄河》《望海二首》《桑岛》

---

① (清)余正酉编:《国朝山左诗汇抄后集》三十九卷,卷三十八,清道光二十九年(1849)海棠书屋刻本。

《署中感怀》《黄县杂拈三首》《漫兴》《游湖后绕西郭晚归》《送王青阶赴关中应李余堂课读之招并寄二南》《论诗绝句十二首》《自嘲》《过平陵废城三首》《禽言四首》《苦雨叹》《双雁篇为张席氏作》《次祝阿》《至临清》《登永寿寺浮图绝顶》《题画马为金孝廉作》《漫成三首》《忆二南二首》《吉贝词二首》《观方雨江忠孝石刻》《送别》《再题吴九铭画鱼》《虎隶篇》《天寒自嘲》《河冰吟》《次日早发》《访徐九不值》《岁暮感怀》《再叠前韵》《题渔洋山人秋柳诗后二首》《高唐途中口占》《元日试笔仍用岁暮感怀原韵二首》《送人之蜀》《追和友人登岱二首》《出门二首》《通济桥道中》《偶成》《寒郊远瞩》《晓发邹平》《与柳陶民小酌超然亭二首》《思归》《斋中即事》《杂兴》《不寐作》《夜行黄台道中》《寄陈大》《宿吴氏园》《三家店梦天池师》《黄县杂拈》《咏古》三首等计一百四十七首。王钟霖《国朝历下诗抄》中收《咏怀五首》《有感》《杂兴》《古意二首》《登佛慧山顶回开元寺二首》《送李大投西安戎幕即呈杨公三首》《纪谈七首(铸亭山人游诸蛮洞归述见闻因作)》《夜行黄台道中》《从七峪登驼腰岭抵神通寺三首》《夜过水西桥》《自笑二首》《黄石崖搨东魏造像碑》《渡淄河》《岣屺岛》等三十一首。其中《夜行黄台道中》及《渡淄河》与余正酉所选诗重复。肥城张岫《带经舫集抄》中有李僩《古离别》《夜泛香河》《雨后登历山》《萍史游历山作此寄之》《晚归》《同柳陶民小酌超然亭二首》《送李大赴西安》《廿三日雪》《夜行黄台道中》《鲍家山》《从七峪登驼腰峰》《登岱》《秋柳》《和友人登岱》等十五首,《古离别》《廿三日雪》《夜行黄台道中》《登岱》《和友人登岱》等五首与前重复。就目前资料,以上为李僩所作诗之存者。

《续修历城县志》之《艺文志》载:“李僩《诗集》(卷未详)”,有周乐与范坰序,是其早年诗作之集。范坰为李僩诗集序曰:“仲恂今年三十二,其诗已不下千余首,多漫帙弃置,不甚爱惜。余属其裒录成集,又为节其繁芜,节其泛滥,为存若干首,以俟当代采风者取焉。”①从范坰序中知李僩早年写诗极多,三十二岁时就创作不下千余首,范坰让李僩裒录成集,并亲自为其删繁节滥,成一《诗集》,即为前述诗集中之《删余集》。周乐也为此诗集作序,余正酉选诗中《即事》《古别离》《游历山》数首,可能是此诗集之作品。而选诗中《登青州城楼》《沙门岛》显然是《有余闲斋东游草》中作品。

① 毛承霖修、赵文运等纂:《续修历城县志》五十四卷,卷第三十《艺文考九》,民国十五年(1926)济南大公印务公司铅印本。另见范坰:《如好色斋稿》。

《续修历城县志》之《艺文志》又载李僩有《耐寒轩诗集》，应为《耐寒轩麦邱草》与《蜡屐集》合集，或仅为《耐寒轩麦邱草》。在余正酉所选李僩诗中有之，前已述。余正酉所说其余《自牧轩公车集》《黄县草》《删余集》《柳村集》《清平草》《清渊草》等，在余正酉所选诗中有可以分别者，有不可分别者，且《送人之蜀》诗后为补遗，更不易分清时间之先后。

范坰《论诗绝句》中云："李仲恂僩，济南诸生，家贫，舌耕为计，古今体并工，思力沉毅，有石破天惊之势，一时无出其右者，年甫三十余，盖未可测量也。"诗曰："独仗神鞭跨玉麟，天门惊倒众天神。问他何事排金阙，叉手通名李仲恂。"[1]可见范坰十分欣赏李僩的才华。他为李僩诗集作序，其序曰："出其绪余而为诗，有平易而近人者，如'儿女都来和泪听'也。有夭矫而拔俗者，如'淮南便随刘安仙，汝南竟替恒景死'也。以视谷风小东之作有暗合焉，而不自知者。其余诸作，或小桥疏竹，点缀天然，或石破天惊，駴人心目，所谓兼擅其长者非欤。夫寄托深远者，虽口头常语，不可亵玩于耳目之前，当前指证者，虽诡怪离奇，不必驰想于六合之外，李生之诗平易而不薄，夭骄而能柔，殆合昌黎、香山为一手者欤。"[2]王晓堂《历下偶谈》中曰："集中如《游山咏怀》《古别离》《杂兴》诸篇，直追汉魏，余喜其《谒李沧溟先生墓》二律，酷似沧溟。"[3]马桐芳（字子琴，号西坡，长山人）《憨斋诗话》中曰："历城李仲恂孝廉，博物君子也。诗以七古著称，尤与东坡居士为近。"[4]

李僩不仅有诗才，亦对诗有独特见解。其《论诗绝句》对唐代以来诗人、诗风进行评论，具有真知灼见。诗曰："敦厚温柔写性情，南豳风雅最分明。若持此意衡唐宋，李杜苏黄非正声。虚空破碎事雕剜，奇气常从笔底蟠。几辈艳磨昌谷体，何人呕出血心肝。艳诗自古不曾删，轻薄何须笑义山。偏向无题求寄托，功臣只有纪河间。沧浪妙悟上乘禅，相色空音语

① （清）范坰撰：《如好色斋稿》十卷，己卷《论诗绝句》之六十八，清嘉庆二十五年（1820）刻本。

② （清）范坰撰：《如好色斋稿》十卷，癸卷《李仲恂诗集序》，清嘉庆二十五年（1820）刻本。

③ 毛承霖修、赵文运等纂：《续修历城县志》五十四卷，卷第三十《艺文考九》，民国十五年（1926）济南大公印务公司铅印本。

④ 毛承霖修、赵文运等纂：《续修历城县志》五十四卷，卷第三十《艺文考九》，民国十五年（1926）济南大公印务公司铅印本。

可传。独惜三唐与两宋，巨公多半落言诠。明初巨手属高刘，气概真难一世求。若论今诗好格调，青田毕竟逊青邱。踪迹佯狂度一生，翻因玩世得高名。青藤书屋桃花坞，前辈谁知吾子行。直使唐贤畏后生，聊将神韵作诗评。也知李杜非同调，不敢讥弹怵盛名。淋漓大笔冠群英，施宋王朱各擅名。地下若逢明七子，应怜同调不同声。平生掊击是苏诗，想见雌黄满口时。为诵坡公春水句，如何讥到鸭先知。盛气时将前辈轻，谈龙一录论纵横。王诗莫说无人在，爱好何尝非性情。诗话搜罗绝妙词，采他小小几篇诗。南朱尽有惊人句，岂独春流写晋祠。河间持论贵清新，本色须令字字真。只为一生诗律细，累他造句不惊人。”①

二、《读左偶笔》《迩言》

《续修历城县志·艺文志》著录：李僩著《读左偶笔》、《迩言》，见《二南诗抄续》，卷未详。此二种亦未见。《二南诗抄续》中有《李仲恂寄示近著为题读左偶笔迩言二种》二首，其一曰：麟经纪录费研寻，盥露开编字字金。笃嗜真同杜氏癖，尚论恰得素臣心。和戎魏绛谋原谬，攘楚夷吾虑最深。兵法何人效盲左，海疆尽使贼舟沉（偶感时事）。其二曰：寂坐寒毡日目耕，珠玑贯穿一编成。最难斯世荛语，都作先生木铎声。窗上鸡谈开妙悟，堂中鳣坠兆文名。卮言具有经纶在，安得輶轩并采成。②

① （清）余正酉编：《国朝山左诗汇抄后集》三十九卷，卷三十八，清道光二十九年(1849)海棠书屋刻本。

② （清）周乐撰：《二南诗续抄》三卷，卷二，清道光二十九年(1849)刻本。

第十四章　历城郑云龙及著述考

第一节　郑云龙其人

郑云龙，字耕南，号萍史，道光十二年(1832)举人。①"方范伯野诗人立鸥社，约余与徐云樵、谢问山、何岱麓、李仲恂诸吟侣酬唱，萍史以翩翩少年亦与其间。每一诗出，优柔中正，格调老成，诸人咸推重之。比余入关，诸吟侣或殁或游，鸥社云散，惟萍史里居，设帐城东南古寺，寺对城角九女楼门外石甃，方塘一泓，清可见底，荇藻离披，冬犹嫩绿。泉滭然仰出，作珍珠万颗，迸散水面，昼夜无息。壕水相通，竹树交映，固济南七十二泉之一也。云龙读书其中几十年，心清神怡，学邃而诗益进。……顾乃久困棘闱，垂老得举，公车再上，病逝道路。"②从周乐文中看，郑云龙人生最活跃的时间是范坰立鸥社之后的数年间。郑云龙以翩翩少年侧身众诗人间。范坰有《癸酉冬日与何苹野、李仲恂、郑于田鸥社小集》，诗中有"郑五芳邻久，年前始订交。"其中郑五便为郑云龙。又有《与李仲恂、何苹野、郑于田、谢问山复作诗社》《余与周、李、何、郑、胥、谢诸君唱酬鸥社、藉以流连光景而已、甲戌小春、刘春塘、胡惪亭又因萍史以韵语下问、感而赋此以志一时人才之盛》等。从范坰诗中可见他们聚会唱酬，极一时之乐。郑云龙有《丁丑秋同范伯野、蒋香沚、张敬一赴甸柳庄邀张楚宝游龙洞佛峪》诗四首。周乐有《初春偕郑萍史(云龙)泛舟湖上》诗，应为他们私人聚会而作。

① 毛承霖修、赵文运等纂:《续修历城县志》五十四卷，卷第四十一《列传三》，民国十五年(1926)济南大公印务公司铅印本。

② (清)周乐撰:《二南文集》二卷，卷下《郑萍史孝廉诗序》，清道光二十二年(1842)枕湖书屋刻本。

郑云龙有《游佛慧山和李仲恂僩韵》，诗曰“出郭载酒行，足为看山住。半途山已深，更向深谷去。忽转一峰阴，不见城中树。石磴何盘曲，烟峦列无数。一折景一变，回首失归路。枣花扑鼻香，来自云深处。相邀汲甘泉，鸟声隔岭度。寂静绝尘喧，醉卧枕烟雾。”①此诗即为郑云龙与诗人李僩交游之作，又从中可知郑云龙之诗优雅自然，并可知诗人面对故乡济南的山山水水，内心之平静。

后范坰故去，周乐远走关中，李僩就教职，何邻泉教读四方，谢焜游历南北，鸥社消散。郑云龙里居教读，与同时在家教读的诗人王德容相交并成为挚友。郑云龙与王德容亦为儿女亲家，《秋桥诗选》卷首校梓姓氏后有“婿郑屿方洲、男化醇缊之编次。”周乐《郑萍史孝廉诗序》中有“其长君方洲以父遗命，囊诗三册来拜求论定。”王钟霖《国朝历下诗抄》卷四载：郑屿，字方洲，历城县人。云龙子，有《方洲诗草》。王德容有《简郑萍史》诗，诗曰：“论性君恬淡，萧闲我不如。诗书堆榻乱，风雨坐窗虚。贫久味偏永，交深迹转疏。相思一夕话，无酒亦蘧蘧。”②王德容还有《重阳前二日同徐双圃、管仙舫、郑萍史、柳陶门、李梦松及门游大佛寺》《三月三日同郑萍史、李绍修登乐山》《黑虎泉道院送郑萍史北上》《同萍史及圣水泉斋诸人游南郭外山》《丙申仲秋偕郑萍史及诸及门重游龙洞佛峪作》等诗。郑云龙有《丙申秋偕王秋桥及伊诸及门重游龙洞佛峪》《佛慧山宴集王秋桥、管仙舫诸同人》等诗，其前诗与王德容所作为同一事，前诗曰：“担囊袱被趁凉天，此地重经近十年。犹是层峦积苍翠，谁知游子已华颠。撑云岭树环高下，障日阴崖势蜿蜒。毕竟地偏心始远，宵深兀坐尚流连。”③后诗曰：“槐黄献赋事如何，酒酌茱萸莫负他。性喜名区容放胆，曲逢知己必高歌。刘伶荷锸狂犹昔，阮籍穷途泪自多。默识山灵应笑我，前年曾向此中过。”④此诗透出作者几多豪气。

道光十二年(1832)壬辰恩科山东乡试，郑云龙中第五十八名举人。此科历城中举者颇多，有以后考中进士的贾仲山、彭以竺，有诗人陈超，亦有后来授教职的张式谷、孙玉藻，还有两位县志上没有字号的杨春华、王

---

① (清)郑云龙撰：《焚余诗草》一卷，清道光二十三年(1843)刻本。

② (清)王德容撰：《秋桥诗选》四卷，卷一，清道光二十二年(1842)刻本。

③ (清)郑云龙撰：《焚余诗草》一卷，清道光二十三年(1843)刻本。

④ (清)郑云龙撰：《焚余诗草》一卷，清道光二十三年(1843)刻本。

福田。这一年马国翰高中进士。[1] 郑云龙考中举人，对其人生没有太大的改变，但对一个走上科举道路的文士，这是一个很大褒奖，关系到科举者的颜面。如果一生以诸生终或仅为童生，对自己来说是一个巨大的遗憾。如果考中举人而终，对一般读书人而言，可以无憾矣。道光十二年(1832)中举，次年就要赴京参加会试，道光十三年(1833)是郑云龙参加的第一次会试，道光十五年(1835)是第二次，同科本乡举人贾仲山考中这年乙未科进士。道光十六年(1836)丙申恩科会试，同科本乡举人彭以竺考中进士，另有本乡举人杨乃滨亦考中进士。此次会试郑云龙也应参加。此前郑云龙赴京会试，王德容曾经摆酒送行，王有《黑虎泉道院送郑萍史北上》诗，丙申恩科以后，王德容曾与郑云龙游龙洞、佛峪，王德容有《丙申仲秋偕郑萍史及诸及门重游龙洞佛峪作》诗。道光十八年(1838)戊戌科会试，郑云龙又一次北上，病逝于道[2]。王德容为郑云龙所作《传》曰：迨戊戌孟春抵中途，竟以寒疾殁于旅馆。挚友殁后，王德容有《哭萍史》诗二首，其一曰："驱车未得渡桑干(萍史前次北上曾有'一轮落日渡桑干'句)，缥缈魂归朔雪残。心急名场登路早，病因羸体怯春寒。男儿志气消磨易，兄弟情怀愬说难。到死可曾念儿女，驿风馆月隔漫漫。"其二曰："临行乡信寄京华(时起儿先由登郡北上)，卅载知交情最赊。方翼南宫迟返旆，谁思东国永辞家。寒花共醉佛山酒，落叶曾煎圣水茶。今日人琴都不见，凄迷望眼极天涯。"[3]诗一说明了郑云龙病逝的原因：为参加京城会试，提前北上，天寒地冻，身体羸弱，没有到京便一命呜呼了。这都是"心急名场"之祸。王德容所作郑云龙《传》中曰：夫方萍史未启行，时余祖之圣水泉上，进一觞曰：风雪甫霁，君体素羸，盍稍待，萍史黯然者移时，曰兄命也。诗二谈到了他们之间三十年的交情，回忆了曾用圣水泉水煎落叶为茶，最后表达了自己的哀思。郑云龙一生科举之路也十分坎坷。"困青衿二十余年，尝语人曰：父兄望读书继先业，如此头颅，可奈何，及登贤书，父母与叔兄已去世，感泣者久之，仲兄见萍史得隽，属望益惬，每北上，即为预备行李，以促其

---

① 参见毛承霖修、赵文运等纂：《续修历城县志》五十四卷，卷第三十四《选举表一》，民国十五年(1926)济南大公印务公司铅印本。

② 参见(清)周乐撰：《二南文集》二卷，卷下《郑萍史孝廉诗序》，清道光二十二年(1842)枕湖书屋刻本。

③ (清)王德容撰：《续秋桥诗选》四卷，卷一，清道光三十年(1850)刻本。

行。""登道光壬辰榜，公车四上，未及都，卒于路，年甫四十有九。"①在郑云龙的科举道路上，由于肩负家庭的殷切厚望，给郑云龙带来了巨大压力。这次冒风寒提前赶考是仲兄催促的结果。赴考前在王德容为之饯行的酒会上，郑云龙曰："此去不第，吾不复归见兄矣。"②可叹一语成谶。

关于其人德行，王德容传曰："萍史家世忠厚，兄弟共五人，萍史其尤季也。性耿介，矫然不苟同于人，事亲以孝闻，诸兄为人宽严不同，皆喜其恭逊。交游绝攀援趋附，凡为所爱重者，虽竟年不获晤，如对一室。尚实学，所为诗文，皆英卓无浮靡气。……子四人，仲出为承仲兄嗣，叔季尚幼，余以仲女妻其长子倬，读书继父业。"③

第二节　郑云龙著述考

《续修历城县志》之《艺文考九》著录：郑云龙著《焚余诗草》二卷，据《山左诗汇抄》，下抄周乐《序》略，据《二南外集》。可见《续修历城县志》之《艺文志》编修者未见原书。王钟霖《国朝历下诗抄》云：郑云龙，字耕南，号萍史。历城县人。道光壬辰科举人。有《焚余诗》一卷。今青岛市图书馆藏郑云龙《焚余诗草》一卷一册。

《焚余诗草》一卷，郑云龙撰，半叶八行二十一字，白口，左右双边，单黑鱼尾。清道光二十三年(1843)刻本。封面题：道光癸卯镌。前有道光二十三年(1843)周乐序于永年县署。又有道光二十三年(1843)王德容所作郑云龙《传》。后又附录王德容哭萍史旧作。有谢焜、朱诵泗、范鋐、李纬、蒋湜、李梦松、王化醇题词。后又有校梓及门姓氏：尹赓煜彤甫、胡玉麟素生、张福元景初、张敬一虔之。堂弟云腾子雨、男屿方洲、㑹禹山编次。卷末有道光二十三年(1843)海曲郑秋溪跋。题词者前四位均是历城诗人，李梦松是王德容弟子，郑云龙经常与王德容及诸弟子出游。王化醇是王德容之子。蒋湜字香沚者题词中有"卅年交谊死同生"句，可知亦是郑云龙挚友，但不知是何地人。关于诗草的成书过程，周乐《郑萍史孝廉诗序》中曰："举孝廉后，尝寄札属余归定其集，及余归而萍史已为地下人

① (清)郑云龙撰：《焚余诗草》一卷，王德容作《传》，清道光二十三年(1843)刻本。

② (清)郑云龙撰：《焚余诗草》一卷，王德容作《传》，清道光二十三年(1843)刻本。

③ (清)郑云龙撰：《焚余诗草》一卷，王德容作《传》，清道光二十三年(1843)刻本。

矣。其长君方洲以父遗命，囊诗三册来拜求论定，披视，为余所未见者殆十有六七，携赴平干，悉心校阅，仅余数页未竟，而署内不戒于火，延及余斋，图籍灰烬，萍史诗册亦为谢仙攫去，急驰书告其长君，索取原稿，则故纸零缣，涂抹几不可识，搜剔汇萃，只得二卷，重为评论，归其家藏之。”①王德容所作郑云龙《传》曰：“殁后，家无所遗，有诗数卷，付周二南先生校定，遭回禄，其门人又搜其遗稿，仅得七十余首，为梓以行世。”可见此诗集是郑云龙亲家王德容为之刊刻而成。周乐序与王德容所作郑云龙《传》略有矛盾。《续修历城县志》据周乐序著录郑云龙著《焚余吟草》二卷。周乐序写于道光二十年(1840)，所订郑云龙焚余诗草稿本又送归郑家，不知道光二十三(1843)刊刻时是否依据此两卷为底本，王德容曰：其门人又搜其遗稿，仅得七十余首。是否前述两卷又佚失后，郑云龙门人又搜集得七十余首。总之，现所见即为王德容所述一卷本。

诗草收有《恭题御刻双雏待哺图》《初雪》《游佛慧山和李仲恂韵》《拜张文忠公墓》《四钱诗》《登济城南楼望岱北诸山》《冬日同刘春塘、李仲恂、胡德亭游小沧浪》《雪夜怀友》《寒夜怀兄》《范伯野归自聊城》《雪朝怀友》《雨夜小集》《登历山》《和刘春塘雨夜独酌之作》《遣闷》《中秋节南郊待友登佛山赏月不果》《落花二首》《落叶二首》《柳絮》《题周二南无棣新诗卷后》《丁丑秋同范伯野、蒋香沚、张敬一赴甸柳庄邀张楚宝游龙洞佛峪四首》《呈柳田先生索画》《过柳陶门书斋》《佛慧山宴集王秋桥、管仙舫诸同人》《范伯野赴即墨、李仲恂将为麦邱之游、作此送之三首》《题柳田先生风雨独行图七十照》《咏史二首》《哭柳田先生二首》《对盆水仙花有感》《过潭西精舍有感》《题风雪归田图忆柳田先生二首》《送别中孚外舅之塞外四首》《捕亡行为沈九逵少府作》《秋日感怀用杜工部秋兴八首原韵(时客青城官舍)》《流民行(癸未春有流民集青邑数百人、皆去岁邻境被水灾者、感而有作)》《返青城道中作》《三月三日登药山依王秋桥韵》《明湖秋柳二首》《癸巳夏杨恒修羽士照》《遣怀二首》《丙申秋偕王秋桥及伊诸及门重游龙洞佛峪》《寿何岱麓六十》《题王秋桥泉窗茗社图》《雪后访僧山寺》《观赛药王有作(城东南隅有三皇庙、每岁四月廿八日演剧)》计六十七首。余正西《国朝山左诗汇抄后集》选郑云龙七首，有《雪夜怀人》《雪朝怀人》《题周二

---

① (清)周乐撰：《二南文集》二卷，卷下《郑萍史孝廉诗序》，清道光二十二年(1842)枕湖书屋刻本。

南无棣新诗卷后》《题柳田先生风雪归田图感赋(图为先生永诀时所赠)》《捕亡行为沈九逵少府作》《明湖秋柳》《遣怀》。王钟霖《国朝历下诗抄》选郑云龙诗八首,有《游佛慧山和李仲恂僩韵》《雨夜小集》《登历山》《闷》《题长骑行远图》《雪夜怀友》《题周二南无棣新诗卷后》《佛慧山宴集王秋桥、管仙舫诸同人》等。除《题长骑行远图》外,《焚余诗草》中均收。从郑云龙所余诗可以略观其人生经历。郑云龙一生以教读为业,主要两个地点,一是家乡历城,二是青城县衙。以在历城为主。其交游者亦以历城诸友为主,如李僩、范炯、周乐、何邻泉、郑士芳、王德容、柳毓和(字陶门)、刘春塘(浣香)等,其中前四位均是郑鸥社诗友。郑士芳是历城著名画家,应是郑云龙的前辈,但从诗中可知郑云龙与之为忘年交,关系非同一般。在郑云龙所余不到七十首诗中,就有六首写给郑士芳的,郑士芳死前赠郑云龙《风雪归田图》。郑云龙《呈柳田先生索画》诗曰:"许画如欠债,索画如催租。欠债终须偿,催租当急图。我欲求之固,恐遭与可怒。我欲求之缓,恐成倪瓒嬾。昨日登堂不相见,树头呖呖黄莺啭。留酒一垒诗一卷,落花重锁深深院。"从此游戏诗就可见他们关系。柳毓和与其兄柳培和均是历城举人,以教读为生。培和之子柳文洙于光绪三年(1877)考中进士。刘春塘亦为历城人,范坰《论诗绝句》其七十载:"刘浣香春塘,历城人,蒲若先生之裔,诗字并工,三十余始入邑庠,先时曾馆黄揆生参军署,岁试不利,参军为之援例为太学生,俾之入闱,非其意也。闱后科试终获隽焉。"①郑云龙所余诗草中有关于鸥社盟主范炯去世的信息,是当时诗人所留下关于此事的唯一记录。张敬一是郑云龙的学生,参与校订郑云龙遗诗,与郑云龙亦师亦友。管仙舫者,见于郑云龙、王德容等人诗集中,何邻泉《无相我斋诗选》中有管芝舫二尹室武进进庄若韫(芸缃)题词,不知此两人是否为一人。

对于郑云龙之诗,范坰《论诗绝句》云:"郑萍史云龙,历城诸生,诗局开展,颇近大雅。"②这是当时鸥社盟主对诗人郑云龙诗作的评价。周乐评曰:"萍史诗境取法唐贤,不为郊岛寒瘦之语,亦鲜卢仝、李长吉鑱刻险怪之篇,意必奋迹享高寿矣。"

---

① (清)范坰撰:《如好色斋稿》十卷,卷六《己论诗绝句》,清嘉庆二十五年(1820)刻本。

② 范坰《论诗绝句》其七十一。诗曰:"英妙人称汗血驹,云中龙爪掌中珠,夜深借榻禅房冷,醉倚南窻唱鹧鸪。"

第十五章　历城花寿山及著述考

第一节　花寿山其人

花寿山，字南村。嘉庆十二年（1807）丁卯科举人。以教职终生，一生门徒众多，多杰出者。

一、生平

清乾隆四十五年（1780）五月十二日生人。① 早年曾就读于泺源书院。花寿山所撰《红蕉馆诗抄续序》中曰："余肄业泺源书院时，见枚人于监院胶州宋步武先生座中。"②嘉庆十二年（1807）丁卯科举人。考中举人时年仅二十八岁。历城同科举人还有金洙、梁士杰。十上公车不第，大挑二等，授教职。③ 嘉庆二十五年（1820），花寿山任日照训导，至道光二年（1822），单县举人谢劭继任。④ 嘉庆二十五年（1820），花寿山已四十一岁。任教职之前，花寿山以教读为生计，花寿山序《国朝山左诗汇钞后集》曰："嘉庆岁癸酉，余授徒南山枣林王氏，秋门亦假馆，主人相切磋焉。时学使张南松先生选山左诗续抄甫出，秋门即拾其所遗及当时例不入选者数十

① 参见其《己亥仲夏六十初度自寿》诗。（清）余正酉编：《国朝山左诗汇抄后集》三十九卷，卷十三，清道光二十九年（1949）海棠书屋刻本。

② （清）朱畹撰：《红蕉馆诗抄续》，花寿山《红蕉馆续抄续序》，清道光二十一年（1841）刻本。

③ 毛承霖修、赵文运等纂：《续修历城县志》五十四卷，卷第四十一《列传三》，卷第三十四《选举表一》，民国十五年（1926）济南大公印务公司铅印本。

④ （清）陈懋修、张庭诗、李堉纂：《日照县志》十二卷首一卷，卷五《秩官》，清光绪十二年（1886）刻本。

家，裒集而手录之，余以其方习帖括，劝以有待。”[①]道光二年(1822)后，花寿山应移任他处，待考。道光七年(1827)始任平阴教谕，一直到道光二十三年(1843)文登举人丛葆元署任。[②] 至此，花寿山已在平阴教谕任达十六年之久。道光二十三年(1843)，花寿山已经六十四岁。花寿山一生教授生徒，善于诱掖，一经裁成，多掇巍科而去。其除任教职外，在本乡所授生徒中，诸如马国翰、金寿萱、金宝符为最著者。[③] 马国翰，字词溪，号竹吾。道光十一年(1831)辛卯科第三名举人，次年连捷中壬辰科进士，分发陕西，任知县，后升至知州。金寿萱，字慈华，金洙子，道光二十年(1840)庚子科第三十九名举人，道光二十九年(1849)丁未科进士。金宝符，字西农，道光二十三年(1843)癸卯科第五十二名举人。河南知县，升至光州直隶州知州。[④] 金宝符、金寿萱均曾随花寿山在平阴读书，金宝符有《同张惇史、家慈华从花南村师平阴学舍读书》，诗曰："共结苔岑契，春帷岁月舒。诗书联榻意，风雨一灯余。院静闻啼鸟，盆宽数养鱼。宫墙窥美富，时念戒群居。"[⑤]此外，花寿山挚友王贤仪之子王钟霖亦曾从花寿山读书。王贤仪曰：(南村)"官平阴学博十余年，荐膺民社，辞。承双祧。自以数十年未离慈亲为乐。丁庶祖母忧，询服于余，查例，父先故，别无同父伯叔生，庶祖母故，为长孙者，无论嫡祖母是否现在，慨令治丧一年，离任，服阕，主讲景贤书院，家在南郭，临水近山，与知交、及门优游林泉。"[⑥]，咸丰十一年(1861)二月初八卒[⑦]，年八十。子春祺，恩县训导，署招远训导。[⑧]

---

① (清)余正酉辑：《国朝山左诗汇钞后集》三十九卷，花寿山序，清道光二十九年(1849)海棠书屋刻本。

② (清)李敬修纂修《平阴县志》八卷首一卷，卷二《职官》，清光绪二十一年(1895)云门书院刻本。

③ 毛承霖修、赵文运等纂：《续修历城县志》五十四卷，卷第四十一《列传三》，民国十五年(1926)济南大公印务公司铅印本。

④ 毛承霖修、赵文运等纂：《续修历城县志》五十四卷，卷第三十四《选举表一》，民国十五年(1926)济南大公印务公司铅印本。

⑤ (清)王钟霖编：《国朝历下诗抄》四卷，卷四，清光绪四年(1878)至光绪五年(1879)刻本。

⑥ (清)王贤仪撰：《家言随记》四卷，卷四《桑梓敬止》，清同治素风堂刻本。

⑦ 参加(清)王钟霖撰：《王钟霖日记》不分卷，《历代日记丛抄》影印本。

⑧ 参见《续修历城县志》卷第三十五《选举表二》及卷第四十一《列传三》。

二、交游

花寿山交游不甚广，似不喜豪饮游谳，因此与同时代比较活跃的鸥社诸诗人唱和不多。其诗作亦不多，不似同时代诗人李僩等创作旺盛，以致诗作多而散佚多。花寿山与同邑同科中举之金洙[①]为至交好友，由于金洙起初宦游直隶，花寿山赴京参加会试，多途经金洙衙署驻足，花寿山所存诗中有体现。金洙"素不好作诗"[②]。王贤仪曰："文波兄与花南村兄同年至交。"金洙殁后，"南村挽之云：入宦途者廿余载、接人以和、示人以俭、容人以宽、总是本来面目；忝同榜者三十年、规我之过、怜我之才、惜我之遇、可云异姓兄弟。"[③]金洙次子金寿萱也曾跟从花寿山在平阴读书。可知，花寿山与金洙交谊之深。花寿山的另一位知交是王贤仪[④]。王贤仪仅存六首诗中就有《寄花南村》一诗，诗曰："好是忘形友，还为负郭邻。师尊兼课子，官冷不离亲。志比陶彭泽，人称谢茂秦。经年一觞聚，城角缘杨滨。"[⑤]花寿山有《送王麓樵应聘青守兼怀益都广文郭小华》，诗曰："藉禄资亲奉，青州入幕情。律镫欧母溯，醴酒范公清。友与官俱冷，诗随画不平。云门遥跂处，几日一敲枰。"[⑥]郭小华即郭敏磐，字小华，嘉庆九年(1804)举人。文学冠时，工诗善书，尤工山水画。[⑦] 郭敏磐亦为花寿山好友。王贤仪殁后，子钟霖为其父刻《家言随记》四卷，花寿山曰："麓樵，余至交也。……

---

① 金洙，字文波，历城县人。优贡，嘉庆丁卯科举人，己巳科进士，庶吉士，改知县，历官直隶天津道、浙江督粮道署盐运使司。《续修历城县志》有传，见《家言随记》卷四《亲戚情话》。

② (清)王钟霖编：《国朝历下诗抄》四卷，卷三，清光绪四年(1878)至光绪五年(1879)刻本。

③ (清)王贤仪撰：《家言随记》四卷，卷四《亲戚情话》，清同治素风堂刻本。

④ 王贤仪，字麓樵，原籍山阴随县人，寄居历城，遂家焉。饱学不仕，著有《家言随记》行世。《续修历城县志》有传，见《国朝历下诗抄》卷四。

⑤ (清)王钟霖编：《国朝历下诗抄》四卷，卷四，清光绪四年(1878)至光绪五年(1879)刻本。

⑥ (清)王钟霖编：《国朝历下诗抄》四卷，卷三，清光绪四年(1878)至光绪五年(1879)刻本。

⑦ 毛承霖修、赵文运等纂：《续修历城县志》五十四卷，卷第四十一《列传三》，民国十五年(1926)济南大公印务公司铅印本。

长嗣雨生孝廉从余游数年。”[1]王钟霖还记写了恩师的一段诗话：“丁卯诗题【月华临静夜】，师有句【星河千里雁，风露万家砧】。兴至而书，忘为渔洋句，深自悔，已传诵焉。”[2]除金洙、王贤仪外，花寿山还与同乡梁士俊[3]、朱凝煃[4]、罗源澄[5]交好，王贤仪记曰：梁石民亲家士俊“与余交厚，居相望，时同花南村、朱朗园、罗南泉诸好畅聚，将之蜀，以其六弟既堂亲家士喆女妻钟霖，纳採日，与其四弟伯寅亲家士奇携冰人南村、南泉觞余家，大醉，曰人生快事。”[6]

三、德行

对于花寿山的为人，曾与花寿山共事的同乡友余正酉曰：“愚赋性浅直，南村时切谆戒，历数知交能以善相劝过相规者，当推南村为第一。”[7]随着年龄的增长，花寿山行文日臻成熟，与同乡朱曾喆、徐子威、周乐、王德容、何邻泉、朱畹等皆为文字友，花寿山为徐子威诗集《题徐云樵诗卷》，为周乐《二南诗抄》题跋。各地文人求序文者亦众。王钟霖曰：“南村师品学为时矜式”[8]。可见花寿山成长为令人尊重的经师。其六十大寿由及门诸子操办，从其《已亥仲夏六十初度自寿》诗中可略窥一二，其二曰：“红毺贴地拜堂前，儿女追随妻妾连。远道故人遗佛像(贺吉人明府自江左以无量寿佛长卷见遗)，及门诸子启宾筵。莱衣试舞身还健，兰膳亲调味较鲜。

---

① (清)王贤仪撰:《家言随记》四卷，卷一《申韩论》后《花寿山评述》，清同治素风堂刻本。

② (清)王贤仪撰:《家言随记》四卷，卷四《桑梓敬止》，清同治素风堂刻本。

③ 梁士俊，字士民。嘉庆庚申，预取选拔。其年，即领乡荐，考充教习。后以知县分四川，历任巨邑，以慈惠称。著《蜀游草》，未梓。参见《续修历城县志》卷第三十九《列传一》。

④ 王贤仪《家言随记》卷四注曰:“朗园，名凝奎，举人，令昌化。”梁士俊有《寄怀朱朗垣同年》《续修历城县志》卷第三十四《选举表一》中梁士俊确实与朱凝煃为嘉庆五年同科举人。因此朱凝煃可能字廊垣。又载:朱凝煃，嘉庆五年山东乡试庚申科举人，道光元年，保举孝廉方正，蓬莱县教谕。凝奎与凝煃应为一人。

⑤ 王贤仪《家言随记》卷四注曰:“南泉，名源澄，官广文。”

⑥ (清)王贤仪撰:《家言随记》四卷，卷四《亲戚情话》，清同治素风堂刻本。

⑦ (清)余正酉编:《国朝山左诗汇抄后集》三十九卷，卷十三，清道光二十九年(1949)海棠书屋刻本。

⑧ (清)王贤仪撰:《家言随记》四卷，卷四《桑梓敬止》，清同治素风堂刻本。

赢得高堂含笑问，寿星母是甚神仙。”①其七十大寿相当隆重，当时历城著名诗人王德容有诗《寿花南村七十》，诗曰：“先生七十骨力健，精神满腹人争羡。高足弟子启华筵，满堂罗绮宝光绚。是日榴花照眼明，缙绅咸至偕时彦。先期门下晋祝词，先生一再辞挥翰。云招新雨甚无谓，排比谀词尤非愿。唯唯师命虽敬听，各抒悃忱饰羔雁。也因历下论耆英，岿然直作灵光殿。一生人师兼经师，奖藉后进不知倦。杞梓梗楠受裁成，桂殿蕊宫竞游醼。仕篮黔南与燕秦，各以所学称名宦。先生卜筑南城南，日汲清泉煮茶串。长余一岁未觉衰，幸以谈诗屡相见。今与此会神飞扬，先酌巨觥拜手献。八旬九旬例可遵，常见老人星出现。”②历城二老③之周乐有《花南村学博七旬赠以老人图并系长句》，诗曰：“南村南村吾老友，客游秦关别已久。云树萦思赋归来，两人相看皆白首。忆昔同业泺源时，名场驰逐互先后。论文水乳趋向殊，淡泊相与情自厚。或云吾狂君近狷，狂吾岂敢君有守。君举孝廉诚无慙，坦率觉吾须眉丑。蹉跎晚景遇略同，稽味尚输君到口。君今讲席开祝阿，吾亦砚耕七桥右。桃李栽培虽云劳，幸免櫜笔远奔走。春甕酿成迭招呼，秋蘸搜句相可否。故人屈指几青云，逍遥桑梓余两叟。素所健羡君有三，造物玉成事非偶。耳不许丞腹孝先，稷下宿儒推祭酒。衮师儿慧续书香，络秀贤淑为中妇。年届古稀乐亦稀，此乐吾则一无有。仰瞻璇霄南极明，真若老人临户牖。喜仿次公画为图，放歌精神愈抖擞。持祝鹤龄当玉函，君其为吾酌大斗。”④从诗知花寿山与周乐同学于泺源书院。花寿山七十大寿之所以隆重，除友人外，所授弟子多有达人，据王钟霖日记，其弟子有：吴元庆（丙子举人、贵州知府）、吴长庆（甲午举人、知县）、章文津（乙酉举人、山东知府）、金凤藻（壬辰副榜、四川知府）、金寿萱（丁未进士、学正）、金宝符（癸卯举人、河南知县）、傅廷琦、朱廷相、李兴普、萧肯堂、焦禄麟（拔优贡）、周如璧、周如城昆玉（一举人一拔贡）等。前已述马国翰、王钟霖亦出于花寿山门下。

---

① （清）余正酉编：《国朝山左诗汇抄后集》三十九卷，卷十三，清道光二十九年(1949)海棠书屋刻本。

② （清）王德容撰：《秋桥诗续选》四卷，卷四，清道光三十年(1850)刻本。

③ 当时周乐与王德容并称历城二老，威望极高。

④ （清）周乐撰：《二南诗续抄》三卷，卷二，清道光二十九年(1849)刻本。

第二节 花寿山著述考

余正酉曰:“南村殚心坟典,于经义、帖括以及诗古文词靡不研精考索,务穷奥窔,尤工试帖,尝与余同选馆课,试律尚缄箧笥,未梓。”①如余正酉所言,花寿山工科举律诗,作品应不少,但未刻板行世。

一、花寿山诗稿

如上所述,花寿山精于试帖,所作此类诗较多,其二十八岁考中举人也是一明证。但作品未见于世。其他诗作不多,余正酉所编《国朝山左诗汇抄后集》中存八首。《金陵杂诗》五首、《移居》一首、《己亥仲夏六十初度自寿》二首。王钟霖《国朝历下诗抄》中存二十九首,《金陵杂诗》五首、《移居》一首、《题徐云樵诗卷》一首、《题魏致和空林托钵小照》二首、《题辛巳南元张海珊遗诗(张为贺吉人明府所得士、榜前殁)》二首、《感怀》一首、《喜晤林星浦即送北行(时星浦宰襄、因公赴部、道出保定)》一首、《清苑署斋》一首、《遣兴》一首、《送王麓樵应聘青守兼怀益都广文郭小华》一首、《日照》二首、《沂水道中》一首、《登燕子矶》一首、《雨中》一首、《仿元遗山论诗绝句》四首、《安肃道中》一首、《戚里铺》一首、《己亥仲夏六十初度自寿》二首。王钟霖《国朝历下诗抄》收花寿山诗二十九首,涵盖了余正酉所收八首,即现仅见存花寿山诗二十九首。

从花寿山所存二十九首诗中,可以约略窥视其一生中一些生活轨迹。花寿山有《金陵杂诗》《登燕子矶》诗。《登燕子矶》曰:“大江东去不肯住,天遣长矶截其路。阴崖俯觑蛟螭蟠,瘦笋支撑鸾凤翥。江流啮石石愈怒,浪花飞上岭头树。长年三老拏舟来,到此谁能不惊怖。我今鼓楫石头城,九市百廛入指顾。更欲绝顶资幽探,扪参历井日薄暮。壁间石燕欲横飞,怕有滂沱雨暴注。归舟假寐待平明,万里秋江一苇渡。”《金陵杂诗》其一曰:“画船箫鼓夕阳开,丁字帘前荡桨来。行到水关重掉转,望中灯火上楼台。”其二曰:“枇杷树里是儿家,亚字栏干面面斜。何处兰舟窗外系,连呼

① (清)余正酉编:《国朝山左诗汇抄后集》三十九卷,卷十三,清道光二十九年(1949)海棠书屋刻本。

阿母代簪花。”其三曰：“六朝金粉久模糊，渡口无端说丽姝。一笑王郎忒多事，留侬小字被人呼。”其四曰：“绿柳萧萧绾素秋，携樽懒上夕阳楼。南朝多少伤心事，卿自无愁我自愁。”其五曰：“此间是否郁金堂，山翠浮空水照廊。细数当年王谢辈，姓名谁及美人香。”[①]前诗写得荡气回肠，后诗写得婉转细腻。是花寿山曾到过金陵的见证。应该是花寿山的一位挚友官江苏南京时，花寿山应邀前往，时间也应是花寿山年轻时，待考。花寿山有《清苑署斋》诗，诗曰：“山衔落日上帘钩，滑笏苔纹小院幽。南浦断云犹作雨，西风团扇易成秋。一痕薄霭笼花木，数尺罗云隔女牛。准拟明朝开霁后，欲随王粲赋登楼。”花寿山同科邑友金洙曾任清苑令，花寿山一定投奔金洙而到过清苑，也可能是花寿山赴京参加会试途经此地而拜会老友。花寿山《安肃道中》《喜晤林星浦即送北行（时星浦宰襄、因公赴部、道出保定）》诗亦为金洙官保定时花寿山拜会老友过程中所留，也应是花寿山参加会试经过此地所作。其中后一首诗曰：“晓梦迷离甚，何来剥啄声。故人千里至，共话十年情。白发悲今我，黄华问去程。相将过旅店，忍泪看君行。”[②]林星浦即林俊源，字星浦，嘉庆六年（1801）拔贡，以誊录期满，选山西定襄县知县。[③] 在保定，花寿山巧遇老友林俊源，“共话十年情”，不胜唏嘘，最后，“忍泪看君行”。“南村眇一目”[④]，因此，大挑以教职用，前述嘉庆二十五年（1820），花寿山任日照训导，其有诗《沂水道中》，应是花寿山赴日照路中所作。对于自己宦涯的第一站，花寿山有《日照》诗二首，其一曰：“濒海弹丸地，人烟共几家。荒城堆瓦砾，晓市集鱼虾。土浅偏宜稻，风寒不损花。犹余纯俗在，贫富戒奢华。”其二曰：“生计民间窘，蝇头逐利微。当门炊火子，比户卖黎祈。裘马矜夸少，鱼盐负贩稀。年丰有薥稗，即此免调饥。”[⑤]诗中描述了当地的风俗人情、经济状况。在官日照期间，

---

① （清）王钟霖编：《国朝历下诗抄》四卷，卷四，清光绪四年（1878）至光绪五年（1879）刻本。

② （清）王钟霖编：《国朝历下诗抄》四卷，卷四，清光绪四年（1878）至光绪五年（1879）刻本。

③ 毛承霖修、赵文运等纂：《续修历城县志》五十四卷，卷第三十九《列传一》，民国十五年（1926）济南大公印务公司铅印本。

④ （清）王贤仪撰：《家言随记》四卷，卷四《桑梓敬止》，清同治素风堂刻本。

⑤ （清）王钟霖编：《国朝历下诗抄》四卷，卷四，清光绪四年（1878）至光绪五年（1879）刻本。

花寿山完成一项重大工程——迁居，即移居南郭，完成其心愿。其有《移居》诗记下当时的情况，诗曰："蚊睫巢蟭螟，蜗角争蛮触。经冬复历春，昕夕常局促。望望道南宅，高风想鲁肃。揭来竟居奇，逐逐逞其欲。百万尝买邻，四万今已足。大书博士券，葺墙更乘屋。卯粮乃寅支，一一遵约束。诹吉近遨头，垝垣亟增筑。盈盈酒几瓻，沉沉书一簏。茶铛与范甑，麕麠走童仆。部署不终朝，居然迁乔木。到官六月余，今始免蛰伏。南陔种春兰，东篱莳秋菊。更假幼安床，开窗看晴旭。虽惭名世才，官冷人不俗。蝴蝶上阶来，扫径延芳躅。"①历城朱曾喆②有《和花南村移居原韵》诗，诗曰："行年五十九，事事成感触。少壮奋时会，忽忽日已促。尝七至京华，每遇秋气肃。人生各有好，诗书吾所欲。榕村与灵皋，经世术亦足。慕古思宜今，独坐空仰屋。开卷砭我愚，躁急赖检束。晚交得南村，芳邻旧卜筑。薄宦之琅邪，高情鄙障簏。五斗不折腰，十脡岂仆仆。藉慰负米心，温恭凛集木。一命必有济，无为叹雌伏。君观沧海日，我餐南山菊。记曾樽酒对，夕短复天旭。邑子仰模范，所期善理俗。由来骐骥才，安步无局蹐。"③朱曾喆和诗可知他们交情之厚，虽年龄相差十几岁，但却是忘年之知音。时光如梭，转眼花寿山到周甲之年，花寿山有《己亥仲夏六十初度自寿》诗二首，其一曰："恰逢长至是生辰（本年五月十二日夏至），惭愧今年已六旬。从此更番论甲子，当时初度记庚寅（余以庚寅日生）。弧悬窃负平生志，禄薄空惭仕宦身。祝嘏称觞吾岂敢，且将尊酒奉慈亲。"④

从《题魏致和空林托钵小照》二首、《题辛巳南元张海珊遗诗（张为贺吉人明府所得士、榜前殁）》二首等诗，可略知花寿山所交游者还有历城名工匠魏祥、历城进士贺崇禧等人。前未述。

二、花寿山文稿

王贤仪曰："花南村兄寿山，历城孝廉，少立品节，有实学，从游者众，

---

① （清）王钟霖编：《国朝历下诗抄》四卷，卷四，清光绪四年（1878）至光绪五年（1879）刻本。

② 字钝甫，瑀子，乾隆己酉科拔贡，宁阳县教谕。见《国朝历下诗抄》卷二。

③ （清）王钟霖编：《国朝历下诗抄》四卷，卷二，清光绪四年（1878）至光绪五年（1879）刻本。

④ （清）余正酉编：《国朝山左诗汇抄后集》三十九卷，卷十三，清道光二十九年（1949）海棠书屋刻本。

多科第，所作论书碑志皆可传。”[①]可见花寿山所作论书碑志数量不少。

道光十七年(1837)五月为同里友人朱畹作《红蕉馆诗抄续序》，评朱畹诗曰：“红蕉馆诗抄，词旨雅洁，律格整严，取法中晚唐诗而具体而微。”[②]为同里好友周乐作《二南诗抄》跋，为周乐《二南诗续抄》题辞，周乐《二南文集》有花寿山作《周二南先生小传》，并为周乐《二南文集》作评点。同周乐、马国翰为历城诗人王德容选定《秋桥诗续选》四卷，并于道光三十年(1850)为作《秋桥续刻诗集叙》。为同里挚友王贤仪《家言随记》卷一之《申韩论》作评，实为王贤仪小传。道光二十七年(1847)孟春为同里前辈尹廷兰《华不注山房文》二卷作跋。为同里余正酉《国朝山左诗汇钞后集》作序。道光十七年(1837)四月为肥城张岫《带经舫诗抄》作序。以上是所见花寿山之文。

道光二十七年(1847)，周乐与花寿山、王德容、孙兰枝等诗人共同完成《沧溟先生集》的校刊，由李攀龙的九世孙李献方刊刻。花寿山是重要参与者。安丘刘耀椿《海南归櫂词》二卷，清咸丰五年(1855)刻本，花寿山辑。

由于花寿山没有著述刊刻，因此，仅就所能见到的诗文进行初步研究。

① (清)王贤仪撰：《家言随记》四卷，卷四《桑梓敬止》，清同治素风堂刻本。

② (清)朱畹撰：《红蕉馆诗抄续》一卷，花寿山序，清道光二十一年(1841)刻本。

第十六章　历城乔岳及著述考

第一节　乔岳其人

乔岳，字松石，诸生。天分卓绝，赋性洒落，吹竹弹丝，无不精妙。① 周乐《松石诗抄》序曰："松石与余同业泺源书院，时年甫弱冠，翩翩有佳公子风致，性情疏放类余，文章自抒己见，不束绳尺，亦类余，而其才远胜于余。"②王贤仪《家言随记》云："松石负经世材，中年代总盐商，老栖于乡，夙志消磨，工度曲，与醉琴友，每夜月邀友觞醉北极台，唱大江东弹词，九转声满明湖，周二南戏之曰：子曲，我愿意以为雌也，盖以乔姓云。"③王贤仪《家言随记》又云："夙读乔松石贡生岳诗，多警句，和陶诗尤肖。庚戌秋日，姚家庄东阡展墓回，憩庄西阁下，髯而颀癯，戴笠携童，远自燕翅山麓来，则松石也。握手至阁舍，诗卷焚香，二孙侍茗，盖假居于此，相与话乡趣，溯故友，慨谈时事，眉宇轩杨，作壮年态，遂订交。"④

通过乔岳同时代的友人周乐、王贤仪记载，可知乔岳是一位秀才⑤，曾就学于泺源书院，中年后弃从商，从事盐务，达到事业顶峰，为代总盐商。同时，乔岳还是一名诗人，精于音律。乔岳青年忙于科举，中年以后忙于经商，弃商后才得以优游林下。与周乐为挚交，看周乐诗，其交往最早的一诗为《友人乔松石出其先人憩松抚石图索题、辄作长歌应之》，诗中有乔

---

① （清）余正酉编：《国朝山左诗汇抄后集》三十九卷，卷十七，清道光二十九年(1949)海棠书屋刻本。

② （清）乔岳撰：《松石诗抄》二卷，周乐《叙》，清咸丰二年(1852)刻本。

③ （清）王贤仪撰：《家言随记》四卷，卷四《梓桑敬止》，清同治素风堂刻本。

④ （清）王贤仪撰：《家言随记》四卷，卷四《梓桑敬止》，清同治素风堂刻本。

⑤ 王贤仪称乔岳为贡生，《续修历城县志》无考。

岳对父慈健在时的追忆，诗曰："先子壮时颇健强，身颀而长报远志。不谓饥驱五十载，世事八九不如意。"[①]第二首是《听乔松石弹琵琶》，诗曰："峭风卷叶啼寒鸦，柴门哀柳枝枝斜。排闼微闻拨弦响，角巾君方弄琵琶。君疑周郎来顾曲，凄切秋虫音局促。既而转轴换羽声，如水出峡不可束。在君拉杂信手弹，一时倾听殊悲欢。缠绵儿女诉离别，慷慨侠少披心肝。想见明妃出汉宫，马首黄沙怨画工。一曲未罢双泪坠，寒云暗淡低遥空。似闻江头商妇泣，遮面掩抑促弦急。船傍白月满江寒，座上青衫司马湿。吁嗟我亦沦落人，劳劳一样饥驱身。迩来君又不得意，骋车甫就旋回辔。归途淋浪苦雨作，裘敝金尽面焦頞。大弦小弦各为音，弦弦写出君愁心。调高虽觉歌难和，耳热何辞酒屡斟。君弄琵琶君一绝，我肠欲断我心折。何时载酒更寻君，北风吹落满天雪。"[②]周乐诗既描述了友人乔岳所弹琵琶的曲调婉转，知音从乐曲中能聆听到的各种复杂的心情，尤其是那种哀愁。从诗中也可知乔岳经商有时并不如意。周乐又有《题乔松石小像》《汇泉寺僧招余同乔松石、王雪泉、王槐亭小集即事》，前诗有"槐亭下笔妙传神，十年以长深惭我"[③]句，提供两条信息，其一，乔岳小像可能是这位王槐亭画的。其二，周乐长乔岳十岁，周乐生于乾隆四十二年(1777)，乔岳生于乾隆五十二年(1787)。周乐与乔岳还有一趟关中之行，当时周乐应挚友李肇庆之邀，教授其子，乔岳随行，出发时间是道光七年(1827)，途中周乐有《途次与乔松石唱和偶作》。之前，周乐并不知乔岳能写诗，周乐一路吟咏，而乔岳多有唱和，深得乐心。到灞陵李肇庆任上，他们共同编辑了《历下三君诗》四卷。崔平瑞序《历下三君诗》略曰："丁亥夏，霱云移任灞陵，余与俱东。而周二南、乔松石亦自历下来，携鳞江、范墅诗各一帙。时霱云将刻畹阶先生诗，属与鳞江、范墅遗稿并加校仇，畹阶诗仍分上下卷，鳞江、范墅则各为一卷。是举也，芟存编次以二南总其事，而余与松石俱供扫叶之役云。"[④]后周乐居关中十年，又在直隶数年，道光二十年(1840)才归里。乔岳在关中一年多便归家。周乐序《松石诗抄》曰："入关后襄余堂年余，比旋里，又不见其为诗矣。"实际上亦有诗作，乔岳回乡后思念身在

① (清)周乐撰：《二南吟草》不分卷，稿本。

② (清)周乐撰：《二南吟草》不分卷，稿本。

③ (清)周乐撰：《二南吟草》不分卷，稿本。

④ 毛承霖修、赵文运等纂：《续修历城县志》五十四卷，卷第二十九《艺文考八》，民国十五年(1926)济南大公印务公司铅印本。

异乡的老友，有《秋夜怀周二南》诗二首，其一曰："虚堂灯火动，风雨伴孤吟。料识他乡客，还同此际心。关中新白发，历下老青衿。何曰重联袂，秋窗拂素琴。"其二曰："性僻交游少，家贫俗累多。唯君共风雨，久别隔关河。旧事同谁语，新诗只自哦。相思却无梦，不寐奈愁何。"①只是作诗很少而已。道光九年(1829)，李肇庆为周乐刻《二南诗抄》二卷，乔岳为之题辞，其一为《集陶诗三章》，其二为道光七年(1827)旧作，即《道光丁亥秋日读集中自慨三首、意不胜悲、辄依篇作旷语解之》，《松石诗抄》及《国朝历下诗抄》均为《答周二南自概诗三首》，其一曰："本非功名士，焉用抱穷愁。微禄干尧舜，终愧巢与由。不见道旁塚，寂寞旧公侯。冷官胡尚慕，热中不能休。西窥华岳顶，南泛五湖舟。孤鹤任高飞，闲云自去留。一笑寒毡客，羁绁类楚囚。"其二曰："得钱妻孥喜，安坐享温饱。老子呕心肝，辛苦复谁晓？嗟哉鬓毛苍，半为儿女老。君累渐无多，且复省烦恼。自非奉二亲，余皆可草草。得失不足论，又焉问多少！"其三曰："得气偶然生，气散形与俱。吾身非吾有，又安问其余。君怀本旷达，诗酒足欢娱。浩歌满天地，荷锸葬路隅。他日骚客过，凭吊动唏嘘。樽酒酹君墓，桑梓式君庐。胜有不肖子，贫穷卖父书。"②既是对周乐无子的安慰，又是对自己人生的写照。乔岳归里后以何营生呢？周乐序《松石诗抄》曰："数年余归自关中，松石又佐人理盐事，年逾五旬，不复盐，亦不复试，惟与二三酒友征逐于湖山间。"

在乔岳《秋夜怀周二南》诗二首其二中有"性僻交游少，家贫俗累多"③句。乔岳认为自己交游不广是因为自己性情孤僻。实际上，乔岳交游确实不多，仅二三知交而已，除周乐外，还有李醉琴与之为至交。乔岳与明湖北岸北极台主持李醉琴可为真正知音。王贤仪《家言随记》云：松石"老栖于乡，夙志消磨，工度曲，与醉琴友，每夜月邀友觞醉北极台，唱大江东弹词，九转声满明湖。"④

与同里王德容交情也不错。王德容是周乐同学，是其一生之挚友。

---

① (清)乔岳撰：《松石诗抄》二卷，卷上，清咸丰二年(1852)刻本。

② (清)王钟霖辑：《国朝历下诗抄》四卷，卷四，清光绪四年(1878)至光绪五年(1879)刻本。

③ (清)王钟霖辑：《国朝历下诗抄》四卷，卷四，清光绪四年(1878)至光绪五年(1879)刻本。

④ (清)王贤仪撰：《家言随记》四卷，卷四《梓桑敬止》，清同治素风堂刻本。

以诸生授徒乡里以终。周乐走后，乔岳与王德容交往较多。乔岳从关中归来，王德容有《过乔松石窦家园别业》诗，是王德容过访乔岳之作。以后，乔岳移家南门外城濠上，王德容有《乔松石移家黑虎泉上》，周乐亦有《乔松石移家南郭过访》诗。乔岳有《王秋桥劝余抄录旧作寄入山左诗选刻赋谢》诗，王德容道光二十二年(1842)刻《秋桥诗选》四卷，道光三十年(1850)刻《秋桥诗续选》四卷，乔岳均为之题词。

乔岳诗中虽有"家贫俗累多"①、"负债多因酒"②等句。但乔岳中年因经商致富，可以"安坐享温饱"③。乔岳想得到一处小园，有《梦中得窦园》诗，诗曰："园在云空处，客来修惮频。酒田多种秫，河鲤不虚纶。习见连阡第，徒伤再过人。何如弄烟水，老守范丹贫。"④最后终于梦想成真，买下了明湖岸边的"窦家园"，王德容称之为"窦家园别业"，乔岳自称"窦园"。乔岳有《窦园》诗，诗曰："非寂亦非喧，移家爱此园。鱼虾随食具，杜芷作柴燔。待友常开径，邻湖恰似村。非徒息劳役，并以裕儿孙。"⑤可见，乔岳十分满意这个邻湖庄园。买下窦园后，少不了要动一些土木，该修整的要修整，必要的建筑要有，最后形成自己心目中的"湖上小园". 乔岳有《湖上小筑初成招周二南二首》《湖上小园初成示子耕吾》《湖上小园即事》。乔岳买下窦园并施工建成理想中的乐园，应在道光二十年(1840)后，因周乐道光二十年(1840)才归里家居。乔岳自关中归里后，代理盐务才逐渐致富。而周乐赴关中后，乔岳家眷还暂居周乐家园。乔岳在此处过了十数年快乐自适的生活，也留下了不少吟咏明湖的诗句。

乔岳与好友周乐不同，他交游不广，过着独行快适的诗人生活。周乐于道光二十年(1840)归来，道光二十二年(1842)马国翰开始召集诸友燕集，遍游历下山水，鸥社重现，也没见乔岳的身影。但他热爱济南的山山

---

① (清)王钟霖辑：《国朝历下诗抄》四卷，卷四《秋夜怀周二南》，清光绪四年(1878)至光绪五年(1879)刻本。

② 毛承霖修、赵文运等纂：《续修历城县志》五十四卷，卷第十十九《古迹考四·窦家园》，民国十五年(1926)济南大公印务公司铅印本。

③ (清)王钟霖辑：《国朝历下诗抄》四卷，卷四《道光丁亥秋日读集中自慨三首、意不胜悲、辄依篇作旷语解之》，清光绪四年(1878)至光绪五年(1879)刻本。

④ 毛承霖修、赵文运等纂：《续修历城县志》五十四卷，卷第十九《古迹考四·窦家园》，民国十五年(1926)济南大公印务公司铅印本。

⑤ (清)乔岳撰：《松石诗抄》二卷，卷上，清咸丰二年(1852)刻本。

水水，四处游玩，游踪所至，诗句相随，为后人留下了时代的记忆。乔岳有《游佛峪值雨遂宿寺舍》《花山峪》《龙洞山寺》《雨后望佛慧山极顶》《纳凉佛慧山寺》《重阳值雨登高未果、越六日复醉千佛山亭》《黔娄洞》《望佛山》《望华不注山》《望鹊山》《北珍珠泉园亭杂景》《珍珠泉沦茗》《枕湖楼题壁四首》《庚戌冬前四日重登枕湖楼》《游燕园》《雨后北极台望南山出云》《秋夜北极台偕周志虚月下远眺》《北极台看山》《北极台极目》《秋末北极阁即目》《灵岩晚眺》《太甲陵》等诗。乔岳游踪不止于历下，他还有《谒武乡侯祠》《谒蒲留仙先生乡祠》《费县诸满村北谒颜鲁公墓、旁有公侄义仆两塚》等诗。他十分满意自己的生活，他在《答友询近状》诗中曰："邱林福命未全悭，小憩能教俗虑删。岂有别肠专受酒，但余吟兴即游山。采樵路近僮能给，剥啄声稀犬亦闲。欲问迩来身健否，醉乡无日不朱颜。"①

约道光二十八年(1848)②，乔岳又移家南门外城濠上，此处邻黑虎泉，因此王德容有《乔松石移家黑虎泉上》诗，周乐有《乔松石移家南郭过访》诗。乔岳有《泉上新居葺治毕、喜而作诗用东坡先生游恒山韵》《南郭新居》《移居泉上柬诸友人》等诗，其《南郭新居》其一曰："颇有岩阿趣，蜗居复近城。半村皆树影，十步一泉声。骚酒过他日，清凉快此生。素心人未远，昕夕看云横。"③这是诗人对新居的环境与自己心情的描述。在这里，诗人还留下了《春日泉上风雪即景》《春日泉上》《泉上即目》《溪上四首》《泉上即目》《泉上吟》《泉上秋雨三首》等诗篇。时间无情，老年已至，引起诗人的感叹。乔岳有《老来》一诗，诗曰："老来寒热未能匀，方度严冬盼早春。何必更谈天下事，已难康济自家身。基成耕读非容易，絮聒儿曹渐不亲。反羡庚桑争席好，嬉嬉才是百年人。"④此诗富含人生哲理。

咸丰四年(1854)二月，太平军北伐援军进入山东，三月初，包围临清，

---

① (清)王钟霖辑：《国朝历下诗抄》四卷，卷四，清光绪四年(1878)至光绪五年(1879)刻本。

② 王德容《秋桥诗续选》卷四中有《乔松石移家黑虎泉上》诗，诗前《戊申秋赠千佛山臻玺上人并简楼又存、杨西屏、吴春卿》《腊初秋屏约同二南、次云为消寒会即席有作依韵奉和》《雪夜》等诗，基本是按时间顺序排列。诗中有"泉声入秋急"句。可见王德容拜访乔岳时可能是道光二十八年秋。

③ (清)王钟霖辑：《国朝历下诗抄》四卷，卷四，清光绪四年(1878)至光绪五年(1879)刻本。

④ (清)王钟霖辑：《国朝历下诗抄》四卷，卷四，清光绪四年(1878)至光绪五年(1879)刻本。

省城戒严。引起一定的动荡。诗人乔岳也无法置之度外，有《叹匪民》长歌，诗中描述了匪民的特点："翕从渐猬集，攻刦过吏酷。得惟供博饮，败旋就擒伏。如草芟复生，如裰断复属。"①指出民之所以为匪就是没有食物，奉劝官员关心民众的疾苦，将战争与饥饿现象一起埋葬。

第二节　乔岳著述考

《续修历城县志》之《艺文志九》著录：乔岳著《松石诗抄》二卷，据本书。现此集藏于山东师范大学图书馆。

《松石诗抄》二卷，乔岳撰，半叶九行二十一字，白口，左右双边，单黑鱼尾。清咸丰二年(1852)刻本。封面题：壬子嘉平月镌。前有道光三十年(1850)周乐序。后有李僩跋。

卷上收诗二百五十四首，其中一首是儿子所写。有《雨后北极台望南山出云》《集陶句赠周二南三首》《太华》《杂感》《冬夜早行》《周二南主讲潼关寄诗见怀依韵和之》《雨后望佛慧山极顶》《夜行琅琊道》《对镜》《短歌行》《宿博兴柳桥村》《自君之出矣三节》《追挽深州刺史张伯良》《题周二南续刻诗卷后》《王孝女题词(有序)》《过郑柳田先生故斋有感二首》《炎旱看云》《晚发高唐途次大风》《五十一初度友人觞余北极台即席赋答》《秋夜北极台携周志虚月下远眺》《湖上草堂闲居》《北极台看山》《忆谈友》《旅邸》《北极台即目》《秋柳》《嫠夜啼》《龙洞山寺》《附儿子耕吾游龙洞寺一律》《梦田猎词》《关中即目》《旅邸岁暮》《瘦马》《荒年杂感四首》《岁暮闻哭声》《除夕(是岁乙未旅栖客邸格扉为大风所折屋宇寒甚因赋短篇)》《淮阴谒漂母祠》《忆昨》《雨中偕贾丹生登北固山甘露寺》《题戴墨花枫江理钓图小照》《秋末北极阁即目》《芦花》《戏题行乞图》《偶成》《示子耕吾》《己亥仲春贾明府丹生将之袁江其弟次生主政亦将入都诸同社醵饮送别即席有赠》《金阊竹枝词二首》《题王秋桥诗卷后》《读南北史》《冬夜》《黄鹄词》《北珍珠泉园亭杂景十一首》《蕉轩》《芦岸》《述哀二首》《古藤萝歌(并序)》《次韵和周志虚中秋玩月之作》《题许沛之春园夜饮图》《感怀》《仲秋上弦新月对

① (清)王钟霖辑：《国朝历下诗抄》四卷，卷四，清光绪四年(1878)至光绪五年(1879)刻本。

酌》《窦园》《己丑中秋阴雨次夕邀友补赏》《谢友奖诗》《挽梁卧南》《读陶诗》《辛丑春末河决祥符》《九月登佛慧山小酌晚归梦中得四句》《对酒示内》《忆游金陵归计不谐追赋绝句》《有客寄予小印篆曰拙翁喜以为号纪之以诗》《北园村墅》《寒夜小酌》《壬寅夏秋杜门不见客累月矣友人数致诮让诗以谢过》《家居》《广寒词》《自录诗稿》《登岱》《咏史》《赠张明府直斋》《雪天商河道中》《途中大雪》《宝剑》《枕湖楼题壁五首》《敝裘》《秋末泛舟》《题恽南田山水小幅》《湖上小筑初成招周二南二首》《和周二南秦中杂感》《梦中得宝园诗八句》《湖上小园即事》《重阳值雨登高未果越六日复醉千佛山亭二首》《流萤二首》《更漏》《地震志异(道光己丑十月二十三日昧爽时)》《哭翟渐逵》《春日小园偶步》《拟古》《湖上小园初成示子耕吾》《许沛之爱读南华经诗以嘲之》《马嵬驿题壁》《谒蒲留仙先生乡词》《挽高苇村先生(东莱人)》《东园》《捉蟋行》《放蟋行》《七夕乞巧》《将赴关中临行赋此》《道由东郡射书台有感》《车中甚寒》《雨中渡黄河》《磁钟道上望中条山出云》《望太华山》《和临潼店壁上从军之作》《华州过寇莱公故里》《灞桥水阻》《望终南山》《秦始皇墓》《挽张柳堂夫子(汉中人官山左黄县令)》《田家》《答周二南自概诗三首》《偶过田家》《颂酒》《九日登灞陵城楼》《偶兴》《病酒》《喜得孙》《湖上草堂四首》《古剑》《哭张东堂夫子(华阴人官山左刺史)》《题仕女梅窗待月图》《淮阴背水阵》《姜伯约》《草堂自咏二首》《蠹鱼歌》《卖衣》《卖剑》《卖画》《卖砚》《中元扫墓》《禹井》《读月令》《冬日湖上晚眺》《赵飞燕》《纪梦(庚寅九月二十三日夜阑得此梦次年八月先慈见背)》《读庄》《喜张明府直斋复官》《忆亡友张俚夫先生(绛州人)》《游蒋园》《杨花》《春初游柳泉观遂宿禅房》《纳凉佛慧山寺》《秋夜怀周二南》《雨后游柳林寺》《忧居》《清溪即目》《阳信北村》《秋夜旅行》《夜间落叶声有感》《读三国人材论偶感》《升仙引》《哭董南松》《四十五自寿四首》《谒武乡侯祠》《某氏双孝女歌》《自校诗卷毕戏跋一律》《咏物》《临镜》《冬日小园即景》《咏陈东上书事》《冬日北园晚归》《晚过北园闻俚歌乐甚》《北村闻歌》《旅夜独酌》《戏示诸孙》《闲居》《题何岱麓无我相斋诗卷后》《岁暮》《题宗谦古望云图》《蒲萄词》《读后汉书逸民传》《送别邹明府鸿放回籍起复》《戏答周二南自寿诗》《谢翟明经文泉赠联》《渔翁》《樵夫》《牧童》《读书士》《咏物》《周二南七十同人醵筵为贺自以耳聋及直疮故作诗辞之戏为长句劝驾》《题张鲁如求己图照》《周二南七十失子哭甚悲诗以解之》《短歌行》《题钱伯平泉石小憩图照》《苦热行》《缓歌行寿路君秀升》《贺周二南访得侄孙》《长歌赠周

二南迁居》《升天行(纪梦)》《示次孙养厚》《游仙引》《立秋大雨》《水面亭即事》《立秋后淫雨对酒作》《齿痛剧至废食戏为短歌让之》《代人贺周漫翁访得侄孙四绝句》《卜居行》《王道人入山久无耗偶遇彼中人传语询余近状兼嘱早自为计道士殆仙欤何相知之深耶即书短句以畀来使》《解嘲》《秋郊晚步》《擒妖人》《咏剑》《游佛峪值雨遂宿寺舍》《题殷孝子庐墓传后》《渔子》《让水人》《读沈归愚先生列朝诗选本感赋长句》《戏题颉羹侯传后》《行路难》《忆南游》《丙午除夕》等诗。乔岳不以诗名世,周乐《松石诗抄》序中曰:"既皆不得志于秋闱,各饥驱一方,归里相遇则必饮酒,饮必期醉,醉必强之度曲,余则貌为周郎之顾,相与嘲谑为乐,然而松石固未尝以诗自见也。"道光七年(1827),周乐与乔岳同赴陕西,周乐每有诗,乔岳必有和,周乐"慢然异之,始知松石向之不欲以诗自见,乃其不苟为诗也。入关后襄余堂年余,比旋里,又不见其为诗矣。"从乔岳所作诗看,可与周乐所述相印证。乔岳诗基本上是道光七年(1827)以后所作。乔岳人生前期是攻读举业,考中秀才曾与周乐同学于泺源书院,屡试不中,奔走谋生,曾与周乐在陕西李肇庆处襄助一年多,归里后曾帮人总理盐务,从诗中看,乔岳足迹所至各地,不知是否是处理盐务。年逾五旬,辞去盐务事理,也不再参加科举考试。与二三友优游林下。乔岳年轻时家庭也较贫困,周乐赴陕西后,曾寓居周乐大明湖畔家中。应是"湖上草堂"。乔岳《湖上草堂闲居》诗曰:客居何幽僻,闲中寄此身。周乐《松石诗抄》序曰:"先寓余湖上菜园,继购南郭外壕上一宅。"也就是乔岳襄理盐务致富后,自己购置了房产。但从诗中看,乔岳先得大明湖上"窦园",又筑"窦园"边"湖上小园",最后才又买了南郊外壕上一宅,在黑虎泉畔。乔岳之交游,前已述及,周乐是一生同学挚友、其余有郑士芳、王德容、何邻泉等,乔岳诗中有十数首提到登北极台或北极阁。前述乔岳与醉琴道人是真正的琴瑟知己,但不知何故,诗中无一字提到醉琴道人。除以上人物外,可以考证的交游人物还有历城贾辉山昆仲及翟凝家中人。贾辉山,字丹生,道光八年(1828)山东乡试戊子科举人,乙未大挑一等,历署江苏沛县、睢宁、丰县等地知县。乔岳可能与之是同学友。无法考证的人物有周志虚、许沛之、梁卧南、高苇村、张俚夫、董南松、钱伯平、恽南田等,均名不详。乔岳与官场的一些人物亦有交往,可以考证的有章寅(直斋)、蒋因培、邹光钺(鸿放)等,不可考证的有张东堂、张柳堂等,可能与他办理盐务有关。乔岳还读《庄子》《汉书》《南北史》等。诗中还有一首《地震志异(道光己丑十月二十三日昧爽时)》,是道光九年(1829)十月二十三日山东东部地震记录,是宝贵的地震资料。

卷下收诗二百三十七首,有《读淮南子二首》《谢相士谀相》《老来》《咏史》《醉后戏作》《偶感》《蜜虫歌》《南郭新居》《读三国志》《暮抵灵岩山寺》《灵岩禅寺即景》《灵岩晚眺》《秋末灵岩寺对酒偶成》《灵岩题句》《戏题画梅小幅》《题王今雨临风追远图小照(今雨为王黄叶裔孙居二十四泉草堂)》《小病久弗瘥忆灵岩寺偶成》《答周二南见赠六十初度之作》《春日小园即事》《南郭新居》《晚过古墓》《春日泉上风雪即景》《老至》《春日泉上》《杏花》《咏杏拟选体》《东院杏花春分日始开亦赠以诗》《落花》《闲游》《山苓》《泉上喜雨》《麦青歌》《春寒至立夏不减闷赋一诗》《泉上闲居》《移居泉上柬诸友人》《泉上吟》《小金山(在九女楼下)》《溪上》《夏夜同郑方洲小金山闲话》《戏与稚孙论诗》《虫吟》《叹匪民》《大甲陵》《黔娄洞》《望鹊山》《皋鱼吟》《鲍叔城》《自嘲二首》《春日》《咏史严分宜事》《泉上招隐》《二月六日溪上小酌》《答友询近状》《学稼》《石头城怀古》《春旱》《王秋桥劝余抄录旧作寄入山左诗选刻赋此答谢》《栽竹》《漫成》《自删诗草》《读道书偶感》《李氏园亭小饮》《扫径款客》《泉上即目》《纳凉》《庭树》《暮蝉》《七夕曲》《土屋》《花山峪》《早秋》《偶成》《白头翁引》《溪上》《初秋溪上小步》《禅寺窗中望雨》《减餐》《初秋溪上晚眺》《小金山夜坐》《晚眺》《论诗》《中元夜坐小金山独坐》《蛩声》《新秋》《登九女楼》《泉上秋雨三首》《黑虎祠内老白杨树殆百年物也志之以诗》《渔舍》《珍珠泉沦茗》《闲居二首》《南游秣马兰陵大醉后戏作》《菜圃》《送别友人》《偶兴》《秋熟》《赠钓客》《偶感》《诗罢赋成》《偶成》《村居》《晓起》《和周漫翁自制铜棺并柬诸友小聚之作四首》《泉上》《游灵岩絶壑中见一桂盛开感赋》《望佛山》《秋夜小金山独酌邻翁后至欣然共醉》《泉上家居》《喜得鱼二首》《泉南杂咏二首》《读史感华歆事》《寄周漫翁》《泉上即目》《自缚一篇数日始成戏作八句》《泉上新居葺治毕喜而作诗用东坡先生游桓山韵》《久坐》《秋郊晚眺》《赠祝聋标处士》《述老二首》《寄周漫翁》《慢翁七十余尚乏嗣欲纳婢不果诗以劝驾二首》《哭周生荫兰》《题周漫翁续刻诗卷后》《题李易安小像画轴》《读王元美哭李沧溟感赋》《望华不注山》《忆周生荫兰》《六十三初度日作》《过东郊高塚偶感三首》《咏史陈涉》《项籍》《题刘蒲若宫词诗卷后》《题张船山宝鸡店题壁诗帧末》《费县诸满村谒颜鲁公墓(旁有公侄及义仆两塚)》《酬同里郑方洲见寄之作》《醉后戏作》《校射场观军府大阅》《初冬苦雨招方洲》《赋得晴雪满竹》《述老》《拟古猛虎行》《拟古悲歌行》《拟古短歌行》《拟古秋胡行二首》《添丁》《连日风雪喜茶山文学至》《酬郑方洲大雪诗》《述怀》《题周漫翁小像后》《读诗》《闲居》《醉后寄茶山》《醉中吟》《读袁简斋尺牍论南北人诗品偶感赋此》《题周漫翁续刻诗卷后》《闲咏》《谀墓》《漫翁以晚年饶有见孙乐命稚孙属对即以为起句率成一诗》《和方正学子陵钓台之作》《庚戌冬至前四日重登枕湖楼》《代友谢邑侯赠裘》《题孙伯咸文学斋壁》《闲居书怀》《偶感》《庚戌除夕》《辛亥元旦》《春日与渔父溪上小酌》《溪上小酌招友》《眼镜》《止酒戏成》《雨夜漫成》《上巳前二日溪上小酌招友不至》《渔人送蝤蛑醉之以酒甚美偶有所感停杯赋此》《陈石坪邀集竹林园席上因识张镜塘文学》《溪上》《醉中吟》《周漫翁以和张船山生老病死四诗见示依篇答之四首》《短歌行》《代悲白头翁》《读月令》《挽董莲溪》《春游》《扫墓》《题王秋桥蓬岛莲湖图卷》《竹花》《读道德经》《题廓如上人石床酣睡小像》《白莲》《自嘲》《蚓笛》《和张云庄先生乩咏雁字诗三十首》等诗。卷下诗基本是乔岳南迁新居后所作,主要是咏物抒怀诗,同乔岳交游者主要还是周乐,此时周乐主讲景贤书院。还有郑屿(方洲),郑屿是郑云龙之子、王德容之婿,王德容、王畿(今雨)。此外还有方正学、孙伯咸、董莲溪、陈石坪、张镜塘、周荫兰等,名不可考。

关于乔岳的诗,周乐《松石诗抄》序曰:无意求工而工益入妙,有近陶韦者,有近温李者,有近刘乂李长吉者,诗不可以一家论,而究其言人所欲言,言人所不能言,亦未有古人之诗横其胸中也。李僩跋曰:昔昌黎韩子作王承福传而柳氏子厚作梓人传,无不以小喻大,托兴深微,作者五七古意多仿韩柳,而音节则规抚太白,五言如风来天欲侧,尘起树全无。……不下数十联,求之古人集中,亦复不可多得,意欲仿渔洋选宣城诗作摘句图,焚香一读,不啻奇珍异宝,罗列几席间,质之松石,不知以余为知言否。又曰:"瓯北集五古有理趣而无理障,七古则神通狡狯,奇趣横生,作者虽不摹其体格,而意境多仿佛近之。下卷近体奇横精炼,少逊前编,而凑泊天然,其所谓炫烂之极归于平淡者乎。至雁字三十首,穷神极相,直类鬼工,倘与古作者驰逐骚坛,应让君出一头地。"可见乔岳晚年诗益精进,得到当时历城最富才气的诗人李僩的高度赞颂。

第十七章 历城余正酉及著述考

第一节 余正酉其人

一、余正酉家族

余正酉祖籍浙江绍兴府山阴县，始祖余承祥，明绍兴府山阴县庠生。太高祖余维熊，候选通判，例授承德郎。祖父余光德，康熙十五年(1676)自浙江绍兴府山阴县迁于山左历下，住省城南关司里街。[①] 掖县李图辑录《余氏家集》，于余承祥条下按曰："余氏故浙之山阴人，康熙间有讳光德者，以州同知携两弟光祺、光耀来济南，遂迁其祖庠生公承祥、通判公维熊墓于省城西袁家庄。"[②]余光德，原名法祖，字宪章，世居东浦。以候选州同知入济南府商籍。[③] 子二：羲、肇楷。羲，原名肇桢，字际中，号半亭，候选知县，赠文林郎，湖口县知县。仁和沈廷芳《际中余君墓志》云："先生读书博览，于天官、壬遁、释典、道藏以及青紫囊书无所不习，尤邃于易、性好奕，入能品。晚又得养生导引之术，偃坐一室，不关户外事，客至，则相对，围棋、沦茗、清话而已。"[④]肇楷，字圣嘉，号敬亭，候选光禄寺典簿。席父兄余业，无志进取，居恒以吟咏自适。沈廷芳尝评其诗，谓格律清正，无秾纤绮靡之习。[⑤] 肇松，字茂嘉，光德从子，官江南太仓州知州。县志中载：太

---

① 《道光乙酉科齿录》，清刻本。

② (清)余正酉辑：《国朝山左诗汇钞后集》三十九卷，卷三十六，清道光二十九年(1849)海棠书屋刻本。

③ 同上。

④ 同上。

⑤ 同上。

仓开觉寺僧无念者多为不法，乡民无敢忤，茂嘉到官，召至，杖杀之，士民欢呼，好事者为作莲花报传奇。① 肇榕，候选州同知。羲子三：鹏、丙、鹍。鹏，邑庠生。丙，字邻午，号朗斋，乾隆庚午科举人，官云南宾川州知州。鹍，字宾凤，诸生。肇楷子七：沛、烈、烜、炎、炯、鳌、直。沛，字惠苍，号节菴，精绘事，耽吟咏，兴酣落墨，有神动天随之妙，识者宝之。太学生，有《幽窗杂咏》《风云集》。炯，字容城，兄弟七人，行居五。幼颖悟，长而从事四方，无暇事帖括业，然舟车所至，常把温公通鉴一帜不去手，兴会所至，形诸吟咏，名《偶存草》。高密王宁延辑《山左诗续抄》，尝选其诗，谓雄浑雅健，追踪唐贤，三覆斯集，洵无愧色。余章，炯子，字锦浦，诸生，精岐黄，善绘事，耽吟咏。余奎元，字善长，号星五，别号屺岵山人，鲲②子，有《舟车杂咏》。余钟莹，字朗山，监生，余正酉从弟，耽吟咏，善音律。值家中落，遭际忧患，然胸怀浩落，初未尝以尘冗废啸歌也。余氏一族，诗人辈出。③

二、余正酉其人

余正酉，字秋门。行一，乾隆乙巳年（五十年）正月十二日卯时生山东济南府历城县拔贡生民籍。父亲余章对余正酉影响很大，"当正酉髫龀时，常于枕上口授唐诗数百首"④。幼与周乐同砚席，时以韵语相酬和，矢口即异人，长更高挹群言，所诣益进。受知于钱黼堂⑤阁学，以第一人入邑庠，为诸生，旋食廪饩。⑥ 余正酉入学较早，比同学周乐、翟凝等小数岁，翟凝《五古赠秋门即送入都》诗有句曰："忆昔总角时，入塾依厨娘。涕面如绠縻，笑口如箕张。数载略解事，时挟长吉囊。"⑦可见余正酉刚入学时还

---

① 参见（清）王钟霖辑：《国朝历下诗抄》四卷，卷二，清光绪四年（1878）至光绪五年（1879）刻本。。

② 《国朝山左诗汇钞后集》卷三十六为"鲲"，道光乙酉科齿录为"鹍"，《续修历城县志》四十一卷"余羲"条为"鹍"，但其据《国朝山左诗续抄》。实为一人。

③ 参见（清）余正酉辑：《国朝山左诗汇钞后集》三十九卷，卷三十六，清道光二十九年（1849）海棠书屋刻本。亦参见《道光乙酉科齿录·余正酉履历》。

④ 毛承霖修、赵文运等纂：《续修历城县志》五十四卷，卷四十一《列传三》，民国十五年（1926）济南大公印务公司铅印本。

⑤ 名樾。

⑥ 参见（清）余正酉辑：《国朝山左诗汇钞后集》卷三十六余正酉条前小传。

⑦ （清）余正酉辑：《国朝山左诗汇钞后集》三十九卷，卷十三，清道光二十九年（1849）海棠书屋刻本。

是个不懂事的孩子。早年曾与同学周乐等诸诗人结社于大明湖上，诗歌唱和，最为相得。司马鹏为《范墅诗钞》所作小引中曰："君承家学，好古工诗，同邑金文波、李霱云、翟鳞江、周二南、余秋门及前莱芜令北直纪秋水结吟社于明湖，当时以有明七子拟之。"①嘉庆十五年(1810)上林张鹏展任山东学政，次年，组织人员编辑《国朝山左诗续抄》，余正酉任校对，在书成刻板后所列校对姓氏计七十八人中，余正酉列第七位。可见他在校书中的贡献。时余正酉在泺源书院读书，余正酉《国朝山左诗汇抄后集》卷十鹿林松小传后注曰："忆嘉庆辛未壬申间，予肄业泺源"②。余正酉参与校对之任近三年，山东学政张鹏展此举对年轻的余正酉产生了深远影响。嘉庆十八年(1813)，被拔为贡生。既是学政张鹏展对年轻的余正酉的赏识，又是对他帮助校对诗抄的报答。嘉庆十八年(1813)，《国朝山左诗续抄》三十二卷《补抄》四卷刊刻成书，但余正酉依然痴迷于编选山左诗。此时余正酉开始了其教读生涯。历城花寿山序《国朝山左诗汇钞后集》曰："嘉庆岁癸酉，余授徒南山枣林王氏，秋门亦假馆，主人相切磋焉。时学使张南松先生选《山左诗续抄》甫出，秋门即拾其所遗及当时例不入选者数十家，裒集而手录之，余以其方习帖括，劝以有待。"③花寿山的好言相劝，也没能使余正酉收手。余正酉《国朝山左诗汇钞后集》自序曰："酉不揣固陋，自嘉庆癸酉即雅慕编摩，爰取三先生所辑，荟萃厘订，撷其精华，间就闻见所及，略加诠补，意在存诗。编为前集，新搜者并稍变旧例，兼收见在诸公，以俟论定，存诗且以存人，列为后集。"④嘉庆二十二年(1817)，丁丑科钦取八旗官学汉教习第四十五名。李璋煜在《秋门诗抄》题辞中曰："璋与秋门大兄于嘉庆癸酉证交，后不晤者五六岁，璋官比部，秋门补教习，复聚首都门，与胶西柯易堂培元、长沙吴孟吉元庆、德州田寅卿元春、淄川毕

---

① 毛承霖修、赵文运等纂:《续修历城县志》五十四卷，卷三十《艺文考九》，民国十五年(1926)济南大公印务公司铅印本。

② (清)余正酉辑:《国朝山左诗汇钞后集》三十九卷，卷十，清道光二十九年(1849)海棠书屋刻本。余正酉选观城张梦麒诗入其《国朝山左诗汇抄后集》，为张作小传后有句云:"石庄为予选拔同年，尝同肄业泺源。"参见卷十七。

③ (清)余正酉辑:《国朝山左诗汇钞后集》三十九卷，花寿山序，清道光二十九年(1849)海棠书屋刻本。

④ (清)余正酉辑:《国朝山左诗汇钞后集》三十九卷，余正酉序，清道光二十九年(1849)海棠书屋刻本。

芸堂昌绪以诗酒相往还。"[①]后复星散。从李璋煜记载看，余正酉应在嘉庆二十二(1817)或二十三年(1818)赴京任教习。道光五年(1825年)，中乙酉科顺天乡试第八十三名举人，时年已四十岁。从余正酉履历看，有三位业师，其一，邑增生崔云辉，是其启蒙老师，与周乐同拜于崔云辉门下。其二，嘉庆元年(1796)岁贡生历城司文运。其三，乾隆六十年(1795)乙卯科举人长清耿玉函[②]。业师水平是科举成败的关键，从余正酉业师可以看到其科举不顺畅的原因。当然，痴迷于搜集诗集也可能花费了他大量时间。考中举人似乎对余正酉的仕途没有起作用。刘耀椿记到："由教习以知县用"[③]。道光七年(1827)冬，余正酉离开都城，赋诗《丁亥冬日都门留别诸同年》一首，分别提到了诸城李璋煜、聊城任敞、安徽广德州刘庚、寿张崔登鳌等人。据顾明远主编《教育大辞典》："汉教习，亦称'汉书教习'。清代在八旗官学、宗学中教授汉文的教师。由礼部考取的举人、贡生，以及新进士中老成者充任。乾隆八年(1743)，定八旗官学汉教习三年期满，分等引见。一等知县补用，二等教职铨选。一等者若再教习三年，确属实心训课，知县即用。"[④]不知什么原因，余正酉自嘉庆二十二年(1817)考取汉教习，至道光七年(1827)离京，在京约十年，才以知县用，分发山西。这似乎与制度不符，待考。余正酉在京期间，交往较广，眼界开阔，对于其抄录山东诗人之诗有一定有利条件。余正酉需次期间，历署潞城、寿阳、广灵、河曲、大同、临晋、榆社、吉州，最后补平陆，官山西二十余年。对于其宦绩，安丘刘耀椿概括道："河曲之创建文庙，平陆之浚复兴文渠、修傅岩书院、筑茅津孔道，皆其荦荦大者。吉州贡生梁乘龙等敛钱聚众，发之大狱以寝。寿阳、赵城邪教狱兴，侦获吴璜、李春发、金本善等，无所株连。又监赈怀仁、朔州，实惠及民，所济尤溥。"[⑤]余正酉的仕途比较坎坷，其仕山

---

① (清)余正酉撰:《秋门诗抄》一卷，李璋煜题辞，清道光刻本。

② 余正酉《国朝山左诗汇钞后集》卷九选耿玉函诗五首，余正酉所作小传曰:"字报冲，号梅溪，长清县人，乾隆乙卯举人，官临朐县教谕，有《报冲山房诗》。"王钟霖《国朝历下诗抄》中载:"耿玉涵，字梅溪，历城人。"玉函与玉涵当为一人，当时有不少人居住地与科考地分离者，如长清之杨氏一支，齐河贾氏，均居历城。

③ (清)余正酉辑:《国朝山左诗汇钞后集》三十九卷，卷三十六，清道光二十九年(1849)海棠书屋刻本。

④ 顾明远主编:《教育大辞典》，上海教育出版社1998年版，第107页。

⑤ (清)余正酉辑:《国朝山左诗汇钞后集》三十九卷，卷三十六，清道光二十九年(1849)海棠书屋刻本。

西期间，先后有历城尹济源、荣成梁萼涵任山西巡抚，尤其梁萼涵任职长达五年，虽然私人关系不错，但没有实授知县，可见山西官场之拥堵，直到道光二十七年(1847)，余正酉才得以补平陆县知县，时年已六十三岁，至道光二十九年(1849)离开平陆县时已六十五岁。① 这一年，余正酉刻成其《国朝山左诗汇钞》三十九卷，应该是告老还乡了。咸丰五年(1855)三月，宗稷辰“始晤秋门余君于孔氏邸第。”这一年余正酉七十一岁，是所见到关于余正酉的最晚资料，至于余正酉卒年，尚待考证。

第二节　余正酉辑述考

范坰《论诗绝句》云：“余秋门正酉，历城人，嘉庆癸酉拔贡生，论诗精确，工于选句。”②可以说，余正酉把人生的绝大部分时间用于“选句”。《国朝山左诗汇钞》三十九卷几乎倾注他毕生心血。

一、《国朝山左诗汇钞后集》三十九卷

余正酉辑，周乐、李图、姚景衡、许长庚、徐镔、李增秩等参定。清道光二十九年(1849)海棠书屋刻本。半叶十行二十一字，黑口，四周双边，单黑鱼尾。封面题：“道光己酉镌 海棠书屋藏板”。前有山东运河道宗稷辰序，道光二十九年(1849)仲冬自叙，道光三十年(1850)仲冬周乐序，道光三十年(1850)仲冬花寿山序，道光二十九年(1849)又自识。

余正酉编辑《国朝山左诗汇钞》的初衷，其在此书序中曰：“国朝诗学之盛，度越元明，山左词人后先接武，微论名卿朔彦如荔裳、渔洋、山薑、秋谷诸公，并以文章巨擘领袖骚坛，即下至山泽之癯、韦布之秀，亦莫不出风入雅，各自成家，海岳英灵夐乎尚已，惟是代有传人，人有传稿，而选本朝诗者，盛名数巨公外，往往不获多见，良以无人为之裒集扬扢，甄综成书，遂使隋珠和璧未由逞其连城、照乘之奇以邀有识者之真赏，久将与鱼目同

---

① 参见《平陆续县志》卷上《职官》

② 范坰《论诗绝句》其六十三。诗曰：“检点奚囊月旦真，五都市上选奇珍。渔洋雅雨乡先辈，应许秋门是解人。”

腐，碱砆俱尽，致可慨耳。”①先贤德州卢见曾开创于前，辑《国朝山左诗抄》六十卷，德州宋弼竭六年之力助卢见曾辑成前书后，又将抄成后所得未及附入共二百一十七人录为《续抄》四卷，又以前抄之人其往篇未及尽登、爱不忍释者手录为补抄七卷。并上溯至明，辑成《山左明诗抄》三十五卷。上林张鹏展于嘉庆庚午(1810)典试山东，因留督学，任学政，于辛未夏起，聚士选诗，于癸酉秋成《国朝山左诗续抄》三十二卷，宋弼前辑《续抄》四卷采入。另《补抄》四卷附其后，将宋弼《补抄》七卷略为裁减，并作三卷。宋弼在其《补抄》七卷劄记中云：“荔裳先生全集征之不得，他日宜另补之为第一卷”②。张鹏展补其憾，将安雅堂未刻诗及入蜀集选登若干首为第一卷。比较幸运的是，宋弼《续抄》七卷抄本尚存于山东省图书馆。张鹏展辑《国朝山左诗续抄》，余正酉任校对之役，《续抄》完成后，余正酉意欲未尽，其自序中曰：“酉不揣固陋，自嘉庆癸酉即雅慕编摩，爰取三先生所辑，荟萃厘订，撷其精华，间就闻见所及，略加诠补，意在存诗，编为前集，新搜者并稍变旧例，兼收见在诸公，以俟论定，存诗且以存人，列为后集。”③其后，余正酉孜孜搜求，将嘉庆庚午至道光己酉近四十年间以诗鸣者裒集成帙，“定名曰汇抄后集，共若干卷，用继三先生之后，抄既成，同人以家集拙稿请附卷末，盖唐贤箧中国秀二集例也，从之，并以质知言之君子云。”④

《续修历城县志》余正酉传中曰：“辑《国朝山左诗汇抄》前集、后集若干卷。”⑤源自《国朝山左诗汇抄后集》余正酉条目下刘耀椿识。容易引起歧义，以为此书有前集、后集之分。所谓前集、后集之分，前述余正酉自序中已十分清楚，前集是取《国朝山左诗续抄》精华，并略加诠补，后集是新

---

① (清)余正酉辑：《国朝山左诗汇钞后集》三十九卷，余正酉序，清道光二十九年(1849)海棠书屋刻本。

② (清)张鹏展编辑：《国朝山左诗续抄》三十二卷《补抄》四卷，张鹏展《补抄》序，清嘉庆十八年(1813)四照楼刻本。

③ (清)余正酉辑：《国朝山左诗汇钞后集》三十九卷，余正酉序，清道光二十九年(1849)海棠书屋刻本。

④ (清)余正酉辑：《国朝山左诗汇钞后集》三十九卷，余正酉识，清道光二十九年(1849)海棠书屋刻本。

⑤ 毛承霖修、赵文运等纂：《续修历城县志》五十四卷，卷四十一《列传三》，民国十五年(1926)济南大公印务公司铅印本。

收者,“于一例抄存之中微寓区别之意”[①]而已。后用四十年之力裒集成帙,“定名曰汇抄后集,共若干卷,用继三先生之后抄。”[②]与前三家汇抄相比,体例有所变通,其一,存现存诸诗人之诗;其二,以家集自稿附入。同时,余正酉以一己之力,用时四十年完成此书,正如花寿山序中曰:“乡国文献安得常遇此有心人哉!”[③]

二、《秋门诗抄》一卷

余正酉撰,半叶九行十九字,白口,四周双边,单黑鱼尾,清道光刻本。一册一函。前有道光九年(1829)年仲冬姚景衡序,又有历城翟凝题辞,道光七年(1827)李璋煜题辞并识,道光八年(1828)安丘李湘棻题辞,道光八年(1828)历城周乐题辞。末又有道光九年(1829)姚景衡跋。

姚景衡,字振重,号庚甫,安徽桐城人,姚鼐长子。乾隆五十七年(1792)举人,官江苏泰兴知县,以亏官帑罢归。自订《思复堂诗》四卷《文》二卷。[④] 余正酉与姚景衡应结识于陕西,姚景衡曾纂《重辑渭南县志》十八卷,道光九年(1829)刻本。可知当时余正酉需次陕西,姚景衡在陕西纂志书。对于两人关系,余正酉有《送姚庚甫先生景衡桐城》诗,诗曰:“知交堪屈指,直谅似君难。诗酒推前辈,文章托古欢。北风吹旅鬓,落日出长安。雨雪枞阳路,相思共岁寒。”[⑤]可知两人交厚,余正酉所辑《国朝山左诗汇抄后集》三十九卷,其中三卷由姚景衡参定。在长安间,余正酉应李肇庆之请,为历城尹廷兰、翟凝、周奕黉删定诗集,成《历城三君诗》四卷,周乐、姚景衡为之作传。翟凝与周乐是余正酉同乡同学友,翟凝早卒,周乐是其一生之友,汇抄三十九卷大部分由周乐参定。李璋煜,字方赤,诸城人,余正酉同年,前述嘉庆癸酉订交,余正酉任汉教习,李璋煜任京官,此期间交往

---

① (清)余正酉辑:《国朝山左诗汇钞后集》三十九卷,余正酉序,清道光二十九年(1849)海棠书屋刻本。

② (清)余正酉辑:《国朝山左诗汇钞后集》三十九卷,余正酉识,清道光二十九年(1849)海棠书屋刻本。

③ (清)余正酉辑:《国朝山左诗汇钞后集》三十九卷,花寿山序,清道光二十九年(1849)海棠书屋刻本。

④ 参见柯愈春撰:《清人诗文集总目提要》,北京古籍出版社2001年版,第1073页。

⑤ (清)余正酉辑:《国朝山左诗汇钞后集》三十九卷,卷三十六,清道光二十九年(1849)海棠书屋刻本。

密切，有十年之久。李璋煜精金石，与余正酉没有学术上的交集。

《秋门诗抄》一卷本共五十余首，基本为道光九年(1929)以前之诗。可见，此一卷本可能刻于清道光九年(1829)或稍后。姚景衡评曰："诗虽不多而藻密气疏、韵悠骨健，于唐以后诸家几无不备知，其致力者多而所得亦甚深矣。固不仅天才之超出流辈上也。"[①]掖县李图曰："与秋门交垂三十年，其诗每变而益上，如登太华诸作雄杰凌厉，风骨高骞，方之韩杜，殆无愧色。"[②]山东省图书馆、山东省党校图书馆等地均藏有一卷本。据《山左诗汇抄》其诗凡二卷，今所见者仅一卷，盖初刻也。

3.《秋门诗抄》二卷

余正酉撰，半叶十行二十一字，黑口，四周双边，单黑鱼尾，清道光二十八年(1848)刻本。二册一函。封面题："道光戊申镌 本署藏板"。青岛市图书馆藏。

《国朝山左诗汇抄后集》卷三十六《余氏家集》中亦收余正酉诗，计九十首，收诗与二卷本亦有不同之处，汇抄后集为道光二十九年(1849)刻本，晚出，因此所选诗最多。王锺霖《历下诗抄》又收余正酉诗六首。至此，可睹余正酉所做诗歌现存之全部。

从余正酉诗集中可约略看其交游情况。前述，余正酉早年曾与金洙、李肇庆、翟凝、周乐、范墅及前莱芜令纪淦结吟社于明湖，诗酒酬唱，十分相得。诗集中多有余正酉与周乐等交游的诗。又与花寿山同馆，相互切磋。与同乡画家郑士芳相友善，有《题郑柳田士芳郊居》《赠郑柳田先生》诗。余正酉参与《国朝山左诗续抄》的编辑，与当时主持编辑此书的硕儒辈交往密切。余正酉有《偕松硐先生等佛山》诗，松硐是胶州宋绳先。宋殁后，余正酉有《哭宋松硐先生》诗。余正酉在京城期间，与李璋煜等一批文友往来密切，前已述。在陕西任官期间，与姚景衡等人交往密切。总之，余正酉交游广泛，所到之处，均有大批诗文友。尚有《瘿瓢道人歌题鞠晓洲耀奎小照》《五古赠史梅裳同年襄龄》《秋日偕曲伊人江湄游城南遂至开化寺即事》《为刘梦白长庚题山水画卷》《春日董凤池浩邀同二南游吴氏园》《暮春望日李琴轩綸邀同张爱庐凤翎同年及诸友人兴善寺看牡丹和二南原韵》《为张爱庐同年凤翎题红袖添香伴读书图》等诗，其交游者待考。由于其存诗较少，诗集中不能尽其交游之全貌。

---

① (清)余正酉撰:《秋门诗抄》一卷，姚景衡序，清道光刻本。

② (清)余正酉辑:《国朝山左诗汇钞后集》三十九卷，卷三十六，清道光二十九年(1849)海棠书屋刻本。

第十八章　历城朱畹子孙三代及著述考

第一节　朱畹其人及其家族

朱畹，字敉人，号虚谷，诸生。原名宁，为避道光讳，改名畹。朱畹长寿，终年八十三岁，在其八十二岁时，有《道光戊申、余年八十有二、历怀往事、怅然久之、不禁情见乎词》诗，可推知朱畹殁于道光二十九年（1849），生于乾隆三十二年（1767）。其活跃于乾隆晚期及嘉庆、道光年间。

一、朱畹家族

畹父万年①，字鹤龄，号春帆。先世枣强人，明末，百户进忠由齐东迁历城，五世至万年。少时，以《易经》应童子试，不遇，援例以府经历候选。年二十余，失怙，抚两弟成立，合爨者四世三十余年。族人无产业者周之，贫欠者不责其逋。弟万庆，字遐龄，幼孤，事母以孝闻。堂前萱草，经冬复荣。四世同居，身任家务，数十年如一日。兄弟翕翕以博亲欢。年六十二卒。② 刘大绅为朱万年所撰墓志中曰："春帆家城市，而终日端居静坐，喧嚣浮薄之习避之若浼。"③由于后来学使张南崧辑《山左续诗抄》，朱畹"为始终其事，而广搜罗，凡诗人无后及有后而不读书者，莫不载焉"④。朱畹

---

① 朱万年为朱畹嗣父，张宗光《历城朱敉人先生事论》中曰："少嗣府经历鹤龄公。"

② 毛承霖修、赵文运等纂：《续修历城县志》五十四卷，卷第四十四《列传六》，民国十五年（1926）济南大公印务公司铅印本。

③ （清）张鹏展编纂：《国朝山左诗续抄》三十二卷《补抄》四卷，卷二十六·朱万年，清嘉庆十八年四照楼刻本。

④ （清）朱畹撰：《红蕉馆诗抄》一卷，张宗光《历城朱敉人先生事论》，清道光二十一年刻本。

亦搜集其父所作诗一首，名曰《寒食》："乌啼花落艳阳天，郭外寻春逐少年。红杏香中飞蹴踘，绿杨阴里挂秋千。芳堤有客携丝樏，古塚无人压纸钱。沽得村醪愁冷饮，便从今日动新烟。"①

万年从兄子实，字谦益，号虚若②，乾隆四十五年(1780)庚子科武举第三名，任高唐千总。勇力过人，挽二十四石弓，百发百中，技冠一时。③ 朱实父朱万清，因子敕赠武略骑尉，高唐营千总。妻封安人。朱万庆也作为朱实叔从父敕赠武略骑尉，高唐营千总。妻封安人。④ 朱畹生于一个比较富裕的大家庭中，先世以武功进仕，家族近支亦有武举人。而畹好诗，一生吟咏不绝，有《红蕉馆诗抄》《红蕉馆诗抄续》《寅卯湖上草》传世。畹性豪迈，虽有条件攻举业，但屡踬场屋，一生以诸生终。据朱畹《红蕉馆诗抄》中有《舍弟敬庵(宾)、枫陛(宸)客清江几廿年矣、冬夜不寐赋此寄怀》，可推知，朱畹有两弟：朱宾、朱宸。而两位兄弟因生计，长年客居外地。从朱畹长达几十年的诗作中看，有关其两位兄弟的诗不多，还有《得舍弟书》。而经常在身边的有叔弟纪云⑤，朱畹有《和叔弟纪云夕经湖上》《寄纪云弟》《和弟纪云昼寝》，而当朱畹年近七十时，朱纪云却先他而去，朱畹有《纪云弟与其子廷佑相继而亡、悼痛赋此》诗。《续修历城县志》列传二有《朱廷佐传》，传略曰：字君弼，幼失怙，好读书。咸丰年间办团练御捻。后以候选主事改就通判，指分江苏，奉委解山东赈银后，历任江苏下关、大桥界口、桥仙镇、湾头、邵伯等厘局，累记大功，酌委拔署。以年老归，家居年余卒。此朱廷佐可能为朱纪云之子，待考。朱畹有《癸亥清明日典衣为相、桂两儿送修金》诗，知其有二子：朱廷相、朱廷桂。朱廷相是朱畹家族中仅有的有科举功名之人(除武举外)。据《续修历城县志·文苑·朱畹

① (清)张鹏展编纂：《国朝山左诗续抄》三十二卷《补抄》四卷，卷二十六·朱万年，清嘉庆十八年四照楼刻本。

② 毛承霖修、赵文运等纂：《续修历城县志》五十四卷，卷第三十四《选举表一》中载："朱实，字虚若"。据朱畹《红蕉馆诗抄》有《从兄谦益卒于高唐任》一诗，朱实任高唐营千总，而朱畹号虚谷。可推知朱实字谦益，号虚若。

③ 参见毛承霖修、赵文运等纂：《续修历城县志》五十四卷，卷第四十四《列传六》，卷第三十四《选举表一》，民国十五年(1926)济南大公印务公司铅印本。

④ 参见毛承霖修、赵文运等纂：《续修历城县志》五十四卷，卷第三十七《貤封表》，民国十五年(1926)济南大公印务公司铅印本。

⑤ 朱万年传中述，朱畹有两位叔父，由朱万年抚养成人。朱纪云，纪云应为字，名未知，不知朱畹哪位叔父之子。或是最小的弟弟。

传》中载:“子廷相,字纶伯,道光甲辰副榜,著有《仍可轩诗抄》。”[①]曾任四川连州直隶州州判。[②] 据朱畹《红蕉馆诗稿》,有《送相儿之蜀》《得相儿书》《盼相儿夔州家书》《寄相儿夔州四首》《三月十五日对月寄相儿夔州》《数月不见相儿夔州书》数首诗,似乎朱廷相曾在四川夔州数年。从朱畹诗中看,还有一个儿子朱廷栋,有诗《申乐山、李恩廷偕栋儿游大明湖》。据朱畹诗抄,朱畹确有三子,诗抄卷末题:男廷相纶伯、廷桂丹仲、廷栋季梁校字。朱畹还有几个侄子,资朱畹诗得以留名。廷琮,诗为《鹊华桥晚眺同诸城祝阶平、侄廷琮》。廷璋,诗有《侄廷璋殁于清江、讣闻已逾年矣、作此哀之》。廷兰,诗有《寄廷兰侄汝州》《廷兰侄偕母寄寓汝州、闻其母殁已三年矣、作此寄之》。据《续修历城县志·文苑·朱畹传》中载:“孙丕勋,字峻之,号竹桥。丕煦,字春旭,号和轩,诸生,均能诗。”朱畹《红蕉馆诗抄续二》末附“丕煦、丕勋二孙诗”,且各有小传。朱丕煦小传曰:“朱丕煦,字春旭,号和轩,历城人。朱廷桂长子,邑庠生,工制艺,善文词。秉性正直,与世相交,人有争端,一言而咸服其公。所著诗文,殁后散佚,无多存者。殁之日,同人闻之,莫不流涕,葬后犹有哭其墓者,感人之深如此。配张氏,无子女。继陈氏,甫三月而殁。同邑友人徐燦哀之,有句云:‘可怜梁上燕,百日已离群。’吁,可悲也。生于嘉庆丁丑六月二十七日午时,道光癸卯十一月十四日亥时殁,年二十七岁。”[③]高密王城廉作朱竹桥传曰:“朱丕勋,字峻之,号竹桥,历城人。性沉静而慷慨,素有大志。敉人先生之孙,纶伯兄仲子也。余与纶伯总角交,为竹桥父执。道光丁酉,晤于其家,年始成童,岸然已如伟丈夫,语不多,辄中理。彼时因心异之。癸卯秋,又来济南,而竹桥已弃世。惜哉,竹桥读书颖悟,能继家声。适海疆不靖,遂自弃其业,慨然有从军志,顾身得羸疾,日渐不起,困卧时对其兄弟曰:‘今中国之人畏敌如虎,亦承平日久,人不习兵耳。天如假我以年,马伏波之功不难致也。’此恨何极。遂殁,年二十有三。生平好诗,又善围棋,于前人旧谱多驳正其误。著有《棋谱释疑》存于家,一时四方善奕者皆相称许。

① 毛承霖修、赵文运等纂:《续修历城县志》五十四卷,卷第四十一《列传三》,民国十五年(1926)济南大公印务公司铅印本。

② 毛承霖修、赵文运等纂:《续修历城县志》五十四卷,卷第三十四《选举表一》,民国十五年(1926)济南大公印务公司铅印本。

③ (清)朱畹、朱廷相、朱丕煦、朱丕勳撰:《红蕉馆诗抄续二》之附《丕煦、丕勳二孙诗》,清道光二十四年(1844)刻本。

历下推为主盟。所为诗多不存稿，殁后于故纸中检出，仅得数首，洒丽伟岸，具见胸次云。”①白发人送黑发人，可知当时朱畹之痛。朱畹有《慰丕勋孙病中》《哀丕勋孙》诗，除此外，幼孙早夭，哀痛良多。如《哀幼孙丕焘》《丙申正月十八日弱孙长麟以痘为医所误而殇诗以哀之》。朱畹还有一孙，名朱丕点，朱畹有《即事为仲孙丕点书扇》诗。据《红蕉馆诗抄续》卷末题：孙丕点小鲁、丕煦和轩、丕照朗轩校字。可见还有一孙朱丕照已成人。

二、交游

朱畹“年十八受业于新城王余人先生祖熙”②，王祖熙，字式廓，别号余人，山东新城人，乾隆丙子举人，官藤县教谕。③ 受业师影响，朱畹亦喜写诗。朱畹有《重过王余人夫子旧馆》诗。“越明年，余人先生殁，妻老而瞽，子病痼。”朱畹“经纪其丧，迁太师父母葬，刻其遗稿以行世，置田产赡其妻孥。”④朱畹“师事滇南刘寄庵先生大绅。寄庵令新城、曹县，为山左循良最，一时知名士多出其门。”朱畹“与之游，故闻见日益富。后寄庵先生以事罣吏议，谪军台。”⑤朱畹有《寄庵先生谪戍军台、送至齐河驿馆、赋别》诗纪之。为刘大绅事，朱畹“率新、曹士民为之赎罪，蒙特旨召用，复其官。”朱畹“之力居多”。⑥ 王煐《历城朱敉人诗集序》中道：“寄庵之移官曹县也，以罣误谪戍军台，新、曹两邑士民感其惠，佥谋醵金纳赎而莫敢为之倡，敉人号召敛集，南北奔走，犯暑暍，冒霖潦，不少避事。”⑦朱畹在送别刘大绅以后，有诗《送别新城张一峰、时余自衡水将赴都门》《至都门》二诗，应该为刘大绅事而赴京城奔走。因与刘大绅亦师亦友关系及为刘大绅罹难所付出的努力，朱畹与刘大绅交往十分密切。朱畹与刘大绅的交游，朱畹有

---

① 《红蕉馆诗抄续二》之附《丕煦、丕勳二孙诗》卷末。

② (清)朱畹等撰：《红蕉馆诗抄续二》之《寅卯湖上草》卷首，王观成《朱敉人先生纪略》，清道光二十四年(1844)刻本。

③ (清)张鹏展编纂：《国朝山左诗续抄》三十二卷《补抄》四卷，卷十三·王祖熙，清嘉庆十八年(1813)四照楼刻本。

④ (清)朱畹等撰：《红蕉馆诗抄续二》之《寅卯湖上草》卷首，王观成《朱敉人先生纪略》，清道光二十四年(1844)刻本。

⑤ 同上。

⑥ 同上。

⑦ (清)朱畹撰：《红蕉馆诗抄》，王煐《历城朱敉人诗集序》，清道光二十一年(1841)刻本。

数首诗纪之，这些诗均是刘大绅复官以后朱畹与他交往的记录，如：《湖上燕集、饯别刘寄庵先生》《送刘寄庵先生归滇南》《怀寄庵先生》《寄庵先生自朝城寄诗欲引病归、呈此慰留》《春日呈寄庵先生》《同寄庵先生对雪》《送寄庵先生归养》《题寄庵先生《潭西草堂图》》等、而《宿崮山、计与寄庵先生赋别于此廿余年矣感赋》《哭寄庵先生》等诗，是朱畹寄怀刘大绅及刘大绅殁后所写，是朱畹与刘大绅交好的见证。朱畹与刘大绅朋友及门下士交游也较密切，如新城张象津①、王祖昌②等，朱畹有诗纪之，如《同新城张汉渡先生、蓬莱翁丹麓送寄庵先生至崮山驿》《刊新城张汉渡先生《白云山房文集》既成校毕有感》《同诸城李雨樵、新城王秋水、寿光李滏坡游大明湖、因寻汇泉寺归红蕉馆燕集、即席限"天"字》《同新城王秋水、邑人陈鹤峰登千佛山》。纵观朱畹诗抄，可以发现朱畹交游甚广。前述朱畹由于与王祖熙的师徒关系及刘大绅的门生关系，与新城及刘大绅的诸门下士交游密切。此外，与当时一些州县官交往也十分密切，从中可以发现朱畹一生中前一段时间可能以作州县官幕僚为生，先后在临邑、东阿、蒲台等地，有《临邑县署留别张茗园并无锡薛绳祖》《晓发临邑道中》《东阿县署早起》《东阿署中戏示同舍》《客东阿寄怀雨樵应到历下》《蒲台赠郭春卿明府》《寓蒲台官署寄怀钟、张晓川先生及江夏周问渠、邑人梁怀兴》《在蒲台寄呈张溟洲太守兼送北上》等诗为证。幕僚之后以教书为生，有《郭春卿刺史罢官后相招教子奉乾赋赠》诗可证。尹济源《红蕉馆续抄》序曰："敉人家居教授生徒，请业者踵接于门。"③由于朱畹曾以州县幕僚为生，因此与山东多地官员有交往也不足为奇。如当时名气较大的济南知府张鹏升、蒋因培、袁洁、梁章钜等，诗有《送张溟洲太守南归二首》《见月怀张溟洲太守》《在蒲台寄呈张溟洲太守兼送北上》《喜蒋伯生明府至自塞上》《怀袁玉堂边上》《长乐梁茝林方伯由东臬升任苏藩有诗慰别官民、恭呈七律四首奉和以志景慕》。其它如《忆萍乡令张季仙》《赠泗水令李青桥明府》

---

① （清）余正酉编：《国朝山左诗汇抄后集》三十九卷之卷五中载：张象津，字汉渡，号我石，别号雪岚，新城人。乾隆庚子举人，官济宁学正，有《白云山房集》。

② 王祖昌，字子文，号西溪，别号秋水，新城人，诸生。王士禛从曾孙。善诗文，为刘大绅事出力颇著，也赢得极高声誉。

③ （清）朱畹撰：《红蕉馆诗抄续》，尹济源《红蕉馆诗抄续序》，清道光二十一年(1841)刻本。至于朱畹曾先家居教授生徒，再出为幕僚，后年老家居授徒，需再考证。出为州县幕僚亦为推测，不排除为州县官教授子女的可能。

《寄怀荣成大令卢和普》《雪中邀卢和普大令小饮》《呈沂州张又轩太守》《落第呈泰安杨蓉峰太守》《赠陈贞白明府》等。朱畹性豪迈,喜交游。历城友人花寿山所撰《红蕉馆诗抄续序》中曰:“余肄业泺源书院时,见枚人于监院胶州宋步武先生座中,与栖霞牟卢坡、高密王大柱、单县黄午村、福山鹿雪樵诗酒醼会,相与上下古今,而枚人兴益豪,气益盛,胸襟高旷,议论宏通,不可一世之概,诸先生皆为倾倒。”①宋步武即宋绳先,原名绳祖,字步武,号松涧,胶州人。乾隆甲寅举人。官嘉祥教谕。有《松涧诗稿》。②牟卢坡即牟应震,字寅同,号卢坡,栖霞人。乾隆癸卯举人。王大柱③即王凝,原名宁延,字大柱,高密人。乾隆乙卯举人。官聊城教谕。为高密三李高足,称后四灵之一。④ 鹿雪樵即鹿林松,字木公,号雪樵,福山人。诸生。有《雪樵诗集》。⑤ 王凝因刘大绅而结识朱畹,王凝在所作《历城朱枚人诗集序》中道:“(王凝)及游济南,而寄庵已罢官,留滞大明湖上,亟往识之。寄庵喜汲引后进,一时奇杰俊逸之才多就同舍寓,晨夕诗酒之欢,座常满,而为之居停者,则朱枚人也。”⑥王凝曾为山东学使张鹏展编辑《国朝山左诗续抄》,朱畹亦参与校字,这是又一次交集。朱畹与王凝交游甚密,有《见月寄怀天柱兼乞定诗》《怀王大柱》《闻王大柱广文选授莒州学正、不日来济、赋此寄怀》《喜王大柱至自高密》《送王大柱学博之任莒州》《过王大柱湖上寓居》《与王大柱鹊华桥上晚眺》《湖亭期王大柱》《鹊华桥同王大柱望月即以赠别》等诗。据诗可知王凝曾寓居济南大明湖上,朱畹老年与寓居济南的王凝往来频繁。宋绳先与牟应震亦为《国朝山左诗续抄》编选者,张鹏展《国朝山左诗续抄凡例》中载:“所有编辑实学博高密王天柱宁

---

① (清)朱畹撰:《红蕉馆诗抄续》,花寿山《红蕉馆续抄续序》,清道光二十一年(1841)刻本。

② 徐世昌编纂:《晚晴簃诗汇》二百卷,卷一百九,民国刻本。

③ 从王凝作《历城朱枚人诗集序》与《国朝山左诗续抄》张鹏展序中可知王凝字天柱,从朱畹晚年所作与王凝唱和诗可知,王凝后改字大柱。因此朱畹诗集中前期用天柱,后期用大柱,因改字故也。

④ (清)余正酉编:《国朝山左诗汇抄后集》三十九卷,卷九·王凝,清道光二十九年(1849)海棠书屋刻本。

⑤ 徐世昌编纂:《晚晴簃诗汇》二百卷,卷一百二十四,民国刻本。

⑥ (清)朱畹撰:《红蕉馆诗抄》,王凝《历城朱枚人诗集序》,道光二十一年(1841)刻本。

延、文登李蔼蹊①允升、胶州宋松涧绳先、栖霞牟卢坡应震始终其事。”②可见宋绳先、牟应震、李允升与朱畹在参与《国朝山左诗续抄》编订过程中有交集。朱畹有《赠胶州宋松涧学博》《宋松涧学博招同栖霞牟卢坡、午桥、诸城李雨樵、文登李蔼溪、福山鹿雪樵汇泉寺小饮、诸君登舟去、余独憩、移时散步岩上归二首》《题宋松涧诗稿后》《同栖霞牟卢坡、陌人、安丘马柏园、潍县郭岱封、昌乐阎雨帆游龙洞》《呈牟卢坡先生》。与福山鹿林松交游除上有一首诗外，尚有《和鹿雪樵登北极台感醉琴道人》。朱畹与平原董芸、邹平成瓘兄弟、藤县徐缙文、昌乐阎学海等亦为挚友。董芸，字香草，号书农，平原县人，元度侄，嘉庆戊午举人，有《隐园诗集》等。刘司马寄庵曰：香草所著诗话，可与渔洋后先相辉映。③ 徐缙文，藤县诸生，官光禄寺署正。④ 阎学海，字雨帆，昌乐县人，嘉庆丁丑进士，学淳弟，官内阁起居注，有《研初堂诗》。⑤ 朱畹有《东昌道中闻平原董香草殁》《次日再哭香草》《赠邹平成肃中、樨园兄弟读书》《邹平成肃中、樨园兄弟修济南郡志已成，三年聚首、遽尔言别、怅然赋此》《九日千佛山登高同徐松皋、尹竹农》《藤县徐松皋赠画》《濮州毛韵堂见过寄怀徐松皋》《寄怀藤县徐松皋》《出都门留别昌乐阎雨帆、新城王汉南、诸城李方赤、荣成梁心芳、福山鹿春如、利津高佩苍、沂水刘春台及大兴邵丹畦、临漳鹭园、平原家香樵》等诗。

从朱畹诗抄看，与中年朱畹交谊最深者为诸城李梃，清道光《诸城县续志》有传，传略曰：“梃，字雨樵，由进士授衡水知县，有母忧，改罗山。”⑥其子李璋煜⑦亦为当世名士。与朱畹亦有交游，朱畹有《衡水夜雨、与诸城

---

① 张鹏展《国朝山左诗续抄凡例》中为“蔼蹊”，朱畹《红蕉馆诗抄》中为“蔼溪”。

② （清）张鹏展编：《国朝山左诗续抄》三十二卷《补抄》四卷，《国朝山左诗续抄凡例》，清嘉庆十八年(1813)四照楼刻本。文中“王天柱”即王煶，朱畹称之为“王大柱”。

③ （清）张鹏展编：《国朝山左诗续抄》三十二卷《补抄》四卷，卷二十九・董芸，清嘉庆十八年(1813)四照楼刻本。文中“王天柱”即王煶，朱畹称为“王大柱”。

④ （清）余正酉编：《国朝山左诗汇抄后集》三十九卷，卷九・徐缙文，清道光二十九年(1849)海棠书屋刻本。

⑤ （清）余正酉编：《国朝山左诗汇抄后集》三十九卷，卷十八・阎学海，清道光二十九年(1849)海棠书屋刻本。

⑥ （清）刘光斗编纂：《诸城县续志》二十三卷，卷十五《列传三》，清道光十四年(1834)刻本。

⑦ 李璋煜，字方赤，一字礼南，号月汀，诸城人。嘉庆庚辰进士，现任广东布政使。参见《国朝山左诗汇抄后集》卷二十。

李雨樵明府、杨飏圃明经话别》《喜诸城李雨樵重来济南赋赠》《同诸城李雨樵、新城王秋水、寿光李鎏坡游大明湖、因寻汇泉寺、归红蕉馆燕集、即席限“天”字》《再同雨樵泛舟湖上》《寄题李雨樵斋壁》《赠李雨樵》《病中喜雨樵至》《题雨樵《灯火青荧图》》《雨樵以试事相勖赋谢》《和雨樵《石老人》诗(有序)》《宋松涧学博招同栖霞牟卢坡、午桥、诸城李雨樵、文登李蔼溪、福山鹿雪樵汇泉寺小饮、诸君登州去、余独憩、移时散步岩上归二首》《客东阿寄怀雨樵应到历下》《哭诸城李雨樵①》《赠诸城李方赤孝廉》《出都门留别昌乐阎雨帆、新城王汉南、诸城李方赤、荣成梁心芳、福山鹿春如、利津高佩苍、沂水刘春台及大兴邵丹畦、临漳鹭园、平原家香樵》《喜李方赤太守重来济南旋送北上》等诗,可见朱畹与李雨樵交往甚深。朱畹与李梃侄李仁煜②亦有交往,朱畹有《自诸城归留别李溪亭孝廉》,李仁煜为朱畹《红蕉馆诗抄》作序。朱畹由于与刘大绅、王祖熙的关系,与新城诸文人交往颇多,如新城张宗光,朱畹有《上元雪后登鹊华桥同新城张华林、蒙阴公筤亭》《得宁海广文张华林书》《柬新城张华林老友》等诗,张宗光为朱畹《红蕉馆诗抄》作《历城朱敉人先生事论》。由于与李梃关系密切,与诸城诸文人交往也较多,如朱畹《诸城王昆圃招饮湖上》《重晤王昆圃》《送诸城刘卫川赴都谒选》《送别诸城王荻圃》《鹊华桥晚眺同诸城祝阶平、侄廷琮》《赠诸城丁小仙》等诗中提到的诸人。

朱畹居省城济南,省、府驻地历城亦文人辈出,朱畹长寿,与历城几代名士交游,由其诗纪之。朱畹与尹济源③同年入邑庠,并成一生之友。尹济源为朱畹《红蕉馆诗抄续》序中道:“余弱冠入邑庠,是岁恭值广额,同舍二十七人,惟朱君敉人喜读书。”④早年交往有《九日千佛山登高同徐松皋、尹竹农》《赠尹竹农》等诗,尹济源序又曰:“敉人长余五岁,时以诗文相切劘”。⑤ 尹济源任湖北巡抚晚期,有《上尹竹农中丞、方欲告归里》诗,尹济

---

① 李雨樵终年五十三岁,见《诸城县续志》卷十五《列传三》。

② 李仁煜,字书山,号溪亭,诸城人。乾隆五十四年(1789)举人。曾大挑以知县分发直隶,旋以母老告归,肆力金石收藏与鉴赏。

③ 字东沇,号竹农,嘉庆五年举于乡,十三年成进士,改庶吉士,散馆,授礼部主事。后升至山西巡抚、调湖北巡抚。

④ (清)朱畹撰:《红蕉馆诗抄续》一卷,尹济源《红蕉馆诗抄续序》,清道光二十一年(1841)刻本。

⑤ 同上。

源道光十六年(1836)归里后,有《同尹竹农中丞登北极台得山字》《送尹竹农中丞观海》。尹济源先朱畹而去,朱畹有《尹竹农中丞哀辞》。朱畹与杨天禄[①]亦为同门友,同时历城还有陈尌[②]、黄文鹏[③]、翟凝、郑士芳、徐子威、金洙、张京业父子[④]、贾延龄、刘登桂等与朱畹交好,《续修历城县志》均有传,皆历城名士也。朱畹有《宿张祁少明府书斋遇雨同陈鹤峰、杨介亭、黄一峰、王羲民》《雪中怀杨介亭》《慰翟鳞江礼闱下第》《登北极台同会稽陶琴思、惠民李子衣、邑人郑柳田、徐云樵》《同新城王秋水、邑人陈鹤峰登千佛山》《与祁少北郊闲步》《过张祁少村居》《东郊闲步柬张祁少》《张稼门孝廉见过》《与张稼门夜话》《赠贾予九》《秋日湖上同贾予九》《过刘步蟾书斋》等诗。与北极台主持李醉琴亦有交游,有《丁卯上元登北极台赠醉琴道人》《和鹿雪樵登北极台感醉琴道人》,李醉琴殁后十余年,朱畹登北极台,有《登北极台感怀醉琴道人、时醉琴乙殁十余年矣、怅然赋此》诗。历城还有二长寿名士周乐与花寿山,与朱畹过从甚密,尤其朱畹晚年,与周乐、谢焜、王德容、何邻泉、马国翰,李纬、朱诵泗等鸥社诗人交游甚多,而与周乐交往更密。朱畹有诗《对菊柬二南》《与花南村广文夜话明日即别》《马竹吾刺史告归寿日雅集》《与周二南、谢问山、王秋桥、何岱麓、马竹吾、李秋屏、家退旃谯集》《过周二南旧斋》《过周二南小饮》《和二南寻钓矶遗址》,花寿山为朱畹《红蕉馆诗抄续》作序。朱畹晚年与门人交往也较多,如《寄怀王仙瀛》《同门人商鼎元、胥上林登汇波楼》《寄怀门人王仙瀛都中》。王仙瀛即王观成,字仙瀛,道光十四年(1834)甲午科山东乡试第五十八名举人。[⑤] 朱畹殁后,王观成作《朱敉人先生纪略》,载入《红蕉馆诗抄续二》中《寅卯湖上草》。

朱畹交游极广,除以上所述外,尚有大江南北,黄河上下诸友人,见其诗集中。

---

① 字介亭,诸生。师新城王祖熙,长于古文辞。著有《春秋管见》八十余卷,藏于山东省图书馆。传见《续修历城县志》卷第四十一,列传三·文苑。

② 字鹤峰,诸生。陈嘉宾第三子。殁后,同里挚友周乐为作《陈鹤峰传》。传见《续修历城县志》卷第四十一,列传三·文苑。

③ 字一峰,善书工诗。乾隆五十四年(1789)举于乡。镌有《阴骘文印谱》一册。传见《续修历城县志》卷第四十一,列传三·文苑。

④ 张京业,字祁少,乾隆五十一年丙午科举人,江苏清浦县知县。子式谷,字亦丰,号稼门。道光十二年(1832)壬辰科举人。邱县训导。

⑤ 毛承霖修、赵文运等纂:《续修历城县志》五十四卷,卷第三十四《选举表一》,民国十五年(1926)济南大公印务公司铅印本。

三、科考

科举是明清读书人成长的主线之一，只有少数人是幸运者，大部分读书人一生都在这条线上挣扎，才华横溢的蒲松龄七十二岁才得成贡生。只要读书人考中秀才，即已经义无反顾的踏上科举之路，必须按要求定时参加科考，一般读书人对科举都十分看重。朱畹同乡老友周乐亦为其科考老友，其自传中曰："专攻读，昼夜无间，邑试冠军，入黉序，食饩十余年，贡成均，颇有文名。然其运则蹭蹬特甚。"①其《咏风筝》诗云："尚留一线青云路，未免群儿白眼看。"②比起朱畹，周乐还是幸运者，道光元年(1821)，终得选恩贡。而历城另一位有才气的读书人张希杰就没有那么幸运了，其《铸雪斋集》中记录了对科举的失意与辛酸。其《伦儿将之蓟堡口占十首嘱行》诗第四首曰："尔祖当年望父深，劬劳费劲读书心。谁知十战披靡后，白发森森两鬓侵。"其《休致》诗曰："谈天谈地总徒然，空戴儒冠六十年。撒手今朝登极乐，谁能参透指头禅。"朱畹一生如张希杰，以诸生终老，也空戴儒冠六十几年。朱畹早年忙于交游，后入幕养家。其第一首关于科举的诗是安慰同乡友翟凝落第之作，诗曰《慰翟鳞江礼闱下第》，第二首诗是赋谢好友李梃鼓励自己科考之作，诗曰《雨樵以试事相勖赋谢》。对于道光五年(1825)乙酉科山东乡试，朱畹感慨颇多，有《道光乙酉中秋闱中对月》诗，诗曰："行年五十九，十七次在兹。对此中秋月，顾影还伤悲。纵然博一第，时已老无为。寸心自千古，耿耿有谁知。失得何足论，贵贱志勿移。故书尚盈箧，侭堪课孙儿，妄念无真为，努力勉下帷。"③。张宗光《历城朱牧人先生事论》中曰："自童年从嗣母赵孺人受五经"④可见朱畹由其嗣母赵孺人开蒙，前述朱畹十八岁曾从王祖熙读书。朱畹在《自勖》诗中曰："髫龄未识读书好，回忆当时已惘然。"⑤前述朱畹考中秀才时，比同中秀才的尹济源大五岁。而后又东奔西走，其《自嘲示孙子》诗中道：

---

① (清)周乐撰：《二南文集》卷下补《漫翁传》，清道光二十二年(1842)刻本。

② 《续修历城县志》五十四卷，卷五十三《杂缀三》。另见(清)周乐撰《二南诗钞》卷上。

③ (清)朱畹撰：《红蕉馆诗抄》一卷，清道光二十一年(1841)刻本。

④ (清)朱畹撰：《红蕉馆诗抄》一卷，张宗光《历城朱牧人事论》，清道光二十一年(1841)刻本

⑤ (清)朱畹撰：《红蕉馆诗抄》一卷，清道光二十一年(1841)刻本。

“行年过五十，于事一无就。忆昔少壮时，文史耽研究。启我灵明心，默默有神佑。不为章句学，欲与天地寿。谈笑取公卿，功名垂宇宙。岂肯为温饱，愿膏粱锦绣。中年气渐衰，低心甘狭陋。一官亦已足，聊复施匡救。龌龊尘土间，尺柄竟谁授。电火感浮生，访道八云岫。拍肩挟松乔，挥手招鸾鹫。名山历已多，灵药难邂逅。归来问田舍，零落失吾旧。”①可见朱畹曾有一段遍历名山，求仙问道的经历。诗又曰：“慨然自抑敛，颇悔半生谬。稍思营菟裘，老矣息奔走。湖干广宅临，郭外良田负。上可老吾老，下足幼吾幼。酒储千日酿，书积五车购。”②可见，朱畹抛弃成仙得道的幻想后，又积极营生，得以富足。这些均影响了他的科举进程。五十九岁乙酉科落第，朱畹又有《落第呈泰安杨蓉峰太守》《拟古呈恩竹溪夫子（乙酉落第后作）》诗，并没有多少失意之慨。道光六年（1825）九月初四日，朱畹六十大寿，朱畹题诗一首，诗中提到自己“久客燕台日月忙”。可见，朱畹继续忙于生计。朱畹六十五岁时又参加了道光十一年（1831）辛卯科山东乡试，朱畹《辛卯闱中作》曰：“行年六十五，逐队复秋闱。未信时命蹇，那嫌心迹违。正须拄藜杖，底用恋麻衣。矍铄差堪幸，儿孙扶侍归。”③这已经是他第十九次参加秋闱了。其《辛卯闱中对月有感》曰：“闱中看秋月，一十九回圆。白发怜今日，青云羡壮年。文章岂有命，情性自无缘。明日湖东畔，依然理钓船。”④这一年，同乡的年轻人马国翰、袁泳锡、毛鸿宾考中了举人。从《红蕉馆诗抄续》看，朱畹六十几岁就归里修养，不再奔走生计了，但老来依然痴迷诗书。其《读书》诗曰：“古稀年渐进，勤恳事诗书。开卷香焚罢，披帷灯上初。应知性多僻，谁识习难除。终日无人过，萧然爱敝庐。”⑤朱畹又有《闲居》一诗，诗曰：“屏绝功名念，家居惟课孙。田圃荒未尽，松菊老犹存。只有书堪读，偏嫌客到门。不妨天气冷，开牖对温暾。”⑥似乎朱畹要闭门读书，不再参加科举了。《乙未春日偶成》中道：“龙钟六十九，白发不胜梳。”⑦就在这年，龙钟老翁又要下场了。其《乙未将应

① （清）朱畹撰：《红蕉馆诗抄》一卷，清道光二十一年（1841）刻本。
② （清）朱畹撰：《红蕉馆诗抄》一卷，清道光二十一年（1841）刻本。
③ （清）朱畹撰：《红蕉馆诗抄续》一卷，清道光二十一年（1841）刻本。
④ （清）朱畹撰：《红蕉馆诗抄续》一卷，清道光二十一年（1841）刻本。
⑤ （清）朱畹撰：《红蕉馆诗抄续》一卷，清道光二十一年（1841）刻本。
⑥ （清）朱畹撰：《红蕉馆诗抄续》一卷，清道光二十一年（1841）刻本。
⑦ （清）朱畹撰：《红蕉馆诗抄续》一卷，清道光二十一年（1841）刻本。

乡试怅然有感》云："诗书勤检点，几度理秋闱。白发知人老，青云看鸟飞。不嫌寒至此，直是愿难违。却惜湖边路，经旬闲钓矶。"[①]中秋，朱畹又在闱中对月赋诗一首，《乙未中秋闱中对月》："龙钟又复入秋闱，矮屋无眠怜素辉。二十三番成底事，几时惹得桂香归。"[②]道光十七年(1837)，朱畹七十一岁，又参加了一次乡试，这是他第二十四次乡试了。其《丁酉又屈乡试怅然有感》曰："一第真如蜀道难，只缘诗学孟郊寒。更无骨相穷于我，秋月闱中廿四看。"[③]这是朱畹诗中记载的最后一次科举考试。此后以课孙为业，将希望寄托后人。晚年受牙痛折磨，只能"酒筵辞谢多"[④]。老来丧妻，形影孤单。朱畹在后来所作《自嘲》写到："自从内人逝，五载未成诗"。[⑤]《悼内》诗道："久与黔娄伴，一朝形影分。功名随逝水，身世付闲云。饭力从此减，机声不忍闻。亦知衰老甚，课读尚殷勤。"[⑥]一些好友纷纷离世。道光十七年(1837)，金洙逝去，朱畹作《闻金文波观察殁于浙江粮道官署》。后尹济源去世，作《尹竹农中丞哀辞》。马国翰于道光十九年(1839)深秋回乡养病，闭门谢客。道光二十二年(1842)春，开始出游，与当时历城诸友宴饮唱和，朱畹亦与焉。自道光二十二年(1842)至二十三(1843)年，朱畹十分活跃，身体康健，其《自述示孙子》诗曰："八十年将近，康强如壮时。远游不携杖，佳宴必题诗。健饭甘粗粝，校书勤检披。长生自知妄，百岁或堪期。"[⑦]心情也十分平静，其《漫兴》诗中道："富贵原非愿，功名不可求。日携一壶酒，时上白云楼。"[⑧]其《消遣》诗中道："消遣无他术，惟存淡定心。一生在知足，万感自难侵。愁至常沽酒，凉深独弄琴。欲求真快活，随处任登临。"[⑨]二年写诗数十首，成《寅卯湖上草》。朱畹八十二岁作《道光戊申、余年八十有二、历怀往事、怅然久之、不禁情见乎词》，诗曰："百岁由来少，人生有尽期。易拚将死别，难舍是生离。获益且

---

① (清)朱畹撰：《红蕉馆诗抄续》一卷，清道光二十一年(1841)刻本。

② (清)朱畹撰：《红蕉馆诗抄续》一卷，清道光二十一年(1841)刻本。

③ (清)朱畹撰：《红蕉馆诗抄续》一卷，清道光二十一年(1841)刻本。

④ (清)朱畹撰：《红蕉馆诗抄续》一卷，《牙痛》，清道光二十一年(1841)刻本。

⑤ (清)朱畹撰：《红蕉馆诗抄续二》一卷，清道光二十四年(1844)刻本。

⑥ (清)朱畹撰：《红蕉馆诗抄续二》一卷，清道光二十四年(1844)刻本。

⑦ (清)朱畹撰：《红蕉馆诗抄续二》一卷，清道光二十四年(1844)刻本。

⑧ (清)朱畹撰：《红蕉馆诗抄续二》一卷，清道光二十四年(1844)刻本。

⑨ (清)朱畹撰：《红蕉馆诗抄续》一卷，清道光二十一年(1841)刻本。

求友，多闻在得师。自惭羞且吝，虽悔竟何追。”①这是所见朱畹最后一首诗，诗中也预示自己死期已至。其人生总结是“获益且求友，多闻在得师。”②道光二十九年(1849)，朱畹去世，终年八十三岁。

四、德行

朱畹是位勤勉的诗人，但其最为时人称道的不是他的诗作，而是他的人品。李仁煜《红蕉馆诗抄序》中道：“(朱畹)广交游，重意气，师弟友朋间疏财急难，善全终始。”③他最为人们称道的有两件事，其一对其业师王祖熙。王观成《朱敉人先生纪略》中曰：“余人先生殁，妻老而瞽，子病痫，先生经纪其丧，迁太师父母葬，刻其遗稿以行于世，置田产赡其妻孥。”④其二对亦师亦友的刘大绅。李仁煜在《红蕉馆诗抄序》中曰：“(刘大绅)因公谪戍西域，两邑士民皇皇如失慈母，亟为醵金代赎，不日集事，北上叫阍，殊难其人，敉人独首任之，于是暑雨奔驰，夙夜劳瘁。追籲章陈奏，奉俞(谕)旨赐还，复其官，然后慷慨归泲上。乌乎，可不谓义侠欤。”⑤对于朋友，王凝道：“敉人家故寒素，然笃好客，四方知名士至会城，辄与交，敉人亦能略势分备款洽，请谢存问如不给。”⑥张宗光《历城朱敉人先生事论》中曰：“尝闻无锡薛绳祖曰：‘予但死于济南，有敉人在，顾所愿也。’会稽陶琴思以老病将赴东，家人止之，则曰：‘若到东而有不讳，敉人为我料理，反胜在家矣。’故人咸为口语，谓但识朱敉人，死亦不妨事，何使人相信之深一至此乎。”⑦尹济源《红蕉馆诗抄续序》曰：“盖敉人家不中赀而胸怀坦荡，赒卹贫

---

① (清)朱畹撰：《红蕉馆诗抄续二》一卷，清道光二十四年(1844)刻本。

② (清)朱畹撰：《红蕉馆诗抄续二》之《道光戊申余年八十有二历怀往事怅然久之不禁情见乎词》。

③ (清)朱畹撰：《红蕉馆诗抄》一卷，李仁煜《红蕉馆诗抄序》，清道光二十一年(1841)刻本

④ (清)朱畹等撰：《红蕉馆诗抄续二》之《寅卯湖上草》卷首，王观成《朱敉人先生纪略》，清道光二十四年(1844)刻本。

⑤ (清)朱畹撰：《红蕉馆诗抄》一卷，李仁煜《红蕉馆诗抄序》，清道光二十一年(1841)刻本

⑥ (清)朱畹撰：《红蕉馆诗抄》一卷，王凝《历城朱敉人诗集序》，清道光二十一年(1841)刻本

⑦ (清)朱畹撰：《红蕉馆诗抄》一卷，张宗光《历城朱敉人先生事论》，清道光二十一年(1841)刻本

乏，罄以相予，宗族有鳏寡者，辄与同居，虽数至空匮，弗动于中，其于师友尤有始终，栖霞牟陌人敦行士也，不妄谀人，曰：'吾于敉人，爱之，慕之，敬之，重之，其人可传。'"①用新城张象津一句话概括："不倍死师，不遗死友。"②朱畹一生为人可见一斑。

第二节　朱畹子孙三代著述考

一、朱畹著述考

（一）《红蕉馆诗抄》一卷

朱畹撰，半叶十行十九字，黑口，四周双边，单黑鱼尾。清道光二十一年(1841)刻本。封面题："道光二十一年秋重鐫 种竹山房藏版"。前有道光六年(1826)高密王㷗《历城朱敉人诗集序》，又有道光九年(1829)诸城李仁煜序，又有道光庚寅（十年）三月诸城王金策③序，又有道光十五年(1835)六月二日邹平成瓘序。又有癸卯夏五周乐题词曰："词不计工拙，一樽随意吟。繁华半刊落，此调久销沉。栗里田园足，莲湖云水深。优游堪慰老，何必觅知音。"后又有道光已丑（九年）张宗光撰《历城朱敉人先生事论》。正文卷端题："红蕉馆诗抄"，次行题："历城虚谷山人朱畹敉人"。卷末有已亥（道光十九年）小阳月之五日邹县孟广均跋，乌程钮福保书。孟广均，字京华，又字胥沾，号雨山，又号铁樵。孟子七十代孙，世袭翰林院五经博士。朱畹与孟广均有交往，曾有《寄赠邹县孟雨山太史》诗。跋中曰："兹于小春，朱敉人先生又寄到红蕉馆诗抄并抄续计十四种。"不知此处十四种说法如何解释，但可知孟广均收到朱畹《红蕉馆诗抄》与《红蕉馆诗抄续》。

《红蕉馆诗抄》所收朱畹诗时间跨度较长，早年与尹济源登高诗，不知

---

① （清）朱畹撰：《红蕉馆诗抄续》一卷，尹济源《红蕉馆诗抄续序》，清道光二十一年(1841)刻本。

② （清）朱畹等撰：《红蕉馆诗抄续二》之《寅卯湖上草》卷首，王观成《朱敉人先生纪略》，清道光二十四年(1844)刻本。

③ 据《国朝山左诗汇抄后集》卷十八：王金策，字中之，诸城县人。嘉庆丁丑进士，改庶吉士，官陇西县知县。

何时，而后刘大绅谪戍军台事时在乾隆五十五年（1790），比登高诗还晚。最后一首诗是《长乐梁茝林方伯由东臬升任苏藩有诗慰别官民恭呈七律四首奉和以志景慕》，时在道光六年（1826）。可见《红蕉馆诗抄》所收诗从乾隆末年，跨过嘉庆，至道光六年（1826）。

（二）《红蕉馆诗抄续》一卷

朱畹撰，半叶十行十九字，白口，四周双边，单黑鱼尾。清道光二十一年（1841）刻本。封面题："道光二十一年秋重鐫 种竹山房藏版"。前有道光十七年（1837）四月上浣历城尹济源序，又有道光十七年（1837）五月历城花寿山序。正文卷端题："红蕉馆诗抄续"，次行题："历城虚谷山人朱畹敉人"。

《红蕉馆诗抄续》应是朱畹道光六年（1826）至道光二十一年（1841）所作。所作第六首诗《哭刘寄庵先生》应是刘大绅殁后所作，刘大绅殁于道光八年（1828）。

据《续修历城县志·艺文志》：《红蕉馆诗抄续》，按：是集仅见其续二，一卷题《寅卯湖上草》，皆五言近体，末附孙丕煦、丕勋诗，及高密王城廉《朱竹桥传》。可见《续修历城县志》撰者未见此卷。

至于封面题："道光二十一年秋重鐫"，可知朱畹诗抄早有刻本。邹平成瓘《红蕉馆诗抄序》曰："甲午冬，以所著红蕉馆诗刻本贻余，乙未岁，续刻又成，亦以见惠。"①可知朱畹诗有道光十四年（1834）刻本，道光十五年（1835）续刻本。

（三）《红蕉馆诗抄续二》（《寅卯湖上草》）一卷

朱畹撰。半叶十行十九字，白口，四周双边，单黑鱼尾。清道光二十四年（1844）刻本。前有道光二十六年（1846）春朱畹门人历城举人王观成撰《朱敉人先生纪略》，又有道光甲辰（二十四年）六月邹县孟广均撰《朱敉人湖上草序》。正文卷端题："红蕉馆诗抄续二"，次行题："寅卯湖上草 历城朱畹敉人著"。所谓"寅卯湖上草"，为朱畹于道光壬寅年（二十二年）与癸卯年（二十三年）所作诗作之集合。诗共有七十二首，其中最后一首《道光戊申、余年八十有二、历怀往事、怅然久之、不禁情见乎词》，显然非寅卯两年所作，是其子朱廷相后刻加入，至于后刻加入几首，不可考。朱畹《寅

① （清）朱畹撰：《红蕉馆诗抄》一卷，成瓘《红蕉馆诗抄序》，清道光二十一年（1841）刻本

卯湖上草》刻成于道光二十四年(1844),孟广均撰《朱敉人湖上草序》中曰:"甲辰岁重五日,又寄到新镌湖上草。"集前王观成所撰《朱敉人先生纪略》亦为后附入者。

(四)《红蕉馆诗稿》一卷

朱畹撰。半叶九行二十五字。清稿本。藏济南市图书馆。正文首行题:"历城敉人朱畹癸巳年近作"。诗稿为朱畹《红蕉馆诗抄续》中一部分,从《送相儿之蜀》到《晏起》。与刻本《红蕉馆诗抄续》同部分对照,多《苦雨》一首、其它不同处如:稿本《湖上送别》,刻本为《湖上送别栖霞李樵仙》。稿本《秋日湖上》,刻本为《秋日湖上同贾予九》。稿本《秋日雨中与诸同人小饮》,刻本为《秋日雨中与刘庄年刺史小饮》。稿本《林汲山房看红叶感怀周太史》,刻本为《林汲山房看红叶感怀周林汲太史》。稿本《与花南村夜话明日即别》,刻本为《与花南村广文夜话明日即别》。稿本末题:"又芟二首可以上卷矣。"应为朱畹手书。由于刻本存世,稿本价值有限。

"红蕉馆"作为朱畹斋号,诸城王文骧①《题红蕉馆》诗云:"清闲小筑远尘埃,手种红蕉半映阶。名士美人俱绝世,此花合伴使君开。余亦园林幽处居,赣州佳种未盈株。绿天拾取如拳叶,博得心花一笑无。"②红蕉即美人蕉开红花者。朱畹家"手种红蕉半映阶",而主人特别喜欢它,因以此花作为斋号。此红蕉馆应在大明湖畔,朱畹在《自嘲示孙子》诗中道:"湖干广宅临,郭外良田负。上可老吾老,下足幼吾幼。"③红蕉馆就在这临湖干的广宅中。朱畹有《同诸城李雨樵、新城王秋水、寿光李鎏坡游大明湖,因寻汇泉寺,归红蕉馆,燕集即席限"天"字》一诗,清代汇泉寺位于大明湖东南的小岛上,有土堤连接小岛与湖岸,岸边住户甚多。从诗名看,红蕉馆应在大明湖东南岸边。诗中最后二句云:"浊醪赊取休辞醉,满院红蕉花正鲜。"④朱畹《红蕉馆集诸同人小饮》中道:"阴覆绿云天,红蕉色更鲜。"⑤

---

① 据《国朝山左诗汇抄后集》卷三十三:王文骧,字云子,诸城人,嘉庆己卯恩科进士,改庶吉士,官开平县知县,有《西坪诗抄》。

② 毛承霖修、赵文运等纂:《续修历城县志》五十四卷,卷第十九《古迹考四》,民国十五年(1926)济南大公印务公司铅印本。

③ (清)朱畹撰:《红蕉馆诗抄》一卷,清道光二十一年(1841)刻本。

④ (清)朱畹撰:《红蕉馆诗抄》一卷,清道光二十一年(1841)刻本。

⑤ (清)朱畹撰:《红蕉馆诗抄续》一卷,清道光二十一年(1841)刻本。

朱畹尚有《植芭蕉》诗。“半亩园”也是朱畹的斋号，顾名思义，朱畹家有一块不小的园地。此园亦在大明湖畔，其湖干广宅有房有园，其书房即“红蕉馆”，菜园称“半亩园”。朱畹有《半亩园》诗二首，其一曰：“湖上数椽在，荒园雨过时。竹穿流水细，花度夕阳迟。乘兴倚危石，披襟待晚飔。菘畦人迹少，林下坐题诗。”①朱畹有《半亩园赠别友人》《半亩园手植柏树可材矣赋此志感》等诗。朱畹还有《一亩园》诗一首，从诗内容看，似乎是其山中别墅门前的菜地。朱畹还以“种竹山房”作斋号。所刻《红蕉馆诗抄》《红蕉馆诗抄续》等封面均题“种竹山房藏版”。朱畹《自题种竹山房》诗曰：“园中多隙地，种竹自题名。叶密阴常满，芽抽春又生。隔窗疑雨响，绕砌似泉鸣。坐有弹琴客，寥寥一曲清。”②朱畹家居后，或居大明湖畔，或居山中别业中，尤其夏天，喜欢在别业中居住。交通工具就是一头驴子。老来更喜居于别业之中。

关于朱畹之诗，王烻评道：“枚人诗亦受法寄庵，清切有真意，然不喜多作，惟交游离合之感情不自已者，辄纪以诗，故集中投赠唱酬之篇为多。”③历城花寿山评曰：“红蕉馆诗抄，词旨雅洁，律格整严，取法中晚唐诗而具体而微。”④

(五)《朱氏世谱》

《续修历城县志·艺文志》著录，有张象津《序》，《序》略曰：“溯其齐东之迁枣强，而世数莫考。溯其历城之迁由齐东，而数其历城迁祖及已身为七世。”《朱氏族谱》卷未详，书未见，但《续修历城县志》节录张象津之《序》，可略观朱畹之家族之源头及发展脉络。

二、朱丕煦、朱丕勋诗

朱丕煦、朱丕勋撰，半叶十行十九字，白口，四周双边，单黑鱼尾。清道光二十四年(1844)刻本。正文卷端题“红蕉馆诗抄续二”，次行题“附丕煦、丕勋二孙诗”。后先有朱丕煦小传，又有朱丕煦诗十三首。再后为朱

---

① (清)朱畹撰：《红蕉馆诗抄续二》，《寅卯湖上草》，清道光二十四年(1844)刻本。

② (清)朱畹撰：《红蕉馆诗抄续》一卷，清道光二十一年(1841)刻本。

③ (清)朱畹撰：《红蕉馆诗抄》一卷，王烻《历城朱枚人诗集序》，清道光二十一年(1841)刻本。

④ (清)朱畹撰：《红蕉馆诗抄续》一卷，花寿山《红蕉馆诗抄续序》，清道光二十一年(1841)刻本。

丕勋小传，又有朱丕勋诗十一首，后又有道光二十三年（1843）仲冬高密王城廉撰《朱竹桥传》。朱丕煦与朱丕勋均殁于道光二十三年（1843）。诗刻于道光二十四年（1844）。孟广均撰《朱敉人湖上草序》中曰："甲辰岁重五日，又寄到新镌湖上草。……集后又附其两哲孙诗，皆足以嗣家学。"可见，道光二十四年（1844）五月，当孟广均收到《寅卯湖上草》时，朱丕煦、朱丕勋诗亦附之。

三、《仍可轩诗抄》一卷

朱廷相撰，半叶九行十九字，白口，四周双边，单黑鱼尾。清道光刻本。前有道光乙巳（二十五年）二月之罘王祐庆序。正文卷端题："仍可轩诗抄"，次行题："历城纶伯朱廷相"。此《仍可轩诗抄》亦在《红蕉馆诗抄续二》中，为最晚刻者，道光二十六年（1846）王观成所撰《朱敉人先生纪略》，道光二十八年（1848）朱畹所作《道光戊申、余年八十有二、历怀往事、怅然久之、不禁情见乎词》一诗，也应是此次刻书补入。《仍可轩诗抄》亦为《红蕉馆诗抄续二》附入者。可以推断，朱畹一生为师友刻书，生前也期望看到自己诗作全貌，朱廷相为完成父亲心愿，也将自己已有诗作结集刻出，朱廷相《仍可轩诗抄》收诗较少，绝非朱廷相诗作全部。此次刻书可能于道光二十八年（1848）或道光二十九年（1849）完成，历城诗人余正酉编《国朝山左诗汇抄后集》选朱廷相诗二十六首，最后一首为《喜高密王雨村学博重来济南》，与《仍可轩诗抄》最后一首同，余正酉所编《国朝山左诗汇抄后集》刻于道光二十九年（1849）。可以间接证明朱廷相《仍可轩诗抄》最晚刻成于道光二十九年（1849）。

此诗抄计收朱廷相诗三十六首，其中《村居》一组十首。有关朱廷相资料甚少，其父传中所附一点简介前已述，诗集中有《己亥生日》一首，诗中有句曰："揽镜惊颜改，劳劳五十年。饥驱南北路，霜满鬓毛边。"己亥年为道光十九年（1839），这一年朱廷相五十岁。可推知朱廷相生于乾隆五十五年（1790）。朱廷相也参与了山东学使张鹏展于嘉庆十八年（1813）开始编辑《国朝山左诗续抄》的校字之任。从诗集中大体了解朱廷相的生活轨迹，早年读书，家居，期间参加了上述校字活动。壮年入蜀，据其父《红蕉馆诗稿》，应在道光十三年（1823）。此次入蜀行经陕西，朱廷相有《函谷道上》《题潼关驿》等诗，到四川境内有《涪州夜泊》《白盐山古祠》《旅寓苦雨》《旅夜书怀》等诗。朱廷相可能因谋生入蜀，在蜀有《蜀地多雨乍喜见月》《寄故乡友人》等诗，不知朱廷相在四川生活多久，回程似乎沿长江而下，至江浙一带，朱廷相有《过新滩》《夜泊扬州》《题吴江月举杯邀月图》。从诗集中看，回家后没外出，道光二十四年（1844），年已五十五岁的朱廷相参加乡试，虽未考中举人，却列副榜第二名，即所谓副贡。这是朱廷相科举道路上最高成就。《续修历城县志》中所载朱廷相官四川连州直隶州州判，应是这次乡试以后的事，朱廷相是否赴官，不可考。估计年龄已大，上有老父，下有幼小，不可能再远赴千里外就任这有名无实的小官了吧。朱廷相家居期间，交游者有父辈老友周乐、何邻泉等。朱廷相有《周二南先生客游归里因赠》[①]《赠何岱麓》《喜高密王雨村学博重来济南》诗。又有些自己的朋友，如《赠纪浴海》《冬日简纪浴海》《赠高佩苍先生前镇江太守》《赠蓬莱陈子安》。总之，朱廷相交游不广，不能与其父相提并论。

① 周乐归里时间为道光二十年（1840）。

第十九章　历城王贤仪、王钟霖父子及著述考

第一节　王贤仪及王钟霖父子

一、王贤仪其家其人

王贤仪，字麓樵，自号退斋。原籍山阴，随先人寄居历城，遂家焉。①关于王贤仪的父亲，王贤仪之子王钟霖在《先祖妣赵太君遗训志略》中记道："汝祖随曾祖自绍来济南，以砚为田，恂谨称君子，当病危，伏枕曰：'无以相遗，遗此儿女，累负深矣，托重矣。'泣且叩，旋弃世。汝父年十八，诸叔暨姑比肩，无一椽半陇，时如厦倾，惛惛莫知云何，幸亲故关照周至。延长清王孝廉教汝父叔读。……太外祖母尹待吾厚，时背其家相佽助。"②王贤仪的母亲赵氏出身"历城士家"，其父"国桢公业冶金。"赵氏"明而慈，节而勤，年逾七旬，持家不倦，道光乙未仲春染疫。……旋瞑目，时道光十五年四月初二日巳时，寿七十三。"③关于王贤仪早年身世，王贤仪自述曰："年十八失怙，四弟一姊一妹，姊为先嫡母毛太君生，母赵太君守节抚育，

---

① 毛承霖修、赵文运等纂：《续修历城县志》五十四卷，卷第四十《列传二》，民国十五年(1926)济南大公印务公司铅印本。

② (清)王贤仪撰：《家言随记》四卷，卷四《先祖妣赵太君遗训志略》，清同治素风堂刻本。

③ (清)王贤仪撰：《家言随记》四卷，卷四《先祖妣赵太君遗训志略》，清同治素风堂刻本。

尸饔供师馔，夜篝灯劳针纫，视诸子读所诵书，虑忘而受师责也。贤仪时暗泣，思有作为而无术。初应童试，师长长清王孝廉，严而躁，母望子成立者切，冀师严，而夏楚痛心，隐泣而已。一日，责之甚，乃于戚家假资入都。时尹竹农表舅父济源、金文波表兄洙皆供京职，虑其知，为人佣书以自给。旗员某多伦司马，延为书记，出古北口，崎岖荒凉，南望白云，泪弗能止，偶得句云：风狂人寂飞沙白，山险狼奔乱草黄。其况可知。母痛失子，辗转得耗，专足促归，持修金跪而泣，母子无言者久之，徐训曰：将若何？对曰：愿养母。因拜从山阴沈藕堂师师蘐于臬幕学刑名，攻苦两年，应临邑王明府元辅之聘，家计始渐有起色。"[①]业师长清王某给王贤仪留下了极其痛苦的童年记忆，也是其弃学重要原因之一。王贤仪回忆道："幼时兄弟同学，三弟偶欲睡，长清师自背力挞之，触几落牙二，芸舫二胞弟为师捶闭气者时许，相视惕然泣惧，母闻此最难忘者。"[②]之后王贤仪听闻"长清王业师躁急日甚，后毙其侄，春闱号舍，不善其死，人情后来日薄。"[③]王贤仪回忆自己在臬署中学习刑名时其五弟为自己送衣物情形："署深多柏，夜森森尤可畏，家贫鲜仆，母命仲选五胞弟贤登送衣物，年十一，初入官府，罔知所询，次且森柏间，久且饥，堂鼓冬冬，狱号声怪，风飕乌啼，慄慄俺泣，巡更者欲执之，乃向言，引入署，手足情切，终身难忘。"[④]由于王贤仪有馆差，因此家庭衣食幸有赖。诸弟得以继续读书，王钟霖在《先祖妣赵太君遗训志略》中记道："诸叔易师读书数年，知无功名，分令汝二叔学贾，汝三叔学度支，汝四叔好拳勇，令习武，虽得微职，讵害其终身，多忤人，使吾心悬，汝五叔幼侍左右，略代吾劳。"[⑤]王贤仪前自述与花寿山所记略有矛盾，王贤仪谓随沈藕堂攻读二年刑名后，应临邑知县王元辅聘。花寿山谓"即应聘知保阳谳局"。[⑥] 应以王贤仪自记为是。据王贤仪记，又查《山东通志》，王

① (清)王贤仪撰：《家言随记》四卷，卷一《阅历偶谈》，清同治素风堂刻本。

② (清)王贤仪撰：《家言随记》四卷，卷四《骨肉心关》，清同治素风堂刻本。

③ (清)王贤仪撰：《家言随记》四卷，卷一《阅历偶谈》，清同治素风堂刻本。

④ (清)王贤仪撰：《家言随记》四卷，卷四《骨肉心关》，清同治素风堂刻本。

⑤ (清)王贤仪撰：《家言随记》四卷，卷四《先祖妣赵太君遗训志略》，清同治素风堂刻本。

⑥ (清)王贤仪撰：《家言随记》四卷，卷一《申韩论·评语》，清同治素风堂刻本。

元辅，浙江淳安拔贡，嘉庆十一年(1806)知临邑。[①] 王元辅聘请王贤仪作刑名师爷是王贤仪的第一份差事，这一年王贤仪应为二十一岁，可推知王贤仪约生于乾隆五十一年(1786)。王元辅知临邑时间较短，不足一年。其后，如花寿山所记，王贤仪随后应聘知保阳谳局，跟从表兄金洙于保定署一年。金洙有诗《喜王麓樵表弟至保定郡》云："佐治须经术，寻师至保阳。终当腾骥足，不愧学龙庄。大被欢华萼，联床话桑梓。一年何遽别，啮指念高堂。"[②]从金洙诗中似乎王贤仪到保定还是跟从别人学习刑名。嘉庆十四年(1809)，滇南李文耕知邹平，邀王贤仪"襄理刑钱，相交以诚"。[③] 嘉庆十九年(1814)再任，[④]"两任邹平"，王贤仪"三馆邹平"。道光三年(1823)，恩特亨额守武定府[⑤]，聘王贤仪"司刑名，数年交恰。嗣为钟云亭先生聘至济南，首郡公烦，发审案牍尤多，时切兢惕"。[⑥] "以家在省垣，日多酬应，乃馆青州。"[⑦]青州知府杨镇，字莲峰，汉军进士。道光丁亥(七年)，聘王贤仪"佐治，公暇谈经济家常，每三鼓忘疲"。[⑧] "己丑十月二十三日地震甚，(杨镇)太夫人思之深，遂于庚寅春陈情请养"。[⑨] 王贤仪道光七年(1827)入杨镇青州府幕，道光十年(1830)杨镇请求回家赡养慈母，王贤仪才辞幕。赴聊城知县音德布幕，[⑩]道光十二年(1832)至十三(1833)年，又随音德布赴日照县幕。[⑪] 仪征举人厉秀芳，謄录宰武城，时年道光十

---

① 参见(清)张曜等修、孙葆田等纂《山东通志》二百卷首一卷末一卷，卷五十六·职官志第四·国朝职官表六，民国四年(1915)山东通志刊印局铅印本。

② (清)王钟霖撰：《国朝历下诗抄》四卷，卷三，清光绪四年(1878)至光绪五年(1879)刻本。

③ (清)王贤仪撰：《家言随记》四卷，卷四《交际心殷》，清同治素风堂刻本。

④ 参见(清)张曜等修、孙葆田等纂《山东通志》二百卷首一卷末一卷，卷五十六·职官志第四·国朝职官表六，民国四年(1915)山东通志刊印局铅印本。

⑤ 参见(清)张曜等修、孙葆田等纂《山东通志》二百卷首一卷末一卷，卷五十五·职官志第四·国朝职官表五，民国四年(1915)山东通志刊印局铅印本。

⑥ (清)王贤仪撰：《家言随记》四卷，卷四《交际心殷》，清同治素风堂刻本。

⑦ 同上。

⑧ 同上。

⑨ 同上。

⑩ 《家言随记》卷四《交际心殷》载："音月桂明府德布，满洲生员，宦山左，与人交无城府，权篆日照、聊城，皆聘余佐治。"《山东通志》载为："音德"，错。

⑪ 参见《山东通志》卷六十·职官志第四·国朝职官表十。又参见《家言随记》卷四《交际心殷》，本页注释

八年(1838)[①]。王贤仪记道:"邀余入幕,八年如一日,性爽直,颇与余同,偶事相执,几绝交,旋释然,无城府也。"[②]王贤仪游幕生涯的最后一站是招远县,知县胡联奎,山西交城进士,咸丰三年(1853)至五年(1855)知招远。[③] 王贤仪记道:"咸丰三年,粤逆方炽,余应山西胡星垣明府联奎之聘,馆于招远,距省千里,城如斗大,少巨第市廛,近县一小肆,贩杂货以供署需。地处海隅,饱长虾、大鳌、蛏蚬之品。人朴实稀讼,春秋完赋,遣吏解清以为常。余年老,乐此简静,携宝霖侍侧。"[④]以上据存世资料略记王贤仪游幕梗概,王贤仪自二十余岁游幕,历游山左近五十年[⑤],殁于咸丰五年(1855)二月游幕回家途中。其子王钟霖记道:"先严咸丰乙卯二月初间,自招远回省,抵邹平西关,忽终于车上。"[⑥]

王贤仪一生交游颇广,有幕主,幕友,又有同里好友等。王贤仪记其与当道官员的交往道:"余与当道大人先生游,所交与知者,琦靖菴侯之果达,钟云亭先生之儒术,恩朴菴先生之诚实,刘眉生先生之慈祥,王霞九先生之敦笃,陈慈圃先生之明慎,徐树人先生之文学,舒自菴先生之和平,梁寿菴先生之教化,侯理庭观察之坦白,王英斋先生之纯厚,周荔腴先生之朴雅,陈贞白明府之恬澹,皆宦名山左,卓卓可传。"[⑦]由于游幕,王贤仪与当道官员交往十分广泛,以上所列仅为其中一部分。其中有后来道光朝炙手可热而位居文渊阁大学士的琦善、山东巡抚钟祥,道府州县官员皆有。同幕一主的幕僚中也有王贤仪挚友。王贤仪与同里友人也相处甚欢,王钟霖记其父与同里友人交往情状:"与花南村师、梁石民伯岳交厚,不喜诗词,而谢问山舅父、周二南、何岱麓诸先生时相集于佛山明湖间。"王贤仪记道:"(梁石民)与余交厚,居相望,时同花南村、朱朗园、罗南泉诸

① 参见《山东通志》。(清)张曜等修、孙葆田等纂《山东通志》二百卷首一卷末一卷,卷六十二·职官志第四·国朝职官表十二,民国四年(1915)山东通志刊印局铅印本。

② (清)王贤仪撰:《家言随记》四卷,卷四《交际心殷》,清同治素风堂刻本。

③ 参见《山东通志》。(清)张曜等修、孙葆田等纂《山东通志》二百卷首一卷末一卷,卷六十四·职官志第四·国朝职官表十四,民国四年(1915)山东通志刊印局铅印本。

④ (清)王贤仪撰:《家言随记》四卷,卷一《阅历偶谈》,清同治素风堂刻本。

⑤ 主要在山东,也曾在保定府署一年,前已述,曾在河南商丘县汪兆椿署中一年,见《家言随记》卷四《梓桑敬止》汪兆桐条。

⑥ (清)王贤仪撰:《家言随记》四卷,卷四《交际心殷》,清同治素风堂刻本。

⑦ 同上。

好畅聚。"[①]王贤仪不喜诗词，亦不善酒。王贤仪记知县刘光斗道："性豪爽，有名士风，所莅称良，与余交若手足，调诸城，余馆青州，因公到郡，必畅叙，酒后高歌，以余不任酒为憾。"[②]虽然不喜诗酒，但喜读书，王贤仪自记道："余无读书福，而最爱看书，依人作稼，无暇多看，又无多书，惟乘空即看，随手即记，每觉为日不足。借人书看不便久假，更须随手即记，积久益智，遇事却有见解。"[③]其为人处世之品与博学是其与诸诗人文士交往的重要基础。对于出仕，王贤仪有自己的见解，青州知府杨镇曰："余自吏部郎守青州，请诸钟云亭同年，延王麓樵先生理刑名，品学兼优，交契日深，尝劝之仕。曰：观剧易，演剧难，一经登场，手足罔措，藉人之权以抒己抱，不损人，不失己，可矣。"[④]可见王贤仪之志向与抱负。

妻子谢氏，"性和厚，幼读四子书孝经，识义理，惯浙闽口音，问山舅父每戒之，因不常语，恒执炊役。念失怙恃，饮泣者有年。事先严谨慎，偶或事惧，惕惕然惧，先严多原之，奉先祖妣无微不敬，处四妯娌以和，或侮诋，笑而受，不与人竞是非，遇善事或告苦，辄质衣以助。主家计，先祖妣最严明，独优待之，亲弗称贤。"[⑤]"年未周甲，以气虚中满之疾终于道光戊申年五月十一日辰时，寿五十七岁。"[⑥]生四子四女，存二子三女，次子二桂，四子奎官皆因痘殇。长子王钟霖，原名惠霖，字雨生，道光二十四年(1844)举人，仕至长芦运判。辑有《历下诗抄》，又著有《黄雪香斋诗抄》，天津梅宝璐为之编订，待刊。三子宝霖，河南息县典史。[⑦] 三女嫁历城进士胡梦龄之子胡石麟。王钟霖记其三妹曰："先慈戊申秋弃养，三妹年十五，于归石麟，妹倩从及门周步蟾孝廉云升读书，夫妇年少，其庶母不善持家，家日绌，妹倩郁为狂疾。咸丰十年(1830)秋，其庶母赴黄县视女，捻逆十余万扑济南，沿山而东，妹倩居南郭，仓皇逃，三妹投水死，迄未请表，稚女为里

---

① (清)王贤仪撰:《家言随记》四卷，卷四《亲戚情话》，清同治素风堂刻本。

② (清)王贤仪撰:《家言随记》四卷，卷四《交际心殷》，清同治素风堂刻本。

③ (清)王贤仪撰:《家言随记》四卷，卷一《阅历偶谈》，清同治素风堂刻本。

④ (清)王贤仪撰:《家言随记》四卷，卷一《申韩论·评语》，清同治素风堂刻本。

⑤ (清)王贤仪撰:《家言随记》四卷，卷四《先妣谢太君志略》，清同治素风堂刻本。

⑥ (清)王贤仪撰:《家言随记》四卷，卷四《先妣谢太君志略》，清同治素风堂刻本。

⑦ 毛承霖修、赵文运等纂:《续修历城县志》五十四卷，卷第四十《列传二》，民国十五年(1926)济南大公印务公司铅印本。

人收归，久无音问，言之椎心。"①

王贤仪之挚友花寿山对其一生概括曰："幼英敏，读书不忘，童试未售，年十八失怙，痛母苦诸弟弱，入都谋致身，勷旗员某出居庸关，历沙漠，慨然有豪杰之想。因母念切，归，从沈藕堂先生学刑名，攻苦两年，即应聘知保阳谳局，足资历练，又依其表兄金文波太守于保定署者一年，东省当道争迎之，如琦侯、恩朴菴、钟云亭、杨莲峰诸钜公咸倚重焉，尤见知于李复斋、陈慈圃两先生，迨老不乐闲，又惮繁巨，乃择事简之区以处。咸丰癸丑冬，将之招远，别余曰：'南北告警，聊作东海之滨居耳。劫籍纷如，偶梦所司，行将理冥牍乎。'果于乙卯春返至邹平之西郭，驻车拟食，忽逝于车。先馆博兴，制檮器置之邹之北乡，取而用之，只十余里。"②

二、王钟霖其人

王钟霖，王贤仪长子。后自号渔阳山人。作为长子长孙，深受祖母钟爱。王钟霖记道："五岁时，同弟二桂皆出痘，弟殇，先祖妣怀钟霖于里衣，门遮红氊，若恐有攫去者，自孩提至将冠，无片时离。"③少攻举子业，曾师从杨尔城读书三年④，还师从花寿山等人，舅父谢照也时常指授。王钟霖记曰："乙青舅父文学深邃，贫而乐，每夏院冬炉呼钟霖训经论文，衔杯拍案，以期领悟。"⑤由于父辈无一有功名者，王钟霖成为家庭科举支柱，祖母与父亲殷殷切望，王钟霖记其祖母遗训道："汝勿忘吾家来东，科目尚无人，汝应县考，取名虽不高，然要学业长劲，不在功名迟早，汝父培植汝兄弟，心甚切，每云办刑名，刻刻顾子孙，汝金文波表伯少年攻书，至咯血，汝四祖姑母只此子，吾曾买轗弓，俾调之体壮，名成，由翰林陟天津道，署运司，汝勉之。"⑥道光二十一年（1841），其父王贤仪友人陈宽知历城，王钟霖

① （清）王贤仪撰：《家言随记》四卷，卷四《亲戚情话》，清同治素风堂刻本，石麟者，历城进士胡梦龄之子。

② （清）王贤仪撰：《家言随记》四卷，卷一《申韩论·评语》，清同治素风堂刻本。

③ （清）王贤仪撰：《家言随记》四卷，卷四《先祖妣赵太君遗训志略》，清同治素风堂刻本。

④ （清）王贤仪撰：《家言随记》四卷，卷四《亲戚情话》杨维城（西屏），清同治素风堂刻本。

⑤ （清）王贤仪撰：《家言随记》四卷，卷四《亲戚情话》，清同治素风堂刻本。

⑥ （清）王贤仪撰：《家言随记》四卷，卷四《先妣谢太君志略》，清同治素风堂刻本。

"童试受知，列门墙。"考取秀才，迈出了科举考试的第一步。后陈宽知临清直隶州，聘王钟霖"司书记，校书院文者五年"。[①] 后为张昌[②]所聘，王钟霖记道："问竹明府与李小湘表兄素好，署章丘，属延书记，曰：欲得如君者，因荐，至章丘、曲阜、济阳、堂邑者六年，兼课其两子，宾训子而主训师，甚相得。初偶不合，欲辞馆，慨谓曰：吾辈读书每有此傲气，惟相期在毕生，不在一时，俟君不须我，我不须君方散，自是交日深。"[③]其父幕主友厉秀芳也曾有指授，王钟霖记道："实甫师，江南名宿，钟霖以塾师称佳之课文呈教，师大改削，详为指示，始悟此道，有传授也。"[④]王贤仪道义交钟祥巡抚山东，王钟霖得以"随课泺源书院"。[⑤] 王钟霖在科举之路上得益于其父游幕产生的丰富人际关系，使王钟霖一边实践州县实务，一边攻读。并且州县官中有不少科举制艺高手，王钟霖从中得窥门径。道光二十四年(1844)，王钟霖考中第十二名举人。咸丰初，"旋为鲜民烽警北来，携室馆于潍"。[⑥] "初挑二等，官学博"。[⑦] 丁巳(咸丰七年)，"主讲陵县三泉书院"。[⑧] "忽忽十年，分曹驾部，春闱屡阻，复分务于蓟永"。[⑨] 即所谓蓟永盐运分司运判，蓟永盐运分司为长芦盐场三分司之一。王钟霖记曰："同治元年壬戌春，余由驾部改运判，次年实授蓟永分司。"[⑩]王钟霖一生仕途

---

① (清)王贤仪撰:《家言随记》四卷，卷四《交际心殷》，清同治素风堂刻本。

② 张昌与王钟霖家有一定渊源，《家言随记》卷四《交际心殷》中曰:"张问竹明府昌，字文珠，河南鄢陵人，道光辛巳尹竹农表舅父所得士。"又曰:"问竹明府与李小湘表兄素好。"(钟霖)

③ (清)王贤仪撰:《家言随记》四卷，卷四《交际心殷》，清同治素风堂刻本。

④ (清)王贤仪撰:《家言随记》四卷，卷四《交际心殷》，清同治素风堂刻本。

⑤ (清)王贤仪撰:《家言随记》四卷，卷一《申韩论·评语》，清同治素风堂刻本。

⑥ (清)王钟霖撰:《国朝历下诗抄》四卷，《自序》，清光绪四年(1878)至光绪五年(1879)刻本。

⑦ (清)王贤仪撰:《家言随记》四卷，《毛鸿宾叙》，清同治素风堂刻本。

⑧ (清)王贤仪撰:《家言随记》四卷，《张应翔叙》，清同治素风堂刻本。

⑨ (清)王钟霖撰:《国朝历下诗抄》四卷，《自序》，清光绪四年(1878)至光绪五年(1879)刻本。

⑩ (清)王贤仪撰:《家言随记》四卷，卷三《辙环杂录》，清同治素风堂刻本。运判，从六品，为盐务系统中低级官员，为盐运副使属下，主要联系盐场与户部盐务主管官。

并不顺畅，在蓟永分司任上给毛鸿宾写信云："判司官卑，不可说碌碌无所建。"[①]后又写信云："此官犹能教子读书。"[②]这个官职是"海隅寂守，云闲曹易"。[③] 然在此位亦有作为，王钟霖"分转蓟永十载有奇，立义塾、建书院，经费膏奖皆捐廉自备，寒士赖以成全者甚众，商人灶户恩惠均沾，实政实心，人皆感痛"。[④] "后赏戴花翎，以道员在任候选。"[⑤]"工诗善书，尤肆力于颜鲁公笔法，泐石者甚多，丐书者日不暇给，有洛阳纸贵之目。"[⑥]"自著《黄雪香斋古文诗抄》二种，亦经璐编订待刊。"[⑦]王钟霖娶历城梁士俊六弟之女为妻。王贤仪记道："（梁石民）将之蜀，以其六弟既堂亲家士喆女妻钟霖。纳彩日，与其四弟伯寅亲家士奇、冰人南村、南泉觞余家。"[⑧]王钟霖与同里李鸿畴、毛鸿宾、李庆翱等为至交，王钟霖注李晓林时记其子李鸿畴道："昔语小湘云，雨生吾辈中人，引为至交。丙辰春，寄云分巡荆襄，小湘守大同，小岚将远行，同饯明湖。"[⑨]王钟霖于长芦蓟永分司内手辑《历下诗抄》四卷，"光绪戊寅年秋发刊，未及校对，不意九月下旬倏遘危疴，仙逝于津城公寓。"[⑩]子寿恩，字荫卿，"以同知候选，仍功举子业。"[⑪]天津挚友梅宝璐有诗二首，其一曰："派接山阴并辋川，诗禅墨圣吏中仙。迹深雪爪腾鸿瀚，训秉家言著象贤。傀儡宦场慵逐队，纵横笔阵迳朝天。蓟门万

---

① （清）王贤仪撰：《家言随记》四卷，《毛鸿宾叙》，清同治素风堂刻本。

② 同上。

③ 同上。

④ （清）王钟霖撰：《国朝历下诗抄》四卷，卷四《梅宝璐后跋》，清光绪四年（1878）至光绪五年（1879）刻本。

⑤ （清）王钟霖撰：《国朝历下诗抄》四卷，卷四《王贤仪条、李庆翱记》，清光绪四年（1878）至光绪五年（1879）刻本。

⑥ （清）王钟霖撰：《国朝历下诗抄》四卷，卷四《梅宝璐后跋》，清光绪四年（1878）至光绪五年（1879）刻本。

⑦ 同上。

⑧ （清）王贤仪撰：《家言随记》四卷，卷四《亲戚情话》，清同治素风堂刻本。

⑨ （清）王贤仪撰：《家言随记》四卷，卷四《梓桑敬止》，清同治素风堂刻本。

⑩ （清）王钟霖撰：《国朝历下诗抄》四卷，卷四《梅宝璐后跋》，清光绪四年（1878）至光绪五年（1879）刻本。

⑪ （清）王钟霖撰：《国朝历下诗抄》四卷，卷四《王贤仪条、李庆翱记》，清光绪四年（1878）至光绪五年（1879）刻本。

灶棠阴满，痛感商民遍涕涟。”其二曰：“科名政绩出班行，风雅渊源重济阳。一见心倾如夙契，五年缘尽倍堪伤。热肠互证冰霜性，撒手犹遗翰墨香。缥缈吟魂归去否，明湖烟水共苍凉。”①

第二节　王贤仪及王钟霖著述考

一、《家言随记》四卷

王贤仪撰，半叶十行二十二字，白口，四周双边，单黑鱼尾，无格。包角。清同治九年(1870)王钟霖刻本。封面题：春风堂藏板。正文卷端题：王贤仪麓樵甫著。钤有“曾在黄县杜氏家”阳文长方、“黄县杜氏志忠堂藏书”阴文正方，“三余书屋主人杜煜德明甫藏”阳文正方等印章。藏山东省图书馆。

前有同治庚午(九年)秋曾国藩序，同治十二年(1873)天津沈兆沄序。又有同治二年(1863)张应翔叙，同治五年(1866)毛鸿宾叙，同治十二年(1873)朱靖旬书。序书均是王钟霖向人索取，其中曾国藩当时为直隶总督，位高名盛。沈兆沄为天津耆宿，嘉庆丁丑翰林，作序时年已九十一岁。张应翔为宦游山东官员，与王贤仪有旧交，毛鸿宾为王钟霖同里友，且位居总督之职。朱靖旬为直隶官员，与王钟霖有交情。曾国藩序曰：“蓟永运判王分司外笃实而内明敏，询事考言间颇见经济，知在戎曹有年，春华人物，乃改判海隅，意甚安适，所学可知。一日呈《随记家言》一帙，于其先人一生心迹能善继述，语平易而醕粹，洵有用书，本庭训以应世，知无往而不宜。”沈兆沄序曰：“余读王雨生太守所刊赠翁麓樵先生《家言随记》，不禁深佩琅琊氏之启后承先，为不可及也，麓樵先生德不胜纪，而其大端有四，曰择术、存心、立品、博学，盖先生少孤，弃儒习幕以养母，谓刑名足以活人也。学成，才大心细，其所为无不奉汪龙庄先生为准绳，是择术之正也。先生重人命，慎名节，作《申韩论》，力斥其非，酌古合今，求生悯死，执笔兢兢，是存心之慈也，历卅余年，诸牧令倚重佐理，先生不以势力谋，不

---

① (清)王钟霖撰：《国朝历下诗抄》四卷，卷四《梅宝璐后跋》，清光绪四年(1878)至光绪五年(1879)刻本。

以委屈处，是以延先生佐治者尊为严师，勉成循吏，是主品之端也。著《阅历偶谈》、《稽古论略》等篇，凡先正严行以及正讹订误、裨益于学问经济者皆附焉，非空谈心性可比，是博学之精也。”张应翔序曰：“麓樵先生馆武城，余差至相识，极心折焉。读《申韩论》，见经济略当，附数言以志钦佩，嗣与先生长嗣雨生商榷文字，为通家交，日以密，风尘鞅掌，欲延先生襄治，而为当道争迎，弗如愿。咸丰甲寅春，任德州，发逆南者陷临清，北者据连镇，德介其中，时闻轰沸声，水陆难民罔知所奔趋，逆谍交驰，变端刻警，余与同城谋防御，应供给，夜则巡城内外，以固守而侦寇，时先生远馆海隅，隔千里，欲乞策而弗及，惟忆先生‘慎非葸、勤非忙’之语以自定定人，大兵亦即云集而远近方靖。”毛鸿宾序曰：“麓樵先生好读书，具伟略，少以亟亟养亲屈志依人幕，本其经术，假权以为治，而自懔懔于阴骘，故当道争重之，东都人士亦咸矜式……。适雨生寄先生《申韩论》暨《家言随记》，至凡治民佐治与夫笃亲戚、重交游，所言皆其所能行，理不外乎日用寻常，而道则终身由之不能尽，急书其要言于座右，如晤先生于昔日，而睹人物湖山于故乡也。是有用书，不可不梓行焉。”后有王钟霖《家言随记书后》，可知其书形成与刊刻之过程，《书后》中曰：“先严言东坡谓诸子曰：‘吾生无恶，死必不坠。自思生平不能无恶，而未敢作孽，亦或不坠，夙无言行可志，所办公事，皆待人为政，惟阅历七十年，凡所见闻有足法戒，随手记之。性褊急，少读书，然处世鲜诡，遇亲友相善，志不去怀。刑名至重，得汪焕曾先生《佐治药言》，摘录其要，用以自训训人、辙环所历，一往情深。数十年来所书，不觉成卷，付汝详校，去其粗鄙忌讳，异日梓藏于家，后人知吾心际，能识得几处，行得几事，亦不无裨益。尝读魏叔子裹言、古今文集，连篇不见一紧要关系语，或遮拾圣贤通同好语，否则真正好语而与其为人而辕北辙，即不必言清行浊，亦不免为识者鄙，笑吾最佩此言，世或即吾所记以察吾之为人，而可否之，亦未始非吾之深幸也。’呜呼，训言在耳，而永感十六寒暑矣。分判蓟永，公余谨就先严所记，次其先后，间附一知半解，与子寿恩详慎校订，请序于师长、先生，复专送至息县，属弟宝霖仝事校阅，觅京都手民，梓藏家笥。同治庚午年壬午月庚午日壬午时，钟霖谨识于蓟永分使署之思贻斋。板暂寄京都琉璃厂中间路北翰茂斋。”

卷一分《申韩论》《佐治药言摘要》《忠告节钞》《阅历偶谈》《王氏说》五部分。《申韩论》正文卷端题：王贤仪麓樵甫著。此文较短，但具体体现了王贤仪的刑名思想，关于此篇的写作目的，著者开篇小注云：“治乱由于州县，州县所重，尤在刑名。余山左佐治将四十年，恤民隐，重人命，慎名节，兢兢然无敢率意焉。又必视主政者之刚柔厚薄而襄之以道，阅历既深，恐惧益甚，爰为此论以质同人并告诸从政者。”后有李文耕、钟祥、恩特亨额、杨镇、张应翔、厉秀芳、陈宽、陈庆偕、董上恩、花寿山等评语，其子王钟霖、王宝霖志语。《佐治药言摘要》正文卷端题：王贤仪录。前序曰：“萧山汪焕曾先生辉祖，读书士，司刑名廿余年，自言不敢负心造孽，违先人之训。由幕成进士，官至道州刺史，于佐治居官历练深切，著《学治臆说》，为居官之良箴。余未能临民，窃尝师其说焉。著《佐治药言》，实幕道之宝训，而于刑名尤兢兢，循是而奉行之，庶不至负心造孽矣。特摘其目，撮其要言，录以自警，并望同学者法焉。”后有其子王钟霖注。《忠告节钞》即《张文忠公为政忠告节钞》，“元历城张文忠公，讳养浩，字希孟，别号云庄。……后为御史中丞，以道德政事名于天下，论者谓其学则卓有所见而不杂以权术，行则确有所守而不夺势利，皆本忠孝之心也。其居心行事备见于所进《牧民风宪庙堂忠告》三卷。……《忠告》三卷，有官守言责者循而行之，为民造福匪浅，凡读书人固当家宝之也。世多刊本，尹竹农表舅父抚楚日，属郭兰石先生书刻者为尤善，前乞得一帙，时时玩味，摘其要者记出，并附己言，用示后人，异日得与汪焕曾先生学治、佐治二卷并刻焉，则幸甚。”《阅历偶谈》正文卷端题：济南王贤仪麓樵氏书，男钟霖、宝霖敬录，孙寿恩校刊。此章为著者从阅历与读书中得出的心得体会，内容繁杂，涉及方方面面。也有记录自己游幕生活的片段，如记其在招远游幕情况，并记太平天国林凤祥、李开芳等北征事。皆因王贤仪有随手记事的习惯，并以此教谕子孙。间有其子王钟霖注，能引申其父之意。《王氏说》正文卷端题：王贤仪。为小文一篇，述王氏之由来。后有王钟霖注，注曰：“先世居武清甄家营，明末宦浙，家绍兴，占籍会稽，代有科目，惟明季家谱失考。”

卷二为《稽古论略》。正文卷端题：济南王贤仪麓樵氏书，男钟霖、宝霖敬录，孙寿恩校刊。开篇写道：“古人看书立程，或志分寸。余橐笔砚食，家贫，未买之书，不能携之以游，复不能借瓻还瓻，赎旁烛下，有书且看，性又善忘，且看且抄，间附愚见，置诸行笥，亦知看得一尺，未能行得一寸，惟时觉古今人物，常在心目间耳。”王钟霖后志曰：“家严看书随记，间附己意，时以为训，并令考证，久之成卷，因敬录付梓，弗敢忘焉。有名言摘录，散书各纸，容综而录之。”可见此篇为王贤仪读书笔记，由于其读书较杂，因此笔记也无次序。如首篇记录历史治乱总结，次记子思语，三记孟子生卒、其父其母名姓，四记孔子后世被封，五记郑耕老劝学篇，六记文昌，七记彭祖、夏姬，八记赵高，九记汉玉。仅列数则，可见一斑。

卷三《辙环杂记》，正文卷端题：济南王贤仪麓樵氏书，男钟霖、宝霖敬录，孙寿恩校刊。本卷较大篇幅介绍济南之逸闻轶事及风俗掌故，山东其他各州县甚至山东以外等地古迹故事均有涉及，因为著者家居济南，因此游历所至，皆有所记，著者还博引方志等书证之，至于济南风俗、物产、社会生活均有详细记录，开篇便是济南风土人情、物产之综记："《颜氏家训》云：北方风俗，率能躬俭节用，以赡衣食，江南奢侈，多不逮焉。余所历之地不多，风土人情，当以济南为美。土沃泉甘，五谷皆宜。俗朴而文，士务功名，以入官府为非，民畏法不好讼，赋惧催呼，无抗挠者。无甚富贫，婚丧称家有无，不虚以相耀。祭神祀先，惟谨四时。寒暖适中，湖山明秀，饶莲芡鱼鳜，腊韭霜菘，茭白蒲笋尤美。市不虚价欺人，食物数十钱得饫饱，虽五方杂处，而家各守规，不相染习。遇事必相助，好义举，事不平，路人皆可评折之。宦幕多占籍，无倾轧之者。"此卷具有极高史料价值。卷末附其子王钟霖《七十二泉考》，为研究济南泉水第一考。

卷四分《交际心殷》《尚论景行》《梓桑敬止》《亲戚情话》《骨肉心关》，附《先祖妣赵太君遗训志略》《先妣谢太君志略》二篇。本卷主要记录与之交往的人物，包括山左官幕两途、济南古今名流、自家亲戚，并记祖母、母亲、兄弟姊妹等。是研究济南历史的重要资料，《续修历城县志》多有所取。开篇王贤仪大概提到与之相交的当道者琦善等十三人，各具特点。《交际心殷》是王贤仪对游幕过程中所遇挚友记录，有李文耕（复斋）、恩福（竹溪）、杨镇（莲峰）、恩特亨额（朴菴）、程兆纬（少胪）、刘光斗（错山）、音德布（月柱）、厉秀芳（实甫）、施廷献（文伯）、张洵（肖眉）、张昌（问竹）、陈宽（栗堂）、文增（怡园）等人。

《尚论景行》开篇叙道："人往风微，兴怀遗爱，矧亲炙者乎。或仰山而深慕，或倾盖而言欢，心焉数之。用笔以纪，亦谓交天下士也。济南名宦代不胜书，明湖名胜自杜少陵陪李北海宴历下亭，盖李青峰、曾南丰诸公著于天下，地不以人传欤。"此章主要记古今宦游山左之名士。共记李邕（泰和）、颜之推（介）、颜真卿（清臣）、曾巩（南丰）、张叔夜（稽仲）、李若水（清卿）、韩琦（稚圭）、董搏霄（孟起）、赵孟頫（子昂）、施闰章（愚山）、毕沅（秋帆）、铁保（冶亭）、刘凤浩（金门）、翁方纲（覃溪）、宋荦（漫堂）、赵王槐

（者庭）、胡德琳（书巢）、刘大绅（寄庵）[1]、栗毓美（朴园）、郭尚先（兰石）、郑燮（板桥）、蒋因培（白生）、刘斯嵋（眉生）、王朝幹（翰屏）、王赠芳（霞九）、王殊渥（古愚）、张恪（佩庚）、袁洁（玉堂）、章寅（直斋）、陈纯（贞白、贞甫）。又记曾游览或寓居济南之高士数人。

《桑梓敬止》记济南古今人物，开篇道："老不去乡，美已。然人生志在四方，况仰屋难居者乎。橐笔倦游，时怀故土，吾乡好湖山，前已缕述，若古今人物，遐想光仪，近詹丰度，有不能去诸心者。"所记人物有娄敬、伏生（名胜，字子贱）、公孙弘（季）、邹长倩、东方朔（曼倩）、公玉带、崔不意、终军、王贺（翁儒）、王君公、祢衡（正平）、管辂（公明）、崔季珪、崔景真、刘峻（孝标）、房豹（仲幹）、房玄龄（乔松）、秦琼（叔宝）、罗士信、员半千、何彦先、魏花、张掞（文裕）、李定、李格非（文叔）、辛弃疾（幼安）、王泉（永清）、杨宏道（淑能）、周密（公谨）、边贡（庭实）、李攀龙（于鳞）、尹同仁、尹士儋（正甫）、张茂兰（德馨）、王道定（怀田）、邢侗（子愿）、李纲（廷张）、谷继宗（嗣兴）、张尔岐（稷若）、康丕扬（士遇）、蔺刚中（坦生）、王士禛（子真、贻上）、马绣（宛斯）、高珩（葱珮）、孙勷（子未）、孙光祀（溯玉）、朱昌祚（懋功）、朱照、唐梦赉（济武）、毕世持（公权）、张笃庆（历友）、李尧臣（希梅）、蒲松龄（留仙）、王苹（秋史）、周永年（书昌）、方昂（叔驹）、汪镛（序东）、袁守侗（执冲）、毛辉祖（镜浦）、王广（道南）、李晓林（春山）、花寿山（南村）、郭敏磐（小华）、王培旬、毛垲（载青）、马翊宸（次溪）杨晓春、翟凝、李肇庆（余堂）、周乐（二南）、尹廷兰（畹阶）、王联登（青阶）、王大纶（雪泉）、王克敬（乃吉）、王琦（小韩）、王畿（今雨）、马国翰（词溪）、何岱麓（邻泉）、贾辉山（丹生）、焦友麟（笠泉）、汪兆桐、范鋐（琢舟）、乔岳（松石）、梁佩（式玉）、余正酉（秋门）、杨致祺、杨祐祺、杨恩祺、萧禹言、郑士芳（柳田）、陈霖（雨人）、陈嘉乐、朱文震（青雷）、高凤翰（西园）、娄凤翥（近霄）、刘湟（星庄）、刘光烜、胡焜、张沼、王㽈青等。可补史志之缺。

《亲戚情话》开篇云："佐治依人，不遑家食，戚好亦各一方，惟岁时回家，得相往还，曾几何时，一别如雨，存者寥若晨星，黯然以思，吾生如寄，亦惟劳管城子，作纸上谈耳。"所记亲戚有尹济源（字东沇、王贤仪母亲表弟）、邹鑅（字堇塘、王贤仪祖母侄孙）、金洙（字文波、王贤仪姑母子）、谢焜

---

[1] 《家言随记》卷四《尚论景行》记道："山左称刘青天者有三，一为石菴相国，一为贵筑刘松斋先生清，拔贡知县，官山左，至都转，特擢登州总镇，滑县教匪滋事，武功最著，登州有祠，称刘青天祠，宸章有生性由来不爱钱句。一为滇南宁州刘寄菴先生大绅。"

(字问山、王贤仪内兄)、谢照(字乙青、王贤仪内兄)、章继溶(字静澜、王贤仪姊丈董舒亭之姊丈)、梁士俊(亲家、王钟霖岳父之兄)、梁士杰(王贤仪亲家梁士俊同祖弟)、李廷芳(字勉思、王贤仪姻兄)、胡梦龄(字介眉、王贤仪亲家)、林坦(字杏桥、王贤仪姻兄)、杨维城(西屏、王钟霖亲家)①、李澍(叔雨)②、魏祥(致和)等,以上所记,尤其与王贤仪同时代人,成为《续修历城县志》人物志之资料渊薮。

《骨肉心关》首记道:"少悲失怙,母抚藐诸孤至成立,自恨无寸长微秩,以显扬懿行苦操,荒阡之展拜时阙,泷冈之表志无期,寂寞无闻,庸庸垂暮,亦无足言矣。惟人情莫忘,骨肉尤深,事虽轻微,而心难恝置,书诸私记,自省览焉。"王贤仪记其三弟竹湄、五弟贤登、次子二桂、长孙女琪,王钟霖附记其四弟奎官。后附王钟霖《先祖妣赵太君遗训志略》《先妣谢太君志略》《附展墓歌》。

二、《修注大清律例》

王贤仪辑注。花寿山《申韩论跋》曰:"《修注大清律例》,凡三增帙,自云'心血所在,纂修者可采也'"。《续修历城县志》卷第二十二《艺文考一》亦著录,据以上花寿山跋。

三、《名言摘录》

王贤仪辑录。王钟霖《稽古论略跋》云:"家严看书,随记间附己意,时以为训,并令考证,久之成卷,因敬录付梓,弗敢忘焉,有名言摘录,散书各纸,容综而录之。"《续修历城县志》卷第二十三《艺文考二》亦著录,据以上王钟霖跋。

四、《七十二泉考》一卷

王钟霖撰,半叶十行二十四字,白口,四周双边,单黑鱼尾,无格。附王贤仪《家言随记》卷三后,书名下小字曰:"七十三泉长椿泉附"。版心上刻:"济南名胜记"。

前有序曰:"历下泉称七十有二,未知名自何时,宋李文叔有《历下水

---

① 杨维城次孙女嫁王贤仪之孙王寿恩。

② 李澍长子寿田娶王贤仪长女。

记》,金源人有《名泉碑》,元于钦《齐乘》云:泉名七十有二,见《名泉碑》,然远载中宫、灵岩诸泉,而华不注之华泉、明水镇之明泉皆失未取,名亦多未雅,是泉虽名具,皆未考,历下名泉而实七十有二之数也。明济南晏佥事璧有《咏七十二泉》七绝,旧志载其七十一,新志载其二十八,无硃砂、白云、金虎、槛泉、滴水、灰湾、汝泉、白虎、林汲、煮糠、花泉、罏泉、鹿泉,乃有朱公等十三泉,并及章丘明水泉,征遐漏迩,亦嫌未协。沈椒园廉访《贤清园记》谓:旧泉九十,新者五十有五,历城旧志云得泉五十七而通志未载,邑里考证名佳而弗显者尚不下百余泉。道光丙申济南太守王中峰先生镇浚濠疏泉,名略具而未见其详,论者每以未知七十二泉之实为憾。余生于历,就志之所载,见之所及,在历下城内外者,稽旧增新,无俟远搜旁绍,足符七十二泉之数,其按图莫索,或山河川峪志有其名,仍附存之,以见吾郡随地出泉,灵源不胜纪焉。若跃珠澄翠于僻岫荒村,恐君子泉隐而不闻见者仍不少也。按:《山东通志》载七十二泉,华泉为首,以见诸传也,趵突列二,泉实称最,石湾、金虎二泉注废,汝泉、染池、龙门三泉言在神通寺东,其实附寺井池,未见名著,混沙、灰池、灰湾三泉亦止一派,环金线泉之柳絮、卧牛等泉皆随地而发,今亦多淤。若中宫镇东南之都泉、车泉,南山间之罏泉、孤独泉,梨峪、袁洪峪、石崮寨、张城岭之慰斗泉、苦苣泉、鹿泉、龙居泉,又王舍人庄东北之白泉,皆遥隔数十里,山溪涧沼,遗者正多,近在历城城内外之泉尚难尽述,固不若舍远而取近也。”

著者共考证如下之泉:趵突泉、舜泉、香泉、灌缨泉、珍珠泉、白云泉、知鱼泉、濋泉、散水泉、雪泉、风翥泉、玉环泉、惠民泉、华笔泉、大比泉、不匮泉、双忠泉、流玉泉、芙蓉泉、毓秀泉、功德泉、名士泉、孝感泉、太极泉、宜男泉、罗姑泉、杜康泉、感应泉、汇泉、大方泉、历山泉、沧浪泉、百花泉、曲水泉、秋柳泉。右泉三十六,趵突第一,列之于首,余泉皆在历城城内,志所载而人所知者三十,其洗心、功德、名士、沧浪、曲水、秋柳为人所共知,西(昔)志或未详,余因掩有名无考之黑龙、黑虎、金虎、北漱玉、鱼池、刘氏六泉而以洗心等六泉补之,非敢妄易也。名胜所系,探微有不如其征显者,若瞽女矜残,奚若宜男之滋瑞,饮马肄武,不如毓秀之湧。思昔人滴水易为不匮,百脉易为双忠,名从其雅,地以人传,仿西(昔)而为之,后人顾名思泉,当不致有吴秋鹤之诮。另:华泉、鹊山泉、云锦泉、望水泉、登州泉、金线泉、柳絮泉、马跑泉、洗钵泉、皇华泉、漱玉泉、北煮糠泉、湛露泉、饮虎泉、双桃泉、天镜泉、温泉、五龙泉、悬清泉、漪泉、槛泉、寿康泉、圣水泉、珍珠泉、玛瑙泉、黑虎泉、白石泉、魁泉、青龙泉、五柳泉、甘露泉、函山泉、浆水泉、柳泉、林汲泉、白龙泉。七十三泉附、长椿泉附，另有《第一泉记》(同治八年春立石泉上)、《附天下名水》。

五、《国朝历下诗抄》四卷

王钟霖辑，半叶十行二十二字，白口，四周双边，单黑鱼尾。清光绪四年(1878)至光绪五年(1879)刻本。内封有牌记："光绪四年戊寅渔阳山人仲夏初付雕仲冬望刊竣"。下有小字：板暂存京琉璃厂翰茂斋。前有光绪四年(1878)戊寅孟夏八日王钟霖自序。对于此书辑成原因，辑著过程，辑著志向叙述颇详，序曰："历下诗何为抄而梓也？尊先训、慰舅父也。先赠公不长于诗，而诗坛诸老咸推崇之。问山舅父积学工诗，连不得志于东闱，益肆力于诗，时谓得老杜真派，乐交四方士，刘寄菴、袁玉堂、张杞园、阎雨帆诸前辈皆以诗相重，独轮戴笠数十年，购吾东诗，继卢雅雨先生《山左诗钞》，为《海岱英华集》二十卷，雨镫雪罏，浅斟低咏，勘定颇精审，惟非千金不能开雕，暮年目盲于酒，扶孙持集走乞先赠公曰：'一生精力在此，今乃入暗狱，甥雨生行且仕，当能成吾志。'郑重交付，霖谨置箧，弗敢忘。幸博一第，旋为鲜民，烽警北来，携室馆于潍，主讲于陵，忽忽十年，分曹驾部，春闱屡阻，复分务于蓟永。时念前训，如胸横石，而俸薄不暇及，忽忽又十年，近读余秋门先生《山左诗汇抄》。《英华集》中诗已多见，蹉跎岁月，集箧谨藏，虞久而或散失，其何以慰舅父于九京耶，乃为《历下诗抄》，凡集选历下人诗，又搜求若干诗，舅父未及见者若干诗，共得百八十余人、诗一千一百数十首，略为次序，分作四卷，虽未扬海岱之英华，且先彰历下之名士，如作揽胜图，秋门全绘名区，霖又画家山一角，知不免乡人知近村之诮，然一卷千载，亦聊以补迟愆耳。远隔故里，购诗颇为不易，几番鸿讯，不见鲤遗，惟就抄者梓之。吾历山湖明秀，后隽斐然。夫骚坛执耳，好句珠来，尔室呕肝，寡和琴破，高咏牛渚，得益马当，古今有同情也。边李往矣，黄叶朗园，泉流不返，望西州而兴感，怀北渚以迟归，四顾苍茫，一编急就，小湘知我，还以质之。"此书背负着先辈之嘱托及自己对家园的深情，光绪四年仲夏付诸梓人，辑著者本望此年仲冬刊竣，"秋发刊，未及校对，不意九月下旬倏遘危疴，仙逝于津城公寓。濒危时，谆谆命哲嗣荫卿，嘱璐代终其事，自惭剪陋，谊不能辞，次年己卯炎夏，拨冗谨将已刊之前三卷校正，讫并第四卷编订整齐，一例交荫卿付梓。"以上为天津梅宝璐后跋述此书刊刻后期之情状。

全书四卷，卷一共五十六人、诗二百七十三首。有叶承宗（十首）、朱弘祚（十三首）、钟镶（十三首）、王苹（十七首）、周庄（五首）、宋云鈊（二首）、朱缃（二十六首）、朱纲（十首）、朱绛（六首）、朱纬（十五首）、孙涵毓（五首）、赵于蕃（二首）、谢阡（六首）、蒋巇（一首）、刘伍宽（四首）、李潆（一首）、朱肇鲁（二首）、唐奕恩（八首）、王顺祖（一首）、李文龙（一首）、朱崇勋（四首）、朱崇道（五首）、朱崇简（一首）、朱怀朴（二首）、朱令昭（六首）、朱崇诰（一首）、朱琦（十四首）、朱永思（一首）、申士秀（二首）、李德容（三首）、范丽生（一首）、方昂（二十四首）、石在璿（二首）、李文瑞（一首）、李秉中（一首）、贾振基（一首）、郭珮（一首）、楚嵩（一首）、钟廷英（十三首）、钟廷琮（二首）、姚国栋（一首）、姚作栋（一首）、朱攸（二首）、朱倬（五首）、朱侃（二首）、尹廷兰（十四首）、张承煇（一首）、汪居敬（七首）、姚谦持（一首）、耿玉涵（一首）、郑铭（一首）、郑启洸（一首）、黄永宁（一首）、黄裔香（一首）。

卷二共五十八人、诗二百二十首。有毛辉祖（一首）、周建子（四首）、周鼊（二首）、任弘远（二首）、高本（一首）、高杰（一首）、高模（一首）、高明（一首）、崔镐（二首）、刘考（三首）、余羲（一首）、余肇松（一首）、余肇楷（四首）、余丙（一首）、余鹍（一首）、余炯（四首）、余沛（四首）、贾荚（一首）、毛圻（一首）、朱曾敬（九首）、朱曾传（十八首）、汪镛（一首）、胡典龄（一首）、周震甲（八首）、朱彤（二首）、朱曾武（五首）、朱曾撰（一首）、朱曾秦（一首）、朱曾省（一首）、杨德亮（四首）、杨德昭（九首）、杨受廷（二十一首）、彭云鹤（五首）、毛堃（一首）、朱曾翼（二首）、朱曾喆（一首）、朱万年（一首）、胥起泗（一首）①、也承圣（一首）、朱履庆（一首）、李湘（十七首）、李廷芳（十一首）、李隆甲（一首）、李茂寅（四首）、朱照（九首）、夏绍溥（一首）、范李（一首）、姚廷训（一首）、尹济源（三首）、梁士俊（十五首）、冯仝（二首）、范士楷（一首）、杨潾（十一首）、郑士芳（七首）、陈嘉乐（三首）、范秉文（四首）、王希曾（一首）、刘端揆（一首）。

卷三共三十五人、诗三百五十二首。韩文澜（五首）、郭敏磐（四首）、李肇庆（一首）、翟凝（二十八首）、金洙（六首）、梁士杰（三首）、花寿山（十九首）、李汝楫（一首）、陈尌（二首）、余正酉（六首）、杨封廷（一首）、周宗照

---

① 《续修历城县志》卷四十二《列传四》为“胥泗起”，据府志并采访册。《国朝山左诗续抄》亦作“胥泗起”，待考。

（四首）、周奕黉（六首）、周乐（四十六首）、谢焜（二十八首）、谢照（十首）、杨补廷（九首）、张纶（一首）、杨悦瑞（五首）、范墅（四首）、徐子威（九首）、孙廷奎（二首）、孙毓洙（一首）、杨致祺（十四首）、杨恩祺（二十首）、何邻泉（二十六首）、朱诵泗（十一首）、李僩（三十首）、朱畹（十六首）、杨岳春（七首）、刘正已（二首）、赵郇（五首）、范鏄（一首）、范鋐（四首）、华阳（五首）。

卷四三十六人、诗二百七十三首。有马国翰（八首）、陈超（十三首）、郑云龙（九首）、金凤藻（三首）、李蒙泉（一首）、吴炳荣（一首）、毛鸿宾（二十五首）、李鸿畴（二十八首）、王德容（十四首）、王化起（一首）、王化醇（二首）、王克敬（一首）、乔岳（三十三首）、侯琛（一首）、金宝符（二首）、张冠英（二首）、张冠俊（二首）、李纬（十一首）、毛玉成（二十四首）、孙兰枝（一首）、严书诏（二首）、杨丕焜（二首）、盖镜（四首）、高树德（二首）、侯功伟（六首）、朱廷相（八首）、李桂林（一首）、孟俊（一首）、居永安（一首）、朱丕煦（四首）、朱丕勋（六首）、杨丕度（二十五首）、郑屿（二首）、李庆翔（二十三首）、李兆梅（四首）、王贤仪（六首）。

全书共收一百八十五位诗人，诗一千一百二十八首。由于远离故乡，“购诗颇为不易，几番鸿讯，不见鲤遗，惟就抄者梓之。”[1]现在看来，确实有些诗人之诗未能搜集，如其挚友李庆翱等人。但其所选范围之大，时间跨度之长，所列诗人之多，堪称历城诗歌之集大成者。并每个诗人均有小传，保存了大量个人资料，成为《续修历城县志》之资料渊薮之一。书末王钟霖题词曰：“名泉清不尽，梓里好诗寻。雨雪留泥印，湖山助醉吟。百年前后辈，一卷古今心。坛席云烟过，千秋几赏音。”“万汇鸣天籁，清灵大雅扶。高吟今著我，妄辑幸原吾。逝水苍茫远，名山俯仰孤。渔阳容做客，有梦总明湖。”对照历城余正酉《国朝山左诗续抄后集》，王钟霖所选诗与之重复较多，但从不少诗诗名与之略异，可知其并非抄录前者。

六、《黄雪香斋古文抄》《黄雪香斋诗文抄》二种

王钟霖撰。天津梅宝璐《国朝历下诗抄》后跋曰：“先生自著《黄雪香斋古文诗抄》二种，亦经璐编订待刊”。不知此二种书最后是否刊刻？稿本在何处？

---

① （清）王钟霖撰：《国朝历下诗抄》四卷，《自序》，清光绪四年（1878）至光绪五年（1879）刻本。

七、王钟霖日记不分卷

王钟霖撰，半叶十行十七字至二十四字不一，白口，四周双边，单黑鱼尾。稿本。《历代日记丛抄》据以复印。王钟霖日记起自咸丰八年（1858）正月初一日，时王钟霖主讲乐陵三泉书院。止于咸丰十一年（1861）三月十九日。此日记史料价值极高。咸丰年间是乱世之秋。王钟霖在山东参与了一些战事，在京城期间，正逢更代之末，记京城乱事极详尽。我因点校此本，因此印象极其深刻。此日记信息量极大，近百人物出现在日记里。有人就其中有关戏曲的内容写成文章发表。待时作详细研究。

主要参考文献

（清）胡德琳修（清）李文藻等纂：《历城县志》五十卷首一卷，清乾隆三十八年（1773）刻本。

毛承霖修、赵文运等纂：《续修历城县志》五十四卷，民国十五年（1926）济南大公印务公司铅印本。

（清）刘佑纂修：《高唐州志》十二卷首一卷，清康熙十二年（1673）刻本。

（清）龙图耀修、（清）李霖臣纂：《高唐州志》十二卷首一卷，清康熙五十一年（1712）刻本。

（清）周家齐修、（清）鞠建章纂：《高唐州志》八卷首一卷末一卷，清光绪三十三年（1907）刻本。

（清）刘昌岳等修，（清）邓家祺等纂：《江西新城县志》首一卷末一卷，清同治十年（1871）刻本。

（清）章文华、官擢午纂修：《嘉祥县志》四卷首一卷，清宣统元年（1909）刻本。

（清）卢见曾编：《国朝山左诗抄》六十卷，清乾隆二十三年（1758）德州卢氏雅雨堂刻本。

（清）张鹏展编：《国朝山左诗续钞》三十二卷《补钞》四卷，清嘉庆十八年（1813）四照楼刻本。

（清）余正酉编：《国朝山左诗汇抄后集》三十九卷，清道光二十九年（1849）海棠书屋刻本。

（清）王钟霖编：《国朝历下诗抄》四卷，清光绪四年（1878）至光绪五年（1879）刻本。

历城朱氏历科朱卷合订一卷，清刻本（有抄配）。

丁麟年会试朱卷，清刻本。

（清）朱缃撰：《枫香集》一卷，清康熙刻本。

（清）朱曾喆撰：《养中之塾文集》一卷《养中之塾续集》一卷，稿本。

（清）朱缃等撰：济南朱氏诗文汇编九种十四卷，清康熙至道光历城朱氏刻本。

（清）朱绛撰：《岭南草》一卷，清康熙棣华书屋刻本。

（清）朱纲撰：《济南草》一卷，清康熙棣华书屋刻本。

（清）朱纬撰：《梦村集》六卷《梦村遗诗》二卷，清乾隆刻《其顺堂三世遗诗》本。

（清）朱崇典篆并辑存：《望华楼印谱》一卷，清乾隆十二年(1747)钤印本。

（清）朱崇厚撰：《绘事逋还杂咏》一卷，清乾隆朱氏慎影堂刻本。

（清）朱令昭撰：《冰壑堂全稿》不分卷，清稿本。（存下册）

（清）朱令昭撰：《皇华集》一卷附《石湖草》一卷，清抄本。

（清）朱令昭撰：《朱令昭诗》一卷，清乾隆刻《历城三子诗》本。

（清）朱琦撰：《铁峰集》一卷，清稿本。

（清）朱琦辑：《杜诗精华》六卷，清乾隆朱琦抄并批校本。

（清）朱照撰：《锦秋老屋稿》不分卷，清稿本。

（清）朱照撰：《朱照杂记》不分卷，清稿本。

（清）朱倬撰：《逋斋诗稿》二卷，清乾隆刻其顺堂三世遗诗本。

（清）朱曾传撰：《说饼庵四六文》一卷，清抄本。

（清）朱曾传撰：《说饼庵文集》一卷《诗集》四卷《词集》一卷《赋集》一卷，清黑格抄本。

（清）朱曾传撰：《说饼庵诗集》六卷，清道光马国翰刻本。

（清）朱曾传撰：《腐毫集抄選》一卷，清抄本。

（清）朱曾武撰：《四书字义说略》二卷，清嘉庆十二年(1807)绿玉堂刻本。

（清）朱曾武撰：《唐诗绎律》六卷，清嘉庆十一年(1806)绿玉堂刻本。

（清）朱曾武撰：《时文笔谱》四卷，清嘉庆十七年(1812)绿玉堂刻本。

（清）朱曾喆撰：《钝甫文稿》一卷，稿本。

（清）朱宗默撰：《未定草》不分卷，稿本。

（清）杨德亮撰：《空翠集》一卷，清抄本。

(清)杨德昭撰:《登高新唱》一卷,清乾隆五十二年(1787)历城杨氏用晦堂刻本。

(清)杨德昭撰:《杨德昭诗稿》一卷,清抄本。

(清)杨德昭撰:《东皋书屋遗稿》一卷,清曲阜孔宪奎刻本。

(清)杨受廷撰:《敝帚存》一卷,清抄本。

(清)杨受廷修,(清)马汝舟纂:《如皋县志》二十四卷,清嘉庆十三年(1808)刻本。

(清)杨补廷辑:《高识新编》一卷,稿本。

(清)杨补廷撰:《后溪新书待正》一卷,稿本。

(清)杨潾撰:《隙扫斋诗抄》一卷,清同治四年(1865)刻本。

(清)杨潾撰:《隙扫斋学诗草》一卷,清同治四年(1865)刻本。

(清)杨潾撰:《意园诗钞》不分卷,清抄本。

(清)杨恩祺撰:《天畅轩忆得偶存诗稿》四卷《诗余》一卷《论书卮言》一卷,清同治五年(1866)济南杨氏谦益堂刻本。

(清)李廷芳撰:《碧梧红豆草堂诗》一卷《安蔬草堂五言排律》一卷,草稿本。

(清)李廷芳撰:《碧梧红豆草堂诗》一卷,稿本。

(清)李廷芳撰:《袁江于役草》一卷,草稿本。

(清)李廷芳撰:《李湘浦先生诗稿》不分卷,稿本。

(清)李廷芳撰,(清)张缙卿注:《安蔬草堂试帖》二卷,清道光三年(1823)重刻本。

(清)李廷芳撰:《清爱堂诗钞》七卷,清道光五年(1825)文宝斋刻本。

(清)李廷芳撰:《湘浦诗钞》二卷,清道光七年(1827)简书斋刻本。

(清)李庆翱撰:《来青馆诗集》二卷,清抄本。

(清)李庆翱撰:《来青馆杂体诗剩稿》二卷,清李福浨抄本。(存上册)

(清)尹廷兰撰:《华不注山房诗》二卷,清道光七年(1827)李肇庆刻历下三君诗本。

(清)尹廷兰撰:《华不注山房文》二卷,清道光二十八年(1848)刻本。

(清)翟凝撰:《真研斋诗草》一卷,清道光七年(1827)李肇庆刻历下三君诗本。

(清)周奕黉撰:《范墅诗草》一卷,清道光七年(1827)李肇庆刻历下三君诗本。

(清)周乐撰:《二南吟草》不分卷,稿本。

(清)周乐撰(清)余正酉评定:《二南诗钞》二卷附《咏史诗》一卷,清道光九年(1829)李肇庆刻本。

(清)周乐撰(清)郭阶平、韩振欧评定:《二南诗续钞》二卷附《二南咏史诗钞》一卷,清道光十一年(1831)刻本。

(清)周乐撰(清)周乐清、单为鏓评定:《二南诗续钞》三卷《补遗》一卷,清道光二十九年(1849)刻本。

(清)周乐撰:《二南文集》二卷附《救世苦心吟》一卷,清道光二十二年(1842)刻本。

(清)周乐撰:《二南制义》不分卷附《二南试律拟》一卷,清道光十八年(1838)刻本。

(清)徐子威撰:《海右集》八卷,清嘉庆二十年(1815)徐子威环翠山房刻本。

(清)徐子威撰:《云樵诗选》一卷,清嘉庆二十三年(1818)范坰选刻本。

(清)王德容撰:《秋桥诗选》四卷,清道光二十二年(1842)刻本。

(清)王德容撰:《秋桥诗续选》四卷,清道光三十年(1850)刻本。

(清)谢焜撰:《绿云堂稿》二卷,清袁洁刻本

(清)谢焜辑:《心仪集》五卷《停云集》二卷,清道光十二年(1832)刻本。

(清)朱畹撰:《红蕉馆诗抄》一卷《红蕉馆诗抄续》一卷,清道光二十一年(1841)刻本。

(清)朱畹撰:《红蕉馆诗抄续》一卷,清道光二十四年(1844)刻本。

(清)朱畹撰:《红蕉馆诗稿》一卷,清稿本。

(清)朱廷相撰:《仍可轩诗抄》一卷,清道光刻本。

(清)马国翰撰:《玉函山房诗集》九卷,清道光历城马氏刻本。

(清)何邻泉撰:《无相我斋诗选》四卷,清道光二十三年(1843)刻本。

(清)王贤仪撰:《家言随记》四卷,清同治素风堂刻本。

(清)王钟霖撰:《王钟霖日记》不分卷,《历代日记丛抄》复印本。

(清)郑云龙撰:《焚余诗草》一卷,清道光二十三年(1843)刻本。

(清)嵇文骏撰:《笔花书屋诗抄》二卷,清刻本。

(清)范坰撰:《如好色斋稿》十卷,清嘉庆二十五年(1820)家刻本。

(清)乔岳撰:《松石诗抄》二卷,清咸丰二年(1852)刻本。

(清)李逢亨编纂、易克中点校整理:《门头沟地方丛书·永定河志》,北京燕山出版社 2007 年版。

中国古籍总目编纂委员会编:《中国古籍总目》,中华书局 2012 年版。

山东文献集成编纂委员会编:《山东地方文献集成》,山东大学出版社 2007 至 2011 年版。

魏嵩山编:《中国历史地名大辞典》,广东教育出版社 1995 年版。

杜泽逊撰:《四库存目标注》,上海古籍出版社 2007 年版。

徐泳撰:《山东通志订补》,山东人民出版社 2016 年版。